Gloria M. Davenport
«Giftige» Alte

Verlag Hans Huber
Programmbereich Pflege

Beirat Wissenschaft
Angelika Abt-Zegelin, Dortmund
Silvia Käppeli, Zürich
Doris Schaeffer, Bielefeld

Beirat Ausbildung und Praxis
Jürgen Osterbrink, Salzburg
Christine Sowinski, Köln
Franz Wagner, Berlin

Bücher aus verwandten Sachgebieten

Pflegeberatung

Duxbury
Umgang mit «schwierigen» Klienten – leicht gemacht
2002. ISBN 978-3-456-83595-2

Elzer/Sciborski
Kommunikative Kompetenzen in der Pflege
2007. ISBN 978-3-456-84336-0

Johns
Selbstreflexion in der Pflegepraxis
Gemeinsam aus Erfahrungen lernen
2004. ISBN 978-3-456-83935-6

London
Informieren, Schulen, Beraten
Praxishandbuch zur pflegebezogenen Patientenedukation
2010². ISBN 978-3-456-84772-6

Muijsers
«Wir verstehen uns ... oder?»
Gesprächskultur für Gesundheitsberufe
2001. ISBN 978-3-456-83653-9

Niven/Robinson
Psychologie für Pflegende
2001. ISBN 978-3-456-82966-1

Sachweh
«Noch ein Löffelchen?»
Effektive Kommunikation in der Altenpflege
2., vollst. überarb. u. erw. Auflage
2006. ISBN 978-3-456-84065-9

Sachweh
Spurenlesen im Sprachdschungel
Kommunikation und Verständigung
mit demenzkranken Menschen
2008. ISBN 978-3-456-84546-3

Schwarz
Supervision in der Pflege
2007. ISBN 978-3-456-84335-3

Stefanoni/Alig
Pflegekommunikation
2009. ISBN 978-3-456-84309-4

Altenpflege Gerontologische Pflege/Langzeitpflege

Aguilera
Krisenintervention
2000. ISBN 978-3-456-83255-5

Bischofberger (Hrsg.)
«Das kann ja heiter werden»
Humor und Lachen in der Pflege
2., überarb. u. erw. Auflage
2008. ISBN 978-3-456-84499-2

Borker
Nahrungsverweigerung in der Pflege
Eine deskriptiv-analytische Studie
2002. ISBN 978-3-456-83624-9

Domenig (Hrsg.)
Transkulturelle Kompetenz
2., vollst. überarb. u. erw. Auflage
2007. ISBN 978-3-456-84256-1

Fitzgerald Miller
Coping fördern – Machtlosigkeit überwinden
Hilfen zur Bewältigung chronischen Krankseins
2003. ISBN 3-456-83522-1

Grond
Gewalt gegen Pflegende
2007. ISBN 978-3-456-84417-6

Koch-Straube
Fremde Welt Pflegeheim
2., korr. Auflage
2003. ISBN 978-3-456-83888-5

Morof Lubkin
Chronisch Kranksein
Implikationen und Interventionen für Pflege-
und Gesundheitsberufe
2002. ISBN 978-3-456-83349-1

van der Kooij
«Ein Lächeln im Vorübergehen»
Erlebensorientierte Altenpflege mit Hilfe der Mäeutik
2007. ISBN 978-3-456-84379-7

Familienpflege

Friedemann/Köhlen
Familien- und umweltbezogene Pflege
2., überarb. u. erw. Auflage
2003. ISBN 978-3-456-83671-3

Schnepp (Hrsg.)
Angehörige pflegen
2002. ISBN 978-3-456-83677-5

Wright/Leahey
Familienorientierte Pflege
2009. ISBN 978-3-456-84412-1

Weitere Informationen über unsere Neuerscheinungen finden Sie im Internet unter
www.verlag-hanshuber.com

Gloria M. Davenport

«Giftige» Alte

Schwierige alte Menschen verstehen
und konstruktiv mit ihnen umgehen

Aus dem Amerikanischen von Elisabeth Brock

Verlag Hans Huber

Gloria M. Davenport. BA, MA Social Science, PhD, Prof. em. für angewandte Psychologie, Persönlichkeitsbildung, berufliche Weiterbildung und -entwicklung am St. Anna College.
Sie ist Mitglied bei folgenden Organisationen: American Society of Aging, California Council of Gerontology and Geriatrics, The Association for Gerontology in Higher Education, Orange County Behavioural Health Care – Older Adult Services Committee, Orange County Roundtable Aging Network. Gloria M. Davenport ist zudem Mitglied der International Enneagramm Association sowie der Association of Psychological Type und war über viele Jahre hinweg Mitglied der International Transactional Analysis Association.

Lektorat: Jürgen Georg, Lisa Binse
Herstellung: Daniel Berger
Titelfotos und Fotos im Innenteil: Jürgen Georg
Umschlag: Claude Borer, Basel
Satz: Claudia Wild, Stuttgart
Druck und buchbinderische Verarbeitung: AZ Druck und Datentechnik GmbH, Kempten
Printed in Germany

Bibliographische Information der Deutschen Bibliothek
Die Deutsche Bibliothek verzeichnet diese Publikation in der Deutschen Nationalbibliografie; detaillierte bibliografische Angaben sind im Internet unter http://dnb.d-nb.de abrufbar

Dieses Werk, einschließlich aller seiner Teile, ist urheberrechtlich geschützt. Jede Verwertung außerhalb der engen Grenzen des Urheberrechtes ist ohne schriftliche Zustimmung des Verlages unzulässig und strafbar. Das gilt insbesondere für Kopien und Vervielfältigungen zu Lehr- und Unterrichtszwecken, Übersetzungen, Mikroverfilmungen sowie die Einspeicherung und Verarbeitung in elektronischen Systemen.
Die Verfasser haben größte Mühe darauf verwandt, dass die therapeutischen Angaben insbesondere von Medikamenten, ihre Dosierungen und Applikationen dem jeweiligen Wissensstand bei der Fertigstellung des Werkes entsprechen.
Da jedoch die Pflege und Medizin als Wissenschaft ständig im Fluss sind, da menschliche Irrtümer und Druckfehler nie völlig auszuschließen sind, übernimmt der Verlag für derartige Angaben keine Gewähr. Jeder Anwender ist daher dringend aufgefordert, alle Angaben in eigener Verantwortung auf ihre Richtigkeit zu überprüfen.
Die Wiedergabe von Gebrauchsnamen, Handelsnamen oder Warenbezeichnungen in diesem Werk berechtigt auch ohne besondere Kennzeichnung nicht zu der Annahme, dass solche Namen im Sinne der Warenzeichen-Markenschutz-Gesetzgebung als frei zu betrachten wären und daher von jedermann benutzt werden dürfen.

Anregungen und Zuschriften bitte an:
Verlag Hans Huber
Lektorat: Pflege
z. Hd.: Jürgen Georg
Länggass-Strasse 76
CH-3000 Bern 9
Tel: 0041 (0)31 300 4500
Fax: 0041 (0)31 300 4593

Das vorliegende Buch ist eine Übersetzung aus dem Englischen.
Der Originaltitel lautet «Working with Toxic Older Adults» von Gloria M. Davenport.
© 1999. Springer Publishing Company, Inc., New York

© der deutschsprachigen Ausgabe 2009. Verlag Hans Huber, Hogrefe AG, Bern
1. Auflage 2009 by Verlag Hans Huber, Hogrefe AG, Bern
ISBN 978-3-456-84706-1

Inhaltsverzeichnis

Widmung 11

Danksagung 12

Geleitwort 15

Vorwort 17

Teil I: Toxisch? Was meinen Sie damit? 21

1 Einführung, Definitionen, Beschreibungen 23
   1.1 Weshalb «toxische» alte Menschen? 24
   1.2 Was unterscheidet toxisches Altern von erfolgreichem Altern? 26
   1.3 Definitionen 26
         1.3.1 Einige Erklärungen 27
   1.4 Wer sind diese toxischen alten Menschen? 27
   1.5 Was verursacht Toxizität? 28
   1.6 Sind Extroversion oder Introversion entscheidende Faktoren? 28
   1.7 Was ist toxisches Verhalten? 29
   1.8 Ist Toxizität verbaler Missbrauch? 29
   1.9 Ist Toxizität emotionale Erpressung? 30
   1.10 Ist Toxizität eine psychische Störung? 31
   1.11 Toxizität und Multimorbidität 32
   1.12 Toxizität und Körperbehinderung 33
   1.13 Tritt Toxizität auch in anderen ethnischen Gruppen und Kulturen auf? 34
   1.14 Wie werden toxische alte Menschen wahrgenommen? 34
   1.15 Zusammenfassung 35

2 Warum beschäftigen wir uns mit toxischen alten Menschen? 37
   2.1 Bewusstsein wecken 38
   2.2. Den Tatsachen ins Auge blicken 38
   2.3 Die demographische Situation 39
         2.3.1 Bevölkerungsprognosen 39
         2.3.2 Prognosen für bestimmte ethnische Gruppen 39
         2.3.3 Zahlen einzelner Bundesstaaten 40
         2.3.4 Geschlechterverhältnis 40
         2.3.5 Veränderung der Haushalte 40

2.4	Toxizität frühzeitig erkennen	41
2.5	Schattenarbeit	41
	2.5.1 Fehlgeleitete Bedürfnismuster	42
	2.5.2 Karen Horneys Konfliktstrategien	42
	2.5.3 Mehr über Horneys Neurosenlehre	42
2.6	Liebevolle Zuwendung vs. Toxizität	43
2.7	Merkmale selbst-induzierter Toxizität	43
	2.7.1 Toxische alte Menschen lechzen nach Zuwendung	44
	2.7.2 Sie leiden an «Versageritis»	44
	2.7.3 Sie leiden an «Erkläreritis»	44
	2.7.4 Sie können nicht schenken	44
	2.7.5 Sie können schlecht etwas annehmen	45
	2.7.6 Sie flößen Schuldgefühle ein	45
	2.7.7 Sie sind gierig und unersättlich	46
	2.7.8 Sie sind unsicher und ängstlich	46
	2.7.9 Sie leiden an «Kontrollitis»	46
	2.7.10 Sie leiden unter emotionaler Obstipation	47
	2.7.11 Sie fühlen sich als hilflose Opfer	47
	2.7.12 Sie können tyrannisch und bedrückend sein	48
	2.7.13 Sie können nicht gut kommunizieren	48
	2.7.14 Sie fühlen sich nur wohl, wenn sie sich nicht wohlfühlen	48
2.8	Überlegungen	49
2.9	Zusammenfassung	49
	2.9.1 Was tun?	50
3	**Woran erkennen wir «giftige» Alte?**	**51**
3.1	Verhaltensmerkmale	52
3.2	Etikettieren	52
3.3	Professionelles Assessment	53
3.4	Nonverbale Signale	53
3.5	Checkliste zur Ermittlung von Toxizität	53
	3.5.1 Persönlichkeitsmerkmale	55
	3.5.2 Verhalten in der Öffentlichkeit	55
3.6	Bin ich womöglich selber toxisch?	56
3.7	Toxizitätsindikator zum Selbstassessment	56
	3.7.1 Scoringsystem	56
	3.7.2 Scoring	59
3.8	Warnhinweise	59
3.9	Zusammenfassung	60
4	**Gibt es überall toxische alte Menschen?**	**61**
4.1	Psychotherapeutinnen und Psychotherapeuten	62
4.2	Gemeindezentren	62
4.3	Altenheime und Seniorenzentren	63
	4.3.1 In einem multi-ethnischen Seniorenzentrum	63
	4.3.2 In einem hispano-amerikanischen Seniorenzentrum	64

	4.3.3 In einem vietnamesischen Seniorenzentrum	65
	4.3.4 Ein Programm für die alte indianische Bevölkerung	66
	4.3.5 Im jüdischen Seniorenzentrum	66
4.4	Zusammenfassung	67

Teil II: Wer leidet unter toxischen alten Menschen, und wie? 69

5   Die Auswirkungen von Toxizität auf Fachkräfte in der Altenarbeit 71

5.1	Wo sind toxische alte Menschen zu finden?	72
	5.1.1 Allgemeiner Eindruck	73
5.2	Das ist die Realität	73
5.3	Typische Reaktionen	73
5.4	Und wie reagieren Sie?	74
	5.4.1 Neulinge im Case Management	74
	5.4.2 Seniorenzentren	75
	5.4.3 Öffentliche Einrichtungen	76
	5.4.4 Private Betreuung	79
	5.4.5 Spezielle Unterstützungsangebote	80
	5.4.6 Mehrfachbelastung und Differentialdiagnosen	82
	5.4.7 Unterstützung für betreuende Angehörige und professionelle Pflegekräfte	85
	5.4.8 Pflege- und Altenheime	86
	5.4.9 Seniorenwohnanlagen	87
5.5	Toxizität hinterlässt tiefe Spuren	89
5.6	Zusammenfassung	90

6   Potenzielle Co-Opfer? 91

6.1	Wie kommt es zur Co-Viktimisierung?	92
	6.1.1 Schwierig oder toxisch?	93
	6.1.2 Typische Anzeichen	93
	6.1.3 Weshalb stehen Co-Opfer im Fokus?	94
6.2	Beeinträchtigt Alterstoxizität auch andere, und wie?	94
	6.2.1 Eine Hochschule wird beeinträchtigt	94
	6.2.2 Auswirkungen auf betreuende Töchter und Söhne	95
	6.2.3 Auswirkungen auf Ehefrauen und Ehemänner, Partner und Partnerinnen	98
	6.2.4 Auch der Freundeskreis und die Nachbarschaft sind betroffen	100
	6.2.5 Auswirkungen auf die Enkelkinder	101
6.3	Zusammenfassung	104

Teil III: Wie entsteht Toxizität? 107

7 Kann die Forschung Toxizität erklären? 109
7.1 Empirische Toxizitätsindikatoren 110
7.2 Gloria A. Davenports Theorien und Hypothesen 111
    7.2.1 Analogie 112
    7.2.2 Szenarium 112
7.3 Gerontologische Theorien 113
    7.3.1 Die Kontinuitätstheorie 113
    7.3.2 Die Diskontinuitätstheorie 114
7.4 Zusammenfassung 115

8 Sind es die Gene? 117
8.1 Definitionen 118
8.2 Persönlichkeitstheorien 118
    8.2.1 Theorien des Alter(n)s 119
    8.2.2 Das Enneagramm 120
    8.2.3 Die Jung'sche Persönlichkeitstheorie 126
    8.2.4 Ist Toxizität eine Dissoziative Identitätsstörung? 128
    8.2.5 Gibt es eine neurobiologische Erklärung? 128
8.3 Zusammenfassung 129

9 Ist es die Erziehung? 131
9.1 Konditionierung 132
    9.1.1 Der Goldene Schatten 132
    9.1.2 Umwelteinflüsse 133
9.2 Das Stufenmodell der psychosozialen Entwicklung nach Erikson . . . 133
9.3 Die Feil-Methode und die Theorie der Lebensaufgaben 135
    9.3.1 Die Folgen 136
9.4 Die Heilung des inneren Kindes 137
    9.4.1 Indoktrinierung 139
    9.4.2 Elterliche Ignoranz? 140
9.5 Die innere Umgebung 140
9.6 Zusammenfassung 142

10 Angeboren UND anerzogen? 145
10.1 Transaktionsanalyse 146
    10.1.1 Rollenbücher des Lebens 146
    10.1.2 Streicheln und berühren 148
    10.1.3 Ich-Zustände 149
    10.1.4 Psychologische Spiele 151
10.2 Abwehrmechanismen 154
10.3 Kontrolltheorie 156
10.4 Kybernetik und Psychokybernetik 156

10.5 Die innere Umgebung... 157
10.6 Zusammenfassung.. 158

**Teil IV: Was tun? Können wir intervenieren
und negative Überzeugungen aufdecken?**...................... 159

11 Was Fachleute raten... 161

11.1 Behandlung.. 163
11.2 Ausbildung.. 163
11.3 Grundregeln... 163
    11.3.1 Selbsterkenntnis.. 164
    11.3.2 Sachkenntnis... 164
    11.3.3 Kenntnis geeigneter Interventionsstrategien.................... 166
11.4 Zusammenfassung.. 173

12 Strategien und Techniken... 175

12.1 Strukturierte Interventionen.. 176
12.2 Workshops... 177
    12.2.1 Struktur... 177
    12.2.2 Ablauf... 178
    12.2.3 Inhalte.. 179
    12.2.4 Nachsorge.. 179
    12.2.5 Feedback... 179
    12.2.6 Warnung.. 180
    12.2.7 Literatur.. 180
12.3 Eine schwierige Aufgabe.. 181
12.4 Techniken... 182
    12.4.1 Die Sichtweise verändern................................... 182
    12.4.2 Einen Abschiedsbrief schreiben.............................. 184
    12.4.3 Transaktionsanalyse... 185
    12.4.4 Selbstbehauptungstraining, Responsible Assertion Training (RAT)... 186
12.5 Ein Übungszenarium für Fachkräfte................................... 190
    12.5.1 Rollenspiel.. 190
12.6 Zusammenfassung.. 191

Teil V: Ist Prävention möglich? Ist Heilung möglich?............. 193

13 Selbsthilfe und Prävention...................................... 195

13.1 Selbsthilfe: Wer braucht sie?...................................... 196
13.2 Selbsthilfe: Wie geht das?... 197
13.3 Selbststärkung und positives Streicheln............................ 197
    13.3.1 Affirmationen.. 197
    13.3.2 Weitere Möglichkeiten, sich das Gefühl von Wärme
    und Geborgenheit zu verschaffen................................... 198
    13.3.3 Individualisiertes Streicheln............................... 200

13.4 Stressmanagement 201
    13.4.1 Der subjektive Belastungslevel (SBL) 201
    13.4.2 Meditation 203
    13.4.3 Die Entspannungsreaktion 203
    13.4.4 Selbstgespräch 204
    13.4.5 Protokoll führen 205
13.5 Stressreduktion 206
    13.5.1 Tief durchatmen 206
    13.5.2 Selbstbehauptungstechniken 207
    13.5.3 Spiele stoppen 208
13.6 Netzwerke und Selbsthilfegruppen 209
13.7 Spezialprogramme 210
    13.7.1 «The Work» 210
13.8 Zusammenfassung 212

14 Der Weg zur Heilung 215

14.1 Fallstudie 216
    14.1.1 Fallanalyse 217
    14.1.2 Fallbesprechung 218
14.2 Den Übergang schaffen 218
14.3 Wellness und ganzheitliche Gesundheit 219
14.4 Die Reise geht weiter 221
14.5 Die Rolle des Enneagramms 225
14.6 Heilung – am Ziel der Reise 226
14.7 Zusammenfassung 227

Nachwort 228

Literaturverzeichnis (engl.) 231

Literaturverzeichnis (dt.) 234

Über die Autorin 238

Glossar 239

Interview mit der Autorin 246

Sachwortverzeichnis 255

Widmung

Für alle toxisch alternden Menschen und alle, die mit ihnen leben, arbeiten, die sie professionell betreuen, über Alterstoxizität lehren oder Toxizität im Alter verhindern wollen.

Danksagung

Niemand kann ein Buch schreiben, ohne zumindest einige Personen, Konzepte, Wertvorstellungen und Erlebnisse zu nennen, die es geprägt und zu dessen Entwicklung beigetragen haben.

Das ist bei mir nicht anders. Eigentlich hätte ich den schon sprichwörtlichen Satz «ohne die dieses Buch nicht möglich gewesen wäre» gerne weggelassen, weiß allerdings nicht, wie er sich vermeiden ließe. Mit dem Altern verhält es sich genauso: Niemand kann gut alt werden, ohne die Hilfe und Unterstützung vieler Menschen. Deshalb sage ich Dank. Ich bin allen sehr, sehr dankbar.

Wer das ganze Unternehmen wohl am meisten befördert und mein Interesse für erfolgreiches Altern – besser gesagt für erfolgreiches *Leben* – am stärksten stimuliert hat, ist eine Person, von der ich nie gedacht hätte, dass ich ihr einmal dankbar sein würde: meine Mutter. Sie, aber auch mein Vater, waren die Verkörperung eines zum Gemeinplatz gewordenen psychologischen Grundsatzes: *«Achte auf die Menschen, die dich am meisten irritieren oder dir am meisten weh tun. Oft sind sie dein Spiegel und deshalb deine besten Lehrmeister.»* Ein Spruch, den zu respektieren ich inzwischen gelernt habe.

Neben der Ehefrau oder dem Ehemann und den Kindern sind die Eltern unsere besten Lehrer. Das habe ich unglücklicherweise erst mit 54 Jahren und nach vielen, selbst auferlegten Qualen entdeckt. Die Interaktion mag positiv oder negativ sein, bewusst oder unbewusst stattfinden. Wie dem auch sei: die Beobachtung ist konstant. Sie leben vor, wir nehmen auf. Sie reden, wir geben Acht und hören. Das Nonverbale ist mächtig. Und wir lernen. *Wir wählen.* Wir finden heraus, was funktioniert. Wir schreiben unser eigenes *Skript*, das Drehbuch unseres Lebens, und wir überleben. Im Laufe der Zeit werden wir stark genug, um mit dem Auf und Ab des Lebens fertig zu werden, sofern wir lernwillig, mutig und bereit sind, unser Selbst zu verwirklichen.

Am Ende können wir dann unseren Eltern danken, selbst den «toxischen» Eltern.

Was alle anderen angeht, denen ich danken möchte, so steht für mich die Unterstützung meiner Familie an erster Stelle. Niemand sonst, nur ein liebender Ehemann würde scheinbar endlose Manuskriptseiten lesen – wegen der zahllosen Neufassungen manchmal drei- oder viermal – lediglich um zu prüfen, ob ihm das Geschriebene schlüssig erscheint. Er hat meine Worte verstanden, weshalb ich hoffe, dass auch Sie sie verstehen. Dazu diese Nackenmassagen, diese Rettungsaktionen nach Computerabstürzen, diese Bewältigung aller technischen Probleme... Wer hat den Verlag – und mich – ermuntert, an der Sache dranzubleiben? Lieber Hugh, das werde ich dir nie vergessen.

Bei Kim und Scott, unseren erwachsenen Kindern, bedanke ich mich für ihre Unterstützung und ihr Verständnis für «Mutters neueste Geschichten». Dazu gehört, dass sie mir im ersten der drei Sommer, die ich in Idaho verbracht habe, ein Häuschen zum Schreiben zur Verfügung gestellt haben. Danke Kim und Jally.

Es war wie eine Berufung! Die Ereignisse in meinem Leben, die Selbstdisziplin, was immer ich studiert, erlebt und gelehrt habe, meine Beratungstätigkeit... all das hat mich auf dieses Werk vorbereitet. Es gab Menschen auf diesem Weg, Workshops, Tagungen, Kurse, Feldforschung, Selbsthilfegruppen und Theorien, die das Ergebnis entscheidend geprägt haben. Ich habe mich nicht explizit dafür bedankt, vielmehr alles aufgesogen.

Ich hatte das Buch noch nicht lange begonnen, da kritisierten liebe befreundete Menschen wie Gerry Starnes und Nancy Chase das Originalmanuskript. Gerrys Brief gab den Anstoß für den ersten ACTA-Workshop (Adult Children of Toxic Agers, Workshop für erwachsene Kinder toxischer Eltern). Eine prima Idee!

Folgende Personen waren mir auf verschiedene Weise in den frühen Phasen behilflich: Joan Weiss Hollenbeck und ihr Schreibkurs, Jim Birren, PhD, Connie Goldman, Helena Malek, Brugh Joy, MD, Maria Estrada, Betty Goyne, Judy Reynolds, Joan Abrams, Peggy Weatherspoon, Vivian Stinson, Brenda Ross, PhD, Phil Dreyer, PhD, sowie zahlreiche Fachleute, die mir für meine Interviews alte Menschen nannten, die als schwierig, bzw. toxisch galten.

Ich danke ferner Dorothy Nolte, PhD, die mich mit Jerry Greenwald bekannt machte. Jerry war es, der meine Wahl des Wortes «toxisch» für gut hieß. Meines Wissens war er der erste, der Ende der 1960er Jahre des vergangenen Jahrhunderts über Toxizität in Beziehungsmustern geschrieben hat. Seine fortlaufende Unterstützung, seine Ermutigung und Freundschaft bedeuten mir viel.

Naomi Feil, ACSW, ist eine weitere Fachperson, für deren Bekanntschaft und Hilfe ich dankbar bin. Ihre Validationsmethode und der praktische Einsatz dieser Methode bei mangelhaft orientierten hochbetagten Menschen haben die Gerontologie in völlig neue Bahnen gelenkt.

Mein tief empfundener Dank gilt den vielen Fachleuten in der Altenarbeit und den Dienstleistungseinrichtungen, die mich an ihrem Wissen über und ihren Erfahrungen mit schwierigen alten Menschen teilhaben ließen: Margreta Jorgensen, Janie Dam, Anh Nguyen, Burnie Hayes, Kathryn Wright, Rosemary Ford, Robert Cummings, Patricia Powers, Alyce Gratto, Linda Grant, Gail Smith, Lahoma Snyder, Shirley Lefkowitz, Sharon McNair, Wendy Klatzker, Jo Unger Wolf, Kathie Murtey, Jack Light, Charlene Edwards, Cordula Dick-Mühlke, PhD, Roseanne Kotzer, Bernice Byron, Jan Brady, Oscar Sandoval, Maureen Azeltine, Sharon Beard, Bud Taylor, Betsy Crimi, Rhonda Jarema, Connie Jones, Julio Rodriguez und Gloria McDonough (Ortega). Ich hoffe nur, dass ich ihren wertvollen Anregungen gerecht geworden bin.

Zwei sehr guten Freundinnen und zwei sehr guten Freunden bin ich zu besonderem Dank verpflichtet: Cheryl Svenson und Harry Moock, weil sie sich die Zeit genommen haben, meine späteren Fassungen zu lesen und mir wertvolle Rückmeldungen gegeben haben, Peggy Weatherspoon für ihr wohl überlegtes Vorwort, ihre meisterhafte Kritik und teilweise Bearbeitung des fertigen Konzepts, sowie Jim Birren für seine Unterstützung und Bereitschaft, ebenfalls ein Vorwort zu schreiben.

Tausend Dank auch an den Springer Verlag und die im Fachbereich Gerontologie tätigen Beratungskräfte, insbesondere an Helvi Gold, die für die Akquisition zuständig ist. Die jetzt vorliegende Version ist dem überragenden Wissen, den Ratschlägen, Richtlinien und der Ermutigung dieser Menschen zu verdanken.

Dennoch: Ohne die vielen nicht namentlich genannten Pflegekräfte, ohne die erwachsenen Kinder, Enkelkinder, Ehefrauen und Ehemänner, insbesondere ohne die «giftigen» Alten selber wäre dieses Buch nicht denkbar. Sie alle haben viel beigetragen und waren bereit, mir tiefe Einblicke in ihre Leben zu gewähren, und das war sehr mutig. Ich durfte ihnen zuhören, sie haben mich an ihren Erfahrungen teilhaben und so tief graben lassen, bis sich die Türen zu ihren unterdrückten Erinnerungen und ihrem emotionalen Schmerz geöffnet haben.

Solche Menschen waren es, die es ermöglichten, diese Alterungsanomalie ans Licht zu bringen. Ihnen allen (besonders aber dir, T.) sage ich *Danke*. Aus tiefstem Herzen. Ihnen ist es zu verdanken, dass wir, als Gesellschaft, den Kopf nicht mehr in den Sand stecken und endlich den kleinen Prozentsatz (dennoch eine große Zahl) betagter Menschen wahrnehmen, der nicht erfolgreich altert. Geschärfte Aufmerksamkeit und gemeinsame Anstrengung berechtigten zu der Hoffnung, dass sich Alterstoxizität vorbeugen lässt.

Geleitwort

Ich kenne Gloria Davenport seit über zwanzig Jahren und finde, dass sie eine der positivsten und liebenwürdigsten Menschen meines Bekanntenkreises ist, obwohl sie selbst in einer toxischen Familie aufgewachsen ist. Gloria ist das lebendige Beispiel für das, was sie uns im vorliegenden Werk erklärt: Wir können wählen, Opfer zu sein oder wählen, Gewinner zu sein. Nach der Lektüre ihres Buchs ist die Maxime «*Es gibt keine Opfer – nur Freiwillige!*» mit Leben erfüllt. Eine der wichtigen Botschaften lautet, dass Toxizität von den potenziellen Opfern nicht toleriert werden muss.

Dieses Buch will allen helfen, die mit «giftigen» Alten arbeiten und schwierige alte Menschen kennen und lieben. Seite für Seite lernen wir, das Gift zu vermeiden, das toxische Personen in vielerlei Form absondern, und uns in die Lage zu versetzen, schwierige Menschen, die nicht liebenswürdig wirken, auch künftig zu betreuen und zu lieben. Um ein Kapitel zu paraphrasieren: *Was ich von dir halte, ist unwichtig – wichtig ist, was ich von meiner Reaktion auf dich halte.* Das Buch gibt uns Instrumente an die Hand, die uns Folgendes lehren: Wenn wir erkennen, dass wir es mit alterstoxischen Menschen zu tun haben, können wir unsere Reaktionen darauf abstimmen, damit sie uns nicht seelisch auslaugen und emotional anstecken, und so berufliches Burn-out und individuelle Verzweiflung verhindern.

Der positive Fokus in diesem Buch auf Wahlmöglichkeiten im Hinblick auf Lebensstile und adaptive gesellschaftliche und spirituelle Verhaltensweisen gibt Hoffnung und ermuntert uns, eine schwierige Arbeit fortzusetzen. Denjenigen unter uns, die häufig mit «giftigen» Alten zu tun haben und im Verlauf dieser Interaktionen manchmal den eigenen Dämonen begegnen, zeigt dieses Buch, dass man die Fassung bewahren kann und Perspektiven möglich sind. Jeder Mensch hat die Kraft, sich zu verändern. Es ist nie zu spät, zu lernen und innerlich zu wachsen.

Das Kapitel über Persönlichkeitstheorien hilft uns, Toxiker und Toxikerinnen besser zu verstehen; das Kapitel über Differentialdiagnostik ist besonders geeignet, die Komplexität der Menschen und die zahlreichen Manifestationen toxischer Verhaltensweisen aufzuzeigen. Gloria Davenport macht uns klar, dass alte *und* toxische Menschen doppelt gefährdet sind, und dass in solchen Fällen kreative Lösungen gefunden werden müssen, die unsere besten Köpfe herausfordern.

Peggy Weatherspoon, MSG
Leiterin der California Agency of Aging

Vorwort

Es gibt viele Gründe, ein Buch zu schreiben. Ich schreibe, weil ich nicht anders kann.

Vielleicht liegt es daran, dass ich mir im Alter von 70 Jahren einen Traum erfüllen möchte, indem ich ein gerontologisches Fachbuch verfasse, das auch von den erwachsenen Kindern toxischer alter Menschen, von Pflegenden und alten Leuten selbst gelesen wird. Vielleicht kann auch ich, wie es Birren und Schaie im Vorwort zu ihrem *Handbook of the Psychology of Aging* (1996) ausgedrückt haben, einen Impuls geben, «zur Verbesserung der Bedingungen und Qualität des menschlichen Lebens», indem ich toxischen alten Menschen und denen, die mit ihrem Gift in Berührung kommen, helfe, ihre Wahrnehmung zu verändern, eine andere Sichtweise einzunehmen und die tief in ihrem Innern verborgene heilende Kraft der Liebe zu finden.

Vielleicht hat es auch damit zu tun, dass ich, nachdem ich fast ein Leben lang berufliche Erfahrungen im Bereich der Sozialarbeit und Gerontologie gesammelt habe, weiß, wie entscheidend wichtig es ist, mit der ganzen Person zu arbeiten. Dazu kommt mein innerer Drang, etwas von dem weiterzugeben, was ich in den vergangenen zehn Jahren gelernt habe und geeignet sein könnte, die Arbeit mit schwierigen alten Menschen zu erleichtern und dem verborgenen Phänomen der Alterstoxizität auf die Spur zu kommen.

Wie soll man mit der negativen toxischen Energie zurechtkommen, die insbesondere selbstsichere, selbstständig lebende «giftige» Alte ausstrahlen, wie mit ihrer besonders ausgeprägten Neigung, sich als Opfer zu fühlen, umgehen?

Über Jahre hinweg habe ich mich mit dem Thema Alterstoxizität beruflich beschäftigt, Vorträge gehalten und Artikel geschrieben, dazu Workshops oder Selbsthilfegruppen für erwachsene Kinder toxischer Eltern (adult children of toxic agers, ACTA) organisiert. Im Jahr 1996, nach einer Präsentation auf der Jahrestagung der American Society on Aging, trat der Springer Verlag mit der Frage an mich heran, ob ich plane, ein Buch über toxische alte Menschen zu schreiben. Das war der Anstoß, den ich gebraucht hatte. Hier bot sich die Gelegenheit, meine Erkenntnisse zusammenzuführen und allen Fachkräften zugänglich zu machen. Das war die Gelegenheit, mein Wissen in eine schriftliche Form zu bringen und anderen zur Verfügung zu stellen.

Eine meiner Prämissen ist, dass die noch immer vorhandene negative Stereotypisierung des Alterns und *Gerontophobie** (Bunzel, 1972) sowie ihre Gegenstücke, die positive Altersdiskriminierung (Altersverklärung) und *Gerontophilie* (Palmore, 1990: 39) alte Menschen in Misskredit bringen und eine natürliche Lebensphase in ein schlechtes Licht rücken. Ich hoffe auf die realistische Erkenntnis, dass alte Menschen in jeder Variante vorkommen und alle denkbaren Persönlichkeiten und Temperamente haben. Sie sind, wie alle menschlichen Wesen, einmalig und unterschiedlich. Manche werden

---

* Bei der ersten Verwendung kursiv gesetzte Begriffe werden im Glossar erklärt.

schwierig sein. Manche liebenswürdig. Andere toxisch. Unsere Aufgabe? Sie zu akzeptieren wie sie sind und mit ihnen zurechtzukommen.

Toxizität ist *keine* normale Begleiterscheinung des Alterns. Ihre Symptome sind frustrierende emotionale Stressoren, sie nehmen die wertvolle Zeit und die wertvollen Kräfte von Sozialarbeiterinnen und Sozialarbeitern in Beschlag, von Betreuungskräften, Dienstleistungseinrichtungen und allen, die mit «giftigen» Alten umgehen müssen, insbesondere die Zeit und Kräfte ihrer erwachsenen Kinder.

Dieses Buch wendet sich schwerpunktmäßig an Fachkräfte, Dienstleistungseinrichtungen sowie Studierende im Bereich der Altenarbeit und Gerontologie. Besonders relevant ist es für Personen, die sich nicht nur beruflich der Betreuung toxischer alter Menschen widmen, sondern auch selber toxische Eltern hatten. Wenn das auf Sie zutrifft, sollten Ihnen die Inhalte dieses Buches bei der Selbsteinschätzung und beruflichen Weiterentwicklung eine Hilfe sein.

Darüber hinaus ist das vorliegende Werk ein praktisches Handbuch für alle erwachsenen Kinder toxischer Eltern (die oft auch *Co-Opfer* sind). Wenn Sie meine Ausführungen gelesen haben, werden Sie verstehen was abläuft, lernen, wie zu verhindern ist, dass das Gift die nachfolgende Generation infiltriert, und lernen, Ihre persönlichen Ressourcen zu aktivieren.

Wenn Sie ein älterer Mensch sind, der einfach wissen möchte, wie man die Fallstricke abnormer Negativität im Alter vermeidet und ob Sie selber zu Toxizität neigen, wird Ihnen dieses Buch einige Erkenntnisse, Interventionsvorschläge und ein Instrument zur Selbsteinschätzung liefern.

Wenn Sie im mittleren Lebensalter sind, eine Person der geburtenstarken Jahrgänge, die anfängt, über den eigenen Alterungsprozess nachzudenken oder einfach vom Buchtitel neugierig gemacht worden sind, werden Sie hier etwas über Toxizität und Toxizitätsprävention erfahren.

Um diese Ziele zu erreichen, ist der Text in fünf Teile gegliedert. Im Teil I wird anhand von Definitionen und Schilderungen geklärt, was man unter toxischen alten Menschen versteht und ob wir es dabei mit einer Persönlichkeitsstörung zu tun haben, wie im *Diagnostic and Statistical Manual of Mental Health Disorders* (DSM-IV; American Psychiatric Association, 1994) beschrieben, warum toxische alte Menschen im Fokus stehen, woran wir erkennen, ob wir womöglich selbst toxisch sind, und ob «giftige» Alte auch in anderen ethnischen Gruppen vorkommen. Im Teil II geht es um die Frage, wie sich toxische alte Menschen auf die Gesellschaft, auf professionelle Betreuungskräfte und Co-Opfer auswirken, und wie mit diesen Auswirkungen umzugehen ist. Im Teil III wird untersucht, wie Menschen toxisch werden. Ferner werden anhand adaptierter anderer Konzeptualisierungen, Theorien und Modelle, die uns Hinweise auf diesen unnormalen Alterungsprozess liefern können, mögliche Ursachen erläutert. Im Teil IV werden exemplarische Interventionsoptionen vorgestellt, sowie Techniken und Methoden vorgeschlagen, die professionelle Kräfte und erwachsene Kinder einsetzen können, um einzuschreiten, die Situation zu bewältigen und negativen Überzeugungen auf die Spur zu kommen. Im Teil V wird als Möglichkeit, Toxizität vorzubeugen und Heilung zu fördern, ein spiritueller Weg bedingungsloser Liebe empfohlen.

Bei meinen Recherchen für diesen Text bin ich, wie auch Cohler (1991), von der Prämisse ausgegangen, dass wir nur dann mehr über die kräftezehrenden Belastungen stressiger Ereignisse und Beziehungen erfahren, wenn wir unsere Studien eng an realen Situationen orientieren. Infolgedessen stammt das meiste Material über «giftige»

Alte aus persönlichen Kontakten und Tiefeninterviews mit über 100 Gerontologiefachleuten und mit Dienstleistungseinrichtungen, die ein schwieriges Klientel haben, mit toxischen alten Menschen selbst und ihren erwachsenen Kindern, mit Ehefrauen und Ehemännern, Enkelkindern, Schwiegerleuten, Nachbarinnen und Nachbarn, mit Angehörigen anderer Berufsgruppen, aber auch aus meiner langjährigen Funktion als Beraterin einer 76-jährigen Hochschulstudentin sowie aus den Erfahrungen mit meiner eigenen Mutter. Die restlichen Informationen sind gezielten Literaturrecherchen zu verdanken, Naomi Feils jahrelanger Arbeit mit verwirrten alten Menschen sowie den vielen Publikationen Jerry Greenwalds über Toxizität und ihre Entstehung.

Alle folgenden Kapitel gehen von der Hypothese aus, dass *unsere Wahrnehmung (Perzeption) bestimmt, wie wir auf andere Menschen und Dinge reagieren.* Was im erweiterten Sinn bedeutet: Perzeption ist Projektion. Wenn wir unser Gegenüber als schwierig empfinden, werden wir reagieren, als wäre diese Person tatsächlich schwierig. Genauso verhält es sich mit «giftigen» Alten: Wenn wir sie als schwierig empfinden, werden wir sie fürchten, vermeiden, herausfordern oder uns schuldig fühlen, wenn wir mit ihnen zu tun haben. Wir merken nicht, dass es sich um unsere eigenen Wahrnehmungen, unsere eigenen Empfindungen und Interpretationen handelt. Wir merken nicht, dass es sich um unser eigenes «Zeug» handelt, unsere eigenen, in den schwierigen alten Menschen hineinprojizierten Abwehrmechanismen. Wir bedienen uns dieser Abwehrmechanismen, weil wir sie brauchen. Mit ihrer Hilfe können wir uns kurzfristig der Angst und dem inneren Schmerz entziehen und der Bearbeitung unserer eigenen Thematiken ausweichen.

Toxische Menschen sind keine schlechten Menschen; sie *sind* schwierig. Doch nicht alle schwierigen Menschen sind toxisch, nicht alle toxischen Menschen alt. Erzwungene (oder freiwillige) Nähe zu erwachsenen Kindern und multiple einschneidende Verluste – etwa der Kontrolle oder Unabhängigkeit – können eine bereits ein Leben lang latent vorhandene Toxizität zum Ausbruch bringen. Diese *negative Energie* ist ansteckend und wird besonders Leuten gefährlich, die auf die *Opferhaltung* alterstoxischer Menschen ansprechen. Wer mit solchen betagten Männern und Frauen arbeitet oder verbunden ist, muss lernen, sich zu schützen und gut für sich zu sorgen (Selbststärkung, Self-nourishment). Wenn es gelingt, die Projektionen, welche das Syndrom ermöglichen und erhalten, abzublocken oder zu verwandeln, kann die Toxizität im Keim erstickt oder umgelenkt werden.

Zum Glück ist die Zahl derer, die nicht erfolgreich altern – und in dieser Anomalie gefangen bleiben – verhältnismäßig klein, doch das Ausmaß ihrer Beeinträchtigung anderer ist unverhältnismäßig groß. Wir haben es mit einem Verhaltensmuster zu tun, das bislang wenig verstanden, selten genau betrachtet und nicht als Problem erkannt worden ist. Es ist ein Syndrom, das der Öffentlichkeit verborgen bleibt.

Die Hoffnung ist, dass es durch Identifikation dieser Alterungsanomalie, durch Etikettierung des Musters und der Situation, durch Bearbeitung möglicher Ursachen – weniger der Symptome – sowie durch Vorschläge für Coping- und Präventionsstrategien, gelingt, dieser Opferhaltung Einhalt zu gebieten und den Negativkreislauf zu unterbrechen, bevor die geburtenstarken Jahrgänge das 80. Lebensjahr erreichen.

Zum Schluss ist darauf hinzuweisen, dass Toxizität keine DSM-IV-zertifizierte Persönlichkeitsstörung ist. Es handelt sich dabei um eine entwicklungsbedingte Charakterstörung, die möglicherweise zu einem Thema des neuen und wachsenden Felds charakterorientierter Therapien wird. Das bedeutet, dass künftig das ich-kontrollierte Bewusstsein verstärkt im Fokus steht, dass wir über Abwehrmechanismen und unbewusste Regungen hinausgehen und Heilung, die Wiedereroberung des wahren Wesenskerns und Selbsttransformation anstreben werden.

Möge der hier skizzierte, neue andere Weg bei den Leserinnen und Lesern die Erkenntnis bewirken, dass Altwerden eine Aufgabe und eine spirituelle Reise ist, in deren Verlauf wir zu unserem wahren Selbst und zur Ganzheit finden. Das ist meine Vision.

Gloria M. Davenport

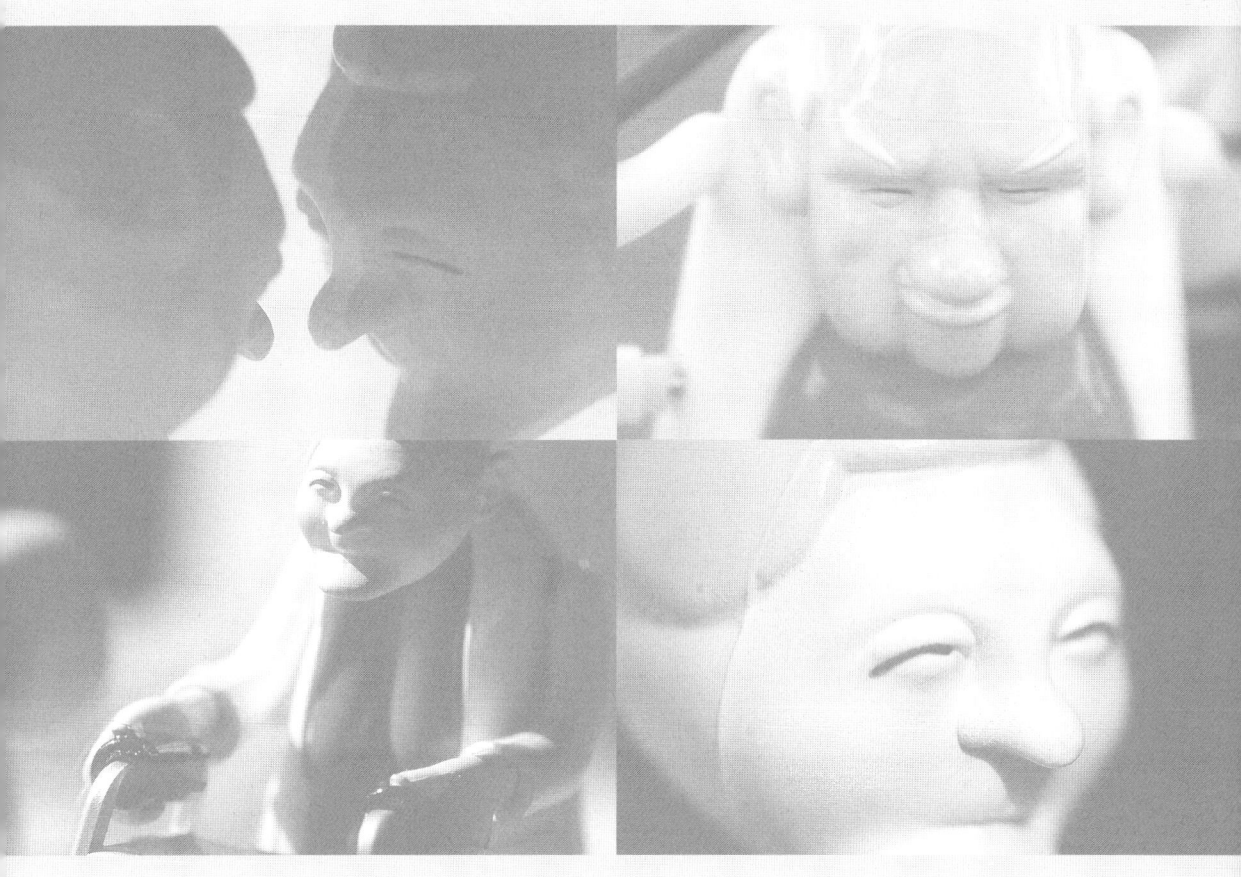

Teil I
Toxisch? Was meinen Sie damit?

*Wir können uns vor einem Gift nur schützen,
wenn es klar als solches benannt wird.*

Alice Miller

1 Einführung, Definitionen, Beschreibungen

Ich nannte sie «toxisch».
John Steinbeck eine «traurige Seele».
Es könnte eine Person sein, die du kennst.

In seinem letzten Werk, *Die Reise mit Charley – Auf der Suche nach Amerika* (S. 52, 53) beschreibt John Steinbeck eine Person, die er unterwegs kennen gelernt hatte. Es war nur eine einzige zufällige Begegnung, die jedoch lange nachgewirkt hat:

> Bemerkenswert, wie manche Menschen einen Raum mit Lust und Leben füllen können. Dann gibt es andere, und diese Frau gehörte dazu, die alle Energie und Freude versickern lassen, die das Vergnügen leersaugen und trotzdem keine Kraft daraus beziehen. Solche Menschen strömen eine graue Trübsal aus, die alles rings um sie her erfasst. Ich war lange gefahren an diesem Tag, und vielleicht war meine Energie gering und meine Widerstandskraft geschwächt. Sie steckte mich an. Ich fühlte mich so trübselig und elend, dass ich unter eine Plastikdecke kriechen und sterben wollte.
>
> Ich ging zurück in mein sauberes kleines Zimmer. Ich trinke nie allein. Es macht mir keinen Spaß. Und ich glaube nicht, dass ich es jemals tun werde, solange ich nicht Alkoholiker bin. Aber an diesem Abend holte ich mir eine Flasche Wodka aus meinen Vorräten und nahm sie mit in meine Zelle. Im Bad standen zwei Zahnputzgläser, eingeschweißt in Zellophanhüllen, auf denen geschrieben stand: «Diese Gläser sind zu Ihrem Schutz sterilisiert worden.» Quer über den Toilettensitz war ein Papierstreifen gespannt, der die Botschaft trug: «Dieser Sitz ist zu Ihrem Schutz mit ultraviolettem Licht sterilisiert worden.» Jeder beschützte mich, es war furchtbar. Ich riss die Gläser aus ihren Hüllen. Ich malträtierte den Toilettensitz mit dem Fuß. Ich goss mir ein halbes Zahnputzglas Wodka ein und trank es aus, dann noch eins. Dann lag ich tief eingetaucht im heißen Badewasser und fühlte mich durch und durch elend, und nirgends war Trost in Sicht.*

Zwei Seiten später fasst Steinbeck die Episode zusammen:

> Eine traurige Seele kann einen schneller, viel schneller umbringen als eine Mikrobe. (S. 54)

Das wurde im Jahr 1962 geschrieben. Leider ist es heute nicht anders. Wir sind von traurigen Seelen umgeben.

Steinbeck bleibt uns zwar einen Hinweis auf das Alter seiner Romanfigur schuldig, dennoch wird deutlich, dass *Toxizität* im Erwachsenenalter jederzeit zum Vorschein kommen kann. Obwohl toxische Tendenzen vermutlich in der frühen Kindheit angelegt werden, ruhen die Symptome oft, bis ein emotionales Trauma oder ein schwerer Verlust das negative Muster verstärken.

Im hohen Alter jedoch, wenn solche Menschen abhängig werden und eng mit ihren erwachsenen Kindern zusammenleben, zeigt sich der invasive Charakter von Toxizität. Nun lässt sich das Verhalten nicht mehr hinter akzeptablen, angepassten Rollen verbergen, und der Ehemann oder die Ehefrau können es nicht mehr decken.

1.1 Weshalb «toxische» alte Menschen?

Menschen, die Steinbeck «traurige Seelen» nannte und ich toxisch nenne, personifizieren auf emotionaler Ebene einen psychosozialen Zustand, der die Lebensgeister aller Leute, die für ihr Gift empfänglich sind, schwer beeinträchtigen kann. Die Zerstörung passiert schleichend, unbewusst, und wird oft erst erkannt, wenn der Schaden bereits angerichtet ist. Selbst Geriatriefachkräfte sind dagegen nicht immun.

Die Wirkung des Gifts reicht von leichter Verärgerung bis zu *Frustration*, emotionaler Verstricktheit und Depression, bis zum Rückzug und zu Suizidgedanken. Wer beruflich mit «giftigen» Alten zu tun hat, muss sich vor *Gegenübertragung* hüten.

---

* Aus John Steinbeck, *Die Reise mit Charley*, dtv, 2. Aufl. Nov. 2008, Ü: Burkhart Kroeber

Gegenübertragung war es, die mich veranlasst hat, eine Gruppe nicht erfolgreich alternder Menschen, die ich für meine Dissertation über *Determinants of Successful Aging* (Davenport, 1991) interviewt habe, als *toxisch* zu bezeichnen. James Birren (persönliche Mitteilung, 28. August 1997) hält es auch für angemessen, von *Noxen* zu sprechen. Beide Begriffe implizieren, dass etwas Gesundheitsschädigendes im Gange ist, wobei der Schaden nicht nur den Körper, sondern auch die Psyche betreffen kann.

Bei meinen Interviews damals versuchte ich herauszufinden, warum manche Menschen so würdevoll altern, andere dagegen im Alter offensichtlich elend und unglücklich sind. Worin unterschieden sich die Reisewege ins Alter? Um vergleichen zu können, wurde eine Blindstudie entwickelt. Vorher ausgewählte Personen wurden dann in drei Kategorien eingeteilt: *sehr erfolgreich alternd, erfolgreich alternd, nicht erfolgreich alternd.*

Erst nach mehreren drei- bis vierstündigen Interviews mit nicht erfolgreich alternden Menschen stellte ich fest, dass irgend etwas mit meinem Körper geschah. Jetzt begann ich, auf diese Vorgänge zu achten. Es fühlte sich an, als wäre ich vergiftet worden. Da blitzte in meinem Kopf das Wort «toxisch» auf. Die Worte «schädlich» und «Noxen» waren einfach nicht stark genug.

Der Unterschied zwischen den Interviews mit den beiden Gruppen erfolgreich alternder und der Gruppe nicht erfolgreich alternder Menschen war verblüffend. Mit ersteren zusammen fühlte ich mich erfrischt, angeregt und entspannt. Wenn ich mit den nicht erfolgreich alternden Menschen sprach, fühlte ich mich fachlich unzulänglich, deprimiert, ängstlich und seelisch völlig ausgelaugt, ja sogar verärgert und verletzt. Das geschah bei jedem Interview mit einer nicht erfolgreich alternden Person. Negativismus und Viktimisierungsmuster waren stets stark präsent. Nach jedem Interview musste ich mich erst zwei bis drei Tage erholen.

Ich fürchtete mich vor jeder neuen Begegnung. Mein Selbstvertrauen schwand dahin. Was ging hier vor? Ich hatte vierzig Jahre lang in sozialen Dienstleistungsberufen gearbeitet. Ich würde mich von meinem Klientel doch nicht unterkriegen lassen!

Nach einigem Kopfzerbrechen kam mir der Gedanke, dass ich jetzt in einer anderen Rolle war. Ich war einfach nur Wissenschaftlerin, ich hörte lediglich zu, sog die Daten auf und verinnerlichte sie, hatte aber vergessen, mich zu schützen. Mit dieser Erklärung war ich etwa sechs Monate lang zufrieden.

Dann kam der Tag, an dem die Wahrheit nicht länger zu leugnen war. Mit jedem toxischen alten Menschen, den ich interviewte, rührte ich unbewusst an die negativen Erfahrungen mit meinen eigenen Eltern. Meine professionelle Objektivität war mir abhanden gekommen. Ich musste erkennen, dass hier eine Gegenübertragung stattfand.

Nicht alle zwischen meiner Mutter und mir geschlagenen Wunden waren so gut verheilt wie vermutet. Ich hatte sie lediglich begraben und war ihnen ausgewichen. Das war mir eine Zeitlang gelungen. Doch jetzt behinderten meine eigenen ungelösten Emotionen meine fachliche Effektivität. Ich schämte mich. Wie konnte ich nur so naiv sein? So stark *verleugnen*? Wie konnte ich nur so unprofessionell sein?

Endlich aufgewacht, war ich motivierter denn je, und wollte unbedingt mehr über diese *Anomalie des Alterns* herausfinden. Ich verschaffte mir ein Sabbatjahr und ging ans Werk. Obwohl ich «Schubladen» eigentlich überhaupt nicht mag, half mir die Bezeichnung «toxisch» zu verstehen, womit ich es zu tun hatte. Sie ermunterte mich, meine weiteren Interviews mit «giftigen» Alten einfühlsam und sachlich distanziert durchzuführen. Meine professionelle Objektivität und Effizienz stellten sich wieder ein.

In dieser Zeit wurde mir klar, dass ich dieses Buch schreiben muss. Ich hoffe, dass Sie aus meinen Erfahrungen Nutzen ziehen.

1.2 Was unterscheidet toxisches Altern von erfolgreichem Altern?

Bei meinen Untersuchungen von erfolgreichem Altern bin ich auf einige Vergleiche mit nicht erfolgreichem Altern gestoßen, die hilfreich sein könnten.

Alle, die an der Blindstudie teilnahmen, hatten den gleichen kulturellen Hintergrund, waren etwa gleich selbstbewusst, lebten unabhängig, wiesen keine geistigen oder körperlichen Einschränkungen auf, hatten mittlere Einkommen und befanden sich nicht in einer Trauerphase. Sie waren zwischen 64 und 96 Jahre alt, männlich und weiblich, und im Zufallsprinzip aus 168 geeigneten Personen ausgewählt. Die Namen der Personen, die den festgelegten Kriterien der einzelnen Kategorien entsprachen, waren mir von Geriatriefachkräften, Dienstleistungseinrichtungen und anderen in der Altenarbeit Tätigen genannt worden.

Mir fiel auf, dass erfolgreich alternde Menschen die gleichen Erlebnisse gehabt hatten und ebenso häufig an belastenden Erkrankungen litten wie nicht erfolgreiche alternde Menschen, die Erfolgreichen jedoch beim Thema Krankheiten nicht lange verweilten. Sie stellten sich ihren Leiden und lebten ansonsten ihr normales Leben. Sie übernahmen die volle Verantwortung für sich, konnten Probleme lösen, hatten eine positive Lebenseinstellung, pflegten effektive Unterstützungssysteme und verzichteten auf psychologische *Spiele*. Sie waren integer und ihren Mitmenschen gegenüber angemessen ehrlich und direkt.

Die sehr erfolgreich alternden Menschen waren besonders geschickt darin, jede negative Situation ins Positive zu wenden. Die erfolgreich Alternden passten sich lediglich an. Was immer ihnen das Leben brachte, sie kamen gut damit zurecht.

Die nicht erfolgreich alternden Menschen dagegen übernahmen keine Verantwortung für ihr Leben, lösten kaum Probleme und schimpften auf alle Mitmenschen, die sie nicht beherrschen konnten, oder die versuchten, ihnen zu helfen (besonders die Angehörigen). Sie waren ewig unzufrieden. Kritik und Anschuldigungen waren die einzigen Reaktionen. Negativismus, Selbstzentriertheit und Viktimisierung waren die charakteristischen Merkmale dieser emotional missbrauchenden Personen. Erst wenn die Toxizität ein Ausmaß erreicht hatte, das öffentliches Ärgernis erregte, wurden Fachleute eingeschaltet. Diese wurden dann zum Unterstützungssystem des toxischen alten Menschen. Alle anderen waren desillusioniert, fühlten sich hoffnungslos und verbittert.

1.3 Definitionen

Um einen gemeinsamen Bezugsrahmen zur Identifikation toxischer Merkmale und Verhaltensweisen zu haben, werden nun einige Definitionen angeboten. Sie müssen diesen Definitionen nicht zustimmen. Sie werden nur gebeten, sie zu benutzen, um einer gemeinsamen Kommunikationsbasis und der Klarheit willen, und um Alterstoxizität künftig besser verstehen und erforschen zu können.

Toxisch: Dem *Reader's Digest Great Encyclopedic Dictionary* zufolge bedeutet toxisch «durch Gift verursacht, auf einer Vergiftung beruhend, giftig».

Wenn wir dieses Gift mit einem psychologischen Toxin vergleichen, haben wir eine erkennbare Komponente, die unsere mentalen, emotionalen und körperlichen Systeme vergiften, aber auch ihr eigenes Antitoxin produzieren kann. Das bedeutet, dass wir – vorausgesetzt wir wissen, womit wir es zu tun haben – ein Reaktionsmuster entwickeln können, das uns gegen das Gift immunisiert.

Toxizität (psychologische Definition der Autorin): Fixierung auf einer frühkindlichen Entwicklungsstufe und ein Denk-, Fühl- und Wahrnehmungsmuster, das sich in obsessiver negativer Energie, Opferhaltung, durch unbewussten Kontrollzwang oder zwanghaftes Verhalten manifestiert.

1.3.1 Einige Erklärungen

Für Erikson, Erikson und Kivnick (1986) wird auf der ersten Entwicklungsstufe das Vertrauen gebildet. «Giftige» Alte erreichen diese Stufe nicht. Sie bleiben im Misstrauen fixiert und gestatten sich nicht, zu lieben und verletzbar zu sein (siehe Kap. 9).

Der Definition des DSM-IV zufolge ist Toxizität weder eine psychische Erkrankung noch eine Persönlichkeitsstörung. (Eine nähere Erklärung folgt an späterer Stelle dieses Kapitels.)

Toxizität ist die Folge frühkindlich blockierter, im Innern generierter, auf Angst beruhender Entscheidungen sowie von Denk-, Fühl-, Verhaltens-, Wahrnehmungsmustern und Zwängen, die das Selbst psychologisch, gesellschaftlich, mental und spirituell vergiften – und andere vergiften, die mit dem Selbst in Kontakt kommen – und zwar in einem Ausmaß, dass sich Menschen, die für die toxische Ausstrahlung empfänglich sind, womöglich erlauben, Co-Opfer zu werden.

Alterstoxizität: Manifestiert sich in alles beherrschenden negativen Verhaltensweisen und Einstellungen mit destruktiven Auswirkungen auf zwischenmenschliche Interaktionen. Toxisches Verhalten führt oft dazu, dass Fachkräfte und Angehörige auf Distanz gehen, dass sich der Freundeskreis entfremdet und die toxische Person sozial isoliert zurückbleibt. Im Extremfall bewirkt Toxizität, dass genau jene Menschen ihre Hilfe und soziale Unterstützung einstellen, deren Beistand der toxische alte Mensch am meisten braucht, um mit dem Leben zurechtzukommen oder selbstständig bleiben zu können, oder beides.

In gewissem Sinn sind toxische Menschen unbewusst *abhängig* von der falschen *Selbstwahrnehmung*, dass sie vor ihren unterdrückten Ängsten und ihrem *Schatten* sicher sind, wenn sie sich und andere nur fortlaufend exzessiv kontrollieren. Allmählich verzerrt sich dann dieser *Wahrnehmungsprozess*, Rigidität setzt ein, es kommt zu zwanghaftem Festhalten an unerreichbaren Standards, Selbstgerechtigkeit übernimmt das Ruder, die Standpunkte werden extremer und das, was gut ist, was ihre Stärke und verantwortungsvolle Macht sein könnte, wird zur Quelle von Schwäche und Niedergang (siehe die Enneagramm-Diskussion, Kap. 8).

1.4 Wer sind diese toxischen alten Menschen?

Gemeint sind schwierige Menschen, meist zwischen 70 und 90 Jahren, die sich fortwährend defensiv und negativ verhalten, und zwar aufgrund ihrer eigenen verzerrten *Wahrnehmungen*, Wertvorstellungen, Überzeugungen, Botschaften und Erlebnisse.

Diese Wahrnehmungen werden dann in unterschiedlichem Ausmaß, mit unterschiedlichem Geschick und unterschiedlicher Intensität auf andere projiziert, je nachdem, welche Beziehung zur anderen Person besteht und wie anfällig diese für die Toxizität des alten Menschen ist.

1.5 Was verursacht Toxizität?

Bislang wurde noch keine alles erklärende Ursache gefunden, doch die explorierenden Tiefeninterviews mit toxisch alternden Menschen (Davenport, 1991) haben ergeben, dass sie als Kinder keine Wertschätzung ihrer Gefühle erlebt haben oder ihre Gefühle unterdrücken mussten. Blinder Gehorsam und widerstandslose Akzeptanz von Autoritätspersonen waren die Regel. Sie haben körperliche, verbale, emotionale, ja sogar sexuelle Gewalt erfahren. Missbrauch, Restriktionen und schlechte Vorbilder haben schließlich dazu geführt, dass diese alten Menschen weder gelernt haben, sich selbst zu vertrauen oder sich selbst zu lieben, noch gelernt haben, anderen zu vertrauen oder andere zu lieben.

Toxisch alternden Menschen wurde in ihrer Kindheit nicht erlaubt zu fühlen und sich zu erbitten, was sie brauchten, ja nicht einmal gestattet zu wissen, was sie brauchten. Sie haben nicht begriffen, dass Gefühle natürlich sind und angemessen und verantwortungsvoll ausgedrückt werden können. Sie wussten lediglich, dass es zu schmerzhaft war, zu fühlen und zu lieben. Sie mussten sich vor ihrer Umgebung schützen. Für bestimmte Persönlichkeitstypen hieß dies, Kontrolle auszuüben und entweder offen zu fordern oder verdeckt zu manipulieren.

1.6 Sind Extroversion oder Introversion entscheidende Faktoren?

Als ich mich noch einmal mit obiger Beschreibung befasste, kam mir eine neue Erkenntnis. Da sich Toxizität in unterschiedlichen Formen äußert, entscheiden logischerweise die C. G. Jung'schen Bewusstseinseinstellungen der *Introversion* und *Extroversion*, wie sich ein toxischer alter Mensch verhält und ob er seine Probleme *ausagiert* oder nicht (C. G. Jung, 1921).

In meiner ursprünglichen Forschungsarbeit war dieses Konzept nicht enthalten. Aufgrund persönlicher Erfahrungen bin ich inzwischen allerdings der Meinung, dass dieser Gedanke vertieft werden sollte und einen anderen Aspekt der Alterstoxizität aufdecken könnte.

So habe ich mich beispielsweise bei der ersten Studie nur auf die Erfahrung mit der Toxizität meiner extrovertierten Mutter und ihr typisches ausagierendes Verhalten bezogen. Erst später kam mir der Gedanke, dass auch mein introvertierter Vater toxisch sein könnte. Seine Toxizität, wie ich sie oben definiert habe, bekam ich vorwiegend in meiner Kindheit und in der Schulzeit zu spüren, als ich noch zu Hause leben musste.

Mein Vater war autoritär und führte ein strenges Regime. Es gab starre, strenge Regeln, an die man sich stets sofort, unhinterfragt und unter allen Umständen zu halten hatte. Gefühle zu zeigen war nicht gestattet. Er erwartete, dass Befehle und Anordnungen ausgeführt wurden – und zwar perfekt. Trotzdem war nie etwas «gut». Immer fand er etwas zu bemängeln. Auch meine Mutter konnte ihm nichts recht machen.

Aufgrund der räumlichen Trennung erlebte ich meinen Vater erst wieder intensiver, als er bereits alt war. Er war verschlossen und sprach kaum. Ich wusste nie, wie er sich fühlte. Für ihn war Schweigen ein Zeichen von Stärke. Inzwischen habe ich erkannt, dass ein introvertierter Mensch im Alter seine Toxizität nach innen wendet.

1.7 Was ist toxisches Verhalten?

Toxizität ist ein Muster, ein kontinuierliches, zwanghaftes und meist exzessives Ausagieren, das unweigerlich eine negative Reaktion auslöst und alle Menschen auslaugt (insbesondere Fachkräfte, Pflegekräfte und erwachsene Kinder), die sich unbewusst und automatisch von den psychologischen Spielen und Projektionen des toxischen alten Menschen *ködern* lassen (siehe Glossar).

Schwaches Selbstbewusstsein, fehlendes Vertrauen, verborgene Ängste, Abhängigkeit, geringes Selbstvertrauen und unterdrückte Wut sind einige der unbewussten Ursachen für die perfekt ausgeprägten *Abwehrmechanismen*, die toxische Menschen sehr geschickt einsetzen, um ihr verzweifeltes, idealisiertes, falsches Selbstbild und *Ich* zu schützen. Folgende Abwehrstrategien kommen zum Einsatz: *Ausagieren, Verleugnen, Verschieben, emotionale Isolierung, Hilfe, zurückweisendes Klagen, Affektisolierung, Projektion* und *projektive Identifikation, Rationalisierung, Reaktionsbildung* und *Ablehnung*.

Toxisches Verhalten bedeutet meist unablässiges und lautstarkes Klagen, Beschuldigen, Jammern und stets andere für Probleme verantwortlich machen. Toxisch alternde Menschen wehren auf diese Weise jegliche Verantwortung für ihre Handlungen ab. Es ist ihnen überhaupt nicht bewusst, dass sie ihre Schwierigkeiten oft durch ihr selbstgewähltes Verhalten auslösen.

Die meisten «giftigen» Alten sind von dem Drang beseelt, ihre Umgebung zu kontrollieren. Anders als erfolgreich alternde Menschen, die eine reifere innere Kontrollinstanz aufweisen, ist für sie typisch, dass sie als externes Copingmuster nur Coping durch Unterdrückung kennen, was auch Ruth und Coleman (1996) bestätigen.

Weil toxische Menschen keine andere Methode kennen, ihren illusionären Drang nach Sicherheit und persönlicher Macht zu befriedigen, sind sie fast immer unsensibel, fordernd, abschätzig, manipulativ, angriffslustig, kritisierend und bekannt dafür, dass sie Menschen, die ihnen nahe stehen, auf passiv-aggressive Art Schuldgefühle einflößen. Toxische alte Menschen zufrieden zu stellen oder glücklich zu machen, ist schlicht unmöglich.

1.8 Ist Toxizität verbaler Missbrauch?

Weil verbaler Missbrauch das sichtbarste Zeichen von Toxizität ist, stehen hier das anhaltend negative Denken und die Projektionen toxisch alternder Menschen im Fokus. Verbaler Missbrauch richtet oft erheblichen emotionalen Schaden an und ist geeignet, das Selbstwertgefühl und die Selbstsicherheit aller Leute, die gezwungen sind, mit toxischen Personen zu arbeiten, sich um sie zu kümmern, sie zu pflegen oder mit toxischen Personen verwandt sind, systematisch zu zerstören und zu untergraben, *sofern* sie nicht bemerken, dass sie es mit psychologischem Gift zu tun haben oder nicht wissen, dass sie anfällig sind und das Gift verinnerlichen.

In ihrem Buch *When You and Your Mother Can't Be Friends* (1990: 107) schildert Victoria Secunda das Verhalten einer toxischen alten Frau, die sie «die Kritikerin» nennt:

Die Kritikerin befindet sich stets im akuten Alarmzustand, als wäre sie auf der Flucht – sie hat schreckliche Angst, jemand könnte merken, dass sie tatsächlich selbst so nichtswürdig ist, wie sie alle anderen beschuldigt, nichtswürdig zu sein. Der Eifer, mit dem sie ihre Kinder herabsetzt, ist ein verzweifelter Versuch, durch den Vergleich mit ihnen wenigstens ein Bruchteil ihres Selbstwertgefühls zu retten. Sie verbirgt ihr inneres Beben hinter einer Mauer von Gehässigkeit, Sticheleien und Genörgel.

Kaum zu glauben, aber erwachsene Kinder, ja selbst manche professionell pflegenden und betreuenden Fachkräfte sind im gleichen Abwehr-Projektion-Szenario gefangen. Je mehr Helfende geben, oder je mehr sie sich anstrengen, den toxischen Menschen zufrieden zu stellen, desto größer werden die Ansprüche und Verunglimpfungen. «Giftige» Alte können mit liebevoller Zuwendung nicht umgehen. Sie wirken festgefahren und sind offenbar unfähig, aus dem (sofern nichts dagegen unternommen wird) zunehmend rigideren Muster projizierten Vertuschens und der Kontrolle auszubrechen. In ihrem fehlgeleiteten Denken meinen sie, auch noch ihre letzten, der Pflicht geschuldeten Verbindungen zu verlieren, falls sie ihre Ängste und Schwächen zeigen; sie merken nicht, dass sie bereits dabei sind, zu zerstören, was sie am allermeisten brauchen: die bedingungslose Liebe und das Gefühl gegenseitiger emotionaler Unterstützung nahestehender Menschen.

Alle, die mit toxischen alten Menschen leben, sie lieben und beruflich mit ihnen zu tun haben, müssen sich unbedingt des dysfunktionalen Zusammenspiels zwischen toxischem Elternteil und erwachsenem Kind bewusst sein. Vermeidung kann Ihre Zeit verschwenden und Ihre Effektivität behindern, sofern Vermeidung nicht Teil der Hilfeleistung ist (siehe Kap. 5 und 6).

Der Umgang mit Toxizität ist frustrierend, egal in welchem Lebensalter sie auftritt, doch die eingefahrenen, starren Muster toxisch alternder Menschen sind besonders herausfordernd. Wie Patricia Evans (1996) in ihrem Werk *Verbally Abusive Relationship* bestätigt, wird emotionaler und verbaler Missbrauch meist vertuscht und von der Familie verchimlicht, was jedoch lediglich dazu führt, dass die Situation immer schlimmer und schwieriger wird.

1.9 Ist Toxizität emotionale Erpressung?

Susan Forward, die Autorin von *Giftige Eltern* (1989) schreibt in ihrem neuen Buch (1997), dass es emotionale Erpressung ist, wenn jemand mit Hilfe von Angst-, Pflicht- und Schuldgefühlen andere manipuliert. Sie bezeichnet dies als FOG (Fear, Obligation, Guilt; [fog, engl. Nebel]), und das ist es, was eine toxische alte Mutter oder ein toxischer alter Vater den erwachsenen Kindern oder jeder professionellen Kraft in der Altenarbeit antut, wenn es zugelassen wird.

Erpressung fällt «giftigen» Alten im Grunde nicht schwer, weil sie lange Jahre Zeit hatten, um sehr genau herauszufinden, wo bei jedem Menschen, mit dem sie es zu tun haben, der wunde Punkt liegt (Forward, 1997: 102). Professionelle Kräfte und erwachsene Kinder fühlen sich schuldig, wenn sie sich verpflichtet glauben, jeden geäußerten Wunsch, und mag er noch so übertrieben und unrealistisch sein, erfüllen zu müssen.

Weil es besonders ärgerlich ist, wenn ein Klient oder eine Klientin droht, sich an Ihre Vorgesetzten zu wenden, falls seinen oder ihren Wünschen nicht entsprochen wird, sollten Sie diese Taktik kennen.

1.10 Ist Toxizität eine psychische Störung?

In den acht Jahren der Forschung und Lehre über Alterstoxizität habe ich der Versuchung widerstanden, Toxizität als psychische Störung zu bezeichnen. Als überwiegend in der Lehre tätige Person bin ich natürlich befangen. Obwohl Toxizität eine Form von Persönlichkeitsstörung ist, betrachte ich sie als Entwicklungsproblem, nicht als Psychopathologie, als ein Problem der Erziehung, nicht als klinisch relevantes Thema. Es kommt auf Ihre Betrachtungsweise an. Ihre Interpretation wird ganz davon abhängen, ob Sie gehalten sind, eine Diagnose zu stellen, die von der Krankenversicherung anerkannt wird.

Die meisten Fachleute gehen von einer psychischen Störung aus, wenn sie im *Diagnostic and Statistical Manual of Mental Disorders* (DSM-IV) der American Psychiatric Association (APA, 1994) beschrieben wird. Der Begriff «toxisch» taucht dort allerdings nicht auf.

Die Altersforscher Gatz, Kasl-Godley und Karel (1996: 373) raten uns, die Sache vorsichtiger zu beurteilen. Sie stellen fest, dass «die Literaturübersichten und eine kleine Studie klinischer Berichte nahe legen, dass keiner der älteren Patienten den diagnostischen Kriterien für eine psychische Erkrankung, wie im DSM-III-R enthalten, in ausreichendem Maße entsprach» (1987, dem DSM-IV vorangehende Ausgabe), und dass die «Kriterien für eine Persönlichkeitsstörung möglicherweise altersspezifisch sein sollten». Sie behaupten, es sei «notwendig, andere diagnostische Kategorien oder Kriterien zu entwickeln, um die qualitativen Altersunterschiede erfassen zu können». Sonst ist es zu leicht, alte Menschen in die DMS-Kategorie NOS (Personality Disorder Not Otherwise Specified, nicht näher spezifizierte Persönlichkeitsstörung) einzuordnen (APA, 1994: 629), ein Sammelbecken für alle abweichenden Verhaltensweisen, die sich den spezifischen DSM-Klassifikationen entziehen.

Daraus folgt, dass die DSM-Klassifikationen nur mit größter Vorsicht anzuwenden sind. Toxizität passt zwar zu keiner der zehn häufig vorkommenden spezifischen Persönlichkeitsstörungen, in ihrer ausgeprägtesten Form ähnelt sie jedoch der im DSM-IV beschriebenen Generellen Persönlichkeitsstörung, die folgendermaßen definiert wird: «Andauerndes Verhaltens- und Erlebnismuster, das deutlich von den Erwartungen der soziokulturellen Umgebung abweicht», mit den Symptomen «Fehlanpassung und Inflexibilität hinsichtlich Wahrnehmung, Denken und/oder der interpersonellen Beziehungen» (APA, 1994: 630). Wenn alte Menschen das Stadium der Toxizität erreicht haben, zeigen und verursachen auch sie «deutliche Beeinträchtigungen des Verhaltens und subjektives Leiden», beides Kriterien, die das DSM-IV als «Diagnostische Anzeichen einer Persönlichkeitsstörung» anführt (APA, 1994: 630).

Verblüffend? Ja! Doch die Schlüsselworte hier sind «deutliche Beeinträchtigung des Verhaltens» und «subjektives Leiden». Je nach Grad der Toxizität kommen die meisten «giftigen» Alten in der Öffentlichkeit gut zurecht – wenn ihnen danach ist, können sie sogar ausgesprochen liebenswürdig sein – und «subjektives Leiden» empfinden sie kaum, weil es in den meisten Fällen auf andere übertragen wird, vor allem auf Familienangehörige.

Folglich kann es leicht zu Fehldiagnosen kommen, wenn keine gründliche Evaluation durchgeführt wird und fehlangepasste Persönlichkeitsmerkmale und eine klinisch relevante Persönlichkeitsstörung nicht klar voneinander unterschieden werden, denn beide manifestieren sich in «fehlgeleiteter Wahrnehmung der eigenen Person oder anderer Menschen, Nichtwahrnehmung der eigenen Wirkung auf andere und unangemessenen Reaktionen» (Gatz et al., 1996: 373).

Ungeachtet der Tatsache, dass für alte Menschen verlässliche diagnostische Daten fehlen, weist die APA darauf hin, dass «eine Persönlichkeitsstörung zwar per definitionem nicht später als im frühen Erwachsenenalter einsetzen muss, werden manche Menschen erst im relativ hohen Lebensalter klinisch auffällig. Eine Persönlichkeitsstörung kann sich nach dem Verlust einer nahestehenden, unterstützenden Person (z. B. des Ehepartners oder der Ehepartnerin) oder einer zuvor stabilisierenden sozialen Situation (z. B. des Arbeitsplatzes) verschlimmern» (APA, 1994: 631).

Es ist allerdings nicht so leicht, die zur Unterscheidung zwischen klinisch relevanten Störungen und Toxizität benötigten Daten zu erhalten. Alte Leute, besonders solche, die die Zeit der Wirtschaftskrise durchlebt haben, sind nicht unbedingt bereit, über ihre emotionalen Leiden zu sprechen, sich freiwillig in psychotherapeutische Behandlung zu begeben oder sich detailliert an Kindheitserlebnisse zu erinnern. Deshalb kommt es vor allem auf Zeit, Geduld und die Wahrnehmung nonverbaler Hinweise an.

Denken Sie einfach beim Assessment betagter Menschen stets daran, dass Toxizität in den allermeisten Fällen nie «die Schwelle» zu einem der im DSM angeführten diagnostischen Kriterium für eine Persönlichkeitsstörung überschreitet, noch einem der «qualitativ eindeutigen klinischen Syndrome» (APA, 1994: 633) zuzuordnen ist.

1.11 Toxizität und Multimorbidität

Mit mehreren Krankheiten gleichzeitig zurecht zu kommen ist auch ohne toxische Komponente schwierig genug. Die meisten pflegerischen und therapeutischen Fachkräfte werden sich zuerst mit den offensichtlichen Problemen befassen, etwa der körperlichen Erkrankung, mit Alkoholabhängigkeit, Demenz und Medikamentenmissbrauch, um schließlich feststellen zu müssen, dass die bislang vielleicht als sekundäres Problem betrachtete Toxizität letztlich zum Hauptthema wird.

«Giftige» Alte sind meist kein einfaches Klientel. Anfangs werden sie leugnen, dass mit ihnen irgend etwas schief läuft. Sind sie dann überredet oder soweit manipuliert worden, dass sie eine Fachkraft aufsuchen, werden sie die Behandlung schon nach wenigen Tagen sabotieren, indem sie sich nicht an die Anweisungen halten, die verschriebenen Medikamente nicht einnehmen oder durch nicht-rezeptpflichtige Arzneien, Hausmittel oder Alkohol ersetzen.

Wenn Alkoholprobleme vorliegen, sollte zwischen früh und spät einsetzender Alkoholabhängigkeit unterschieden werden. Marilyn Milligan, eine klinische Sozialpädagogin (licensed clinical social worker, LCSW) und Koordinatorin der Dienstleistungsangebote und Gesundheitsberatungsstellen für Seniorinnen und Senioren in Orange County, Kalifornien, weist in einem Bericht über Drogenkonsum bei alten Menschen darauf hin, dass bei früh einsetzender Alkoholabhängigkeit «wegen der, im Gegensatz zu toxischen alten Menschen, noch nicht entwickelten Copingstrategien, von einer schlechten Prognose auszugehen ist» (Milligan, 1997).

Die Sozialbehörden kennen und berücksichtigen die Schwierigkeiten toxischer Personen und planen und entwickeln entsprechende Pilotprogramme. So werden in Milligans Bericht über das Orange County's Older Adult Substance Abuse Demonstration Project als Kriterien für die Aufnahme in das Programm genannt: «Beteiligung der Angehörigen, Aufgeschlossenheit für die Mitwirkung der Sozialbehörde, Fehlen von Risikofaktoren, welche die Durchführung oder den Erfolg der Maßnahme beeinträchtigen könnten.» (Milligan, 1997).

Dessen ungeachtet muss sich die Diagnose stets am Einzelfall orientieren, sie soll flexibel sein und offen für die unterschiedlichen Komplikationen eines jeden Klienten und einer jeden Klientin. Toxizität beispielsweise kann sich mit einsetzender Demenz steigern, oder, wie es bei meiner Mutter der Fall war, abschwächen. Bei ihr ließen die negativen Äußerungen zusammen mit dem Gedächtnis nach.

1.12 Toxizität und Körperbehinderung

Wie bei anderen multiplen Diagnosen auch, kommt Toxizität lediglich erschwerend hinzu. Bei Menschen mit einer körperlichen Behinderung ist entscheidend, wie sie selber die Diagnose wahrnehmen. Toxische Personen neigen dazu, mit Hilfe der Diagnose ihre «erlernte Abhängigkeit» zu aktivieren, außer sie werden von einer Organisation betreut, die durch Selbstmitleid ausgelöste Abhängigkeit nicht toleriert.

Robert D. Cummings, der Leiter einer Agentur in Kalifornien, die Menschen mit einer Behinderung ein möglichst unabhängiges Leben ermöglichen soll, äußerte dazu:

> Weil sich unsere Einrichtung dem Ziel verpflichtet hat, die Unabhängigkeit unseres Klientels zu erhalten, ist unsere Toleranz für Toxizität gering. Mit toxischen Menschen verhält es sich nicht anders als mit Menschen, die eine Behinderung haben: Wenn wir sie nicht konfrontieren, lassen wir nur zu, dass sie ihr Muster aufrechterhalten und andere anstecken. Selbstverständlich tun wir alles, um ihnen zu helfen, doch nur, wenn sie das Ausagieren einstellen und eine Entscheidung für das Leben treffen. (persönliche Mitteilung, 25. Februar, 1998)

Obschon diese Agentur zum Gesprächszeitpunkt keine alten Menschen betreute, erklärte mir Cummings den Begriff Toxizität anhand des Beispiels einer körperbehinderten älteren Frau, und hat damit das Problem der «erlernten Abhängigkeit» und ihrer Auswirkungen illustriert. Eine Freundin, die Leiterin einer anderen Agentur, hatte eine blinde, etwa 68-jährige Frau im Vorstand. «Sie hat schlimme Dinge erlebt», sagte Cummings, «weil sie nicht wusste, was toxisches Verhalten ist. Immer, wenn sie dieser Frau behilflich sein wollte, wurde sie niedergemacht. Meine Freundin hatte das Gefühl, total zu versagen.»

Diese ältere freiwillige Mitarbeiterin reagierte auf Hilfsangebote stets unbeirrt mit fortgesetztem, vehementen Gejammer: «Eigentlich sollte ich gar nicht im Vorstand sein, weil ich zu unseren Sitzungen überhaupt nichts beitragen kann. Ich kann vor einer Sitzung das Material und die Niederschriften doch nicht lesen.»

Nachdem ihr gesagt wurde, dass es von allem Tonbandaufzeichnungen gibt, weigerte sie sich, das Gerät zu benutzen, ein Hinweis auf Toxizität, und dass sie das psychologische Spiel «Ja, aber...» und «Ich Ärmste!» spielte (siehe Kap. 10, der Abschnitt über Transaktionsanalyse, [TA]).

Bei den Sitzungen redete sie dauernd dazwischen, widersprach in den Diskussionen, stellte überflüssige Fragen und benutzte ihre Blindheit als Entschuldigung für ihr

Verhalten. Sie war das Opfer. Sie konnte nichts dafür und war deshalb nicht verantwortlich. Zuhause weigerte sich diese Frau zu kochen; sie bestand auf «Essen auf Rädern», beklagte sich aber über die Servicequalität.

Während Cummings dieses Szenario schilderte, bemerkte ich eine gewisse Abscheu in seiner Stimme. Später erfuhr ich, dass er alleine lebt, selber kocht, eine der größten und besten Dienstleistungseinrichtungen für Menschen mit Behinderung in Kalifornien leitet und in nationalen Gremien mitwirkt, obwohl er blind, seit sechsunddreißig Jahren Diabetiker und mit Leberproblemen belastet ist sowie ein halbes Jahr Dialyse und eine Nierentransplantation hinter sich hat.

Ferner erfuhr ich, dass seine Irritation auch mit der Tatsache zu tun hatte, dass diese Freundin, wie so viele wohlmeinende Fachkräfte, nicht den Mut hatte, den toxischen alten Menschen zu konfrontieren oder ihm die Grenzen aufzuzeigen. Stattdessen wartete die Leiterin das Ende der Amtszeit dieser Frau ab, schickte ihr den üblichen Dankesbrief für ihren Einsatz und ließ deren Verhaltensmuster seinen Lauf.

«Die Leute treffen eigene Entscheidungen», sagte Cummings, und diese Philosophie prägt seine Einrichtung und das reichhaltige Fortbildungsangebot, das dem Personal wöchentlich auch Zeit zur Verfügung stellt, um Kurse besuchen zu können, in denen der praktische Umgang mit anstrengenden, multimorbiden Personen, die viel zu klagen haben, gelehrt wird. Die Leute haben die Wahl; sie können sich entscheiden, «ihr Leben zu vergeuden oder wieder ganz lebendig zu sein.» Die Verantwortung liegt bei ihnen.

1.13 Tritt Toxizität auch in anderen ethnischen Gruppen und Kulturen auf?

Toxizität gibt es in allen Kulturen und ethnischen Gruppen, lässt sich aber vielleicht nicht ohne Weiteres identifizieren. Nicht alle non-konformen Verhaltensweisen ethnischer Minoritäten sind toxisch. Deshalb kommt es entscheidend darauf an, sorgfältig abzuwägen, um gesellschaftliche Gepflogenheiten und volksgruppenspezifische Bräuche, Äußerungen und Werte von Verhalten zu unterscheiden, das wir als toxisch bezeichnen.

Informationen darüber zu erhalten war recht zeitaufwändig und nur mit viel Geduld möglich, weil es guter Verbindungen bedurfte und Vertrauen da sein musste, bevor Vertreterinnen und Vertreter von Minoritätengruppen bereit waren, etwas Negatives über Personen der eigenen Volksgruppe zu sagen. Wenn sie aber einmal redeten, kam es zu einem richtigen Schwall von Beispielen und Äußerungen. Diese Geschichten vermitteln so viel Mitmenschlichkeit und Verständnis, dass ich ihnen im Kapitel 2 einen eigenen Abschnitt gewidmet habe.

1.14 Wie werden toxische alte Menschen wahrgenommen?

Bei meiner Beschäftigung mit Alterstoxizität bat ich professionell Pflegende, ambulante Dienstleister, Betreuungskräfte, Ehefrauen, Ehemänner und erwachsene Kinder, die täglich mit toxischen alten Menschen zu tun haben, ihre Eindrücke zu beschreiben. Hier einige Antworten:

- Mit toxischen alten Leuten zu arbeiten ist schier unmöglich. Sie schlagen alle in die Flucht, selbst ihre Angehörigen.
- Ein toxischer Mensch ist eine negative und egozentrische Person, die alle auslaugt und befremdet, die ihr helfen möchten.
- Toxische Menschen sind mehr als schwierig; sie können in Sekundenschnelle eine Gruppe, ein Programm oder einen Plan zerstören.
- Toxische Menschen jammern und klagen unablässig. Sie schieben anderen die Schuld für ihre Probleme zu.
- Toxische Menschen triefen vor Selbstmitleid und betrachten sich stets als Opfer.
- Toxische Menschen vergiften sich selbst und beschuldigen automatisch andere. Toxizität ist ein destruktives Verhaltensmuster.
- Toxizität ist die bewusste/unbewusste Weigerung, sich mit Missverständnissen im zwischenmenschlichen Umgang auseinander zu setzen.
- Toxische Menschen übernehmen keine Verantwortung für ihr Leben. Sie manipulieren andere. Je mehr sie sich gehen lassen, desto rachsüchtiger, misstrauischer, feindseliger werden sie, desto mehr kritisieren sie und geben anderen die Schuld, bis sie schließlich ganz in Selbstmitleid versinken und sich zum Märtyrer machen.
- Toxizität kann ganze Bereiche des Gehirns und des Herzens lahm legen, wenn das giftige Verhalten zur Gewohnheit wird.

1.15 Zusammenfassung

Ein kleiner Prozentsatz alter Menschen – meist sind sie Ende 70 bis Ende 80 – wird als «toxisch» bezeichnet. Es sind Menschen, deren Lebensführung und Verhalten allen das Leben zur Hölle machen, die das von ihnen verspritzte psychologische Gift aufnehmen.

Im Kontext dieser Arbeit wird Toxizität als die negative Energie einer Opferhaltung definiert, der nicht mit einer bestimmten Behandlung beizukommen ist, die vielmehr nach psychosozial-spiritueller *Heilung* verlangt. Die Definition enthält Beschreibungen des Verhaltens, der Begriff «toxische» alte Menschen oder «toxisch» alternde Menschen wird jedoch hauptsächlich benutzt, um die Fixierung auf einer frühkindlichen Entwicklungsstufe und *maladaptatives* Verhalten zu bezeichnen, das Familien zerstören, den alten Menschen einsam und ungeliebt zurücklassen und dazu führen kann, dass alle, die beruflich mit ihm zu tun haben, frustriert werden.

Toxisches Verhalten ist herabwürdigend und manipulativ, es äußert sich in passiv-aggressiven Bemerkungen, die Schuldgefühle einflößen, und überzogenen Ansprüchen. Es handelt sich dabei nicht um eine psychische Erkrankung im Sinne des DSM-IV (APA, 1994), sondern um eine Form der Persönlichkeitsstörung, die, wenn sie mit verschiedenen anderen Beschwerden einhergeht, eine effektive Behandlung vereiteln kann. Toxizität manifestiert sich unterschiedlich, je nachdem, ob der betroffene Mensch ein introvertierter oder ein extrovertierter Persönlichkeitstyp ist.

Toxizität ist multi-ethnisch und tritt überall auf, wo Menschen leben. Auch religiöse Gruppen und Menschen mit einer körperlichen Behinderung bilden keine Ausnahme. Wie wir auf diese Gruppen und ihre «giftigen» Alten reagieren, ist jedoch abhängig von unseren eigenen Wertvorstellungen, Gewohnheiten, Bedürfnissen, Auffassungen, kulturellen Prägungen, projizierten Wahrnehmungen und unserer Selbstwahrnehmung.

Die Haupthypothese dieses Buchs lautet: Die Art unserer Wahrnehmung bestimmt, wie wir auf Menschen oder Dinge reagieren. Wird ein negativer Zustand, eine negative Situation oder Beziehung nicht verstanden, erfüllt sie die Gruppenerwartungen nicht, löst sie Schuldgefühle oder Ängste aus und bleibt sie deshalb verleugnet, wird sie auf ein externes Objekt, eine externe Person oder Gruppe projiziert. Diese Projektion – unsere eigene Wahrnehmung – ist es, auf die wir und toxische Menschen reagieren. Daraus folgt, dass wir unsere eigenen Konflikte, Dynamiken und Themen anschauen müssen, weil in unserem Innern der Schlüssel für den Umgang mit «giftigen» Alten und zur Vermeidung von Gegenübertragungen zu finden ist.

In den folgenden Kapiteln werden die Auswirkungen von Toxizität auf andere ethnische und kulturelle Gruppen, auf Geriatriefachkräfte, Familien und weitere potenzielle Co-Opfer erläutert. Ferner wird darauf hingewiesen, dass uns, bevor wir eine Person als toxisch bezeichnen, ihre Herkunft, Überzeugungen, Wertvorstellungen, Gewohnheiten, Beziehungen und Lebensumstände bekannt sein müssen.

Obgleich latent vorhandene Toxizität vermutlich bereits im Laufe der Entwicklung angelegt wurde, bricht sie oft erst nach einem plötzlichen Trauma, einer einschneidenden Veränderung oder einem schweren Schicksalsschlag aus, etwa beim Verlust des Arbeitsplatzes, des Partners oder der Partnerin, der Unabhängigkeit oder des Selbstbildes, weil dann mit dem subjektiven Gefühl von Macht und Kontrolle auch die bislang verdeckende, akzeptable Rolle entfällt. Die *Persönlichkeit* wird verletzbarer und kann sich schlechter anpassen, wenn neue und unvertraute *Stressoren* auftreten, die den optimalen Stresslevel übersteigen.

2 Warum beschäftigen wir uns mit toxischen alten Menschen?

Nicht alle Menschen altern erfolgreich.
Toxizität ist einer der Hauptgründe dafür.

2.1 Bewusstsein wecken

Toxizität im Alter ist eine psychosozial-spirituelle Anomalität des Alterns, die von vielen missverstanden, von manchen gefürchtet und vor den meisten verborgen bleibt, außer vor Angehörigen, Geriatriefachkräften und in der Altenpflege tätigen Personen, die sich gezwungenermaßen damit auseinandersetzen. Dieses Buch will zu einem frischen Blick auf diese Disparität des Alterns verhelfen. Wir können von «giftigen» Alten einiges lernen.

Können Sie sich vorstellen, wie es ist, ein alter Mensch zu sein, den niemand in seiner Nähe haben will, sich einsam und elend zu fühlen? Den nahestehende Personen, Freundinnen und Freude, ja sogar Geistliche selten besuchen? Festzustellen, dass professionelle Betreuungskräfte jeden Hausbesuch verweigern?

«Ich will ihr ja helfen», sagen sie. «Ich will diese Person besuchen. Ich will mich um sie kümmern, aber ich kann mit diesem Negativismus einfach nicht umgehen, mit dieser abfälligen Haltung, den Brüskierungen. Immer soll ich an all ihren Problemen Schuld sein. Ich bin ratlos und fühle mich so frustriert und verbittert, nachdem ich doch alles versucht habe, ihr zu helfen. Ich komme einfach nicht zurecht... vielleicht habe ich den falschen Beruf gewählt!»

2.2 Den Tatsachen ins Auge blicken

Wir können diese toxische Anomalie des Alterns nicht mehr ignorieren. Das Muster ist beunruhigend, wenn wir uns klar machen, dass es sich von einer Generation auf die nächste überträgt, sofern es nicht unterbrochen wird. In 20 Jahren sind die ersten Männer und Frauen der geburtenstarken Jahrgänge über 70; ein aufrüttelnder Gedanke, wenn wir uns die Zahlen anschauen: Wir sprechen von 75 Millionen Menschen. Wenn nur fünf Prozent davon auffallend toxisch werden, sind das immerhin 3,75 Millionen!

Können wir sie dazu bewegen, früh zu intervenieren oder vorbeugende Maßnahmen zu ergreifen? Können wir die nachfolgende Generation warnen?

Wenn wir die Zahl der geburtenstarken Jahrgänge mit der Zahl ihrer Kinder und Enkel multiplizieren, die dann diesem Syndrom ausgesetzt sind und womöglich selber bereits Teile des toxischen Denkens, der toxischen Züge und Verhaltensweisen der Älteren übernommen haben, wenn wir dann die Auswirkungen auf Dienstleister, Ehefrauen und Ehemänner, Schwiegerleute, die Nachbarschaft, den Freundeskreis, die Verwandten und Steuerbürger hinzufügen, ist der Gedanke an vervielfachte Toxizität tatsächlich erschreckend.

Besteht die Möglichkeit, dass die Dinge bei der kommenden Generation anders verlaufen? Wird sie so viel Selbstliebe aufbringen, dass sie wählt, erfolgreich zu altern, gut für sich zu sorgen, Verantwortung zu übernehmen und ganz zu sein, oder werden ihre egoistischen, nur auf schnelle und provisorische Lösungen gerichteten Erwartungen, die sie heute an den Tag legen, überwiegen?

Wir können nur hoffen, dass es zu Veränderungen kommt. Als Fachkräfte im Gesundheitswesen fällt uns die Rolle der Lehrenden zu, die angesichts der künftigen demographischen Entwicklung nicht eben einfacher wird. Den Trend zur Opferhaltung umzukehren und zu verhindern, dass sich die Toxizität auf Millionen künftig alternder Menschen ausdehnt, das ist wohl eine unserer größten Herausforderungen.

2.3 Die demographische Situation

Die nun folgenden Daten sind teilweise bereits für die Planungen im öffentlichen Gesundheitswesen und für Forschungen auf dem Gebiet der Gerontologie verwendet worden. Sie sind auch für Pflegende und alle, die täglich mit Betreuung der älteren Bevölkerung zu tun haben, von größtem Interesse. Nur wenn wir informiert und uns der Situation bewusst sind, können wir die Veränderungen und Besonderheiten künftig alternder Generationen verstehen und entsprechend planen. Die Dinge werden sich verändern, und besonders wir als Fachkräfte in der Altenarbeit müssen vorbereitet sein. Die geriatrischen Dienstleistungsangebote dürfen nicht bleiben wie sie heute sind.

2.3.1 Bevölkerungsprognosen

Im Altenbericht des Department of Commerce vom Jahr 1993 steht, dass es im Jahr 1900 in den Vereinigten Staaten 3,1 Millionen alte Menschen gegeben hat; das Verhältnis war etwa 1:25. Im Jahr 2020 werden es 54 Millionen sein, was einem Verhältnis von 1:6 entspricht. Ab 2011 werden die ersten während des Babybooms Geborenen das 65. Lebensjahr erreichen; mehr Kinder werden ihre Urgroßeltern erleben und Vier-Generationen-Familien die Regel sein. Gegen 2050, in der letzten Phase der gerontologischen Bevölkerungsexplosion, könnte die Zahl der alten Menschen auf 79 Millionen ansteigen und das Verhältnis etwa 1:5 betragen (U.S. Commerce, 1993: 2, 3).

Diese Vorhersagen basieren auf den Anfang 1990 vorhandenen Trends der Fertilitäts-, Mortalitäts- und Immigrationsraten. Man geht davon aus, dass diese Entwicklungen anhalten. Sollte aufgrund des verbesserten Gesundheitsverhaltens und medizinischen Fortschritts die Mortalität weiter sinken, wird der Anteil alter Menschen noch höher liegen (U.S. Commerce, 1993: 4).

2.3.2 Prognosen für bestimmte ethnische Gruppen

Im Jahr 1990 stellten Weiße den höchsten Anteil alter Menschen, was vor allem auf deren höhere Überlebens- und niedrigere Fertilitätsraten zurückzuführen ist. Auch sind weniger Weiße immigriert, was bedeutet, dass der verhältnismäßige Anteil weißer alter Menschen bis 2050 sogar noch steigen wird.

Andererseits werden auch die anderen Bevölkerungsgruppen wachsen, weshalb wir die heterogenste Altenpopulation in der US-amerikanischen Geschichte bekommen werden. So betrug beispielsweise 1990 die Zahl der Amerikanerinnen und Amerikaner lateinamerikanischer Herkunft, die 65 Jahre oder älter waren, 1,1 Millionen. Bis zum Jahr 2050 werden 12 Millionen prognostiziert, also elfmal so viele; die Zahl der 80-jährigen oder älteren Hispanoamerikaner wird dann auf über 4,5 Millionen angestiegen sein (U.S. Commerce, 1993: 5). [In Deutschland kamen im Jahr 2005 insgesamt 32 % (2,1 Millionen) aller ausländischen Bürger aus den Mitgliedstaaten der Europäischen Union und weitere 48 % (3,2 Millionen) aus anderen europäischen Ländern. Weitere Herkunftsländer waren Asien (12 %), Afrika (4 %), Amerika (3 %) und 1 % hatten keine oder eine ungeklärte Staatsangehörigkeit. Die meisten der in Deutschland lebenden Menschen mit ausschließlich ausländischer Staatsangehörigkeit stammen aus der Türkei (26 %), aus Italien (8 %), aus Polen und Griechenland (jeweils 5 %) sowie aus Serbien und Montenegro (4 %). Anm. d. Lek. Quelle: Statistisches Bundesamt Deutschland; http://www.destatis.de/jetspeed/portal/cms/Sites/destatis/Internet/DE/Presse/pm/2006/03/PD06__134__125, templateId=renderPrint.psml; letzter Zugriff am 03.04.2009]

2.3.3 Zahlen einzelner Bundesstaaten

Im Jahr 1990 lebten in jedem der neun bevölkerungsreichsten Bundesstaaten – Kalifornien, Florida, New York, Pennsylvania, Texas, Illinois, Ohio, Michigan und New Jersey – 1 Million alter Menschen. In Kalifornien leben die meisten alten Menschen, mit 18 % hat jedoch Florida den landesweit höchsten Bevölkerungsanteil alter Menschen (U.S. Commerce, 1993: 6).

Zwischen den Jahren 1980 und 1990 stieg die Zahl in allen Bundesstaaten an, wobei die westlichen und südwestlichen Küstenstaaten den größten Zuwachs verzeichneten.

Auch im Mittleren Westen, in Nord Dakota, Süd Dakota, Nebraska und Iowa ist der Bevölkerungsanteil alter Menschen hoch (13 %), was primär auf den Wegzug junger Leute zurückzuführen ist.

2.3.4 Geschlechterverhältnis

Etwa 1,3 Millionen der 1,6 Millionen alten Menschen in Pflegeheimen sind weiblich, wobei diese Zahl mit zunehmendem Alter drastisch ansteigt. Grund dafür ist vor allem die höhere Lebenserwartung von Frauen, dass sie früher Witwen werden, länger alleine leben und dann zu gebrechlich sind, um sich selbst zu versorgen. Chronische Erkrankungen, Behinderungen und Abhängigkeit werden zur Norm.

Die wachsende Ungleichheit zwischen den Geschlechtern und die gesundheitlichen, sozialen und ökonomischen Folgeprobleme für *sehr alte* (old-old) Frauen sind der Gerontologie längst bekannt, die psychologischen und spirituellen Dimensionen sind bislang allerdings weitgehend unbeachtet geblieben.

2.3.5 Veränderung der Haushalte

Weil die Menschen immer länger leben, ist die Altersarmut vieler verwitweter und alleinlebender Frauen als Problem erkannt worden. Auch die sogenannte «Sandwichgeneration» wurde unterstützt, etwa durch die Möglichkeit einer beruflichen Stundenreduzierung, um Zeit für die Betreuung hilfsbedürftiger Eltern zu haben. Allerdings sind nur wenige Therapeutinnen und Therapeuten, professionell Pflegende, Geistliche, Case Manager oder andere Fachkräfte in der Altenarbeit speziell für den Umgang mit den psychologischen und spirituellen Bedürfnissen toxischer alter Menschen ausgebildet, noch auf die Projektionen und psychologischen Spiele vorbereitet, welche diese mit erwachsenen Kindern, Familien, Gemeinden und den Fachkräften selbst spielen. Von einer verschlechterten Beziehung sind schließlich alle betroffen; sie beeinträchtigt auch die Therapie.

Sicher, das Konzept oder zumindest die Bezeichnung *Alterstoxizität* ist neu, ihre Folgen in psychologischer Hinsicht dagegen sind es nicht.

2.4 Toxizität frühzeitig erkennen

Der Gestalttherapeut, Gruppencoach, Lehrer und Autor Jerry Greenwald war (meines Wissens) der Erste, der das Konzept der Toxizität mit dem Verhalten Erwachsener in Verbindung brachte. Seine frühen Monographien *The Art of Emotional Nourishment* (1968) und *The Art of Emotional Nourishment: Self-induced Nourishment and Toxicity* (1969) waren die Vorläufer seines Bestsellers *Be the Person You Were Meant To Be: Antidotes to Toxic Living* (1973).

Greenwald befasst sich zwar nicht speziell mit alten Menschen, seine Konzepte und Beschreibungen von Toxizität sind jedoch universell und altersunabhängig, weil Toxizität ein Lebensmuster ist. Die spezifischen Merkmale von Toxizität werden an späterer Stelle dieses Kapitels genannt. Der wichtigste Unterschied ist, dass Toxizität im Laufe der Jahre und mit größerer räumlicher Nähe zu den erwachsenen Kindern auffallender und belastender wird.

2.5 Schattenarbeit

Meine Beobachtung ist, dass sich «giftige» Alte in ihren höheren Lebensjahren nicht darum bemühen, spirituell zu wachsen und zur Vollendung zu finden, also die anstehenden Aufgaben ihres Lebensabschnitts zu erfüllen, sondern um *Integrität* kämpfen. Ihre Selbstwahrnehmungen kollidieren und sind beladen mit Schuldgefühlen, Angst, Unzulänglichkeit, Furcht und Kontrollverlust, oder – wie Jungianer sagen würden – mit ihrem unterdrückten Schatten. Das wahre *Selbst* des toxischen alten Menschen ist in seinem Unbewussten verborgen. Weil es in den Kindheits- und Jugendjahren solcher Menschen als Sünde galt, dem wahren *Selbst* Ausdruck zu verleihen, wurde es intuitiv als gefährlich eingestuft und in den Tiefen der Seele vergraben.

Der Schatten ist eine Lebensenergie, die nie gebändigt worden ist, sich nicht eindämmen lässt, und im Alter immer mächtiger wird. Sie wird sich unverhofft bemerkbar machen, wobei sie nichts so sehr fürchtet wie das Licht. Weil die dunkle Lebensenergie abgespalten und verboten ist, verwenden toxische alte Menschen viel Mühe darauf, deren potenzielle Kraft unter Kontrolle zu halten und ihren Ausbruch zu verhindern. Obwohl sie ihn unterdrücken und nicht erkennen, haben alternde Menschen gelernt, die Manifestation und Macht ihres Schattens zu fürchten. Sie spüren, dass irgend etwas Unkontrolliertes in ihrem Innern rumort. Deshalb sind sie stets damit beschäftigt, den Schatten einzudämmen.

Es entbehrt nicht einer gewissen Ironie, dass das einzige Gegenmittel Selbstliebe ist und die Fähigkeit, gut für sich zu sorgen (Self-nourishment), beides Dinge, die toxische Menschen am allerwenigsten aufbringen. Sie wissen nicht, wie es geht. Sie können sich einfach nicht öffnen, sie können nicht vertrauen, die Kontrolle aufgeben und verletzbar sein, fühlen, akzeptieren und sich der heilenden Kraft spiritueller Liebe hingeben, um schließlich freie und ganze Menschen zu werden.

Je älter sie werden, desto anstrengender werden ihre Versuche, etwas zu sein, was sie nicht sind und die Illusion von Eigenmacht und Sicherheit aufrecht zu erhalten. Dazu kommt, dass sie zunehmend von ihren erwachsenen Kindern abhängig werden, gleichzeitig aber an der Vorstellung festhalten, weiter in der starken, kontrollierenden Elternrolle zu sein und sich entsprechend verhalten zu müssen.

2.5.1 Fehlgeleitete Bedürfnismuster

Die Versuche, die eigenen neurotischen inneren Bedürfnisse zu erfüllen, werden noch anstrengender und beschwerlicher, wenn sich alterstoxische Menschen hartnäckig weigern, Fachkräften oder erwachsenen Kindern mitzuteilen, was sie in Wahrheit brauchen und fühlen. Sie bleiben unverstanden und wissen meist weder was sie fühlen, noch was sie brauchen, noch wie sie sich mitteilen sollen. Bedürfnisse sind – wie nicht akzeptierte Fähigkeiten und Sehnsüchte auch – Teile des verborgenen Schattens, die sich bewusster Erkenntnis entziehen.

So kommt es, dass die Beziehungsprobleme übermächtig werden. Toxische alte Menschen sind nicht im Stande, ihre Bedürfnisse effektiv zu erfüllen und nicht fähig, innere Nähe zu empfinden, was entscheidend dazu beiträgt, dass die Kontakte zu hilfsbereiten Leuten, die es gut mit ihnen meinen, abbrechen. Erwachsene Kinder, aber auch so manche Fachkräfte wissen nicht, was hier abläuft und können mit der Dynamik nicht umgehen.

Die Folge ist, dass sie sich in die toxischen psychologischen Spiele hineinziehen lassen, wodurch sie der Toxizität aber nur ihren Lauf lassen und selber zu Opfern werden. Professionell Pflegende und andere Fachleute geraten nur allzu oft zwischen die Fronten. Wir müssen aufpassen und diese Falle meiden, damit wir unsere Zeit nicht mit einem aussichtslosen Unterfangen verschwenden.

2.5.2 Karen Horneys Konfliktstrategien

Jerry Greenwald war nicht der Erste, der sich mit neurotischen Persönlichkeitsmustern befasst hat. Auch Karen Horney (1945/1992) äußerte sich in ihrem klassischen Werk über *Neurosen* zu diesem Thema. Hier wird deutlich, dass toxische alte Menschen viele fehlgeleitete Bedürfnismuster aufweisen, die Horney als neurotisch klassifiziert. Ebenso deutlich wird, dass sich toxische und neurotische Personen recht ähnlicher Strategien bedienen, um ihren inneren Aufruhr zu bannen.

Die drei von Horney (1945/1992: 17) genannten Strategien sind meist auch bei toxischen Menschen zu finden:

- *Herrschsucht*, um innere Zweifel niederzuhalten
- *rigide Selbstbeherrschung*, um sich mit reiner Willenskraft aufrecht zu erhalten
- *Zynismus*, um innere Konflikte durch Herabsetzung der Werte anderer Menschen zu eliminieren.

Horney zufolge «lassen sich diese Konflikte lösen, indem die verursachenden innerpersönlichen Umstände verändert werden... dann wird sich die Person weniger ängstlich und feindselig fühlen und sich selbst und anderen weniger entfremdet sein.» (1945/1992: 17).

2.5.3 Mehr über Horneys Neurosenlehre

Karen Horney versteht unter einer Neurose eine «Störung der Persönlichkeit und eine Quelle psychischer Erkrankung» (1945/1992: 11). Das ist nichts Neues. Dichter und Philosophen aller Zeiten haben das gewusst. In jedem Menschen sind Kräfte am Werk, die uns dazu bringen, eine Charakterstruktur aufzubauen, die unserem idealisierten Selbstbild entspricht. Widerspricht unser wahres Wesen diesem Idealbild, kollidiert es mit Wertvorstellungen und Erwartungen. Weil wir den Aufruhr innerer Konflikte fürchten, verschließen wir die Augen vor den Widersprüchen, die uns zu zerreißen drohen, und vergraben unsere verachteten Anteile: den Schatten. Die innerpsychische Erregung, die wir auf unsere mitmenschlichen Beziehungen projizieren, ruft dann die Neurose hervor.

Damit weicht Horney erheblich von der traditionellen Sichtweise ab und vertritt einen radikal neuen Therapieansatz. Ihrer Prämisse gemäß sind die Schwierigkeiten einer neurotischen (und einer toxischen) Person nicht Folgen frühkindlicher Erlebnisse, vielmehr «abhängig vom Verständnis des Kräftespiels innerhalb unserer aktuellen Persönlichkeit.» Deshalb «ist es sehr gut möglich, sich selbst zu erkennen und zu verändern, auch ohne oder mit geringer Hilfe von Experten» (1945/1992: 14).

2.6 Liebevolle Zuwendung vs. Toxizität

Jerry Greenwald (1969) behauptet, dass wir die Veränderung unserer innerpersönlichen Umstände, von denen Horney spricht, nur auf den Weg bringen können, wenn wir mit uns selber liebevoll umgehen (Self-nourishment).

Jeder Mensch, so Greenwald (1969), ist für sein psychisches Wohlbefinden und die Art seiner zwischenmenschlichen Beziehungen selbst verantwortlich. Ob diese Beziehungen fürsorglich und nährend oder toxisch sind, die daraus resultierenden Freuden oder Frustrationen sind stets unsere eigenen Entscheidungen. Weil wir alle mit liebevoll nährenden und toxischen Qualitäten ausgestattet sind, liegt die Entwicklung positiver Muster in unserer Verantwortung. Wir können uns innerpsychisch vergiften und außerpsychisch andere vergiften, oder Selbstliebe verbreiten und die Opferhaltung und das Opferdenken eines Landes in die andere Richtung lenken.

Vielleicht merken wir nicht, was wir uns antun oder wissen nicht, wie wir uns ändern können, doch das ist keine Entschuldigung. Unwissen ändert nichts an der Realität des toxischen Vorgangs, an den Auswirkungen unseres unbewussten Schattens und unserer mangelhaften Selbstachtung. Folglich sind «giftige» Alte in ihren negativen Verhaltensmustern gefangen und bleiben gefangen, sofern sie nicht aufwachen, zu ihrem wirklichen Selbst finden und bereit sind, sich zu bemühen und diszipliniert an einer Veränderung zu arbeiten. Kaum denkbar, dass sich toxische alte Menschen im fortgeschrittenen Stadium dieser Mühe unterziehen.

2.7 Merkmale selbst-induzierter Toxizität

Wir müssen die Merkmale von Toxizität kennen, das ist der erste Schritt zur Veränderung. Jerry Greenwald hat mir gestattet, einige der von ihm entdeckten charakteristischen toxischen Verhaltensmuster als Titel für die folgenden Unterabschnitte zu verwenden.

2.7.1 Toxische alte Menschen lechzen nach Zuwendung

Irgendwie erscheint es paradox, dass ausgerechnet Leute, die andere mit verletzenden Worten und beleidigender Körpersprache verjagen, nach liebevoller Zuwendung lechzen, und doch ist es so. Ich-Zentriertheit lässt keinen Raum für Selbstliebe. Nur wer sich selbst liebt, kann Liebe geben. Wer keine Liebe zu geben hat, wird nur wenig Liebe erfahren. Ohne sorgende, einfühlsame, freundliche Zuwendung bleibt erfolgreiches Altern ein Ding der Unmöglichkeit.

«Giftige» Alte haben ein geringes Selbstwertgefühl, sie misstrauen sich und haben das Gefühl, keine positiven Streicheleinheiten zu verdienen. Stattdessen suchen sie unbewusst nach Ersatz durch negative Streicheleinheiten. Negative Zuwendung ist besser als überhaupt keine. Wenn sie negatives Feedback bekommen, wird ihnen zumindest Aufmerksamkeit zuteil; dann fühlen sie sich lebendig. Wie im Falle von Alkoholabhängigkeit auch, sind Schmerz und quälendes Leiden die Regel; wenn die Opfer erfolgreich sind, gelobt oder geliebt werden, empfinden sie Unbehagen.

2.7.2 Sie leiden an «Versageritis»

Wer sich fortwährend, über viele Jahre hinweg, selber herabsetzt, wie toxische alte Menschen es tun, wird kaum fähig sein, gut für sich zu sorgen. Sie fühlen sich selten wirklich gut. Man könnte fast sagen, sie leiden «an einer Spaß- und Freudephobie» (1969: 4). Im höheren Lebensalter haben es toxische alte Menschen im Zurückweisen von Komplimenten dann zur Meisterschaft gebracht. Sie finden stets etwas an sich auszusetzen, oder sie kritisieren was und wie sie etwas getan haben, womit sie jede positive Rückmeldung verhindern, die es ihnen erlauben würde, sich besser zu fühlen. Wie die ältere Dame, die bei einem Quilt-Wettbewerb den ersten Preis gewonnen hatte und auf die Lobrede hin erwiderte: «Hätten Sie so viele anstrengende und ermüdende Jahre mit Patchworkarbeiten verbracht wie ich, hätten Sie auch einen Preis gewonnen.»

2.7.3 Sie leiden an «Erkläreritis»

Sollten Sie je längere Zeit mit toxischen alten Menschen beisammen sein, werden Sie ihren pausenlosen Wortschwall erleben, die endlosen Details, und dass sie beim Versuch, sich zu erklären, wieder und wieder ihre Lebensgeschichte erzählen. Weil ihr innerer Kritiker nie verstummt, versuchen sie zwanghaft, sich und ihre Handlungen zu rechtfertigen, was aber lediglich dazu führt, dass sich die Distanz vergrößert und die Beziehungen abkühlen.

2.7.4 Sie können nicht schenken

Eine weitere Prämisse Greenwalds ist, dass toxische Menschen «anderen offenbar kein gutes Gefühl vermitteln können. Sie sind unfähig, ihren Mitmenschen etwas zu schenken und zwar auf direkte, ehrliche, bedingungslose Weise.» (1969: 3). Jede Freude, die einem eine toxische Person bereitet, wird von kurzer Dauer oder mit Bedingungen verknüpft sein, und wenn sie tatsächlich mal etwas für einen tut, wird die Situation gewöhnlich durch ausführliche Klagen über die damit verbundenen Mühen, über all die Arbeit sowie mit Hinweisen darauf, was nicht geklappt hat, verdorben werden. Niemand wird sich dabei wohlfühlen, vielmehr vermitteln einem die Kommentare, dass man in ihrer Schuld steht, und dass eine Gegenleistung erwartet wird.

2.7.5 Sie können schlecht etwas annehmen

Toxischen Personen fällt es schwer, etwas anzunehmen. Sie sind offenbar nicht im Stande ein Kompliment, ein Geschenk, einen Gefallen, die Zeit die man ihnen widmet oder die Fürsorge, die man ihnen angedeihen lässt, freundlich entgegenzunehmen, ohne irgend eine abfällige Bemerkung und passiv-aggressive Schuldzuweisungen. Dazu ein Beispiel: Wer eine toxische Klientin oder einen toxischen Klienten, einen toxischen Vater oder eine toxische Mutter zu betreuen hat und diese Person im Pflege- oder Altenheim besucht, weiß, wie mühsam es ist, sich die Zeit für regelmäßige Besuche freizuhalten. Wenn sie sich dann verabschieden – wobei Angehörige besonders betroffen sind – fällt unweigerlich der im gewohnt klagenden Jammerton geäußerte Satz: «Ich bin mir sicher, dass du mich öfter besuchen könntest, wenn du dir nur mehr Mühe geben würdest. Aber nun gut. Dann sitze ich eben hier herum und bin einsam.»

Viele alterstoxische Menschen sind körperlich fit, können sich selbst versorgen und unabhängig leben; sie brauchen nur gelegentlich etwas Hilfe. Oft genug ist es so, dass sie vor Dankbarkeit überfließen, wenn die Hilfe von einem ambulanten Pflegedienst oder einem professionellen Dienstleister kommt, bietet jedoch eine Tochter oder ein Sohn Unterstützung an, wird jeder Handgriff kritisiert. Sie behandeln ihre erwachsenen Kinder oft wie Leibeigene, die nicht einfach weggehen können. Sie werden zu jeder Tages- und Nachtzeit, manchmal stündlich angerufen, damit sich der toxische alte Vater oder die toxische alte Mutter über irgend eine Belanglosigkeit beklagen oder hysterisch fordern kann, sofort alles stehen und liegen zu lassen und herzukommen. Es handelt sich um einen Notfall! Ungeachtet der Tatsache, dass der Befehl schnellstens befolgt wird, gibt es zur Begrüßung lediglich Wehklagen. Er oder sie ist nicht schnell genug da gewesen. Außerdem hat sich die Sache inzwischen erledigt (siehe Fallbeispiele im Kap. 5).

In solchen Stresssituationen kommt es vor allem auf Krisenprävention an. Weil der Zeitpunkt solcher Situationen nicht abzusehen ist, werden professionelle Betreuung und Behandlung oft behindert. Aus diesem Grund ist es ratsam, mit dem Co-Opfer zu arbeiten und stets wachsam auf Anzeichen und Signale zu achten, die der Toxizität neue Nahrung geben.

2.7.6 Sie flößen Schuldgefühle ein

Geübte toxische alte Menschen beherrschen das Selbstaufopferungs-Märtyrer-Spiel meisterlich. Sie wissen genau, wie sie anderen Schuldgefühle einflößen und das Gefühl vermitteln können, ihnen Dankbarkeit zu schulden, um sie damit zu kontrollieren. Schlagen professionelle Kräfte oder erwachsene Söhne oder Töchter eine Bitte ab, «sollen sie sich gefälligst schuldig und egoistisch fühlen» (1968: 3). Kommen sie der Bitte nach, und handelt es sich dabei um ein Spiel, werden sie zu Co-Opfern und Komplizen des toxischen Verhaltens.

2.7.7 Sie sind gierig und unersättlich

Toxische alte Menschen «hungern nach innerem Frieden und Herzensruhe» (1968: 4), sind aber außerstande diesen Zustand zu erreichen. Sie sind so unzufrieden mit sich, dass sie eine immer stärkere Gier danach entwickeln, die schließlich sogar zwanghafte Züge annehmen kann. Sie streben unermüdlich und unersättlich ein unerreichbares Ziel an. Je mehr der toxische Mensch verlangt und auf Erfüllung seiner illusionären Wünsche besteht, desto eher «verfällt er in einen Zustand der Depression, Verzweiflung und Sinnlosigkeit» (1968: 4). Ein sich selbst verstärkender Negativkreislauf, welcher diese negativen Schwingungen erzeugt, die viele spüren, wenn sie sich in der Nähe einer toxischen Person aufhalten. Eine Schwiegertochter hat es so formuliert: «Sie hängt wie eine schwarze Wolke über allem.»

2.7.8 Sie sind unsicher und ängstlich

Ein Großteil der Angst, die toxische alte Menschen beherrscht, ist auf die Bedrohung ihres subjektiven Sicherheitsgefühls zurückzuführen. Sie sind stets auf der Hut und weit weniger risikofreudig als der Durchschnitt. Anstatt Veränderungen in ihrem Leben als Anregung und Ansporn zu betrachten, wie es erfolgreich alternde Menschen unweigerlich tun, reagieren sie ohne Zögern mit schnellen, exzessiven und unangemessenen Gegenreden und Verhaltensweisen, also mit einem Reaktionsmuster, das lediglich Ausdruck ihrer Angst und Furcht ist. Es zeigt ferner, dass toxische alte Menschen zu defensiven Überreaktionen neigen und deckt die versteckte Feindseligkeit und die unterdrückte, tief im Innern rumorende Wut auf. Sie müssen offenbar den Deckel drauf halten, weil sie Angst haben zu explodieren, wovor sie sich schrecklich fürchten. Professionell Pflegende und andere Betreuungskräfte, die sich dieser Tendenz nicht bewusst sind und nicht gelernt haben, sich zu schützen, werden ihre erbitterte Attacke womöglich persönlich nehmen.

2.7.9 Sie leiden an «Kontrollitis»

Karen Horney nennt es «rigide Selbstkontrolle» (1945/1992: 17), Greenwald «Kontrollwahn» (1968: 5). Womit sich toxisch alternde Menschen am meisten blockieren und daran hindern, gut für sich selbst sorgen, ist ihr unrealistisches Bedürfnis nach Perfektion und einer völlig sicheren Umgebung. Erst dann können sie sich entspannen. Der Alltag macht ihnen keine Freude, wenn nicht alles «richtig» ist und sich sicher anfühlt. Mit ihrer geringen Frustrationstoleranz für alles, was hinter ihren Standards, Anordnungen und Erwartungen zurückbleibt, sind «giftige» Alte oft Menschen, «die ihre Spontaneität und Natürlichkeit chronisch einengen und hemmen... als steckten sie in einer Zwangsjacke» (Greenwald, 1969: 8).

«Kontrollitis» ist aber auch ein Mittel, die Fassade aufrecht zu erhalten. Die Angst, «sich zu vergessen», sickert tagaus tagein in ihr Denken. Die Zwangsjacke, in der toxische Menschen stecken, wird annehmbarer, wenn sie auf andere, auf die Opfer ihrer Macht, projiziert wird. Es gelingt ihnen, eigene Ängste zu leugnen, indem sie sich in anderen spiegeln und diesen ihre rigiden unrealistischen Kontrollen auferlegen. Bei der im Kapitel 5 vorgestellten toxischen Angestellten ist dieses Muster sehr klar zu erkennen.

Aber auch ohne Machtpositionen werden «giftige» Alte Kontrolle ausüben und zwar durch Manipulation. Sie drängen beispielsweise andere Leute zu Freundschaften und engeren Verbindungen. Haben sie ihre Mitmenschen dann für sich gewonnen, entgleiten die Beziehungen, bis Situationen entstehen, die ganz und gar von der toxischen Person beherrscht werden. Dann tritt das Opfer/Verfolger-Spiel in Kraft (für psychologische Spiele siehe Kap. 10). Beide Beteiligten opfern ihre Freiheit und Integrität, um das Spiel weiterspielen zu können. Schon bald ist die Klage zu hören: «Warum lasse ich zu, dass sie so mit mir umspringt?»

2.7.10 Sie leiden unter emotionaler Obstipation

Eng mit «Kontrollitis» verwandt sind die Verhinderungs- und Unterdrückungsmuster toxischer alter Menschen. Sie müssen eine Maske tragen und nach außen völlig ruhig wirken, um die innere emotionale Anspannung zu verbergen, ein «chronischer Druck, der den gesamten Organismus strapaziert» (Greenwald, 1969: 7). Obwohl sie stark wirken, brauen sich die zurückgehaltenen Gefühle in ihrem Innern zusammen, bis ein Vulkanausbruch droht. Im Laufe der Zeit prägt das innere Gift Physiognomie und Stimme: Das Gesicht hat scharfe, tiefe Linien, die Kiefer sind verspannt, die Augen zusammengekniffen, die Stimme laut und die Sprechweise schnell. «Giftige» Alte können ihren Gemütszustand bald so geschickt verheimlichen, dass ihnen überhaupt nichts anzumerken ist. Dabei wüten in ihrem Innern der unterdrückte Schmerz und die Anspannung und quälen sie ohne Unterlass.

2.7.11 Sie fühlen sich als hilflose Opfer

Interessanterweise betrachten sich toxische alte Menschen in diesem typischen Kontroll-Szenarium selbst als hilflose, machtlose Opfer. Ihr exzessiv ausgeprägtes Sicherheitsbedürfnis ist meist gut versteckt. Doch der Schein trügt. Sie geben vor, unschuldige Opfer zu sein, die jemand retten muss. Leider wird in solchen Fällen der *Retter* schließlich zum *Opfer* und das destruktive toxische Spiel geht weiter, endlos weiter, solange es Leute gibt, die bereitwillig mitspielen oder bis einer oder eine aus dem Spiel aussteigt. (Siehe das Dramadreieck von Stephen Karpman in Kap. 10.)

«Eines Tages kann Mutter vielleicht auf eigenen Füßen stehen», hofft und betet eine Tochter. Die Realität sieht anders aus. Vermeidungsdenken und Projektion tragen lediglich dazu bei, die Falle für die Tochter als *Retterin* zu vertiefen. Sie übernimmt wieder einmal die Rolle des Co-Opfers und hält das Spiel in Gang.

Wenn Sie als Geriatriefachkraft die Verantwortung für eine toxische Klientin oder einen toxischen Klienten übernehmen, müssen Sie sich selbst beobachten und *Signale* erkennen, die den Schluss nahe legen, dass auch Sie psychologische Spiele spielen. Spiele laufen unbewusst ab, und Sie als Helfer oder Helferin sind genau wie erwachsene Kinder anfällig für die schädlichen psychischen Nachwirkungen des Spiels. Achten Sie ferner auf Rollenwechsel. Auch Sie können sich in der Opferrolle verfangen, und der toxische alte Mensch kann die Rolle des *Verfolgers* übernehmen.

2.7.12 Sie können tyrannisch und bedrückend sein

Die negative Ausstrahlung toxischer Menschen ist unverkennbar. Sie kann sich wie schwere, erstickende Rauchschwaden über einen ganzen Raum oder die ganze Umgebung legen. Man bemerkt sie sofort beim Betreten eines Zimmers. Wird die positive Energie nicht bewusst aufrechterhalten, vernichtet die negative was immer an gutwilligen Kräften vorhanden sein mag. Achten Sie bei der nächsten Begegnung mit einer ausgewiesenen toxischen Person, die es zur Meisterschaft gebracht hat, auf diesen Effekt. Beobachten Sie, wie die Leute in die Spiele der toxischen Person hineingezogen werden, mehr oder weniger stark, je nachdem wie geschickt sie und wie anfällig die Opfer sind. «Giftige» Alte haben ihre toxischen Fertigkeiten in jahrelanger Übung ausprägen können. Inzwischen haben sie es zu echter Meisterschaft gebracht und können ihre Schattenseite perfekt auf andere projizieren. Wenn gut beobachtende und aufgeklärte Personen solchen Ansteckungsgefahren erliegen, sehen und spüren sie, wie sie zur Depression verführt werden und wie niederdrückend eine solche Begegnung ihrem Wesen nach ist. Ein gewisses Unbehagen, wie John Steinbeck es empfand, ist unvermeidlich. Denken Sie bitte stets daran, dass Toxizität – besonders für Kinder und Jugendliche in den prägenden Jahren – ansteckend ist und Wachsamkeit erfordert.

2.7.13 Sie können nicht gut kommunizieren

Das überrascht nicht, weil toxische alte Menschen nicht zuhören. Sie drücken sich nicht angemessen und verantwortungsbewusst aus und legen kein echtes Gefühl in ihre Worte. Um diese Mängel zu kaschieren, flüchten sich viele in sinnentleertes Gerede und die Produktion endloser Tiraden. Die Adressierten hören höflich zu, weil sie niemanden beleidigen wollen; toxische Personen sind jedoch so mit sich selber beschäftigt, dass sie nicht zuhören können. Ihre Gesprächsbeiträge sind wertlos und geben einem nichts. Greenwald schreibt, dass es «eine enge Wechselbeziehung gibt zwischen der Sinnlosigkeit ihrer Äußerungen und der Schnelligkeit oder Quantität der Worte, die ihrem Mund entströmen» (1968: 5). «Giftige» Alte können einfach nicht wahrhaftig kommunizieren oder wollen einfach keine ehrlichen Kontakte.

2.7.14 Sie fühlen sich nur wohl, wenn sie sich nicht wohlfühlen

Oft drängt sich der Eindruck auf, dass sich toxische alte Menschen nicht ungern so elend fühlen. Achten Sie mal darauf, wie sicher und weniger ängstlich sie wirken, wenn alle um sie herum frustriert und unglücklich sind. Um den Strom negativer Streicheleinheiten nicht zu unterbrechen, umgeben sich gewiefte toxische Männer und Frauen am liebsten mit Leuten, die bereit sind, ihre negativen Muster und Spiele zu verstärken. Auf direkte Nachfragen werden sie diese Vorliebe allerdings vehement leugnen. Warum? Weil sie nicht wissen, was sie tun. Ihr Verhalten ist zur Gewohnheit geworden, es hat die Leichtigkeit des Vertrauten. Es ist das, was sie kennen und worauf sie sich verlassen, nicht unbedingt das, was sie wirklich wollen.

Greenwald fügt hinzu, dass toxische Menschen «oft noch ängstlicher, unsicherer und frustrierter werden, wenn sie mit glücklichen, frohen, lebenslustigen Leuten beisammen sind. In Gegenwart gesunder Persönlichkeiten, die gut für sich selber sorgen, fühlen sie sich höchst unwohl. Ein Gefühl, das unerträglich werden kann.» (1968: 6). Eingefleischt toxischen Menschen bleiben offenbar nur zwei emotionale Auswege: Entweder versuchen sie, andere in ihr Elend hineinzuziehen oder sich von Gesunden abzuwenden und bei Leuten des eigenen Schlags Trost zu holen. Horney betrachtet dies als leistbare Anstrengung, um innere Konflikte meiden und eine künstliche Harmonie schaffen zu können (1945/1992: 16, 33).

2.8 Überlegungen

Es war Glück, dass ich spontan Karen Horneys Buch *Unsere inneren Konflikte* zur Hand nahm, besonders weil ich feststellte, dass sie es im Alter von 60 Jahren veröffentlicht hat. Ich werde nun bald 70 und entdecke nicht nur das Werk einer der originellsten Psychoanalytikerinnen seit Freud wieder, sondern entdecke darüber hinaus erstaunt, dass es zwischen ihren Theorien und Neurosebeschreibungen einerseits und Toxizität andererseits viele Gemeinsamkeiten gibt.

Vor 50 Jahren war das Wort Neurose sehr populär, besonders nach dem durchschlagenden Erfolg von Horneys Buch *Der neurotische Mensch in unserer Zeit* (1937). Das Wort «Neurose» galt jedoch seit der DSM-II (APA, 1968) nicht als anerkannter diagnostischer Begriff. In den 1990er Jahren ist der Begriff wieder aufgetaucht und zwar in der interessanten Verbindung mit Toxizität. Ich bin immer wieder fasziniert von solchen zyklischen Verläufen, weil sie beispielhaft aufzeigen, wie die junge Generation von der alten lernt.

Toxizität kommt in zwischenmenschlichen Beziehungen vor und entsteht durch innerseelische Vorgänge. Der Alterssoziologe Harry M. Moody bezieht sich auf eine grundlegende Erkenntnis des Buddhismus, wenn er schreibt: «Wir fürchten uns davor, unseren Wesenskern direkt und umfassend zu spüren, und daraus entsteht das unnötige Leiden in unserem Leben. Eine Neurose ließe sich als unnötiges Leiden definieren.» (1997, Spring: 1).

Ob es uns gelingt, dieses «überflüssige Leiden» hinter uns zu lassen, hängt davon ab, wie gut es uns gelingt, zu der Person zu werden, die wir im Grunde sind und all das anzunehmen, was wir in unserem Innern vorfinden (sämtliche Schatten, Fehler, Schwächen und Konflikte), ob wir die damit einhergehende Verletzbarkeit akzeptieren und das eigene Selbst und andere Menschen bedingungslos lieben. Gewiss eine schwierige Aufgabe, doch das ist die Aufgabe des Alters. Ist unser Vorbild nicht ein wunderbares Geschenk, das wir als erfolgreich alternde Frauen und Männer der nachfolgenden Babyboomer-Generation machen können?

2.9 Zusammenfassung

Warum stehen toxische alte Menschen im Fokus? Die demographische Entwicklung unseres Landes, die immer höhere Zahl hochbetagter Menschen erlaubt es uns nicht länger, diese Anomalie des Alterns zu ignorieren. Ob es uns gefällt oder nicht: Alle sind bis zu einem gewissen Grad gefährdet, im Alter toxisch zu werden. Es handelt sich dabei um eine Störung der Persönlichkeitsentwicklung, der sich vorbeugen lässt, wenn wir sie als neurotische Tendenz begreifen, ihre Symptome erkennen, das Zusammenspiel der inneren Kräfte verstehen und beschließen, gut für uns selber zu sorgen, bis wir uns sicher, beschützt und geliebt genug fühlen und fähig sind, unsere Gedanken, Wahrnehmungen und unser verzerrtes Selbstbild zu verändern.

Karen Horneys klassische Arbeiten (1937, 1945/1992) über Persönlichkeitsstörungen und Neurosen sind in den späten 1930er und 1940er Jahren entstanden. Ihre Beschreibungen weisen bemerkenswerte Ähnlichkeiten mit den Merkmalen von Toxizität auf. Horney vertritt die Überzeugung, dass sich störende innere Konflikte durch Veränderung der innerpsychischen Zustände, die sie verursacht haben, lösen lassen.

Jerry Greenwald, der Ende der 1960er Jahre damit begonnen hat, Toxizität zu erforschen, behauptet, dass Self-nourishment der Schlüssel zur Veränderung der von Horney dargestellten inneren Zustände ist. Es wurden 14 Merkmale von Toxizität aufgezählt, die Greenwalds Erkenntnissen entsprechen. Ziel war es, Sie bei der Identifizierung von Toxizitätssymptomen zu unterstützen sowie frühe Intervention und Prävention zu ermöglichen.

2.9.1 Was tun?

In 20 Jahren erreichen die geburtenstarken Jahrgänge, das sind etwa 75 Millionen Menschen, ihr 70. Lebensjahr. Dazu kommt, dass es innerhalb der immer älter werdenden Population große multi-ethnische Gruppen und Kulturen geben wird, weshalb wir uns auf eine andere Alterungsdynamik einstellen müssen. Erfolgreiches Altern wird nicht durch Verleugnung erreicht, noch können toxische alte Menschen ignoriert werden, die der jüngeren Generationen zeigen, wie schmerzlich es ist, mit innerem Unfrieden und innerem Aufruhr zu leben. Wir müssen wachsam sein und reagieren, wenn sich Anzeichen und Merkmale von Toxizität bemerkbar machen, das idealisierte falsche Ich transzendieren und zu unserem wahren Selbst finden, damit wir unsere selbstverursachten Ängste nicht verdrängen und unbewusst auf andere projizieren, weil daraus nur Leiden, keine Harmonie erwächst. Wir können uns für ein Muster der Selbstliebe oder ein Muster der Selbstzerstörung und Toxizität entscheiden. Wir haben die Wahl.

3 Woran erkennen wir «giftige» Alte?

Denn das Gute, das ich will, verwirkliche ich nicht.
Aber das Schlechte, das ich nicht will, vollbringe ich.

Römer 7,19

Oft fragen mich Leute: «Wie merke ich, dass jemand toxisch ist?» Eine schnippische Antwort würde lauten: «Sie merken es garantiert. Wer fragen muss, hat noch nie mit einer toxischen Person zu tun gehabt.»

In der Tat verfügen wir derzeit noch über kein verlässliches Assessmentinstrument. Ich hoffe allerdings sehr, dass es nie ein exaktes Instrument zur Diagnose von Toxizität geben wird, weil ich fest davon überzeugt bin, dass am individuellen Fall orientiertes, professionelles Urteilsvermögen und die Klienteninteraktionen die besten Instrumente sind.

Dennoch weiß ich, dass Dinge in der Regel schneller in Bewegung kommen, wenn jemand die Diskussion eröffnet, weshalb ich zwei erste Instrumente anbiete, die Sie bei Bedarf einsetzen können. Es handelt sich dabei lediglich um Ansätze, die zu Kreativität einladen. Vielleicht möchten Sie gar ein eigenes Instrument entwickeln?

Ich beginne mit einigen Toxizitätssymptomen (S. 54), die als Leitlinien dienen können. Sie wurden in jahrelanger Berufserfahrung zusammengetragen, indem ich toxisch Alternde beobachtet und begleitet, mit ihnen gearbeitet und über sie geforscht habe. Benutzen Sie die Aufzählung als Checkliste, ohne dabei zu vergessen, dass Ihre im Laufe der Zeit selber gesammelten Beobachtungen immer noch die verlässlichsten sind.

3.1 Verhaltensmerkmale

Alle Menschen sind mehr oder weniger ausgeprägt toxisch, genau wie wir alle mehr oder weniger ausgeprägte neurotische Anteile haben. Eine toxische Person – im Sinne dieses Buchs – pflegt konstant einen Verhaltensstil, der die Mehrzahl der unten aufgelisteten Indikatoren aufweist. Toxizität ist zwar vermutlich ein Charakterzug oder ein Persönlichkeitstyp, eine Krankheit im medizinischen Sinne ist sie nicht, weshalb sie auch nicht präzise gemessen werden kann. Sie gilt vielmehr als Merkmal einer ungesunden Persönlichkeit, die auf einer frühen Entwicklungsstufe fixiert ist und deshalb einen dysfunktionalen Lebensstil mit dysfunktionalen Beziehungen entwickelt hat. Weil sich Toxizität im Laufe des Lebens entwickelt, handelt es sich um ein Verhaltensmuster, das sich verhindern lässt, und zwar durch frühe Intervention, Aufklärung, Wachsamkeit und persönlichen Veränderungswillen. Traditionelle Psychotherapien, die Symptome behandeln, pflegen zu scheitern.

3.2 Etikettieren

Schwierigen alten Menschen vorschnell das Etikett «toxisch» zu verpassen kann gefährlich sein. Ich warne Sie davor. Die Bezeichnung soll nicht dazu beitragen, alten Männern und Frauen einen Stempel aufzudrücken, vielmehr soll sie Ihren Blick für eine Anomalie schärfen, damit Sie wissen, was Sie erwartet, wie Sie damit zu tun bekommen, und wissen, wie sie sich vor einer «Giftspritze» schützen können. Der Begriff soll Ihnen helfen, eine geeignete Strategie zu entwickeln.

Ihre Hauptaufgabe ist es, toxisch alternde Menschen zu verstehen, nicht sie zu diagnostizieren oder zu kurieren. Es gibt nämlich kein probates Medikament, nur ein «wieder heil werden», was jedoch voraussetzt, dass sich Betroffene entscheiden, sich selber zu heilen. Keine Frage: Sie übernehmen eine schwierige Rolle.

3.3 Professionelles Assessment

Toxisches Verhalten ist chronisch und muss über einen gewissen Zeitraum hinweg beobachtet werden. Es gibt viele Hinweise, achten Sie jedoch besonders auf folgende eingefahrene Muster der Klientin oder des Klienten: Selbstquälerei und starkes Kontrollbedürfnis, Opferhaltung, Menschen im Umfeld wirken ausgelaugt und erschöpft. Beobachten Sie die Reaktionen der Familie auf das Verhalten, vor allem die Reaktionen erwachsener Kinder, die Co-Opfer und Ihr potenzielles Co-Klientel sind. Die Dinge können sich verändern, sofern das gewohnte Interaktionssystem durchbrochen und den Spielen zwischen den Beteiligten Einhalt geboten wird.

Richten Sie beim Assessment Ihr Augenmerk auf die nonverbalen Signale der Klientin oder des Klienten und ihre eigenen spontanen Reaktionen. Sie müssen Ihre Empfindungen wahrnehmen; das ist von entscheidender Bedeutung. Was in Ihrem Innern vorgeht, und wie Sie persönlich und professionell auf den vergifteten Köder der toxischen Person reagieren, darauf kommt es vor allem an. Bitte beobachten Sie sich sehr genau!

3.4 Nonverbale Signale

In einem früheren Kapitel wurden die nonverbalen Anzeichen zwar bereits erwähnt, doch um ihre Wichtigkeit zu betonen, wird hier noch einmal auf dieses Thema eingegangen. Die Liste der verbalen Signale mag lang und erdrückend sein, dennoch sind die nonverbalen Signale eines toxischen Menschen gefährlicher und entscheidender. Sie produzieren Schuldgefühle. Dieser mitleidheischende Blick, das wütende Funkeln, die mürrische Miene, diese zusammengebissenen Zähne, geballten Fäuste, dieses Den-Rücken-Zudrehen, Weggehen, sich Zurückziehen, diese geschlossene oder abgeschlossene Tür, die unterlassene Umarmung oder Berührung, die Stimmlage, der schrille Ton, das Jammern, der leidende Gesichtsausdruck, die heruntergezogenen Mundwinkel, kläglichen Seufzer, gelangweilten Pausen und dieses gefürchtete Schweigen: All das sind typische Zeichen. Sensible Menschen erfassen nonverbale Botschaften sehr genau. «Es ist der Blick dieser Leute», wie es der Leiter eines Seniorenzentrums formulierte, «als sei dahinter kein Leben.» Wachsamkeit ist das Gebot.

3.5 Checkliste zur Ermittlung von Toxizität

Toxizität macht sich in den meisten Fällen durch zunehmend negativere zwischenmenschliche Interaktionen bemerkbar. Lesen Sie die folgenden Aussagen und setzen Sie ein Häkchen, wenn sie auf Ihre Klientin oder Ihren Klienten zutrifft. Sind über die Hälfte der Aussagen markiert, ist vermutlich Toxizität im Spiel. Das Ergebnis ist jedoch mit weiteren Assessments zu bestätigen.

Die Person

___ klagt fortwährend

___ projiziert ihre negativen Charakterzüge auf andere, damit sie sich nicht mit den eigenen befassen muss

___ macht stets andere für eigene Probleme verantwortlich («*Sie* sind schuld.»)

___ hört nicht zu; kann oder will nicht richtig «hören» was andere oder Sie sagen

___ ist mit anderen außerordentlich kritisch, besonders mit den eigenen Kindern, die stets «alles falsch machen»

___ beherrscht sämtliche Abwehrmechanismen meisterlich; setzt mindestens vier der folgenden Mechanismen ein: Verleugnung, Verschiebung, emotionaler Rückzug, Hilfe-zurückweisendes Klagen, Affektisolierung, passive Aggression, projektive Identifikation, Rationalisierung, Reaktionsbildung und Verdrängung (siehe Glossar). (Zutreffendes einkreisen)

___ laugt ihre Mitmenschen psychisch aus

___ hungert nach Zuwendung, kann aber keine annehmen

___ wird gequält vom inneren Konflikt zwischen wahrem Selbst und idealisiertem, falschen Selbst

___ ist dogmatisch, dominierend, unflexibel

___ weiß immer, was richtig ist und sagt das auch

___ weiß andere geschickt negativ zu manipulieren

___ ist verdeckt und offen herrschsüchtig

___ hetzt Familienmitglieder gegeneinander auf

___ wählt unangemessene Worte und spricht mit lauter Stimme

___ ist selbst-zentriert, richtet die ganze Aufmerksamkeit nur auf sich; wird sie nicht beachtet, zieht sie sich schwer beleidigt zurück

___ besteht auf sofortiger Erfüllung ihrer Wünsche

___ fühlt sich für ihr Verhalten weder zuständig noch verantwortlich

___ neigt zu heftigen Reaktionen, auch beim geringsten Anlass

___ hat eine negative Ausstrahlung

___ ergeht sich endlos in Erklärungen oder Rechtfertigungen eigener Handlungen

___ macht über andere gerne verächtliche oder abfällige Bemerkungen

___ spielt psychologische «Spiele», lässt sich gerne *ködern* oder ködert

___ neigt zu passiv-aggressiven Reaktionen

___ kann sich anderen Menschen gegenüber nicht öffnen, kann keine dauerhaften engen Beziehungen eingehen

3.5.1 Persönlichkeitsmerkmale

> Die Person
> ___ hat ein schwaches Selbstwertgefühl
> ___ fühlt sich als Opfer und verhält sich wie ein Opfer
> ___ kann nicht gut für sich sorgen
> ___ hat eine depressive Grundhaltung
> ___ bemitleidet sich
> ___ ist emotional unsicher
> ___ ist misstrauisch, hat möglicherweise paranoide Züge
> ___ neigt zu Selbsttäuschung und Illusionen
> ___ ist zwanghaft und nie zufrieden
> ___ unterdrückt ihre Gefühle
> ___ kommuniziert nicht direkt und aufrichtig

3.5.2 Verhalten in der Öffentlichkeit

> Die Person
> ___ kann nach außen sehr charmant sein, wenn sie will; «schauspielert» in der Öffentlichkeit
> ___ ist manchmal ein unentbehrliches Mitglied der Kirchengemeinde oder des Vereins; übernimmt freiwillig Aufgaben
> ___ unterbricht oder stört gerne Versammlungen oder Gespräche, um deren Verlauf zu bestimmen

Bitte beachten: Lassen Sie Vorsicht walten, wenn Sie diese Checkliste bei Ihrem Klientel, bei Patienten oder Patientinnen, Kolleginnen und Kollegen, im Freundeskreis oder bei sich selber einsetzen. Sie ist lediglich eine Richtschnur, kein verlässlicher Toxizitätstest. Wie bereits erwähnt, kommt es stets auf die Situation und Erfahrung an; Ihr Gefühl und Ihre innere Wahrnehmung sind noch immer die besten Assessmentinstrumente.

Vielleicht haben einige Punkte Sie persönlich berührt, weil Sie jemanden kennen, auf den die Beschreibung zutrifft, eine Person, die Sie lieben, der Sie gerne helfen würden oder aus dem Weg gehen; womöglich sind Sie dem eigenen Schatten begegnet. Das ist ganz normal. Bleiben Sie einfach wachsam. Beobachten Sie und achten Sie auf Ihre Empfindungen. Wichtig ist, unbewusst wirkende Kräfte, die Ihre professionelle Arbeit und persönlichen Leistungen beeinträchtigen, zu verstehen und zu erkennen. Das ist der entscheidende Punkt.

Je nach Grad der Toxizität ist manchen Betroffenen zu helfen, anderen nicht. Manche sind gefürchtet, alle sind schwierig. Sie müssen wissen, womit Sie es zu tun haben und eine professionelle, distanzierte Haltung wahren. Ihre Aufgabe ist es, sich freundlich zuzuwenden, dabei objektiv zu bleiben und sich toxischen Spielen zu verweigern.

3.6 Bin ich womöglich selber toxisch?

Weil sich Toxizität vererbt, sind Menschen, die als Kind dem emotionalen Missbrauch toxischer Eltern ausgesetzt waren, selbst äußerst toxizitätsgefährdet. Wer in der Altenarbeit tätig ist und toxische Eltern gehabt hat oder hat, ist automatisch anfällig und muss doppelt gut auf mögliche Gegenübertragungen achten (was ich versäumt habe). Wenn Sie für die eigene Toxizität blind sind, sich weigern, die Symptome wahrzunehmen und zu bearbeiten und sich bereitwillig auf toxische Spiele einlassen, indem Sie versäumen, sich fortlaufend zu beobachten, zu schützen und gut für sich zu sorgen, gießen Sie Öl ins Feuer und setzen Ihre beruflichen Erfolge aufs Spiel.

Ich habe ein Assessmentinstrument entwickelt, das Ihnen bei der Selbstbeobachtung behilflich sein kann, um eigene toxische Neigungen wahrzunehmen, falls Ihre Herkunft einen Verdacht rechtfertigt. Bitte vergessen Sie nicht, dass es *kein* Diagnoseinstrument und keineswegs das letzte Wort ist. Es handelt sich lediglich um ein Werkzeug, das helfen kann, sich selbst besser kennen zu lernen und Sie darüber zu informieren, ob Sie sich unbewusst mehr oder weniger toxisch verhalten.

3.7 Toxizitätsindikator zum Selbstassessment

Bitte beachten: Dieser Indikator ist lediglich eine Unterstützung der Selbsterkenntnis. Ich präsentiere hier kein anerkanntes, verlässliches Testverfahren. Gleichwohl werden Sie, wenn Sie ehrlich mit sich sind, wertvolle Informationen und Denkanstöße bekommen. Benutzen Sie den Toxizitätsindikator als Forschungswerkzeug.

3.7.1 Scoringsystem

Weil das Scoringsystem wissenschaftlichen Kriterien in keiner Weise entspricht, wird es hier angeboten, damit die Sache mehr Spaß macht, und um Ihre Neugier zu wecken. Es hat nur so viel Aussagekraft, wie Sie ihm selbst beimessen. Schätzen Sie jeden Punkt auf einer Skala zwischen 1 und 5 ein.

---

1 = nie, 2 = selten, 3 = manchmal, 4 = meistens, 5 = fast immer

Zählen Sie am Schluss die Punkte zusammen. Interpretieren Sie die Gesamtpunktzahl anhand des Schlüssels am Ende des Fragebogens. (Aber nicht jetzt schon einen Blick darauf werfen!)

___ 1. Meine Familie und andere Leute schätzen oder mögen mich nicht.

___ 2. Ich beklage mich oft über Kleinigkeiten.

___ 3. Mir gelingt selten etwas.

___ 4. Wenn ich eine andere Kindheit gehabt hätte, wäre ich jetzt ein glücklicherer Mensch.

___ 5. Es ist erniedrigend, Hilfe anzunehmen.

___ 6. Ich gehe ehrlichen, direkten Konfrontationen zur Klärung zwischenmenschlicher Konflikte aus dem Weg.

___ 7. Ich frage mich, warum mein Freundeskreis so klein ist.

___ 8. Anderen Menschen begegne ich mit Misstrauen.

___ 9. Wenn ich Situationen und mein Umfeld unter Kontrolle habe, fühle ich mich sicher und weniger ängstlich.

___ 10. Missverständnisse sind an der Tagesordnung.

___ 11. Ich habe mich als Kind nicht geliebt gefühlt.

___ 12. Ich bin verbal, emotional, sexuell oder körperlich missbraucht worden.

___ 13. Alles wäre so viel leichter, wenn andere für mich entscheiden würden.

___ 14. Ich bin mit einer toxischen Person aufgewachsen.

___ 15. Es war mir selten gestattet, Gefühle zu zeigen.

___ 16. Es fällt mir schwer, ein Kompliment entgegenzunehmen, ohne eine Erklärung abzugeben oder mich zu entschuldigen.

___ 17. Wenn ich etwas für andere tue, höre ich mich über meinen enormen Einsatz klagen.

___ 18. Meine hohen Ansprüche werden selten erfüllt.

___ 19. Manchmal sehne ich mich nach Seelenfrieden.

___ 20. Ich kann anderen nicht sagen, was ich möchte und brauche.

___ 21. Ich habe das Gefühl, dass ich andere auffordern oder drängen muss, damit sie tun, was ich will.

___ 22. Manchmal entschlüpfen mir Worte, die ich eigentlich gar nicht aussprechen will.

___ 23. Oft bin ich ganz durcheinander, im Zwiespalt oder unentschieden.

___ 24. Andere sagen, ich würde überreagieren und mich zu sehr aufregen. Ich weiß überhaupt nicht, was sie damit meinen.

___ 25. Es fällt mir nicht schwer, andere bei der ersten Begegnung für mich zu gewinnen, wenn ich das will.

___ 26. Ich fühle mich nur sicher, wenn ich über mein Umfeld bestimmen kann.

___ 27. Es fällt mir schwer, anderen Menschen wirklich offen und ehrlich zu begegnen.

___ 28. Ich weiß, dass ich anderen selten Komplimente mache, bei nahestehenden Personen fällt es mir besonders schwer.

___ 29. Wenn ich irgendwo im Mittelpunkt stehe, fühle ich mich lebendiger.

___ 30. Ich stelle fest, dass sich andere kritisiert fühlen, obwohl ich doch nur «richtigstellen» wollte.

___ 31. Wenn ich einen Raum betrete, sehe ich sofort, was hier nicht stimmt.

___ 32. Ich kann nicht gut für mich sorgen.

___ 33. Ich fühle mich nicht wohl in der Anwesenheit fröhlicher Menschen, die das Leben von der heiteren Seite nehmen.

___ 34. Eine innere Stimme sagt mir immer, was ich tun soll, nicht tun soll oder nicht getan haben sollte.

___ 35. Wenn etwas schief geht, sehe ich sofort, was die andere Person falsch gemacht hat.

___ 36. Ich kenne meine eigenen Bedürfnisse nicht.

___ 37. Es fällt mir nicht schwer, die Fehler und Irrtümer anderer Leute zu sehen und zu benennen.

___ 38. Es fällt mir schwer, mich selbst zu lieben, auch meine unschönen Seiten.

___ 39. Es ist schlimm, dass ich mich nicht so richtig freuen kann, wie andere Leute.

___ 40. Wenn etwas nicht nach meinem Kopf geht, werde ich ärgerlich und verlange Aufmerksamkeit oder ziehe mich bewusst zurück.

___ 41. Es fällt mir im Laufe der Jahre immer schwerer, andere dazu zu bewegen, meine Bedürfnisse zu erfüllen.

___ 42. Es gibt Zeiten, da bin ich innerlich so angespannt, dass ich explodieren könnte. Damit nichts passiert, muss ich mich immer unter Kontrolle haben.

___ 43. Wenn man älter wird, werden die Leute distanzierter. Man ist ziemlich einsam.

___ 44. Das Leben wird mir zunehmend zur Last, weil anscheinend niemand da ist, der mich mag oder schätzt.

Bitte nicht vergessen: Dies hier ist kein Test. Sinn und Zweck dieses Fragebogen ist es, Bewusstsein zu schaffen und auf Tendenzen aufmerksam zu machen, die in Ihrem Unterbewusstsein schlummern (eine Art von Schattenarbeit). Es lohnt sich, solche Teile ans Licht zu bringen, weil dieser Prozess Ihre professionelle Effizienz steigern und dazu beitragen kann, dass Sie mit Ihrem Klientel und Ihren Eltern besser zurecht kommen... außerdem wird Ihnen das Leben mehr Spaß machen.

3.7.2 Scoring

Ermitteln Sie die Gesamtpunktzahl. Schauen Sie sich dann die Klassifikation an. Rechnen Sie die Punkte noch mal nach und verifizieren Sie die Klassifikation. Intuitiv wissen Sie, ob sie zutrifft oder daneben liegt. Verwenden Sie die Klassifikation lediglich zur Vertiefung dessen, was Sie bei dieser Übung gelernt haben.

Klassifikationen

0 – 44 Punkte	völlig frei
45 – 90 Punkte	weitgehend immun
91 – 135 Punkte	gefährdet
136 – 180 Punkte	bereits betroffen
181 – 220 Punkte	voll entwickeltes Bild

Interpretationen

völlig frei	Hervorragend! Keinerlei Viktimisierungstendenzen.
weitgehend immun	Sehr gut! Ihre Immunität schützt Sie.
gefährdet	Aufpassen, damit nichts passiert.
bereits betroffen	Noch ist Hoffnung. Entwickeln Sie jetzt die richtigen Copingstrategien.
voll entwickeltes Bild	Hey! Das ist noch nicht das Ende. Lernen Sie, sich zu lieben.

3.8 Warnhinweise

Wenn Sie unter 90 Punkten geblieben sind, ist das kein Grund, sich selbstzufrieden zurückzulehnen. Ich bin sicher, dass Sie stolz auf das Ergebnis sind, obwohl der Test kein anerkanntes diagnostisches Instrument ist. Die Tatsache, ein Assessmentinstrument zu haben, kann bereits wieder zum toxischen Werkzeug werden, falls Sie es dazu verwenden, sich oder Ihrem Klientel ein Etikett zu verpassen. Werden aus den Ergebnissen keine Schlüsse gezogen, werden sie nicht verarbeitet, diskutiert und als Lerngelegenheiten begriffen, wird wenig Wachstum stattfinden. Mit der Diagnose allein ist es nicht getan. Nutzen Sie die Aussagen, um sich und Ihr Klientel, den aufgedeckten Schmerz und die aufgedeckte Angst zu verstehen.

Wenn Sie in die mittlere Kategorie fallen, sind Sie vermutlich ein Kind toxischer Eltern, das sich in der Genesungsphase befindet und bereits viele Themen bearbeitet hat. Glückwunsch! Sie dürfen nur nicht vergessen, dass Sie Ihr Leben lang wachsam sein und aufpassen müssen.

Wenn Sie in die beiden letzten Kategorien fallen, wissen Sie genau, wie sich Ihre Klientinnen und Klienten fühlen (der toxische alte Mensch und das erwachsene Kind). Sie kennen ihre Qual und ihren inneren Aufruhr und wissen, wie naheliegend es ist, zu verleugnen und auf andere zu projizieren. Erforschen und bearbeiten Sie Ihre Gefühle, holen Sie sie ans Licht. Es kann Ihnen beruflich nur nützen, wenn Sie sich ein ehrliches Bild machen und dabei gut für sich sorgen (siehe Kap. 13 und 14). Nachdem Sie Ihre eigenen Abwehrmechanismen erkannt und bearbeitet haben, verstehen Sie die natürlicherweise stattfindenden Verleugnungen, Projektionen und Rationalisierungen, Ihre eigenen und die Ihres Klientels. Mehr noch: Sie verstehen die Co-Opfer-Beziehung zwischen einem toxischen Elternteil und der erwachsenen Tochter oder dem erwachsenen Sohn und können sich vielleicht sogar empathisch einfühlen.

3.9 Zusammenfassung

Kapitel 3 widmet sich hauptsächlich der Frage, wie sich Toxizität bemerkbar macht. Es enthält mehrere Hinweise und zwei Assessmentinstrumente: eine Checkliste und einen Selbsttest. Sie sind ein Angebot an alle Berufsgruppen in der Altenarbeit, und sollen helfen, verdächtige Symptome bei Ihrem Klientel, aber auch eigene Toxizitätsneigungen zu erkennen. Um ein klareres Bild zu erhalten, wurden nonverbale und verbale Signale sowie private und in der Öffentlichkeit gezeigte Verhaltensweisen beschrieben.

Es wurde vor Etikettierung, vorschnellen Urteilen und Diagnosen gewarnt, weil die Assessmentinstrumente nicht validiert wurden, und auch keine wissenschaftlich verlässlichen Methoden sind. Alterstoxizität ist ein neues Konzept und ein bislang noch wenig erforschtes Gebiet. Ihre verlässlichsten Instrumente sind immer noch eigene Erfahrung, Übung und Intuition.

4 Gibt es überall toxische alte Menschen?

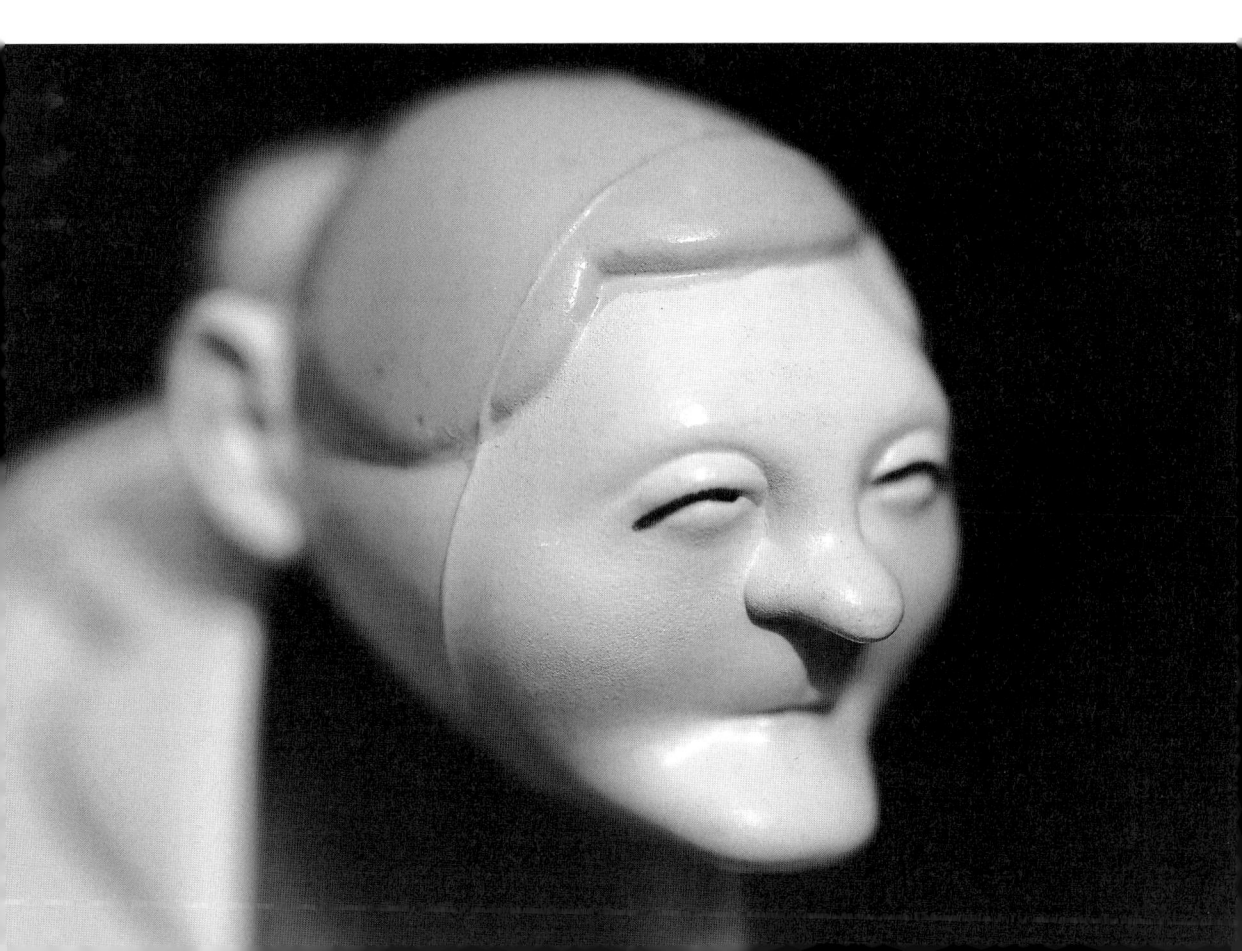

Ja, betagte Personen, die sich wie Toxikerinnen und Toxiker verhalten, gibt es in allen Bevölkerungsgruppen und Kulturen. Diese «giftigen» Alten gelten als schwierig und unangenehm; ihr Verhalten widerspricht den kulturellen Normen und Erwartungen. Wir wissen, dass es die unterschiedlichsten menschlichen Charaktere gibt, die verschiedensten Verhaltensweisen und inneren Einstellungen, sowohl im negativen wie im positiven Sinne. Gut möglich, dass Leute im sehr hohen Alter, wenn die Selbstkontrolle nachlässt, ihre dunklen Seiten zeigen. Dessen ungeachtet leugnen manche Gruppen sämtliche negativen Aspekte des Alterns, was Palmore (1990) als positive Altersdiskriminierung bezeichnet. Entscheidend ist, ob das Umfeld die beobachteten Verhaltensweisen des alten Menschen akzeptiert oder nicht.

Um mehr über diese Bevölkerungsgruppen zu erfahren, wurden 14 Psychotherapeuten und Psychotherapeutinnen, Sozialarbeiterinnen und Sozialarbeiter, die Leitungen von Gemeinde- und Seniorenzentren, Caseworker und andere Dienstleistende, die sich mit Minoritäten befassen, kontaktiert oder interviewt oder beides. Sie haben sich viel Zeit genommen und geholfen, einen ersten Eindruck von den ethnischen Besonderheiten und verschiedenen Wahrnehmungen zu bekommen.

Bei den Vertretungen der Minoritäten handelte es sich um Latinos (mexikanischer, spanischer und kubanischer Herkunft), sowie um alte Menschen vietnamesischer, indianischer und jüdischer Abstammung. Afro-Amerikaner und Afro-Amerikanerinnen wurden nicht als eigene Gruppe behandelt. Sie waren im Untersuchungsgebiet nur mit einem Prozent der Bevölkerung vertreten und so weit verstreut, dass sie sich nicht für eine repräsentative Untersuchung eigneten. Dagegen traf ich in multi-ethnischen Gemeinde- und Seniorenzentren auf mehrere sehr kompetente afro-amerikanische Fachleute in leitenden Positionen. Sie waren äußerst hilfsbereit und haben ausführlich über ihre Erfahrungen mit toxisch alternden Menschen und ihre Beobachtungen berichtet.

Die Gespräche ergaben einige Unterschiede zwischen den einzelnen Minoritätengruppen, wesentlich auffallender waren jedoch die Gemeinsamkeiten. Ob sie Alterstoxizität als solche erkannten, hing allerdings von der Stellung, der Ausbildung und Erfahrung der befragten Personen ab.

4.1 Psychotherapeutinnen und Psychotherapeuten

Die in Kliniken angestellten psychotherapeutischen Fachkräfte für Minoritätengruppen berichteten, dass sie äußerst selten mit älteren Kranken arbeiten. In diesem Punkt gibt es also keinen Unterschied zur weißen Bevölkerungsmehrheit. Bei den wenigen Fällen handelte es sich meist um Patientinnen und Patienten, die aufgrund einer Krise gegen ihren Willen eingewiesen wurden, weshalb Medikation und Hospitalisierung im Fokus standen. Auf Persönlichkeitsanomalien konnte aus zeitlichen Gründen nicht näher eingegangen werden. Die Angehörigen wurden auf Verhaltensmuster hingewiesen und an andere Stellen verwiesen.

4.2 Gemeindezentren

Gemeindezentren und kommunale soziale Einrichtungen bieten meist Unterstützung in akuten Notlagen an, helfen bei der Wohnungs- und Arbeitssuche, sorgen für warme Mahlzeiten, verteilen staatliche Wohlfahrtsleistungen, Haushaltsgegenstände und Kleider. Im Allgemeinen gibt es kein Personal für spezielle Hilfsprogramme für spezielle Altersgruppen.

Als im Jahr 1997 die Sozialgesetzgebung reformiert wurde, erlebten diese Einrichtungen allerdings einen Ansturm älterer Bürgerinnen und Bürger, weil sie, so die interviewten Leiterinnen und Leiter, um ihre staatlichen finanziellen Zuwendungen fürchteten.

Dass unter diesem neuen Klientel auch toxische alte Menschen waren, wurde bejaht. Und wie kamen sie ohne speziell geschulte Kräfte mit diesen Leuten zurecht? Die Leiterin einer Hilfseinrichtung, die überwiegend der hispano-amerikanischen Bevölkerung dient, hat sich dazu sehr prägnant geäußert:

> Weil toxische alte Menschen sehr fordernd, laut und klagsam sind, sehen wir zu, das wir sie möglichst schnell wieder loswerden. Wir weisen sie an, sich zu setzen und an ruhigeren Tagen zu kommen. Dann bitten wir eine ehrenamtliche Helferin oder einen Freiwilligen, sich mit dieser Frau oder diesem Mann draußen unter die Bäume zu setzen, wenn möglich, um ihre Ängste zu lindern, um mit ihnen zu sprechen und ihnen zuzuhören, damit sie sich beruhigen und ein wenig wohler fühlen.

4.3 Altenheime und Seniorenzentren

Sie erfüllen die gleichen Aufgaben wie Gemeindezentren, nur eben speziell für die ältere Bevölkerung ab 60 Jahren, und bieten zusätzlich Programme, Kurse, Aktivitäten und Unterstützung an, vermitteln beispielsweise ambulante Pflegedienste, betreute Wohngemeinschaften und auf die Bedürfnisse alter Menschen spezialisierte Transportmöglichkeiten.

Welche ethnischen Gruppen diese Einrichtungen frequentieren, hängt ganz von der Lage des Hauses ab, da sich die Nutzerinnen und Nutzer aus der umgebenden Wohnbevölkerung rekrutieren. Eine Ausnahme sind die Mittagstische, an denen manchmal mehr Angehörige von Minoritäten teilnehmen, als es ihrem Bevölkerungsanteil entspricht.

Ungeachtet dessen berichten die Führungskräfte solcher Einrichtungen, dass alte Menschen ethnischer Minderheiten den Ruf haben, dass sie weder um Hilfe bitten noch an irgend einem Gruppenangebot teilnehmen, in dem Persönliches ans Licht kommen könnte. Was nicht heißt, dass es in diesen Gruppen keine «giftigen» Alten gibt.

4.3.1 In einem multi-ethnischen Seniorenzentrum

Die Leiterin eines innerstädtischen Seniorenzentrums mit einem hohen Anteil hispano-amerikanischer Wohnbevölkerung berichtete von zwei relevanten Situationen: einmal von einem toxischen Besucher, einmal von einer toxischen Mitarbeiterin.

> Beim ersten Beispiel handelte es sich um einen 83-jährigen Mann, der aus Kuba eingewandert war. Er hatte im Marine Corps gedient, «liebte Amerika», war ein begabter Musiker und Sänger, gesundheitlich angeschlagen, und machte sich mit Vorliebe an leitende Personen heran, um sich Vorteile zu verschaffen. Es war bekannt, dass er reihum sämtliche Seniorenzentren aufsuchte, sich aber stets über deren Angebote beklagte und sie gegeneinander ausspielte. Stets verlangte er, im Zentrum der Aufmerksamkeit zu stehen, mal im negativen, mal im positiven Sinne, er kommandierte herum und zettelte Machtkämpfe an. Er galt als «mieser Typ».
>
> Einer seiner Machtkämpfe spielte sich eines Tages beim Mittagessen ab, als der alte Herr vom Leiter des Hauses verlangte, er solle die Bundesflagge ins andere Zimmer stellen, damit er sie von seinem Platz aus im Blick hat. Weil er sich aber an den einzigen Tisch gesetzt hatte, von dem aus

die Fahne nicht zu sehen war, bat ihn der Leiter, sich einen anderen Essplatz zu suchen. Da bekam der toxische alte Mann einen Wutausbruch, beschuldigte den Leiter des respektlosen Umgangs mit der Bundesflagge und einer unpatriotischen Gesinnung. Das brachte sofort die anderen Gäste auf, worauf sich der Leiter, ein großer, breitschultriger Mann, über den toxischen Gast beugte und mit fester Stimme sagte: «Sie bekommen keine Sonderbehandlung, das wäre den anderen gegenüber nicht fair. Sie werden sich an die Regeln halten, wie alle anderen auch.» Was der «giftige» Alte dann auch tat.

Beim zweiten Beispiel geht es um eine 68-jährige Angestellte lateinamerikanischer Herkunft, die bereits sechs Jahre in der Einrichtung gearbeitet hatte, als der neue Leiter seine Stelle antrat. Er versuchte 18 Monate lang, mit ihr zu arbeiten. Schließlich musste er erkennen, dass sie sich nicht ändern konnte, nicht auf ihn hörte, seine Anregungen und Ratschläge in den Wind schlug, in Geldangelegenheiten log und sich anderen gegenüber unfair verhielt.

Sie arbeitete 20 Stunden pro Woche im Zentrum, und eine ihrer Aufgaben bestand darin, das staatliche Lebensmittelhilfsprogramm zu verwalten und die Lebensmittel auszugeben. Als Verantwortliche für ihren Bereich verhielt sie sich höchst autoritär und wie eine «Gefängniswärterin», indem sie fortwährend mit ihrem Klemmbrett herumging und wichtigtuerisch mit dem Schlüsselbund klapperte. Die Atmosphäre war stets angespannt, weil die alten Leute versuchten, eine frühe Nummer zu ziehen, um die feinen Sachen zu bekommen, die sie gern für ihre «Lieblinge» zurückhielt.

An einem recht stürmischen Wintertag traf der Leiter eine lange Menschenschlage vor dem Zentrum an. Die Seniorinnen und Senioren warteten seit anderthalb Stunden, um unter den Ersten zu sein und die besseren Nahrungsmittel zu ergattern. Die toxische Angestellte ließ sie draußen stehen, bis es Zeit war, die Tür zu öffnen. Das war eine ihrer Regeln.

Doch dann passierten zwei Dinge, die das Fass zum Überlaufen brachten. Einmal kam ein Blinder und wurde abgewiesen, weil er kein Senior war und an einem nicht für ihn vorgesehenen Tag zur Brotausgabe erschien. Dann wurde ein anderer Mann, den der Leiter zur Lebensmittelverteilung geschickt hatte, brüsk zurückgewiesen und mit beschuldigendem, harschen, feindseligen Ton beschieden: «Sie sind schon zum zweiten Mal da!»

Die Angestellte wurde gekündigt; vorher beklagte sie sich allerdings bei der übergeordneten Dienststelle. Später beschuldigte sie den Leiter, er habe etwas gegen sie gehabt.

Dies ist ein typischer Fall von ausgeprägter Toxizität. Berichten zufolge hatte sich die Angestellte seit dem Tod ihres Mannes vor 17 Jahren völlig verändert. Sie war verbittert und einsam und konnte ihm nicht verzeihen, dass er sie verlassen hatte.

4.3.2 In einem hispano-amerikanischen Seniorenzentrum

Dieses kleine Zentrum wurde überwiegend von alten Menschen lateinamerikanischer Herkunft frequentiert. Auf die Frage nach Toxizität, besonders nach emotionalen Problemen, fielen die Antworten so aus:

«In unserer Kultur wendet sich niemand gegen die Mutter oder den Vater», versicherte die hispano-amerikanische Leiterin. Erwachsene Kinder werden sich nie über ihre Eltern beklagen, und traditionelle Therapien und Selbsthilfegruppen sind völlig undenkbar. Alte Eltern, besonders wenn sie toxisch sind, befassen sich mit ihren inneren Problemen erst, wenn sie gebrechlich werden. Ihre Strategie besteht dann in völliger Verleugnung, unter Zuhilfenahme von Alkohol und verschreibungspflichtigen Medikamenten, etwa Valium und Schmerzmitteln.

Amerikanisierte Kinder solcher Personen sind oft völlig hilflos, wenn sie beim Umgang mit ihren alten Eltern toxische Situationen erleben. Wenn die Kinder aber kreativ sind und fähig, mit einem Arzt, einem Priester oder einer anderen Autoritätsperson zusammenzuarbeiten, ist die alte hispano-amerikanische Generation meist durchaus zum Einlenken bereit.

Ein hispano-amerikanischer Arzt im Praktikum im staatlichen gerontopsychiatrischen Dienst hatte eine andere Wahrnehmung seiner Landsleute. Er bestätigte, dass Menschen mit mexikanischen Wurzeln Psychiatrieeinrichtungen nicht in Anspruch nehmen und fügte hinzu, dass sie seit der Gesundheitsreform in Kalifornien noch weniger bereit waren, Hilfe zu suchen oder in Seniorenzentren zu gehen, «aus Angst vor dem Verlust staatlicher Gesundheitsbeihilfen.» Er war ferner der Meinung, dass die hispano-amerikanischen Familien mit zunehmender kultureller Anpassung kleiner werden. Wie bei der anglo-amerikanischen Bevölkerung, gibt es inzwischen auch hier eine «Sandwich-Generation», die ihre Probleme mit schwierigen alten Menschen und den damit verbundenen familieninternen Bedürfnissen und Dynamiken hat.

4.3.3 In einem vietnamesischen Seniorenzentrum

Der Manager eines großen, aktiven Seniorenzentrums für vietnamesische Immigranten und Immigrantinnen antwortete auf die Frage nach toxischen alten asiatischen Menschen: «Es gibt sie definitiv».

Zwei Dinge haben die Entwicklung von Toxizität bei vietnamesischen alten Frauen und Männern begünstigt: Erstens, kulturelle Konflikte zwischen der älteren, in Vietnam geborenen Generation und der jungen, in Amerika geborenen, zweitens, der Umstand, dass die Älteren an Macht und Einfluss verloren haben.

In Vietnam gelten die Lehren des Konfuzianismus. Alte Menschen werden geehrt. Sie sind über alle Kritik erhaben. Man verneigt sich vor ihnen und kommt ihren Wünschen nach; das wird erwartet, und ein anderes Verhalten wäre schlicht undenkbar.

Dass es mit zunehmender Amerikanisierung der zweiten Generation Konflikte geben würde, war abzusehen. Leute, die früher in Vietnam einflussreiche Positionen inne hatten, etwa ein General, der ins Seniorenzentrum kommt, fühlen sich beleidigt und verletzt, wenn man ihnen nicht zuhört oder ihre Anordnungen nicht befolgt. Diese alten Menschen aus Asien – einst die Tapfersten, Klügsten und Verehrtesten – sind jetzt von ihren Angehörigen abhängig und fühlen sich herabgesetzt, verbittert und machtlos. Ihre Ansprüche haben sich nicht verändert, doch ihre Kinder lehnen sich auf, was die Beziehungen belastet. Nörgelnde Eltern werden nicht mehr toleriert. Ihre zuvor stabilisierenden Rollen sind Vergangenheit.

«Schließlich habe ich so große Opfer für dich gebracht, wie kannst du mich jetzt so behandeln?», lautet ihre endlos wiederholte Klage.

Viele dieser betagten Eltern setzten ihre staatlichen Rentenaufstockungen dafür ein, um mit anderen alten Vietnamesen und Vietnamesinnen zusammenzuziehen, ihre Bräuche zu pflegen und in der Nähe eines buddhistischen Tempels zu leben, wo ihre Meinungen gehört und respektiert werden, wo ihnen die verehrte Priesterschaft inneren Frieden vermittelt und Ratschläge gibt.

Andere toxische Eltern werden von ihren Kindern finanziell unterstützt und in Altenheime gebracht, dann aber gemieden und – wenn die Kinder das Gefühl haben, missbraucht zu werden – der emotionalen Unterstützung beraubt.

Aber auch in der vietnamesischen Gemeinde haben Kinder toxischer Eltern die üblichen Schuldgefühle, wie an folgendem Beispiel zu erkennen:

Es handelte sich um den Fall einer Frau Mitte 80, die ihre vier amerikanisierten, beruflich sehr erfolgreichen Kinder in einem Pflegeheim untergebracht haben. Obwohl keines der Kinder sie dort jemals besucht hatte, «richteten sie ihrer Mutter dann eine große, eindrucksvolle Beerdigung aus.»

Um diese kulturellen Konflikte zu entschärfen, bietet das vietnamesische Zentrum für die alte und junge Generation spezielle Kurse an, mit dem Ziel, bei beiden Teilen Verständnis füreinander zu wecken und spaltende Streitigkeiten zu verhindern. Trotzdem ist Toxizität noch etwas anderes. Anscheinend ist keine Kultur davor gefeit. Wenn alte Leute ihren Kindern das Leben schwer machen, wird auch ein 70-jähriger Vietnamese, selbst wenn er der einzige Sohn ist, ärgerlich. In dem Fall war der Sohn seiner 99-jährigen Mutter überdrüssig, die ihn nachts vom Pflegeheim aus anrief, und verlangte, er solle sofort herkommen und ihr den juckenden Rücken kratzen.

4.3.4 Ein Programm für die alte indianische Bevölkerung

Ein weiterer Wertekonflikt zwischen den Kulturen im Hinblick auf alte Menschen ist bei den amerikanischen Ureinwohnern festzustellen. Der Leiterin eines Seniorenprogramms zufolge ist «die Achtung vor den Alten das oberste Gebot.»

Die indianische Kultur lehrt, dass die Ältesten ehrfürchtig zu behandeln sind, und zwar unter allen Umständen. «Niemand darf sie anschreien, kritisieren oder ihnen entgegentreten. Man muss sie einfach lassen wie sie sind», fügte sie hinzu. «Die Alten dürfen sich ausleben, sie haben es verdient. Eine jüngere Person ist in der Rolle der Lernenden. Alte Männer und Frauen sind unsere Lehrmeister.»

Diese Wertvorstellungen können jedoch ein Programm völlig durcheinander bringen und verheerende Schäden anrichten, wenn ein «Schneeballeffekt» einsetzt und die Gruppe sprengt. Beim Bingo-Spielen ist kürzlich Folgendes passiert:

> Eine toxische ältere weiße Dame war zum zweiten Mal im Zentrum, um Bingo zu spielen. Das Spiel hatte kaum begonnen, da fing sie an zu schreien und sich zu beklagen, wenn etwas nicht nach ihrem Kopf ging. Bald ließen sich die anderen Leute anstecken. Auch sie fingen an, sich zu beklagen. Die angesetzte Zeit war halb verstrichen, da stand die Frau plötzlich auf und rief: «Mist, diese Gewinne sind ja lächerlich. Dafür lohnt es sich wirklich nicht herzukommen!»
>
> Jetzt hatte ihr Ausbruch den ganzen Saal in Aufruhr versetzt. Es war das blanke Chaos. Der Spielführer, ein junger Mann indianischer Abstammung, hatte sich über eine Stunde lang lediglich traditionsgemäß verhalten und «die Frau ihr Ding machen lassen.» Mit den Folgen konfrontiert, wusste sich der junge Mann nicht zu helfen. Er war ratlos. Schließlich rief er nach der Leiterin.
>
> Weil auch sie indianisch-amerikanischer Abstammung war, signalisierte sie ihrem Mitarbeiter Verständnis, nahm dann die Frau beim Arm, führte sie nach draußen und sagte ihr streng und deutlich, dass dieses Verhalten nicht toleriert wird. Sie solle jetzt gehen.

In dieser Situation lagen zwei Werte im Widerstreit. Aufgrund ihrer Leitungsverantwortung blieb ihr keine andere Wahl. Schließlich war sie verpflichtet, für Stabilität und Ruhe zu sorgen. Ihre kulturellen Überzeugungen mussten zurückstehen. Durch ihre Ausbildung und Berufserfahrung hatte die Leiterin des Seniorenzentrums andere Wertvorstellungen kennen gelernt und gelernt, andere Prioritäten zu setzen.

4.3.5 Im jüdischen Seniorenzentrum

«Oh, wir haben hier keine toxischen Leute. Unsere Gruppe ist wunderbar. Sie ist sehr stabil; schließlich sind wir schon recht lange beisammen. Wir fühlen uns verbunden und helfen einander.» Es gibt vier mögliche Erklärungen für diese spontane Reaktion der Leiterin des Jewish Center auf meine Frage nach toxischen alten Menschen. Nach dieser Äußerung hielt sie kurz inne und fügte dann hinzu: «Na ja, vielleicht einen oder zwei Fälle, aber nichts Besorgniserregendes. Sie fallen öffentlich nicht auf.» Damit endete die Ermittlung.

Eine langjährige Sozialarbeiterin des Hauses hatte allerdings eine andere Wahrnehmung und andere Erfahrungen gemacht. Aufgrund ihrer intensiven Beratungstätigkeit – sie half zahlreichen erwachsenen Söhnen und Töchtern, die in Gewissensnöten waren und dysfunktionale Beziehungen zu ihren alten Eltern unterhielten – versicherte sie mir, es gäbe durchaus toxische Gruppenmitglieder.

Hier nun vier mögliche Gründe für die beiden unterschiedlichen Einschätzungen und Antworten:

1. Die Intimität einer eng verbundenen Gruppe und die liebevoll unterstützende Aufmerksamkeit, die den Mitgliedern zuteil wird, gibt dem Ich einer extrovertierten toxischen Person möglicherweise genau das, was sie unbewusst braucht, weshalb sie im Zentrum nicht sonderlich auffällt oder nicht ausagiert.
2. Toxizität kann Dienstleistenden und anderen Menschen verborgen bleiben, wenn sie die dunklen Seiten konsequent ausblenden, um alles in rosigem Licht sehen zu können, und wenn sie alles tun, um ihrem Klientel jeden Wunsch zu erfüllen.
3. Vielleicht wollte die Leiterin des Zentrums das Image des Hauses schützen und hat deshalb reflexartig Dinge abgestritten, die sie als negativ empfindet und dem öffentlichen Ansehen schaden könnten.
4. Toxische Menschen können sich bekanntlich in der Öffentlichkeit unauffällig verhalten, wenn es zu ihrem Vorteil ist.

Dennoch untermauern die unterschiedlichen Reaktionen meine bereits im Vorwort geäußerte Hypothese: «Unsere Wahrnehmung bestimmt, wie wir auf andere Menschen und Dinge reagieren» (Davenport, 1991).

4.4 Zusammenfassung

Wir können davon ausgehen, dass es in allen Gruppen «giftige» Alte gibt, die jedoch nur dann toxisch genannt werden, wenn das Wort angeboten und der Wahrnehmung zugeordnet wird. Alle Menschen haben eine helle und eine dunkle Seite. Wer das Alter nicht konstant idealisiert, wird die dunkle, toxische Seite erkennen, die manchmal toleriert wird, manchmal nicht.

Durch Interviews mit Leiterinnen und Leitern von Dienstleistungseinrichtungen für Minoritäten wurde kursorisch nach dem Vorhandensein von Toxizität bei aktiven alten Menschen verschiedener ethnischer und religiöser Gruppen geforscht, wofür primär Psychotherapieangebote, Gemeinde- und Seniorenzentren in Süd-Kalifornien kontaktiert wurden. Bei den untersuchten Minoritätengruppen handelte es sich um alte Menschen lateinamerikanischer, spanischer, vietnamesischer, indianischer und jüdischer Abstammung.

Es wurden zwar einige Unterschiede zwischen den einzelnen Gruppen festgestellt, allerdings auch überraschend viele Ähnlichkeiten.

So meiden beispielsweise die meisten alten Menschen (besonders, wenn sie toxisch sind), egal mit welchem ethnischen, kulturellen oder religiösen Hintergrund, jede Psychotherapie, sie fürchten sich vor Geisteskrankheiten, weigern sich, über ihre Gefühle und Probleme zu sprechen (also die eigene «schmutzige Wäsche zu waschen»), leugnen emotionale Symptome, bis sie von einer Erkrankung, den Kindern oder einer außenstehenden Autoritätsperson genötigt werden, sich damit zu befassen, und schützen sich, indem sie ihre Verleugnungshaltung auf andere projizieren.

Auch die Generationenkonflikte von Einwanderern und Flüchtlingen – Konflikte zwischen der alten Heimat und der neuen, den alten Sitten und den neuen – sind universell. Die jungen Menschen passen sich an, doch der Stress, die Ängste und der Identitätsverlust, der Verlust kontrollierender, angesehener und einflussreicher Rollen, den manche alte Menschen erleiden, bringen bislang verborgene toxische Tendenzen zum Vorschein. Die Söhne und Töchter begreifen meist nicht, warum sich ihre Eltern an die alte Stabilität und Sicherheit klammern, dass sich ihre alten Eltern überflüssig, unerwünscht, ungeliebt und unproduktiv fühlen und diese Empfindungen Toxizitätsauslöser sind.

Die betagten Menschen in den untersuchten Gruppen fühlen sich offenbar abgelehnt, wenn die erwachsenen Kinder alle Opfer, die sie für ihren Nachwuchs gebracht hatten, nicht entsprechend würdigten. Toxische alte Menschen steigerten sich in das Gefühl hinein, Märtyrer oder Märtyrerin zu sein. Sie fühlten sich emotional missbraucht, genau wie sich ihre Kinder emotional missbraucht fühlten. Weil die Elterngeneration die eigenen Empfindungen weder verstand noch ausdrücken konnte, gab es unweigerlich Kommunikationspannen und Ärger. Die Folge war, dass sich die unterdrückten Empfindungen mitten in der Nacht Bahn brachen und unsinnige Telefonanrufe («Du musst mir den Rücken kratzen!») auslösten.

Bei sämtlichen toxischen alten Menschen war zu beobachten, dass sich ihre negative Energie zu einer Opferhaltung verfestigte. Sie sehen sich als wahre Opfer. Sie reagieren wie *Opfer* (siehe Erläuterung der Transaktionsanalyse und das Dramadreieck von Stephen Karpman in Kap. 10). Unbewusste Befürchtungen lösen bei toxischen alten Menschen rigide Kontrollzwänge aus, weil sie sich verzweifelt an das Stückchen Macht klammern, das ihnen – ihrer Wahrnehmung zufolge – noch verblieben ist.

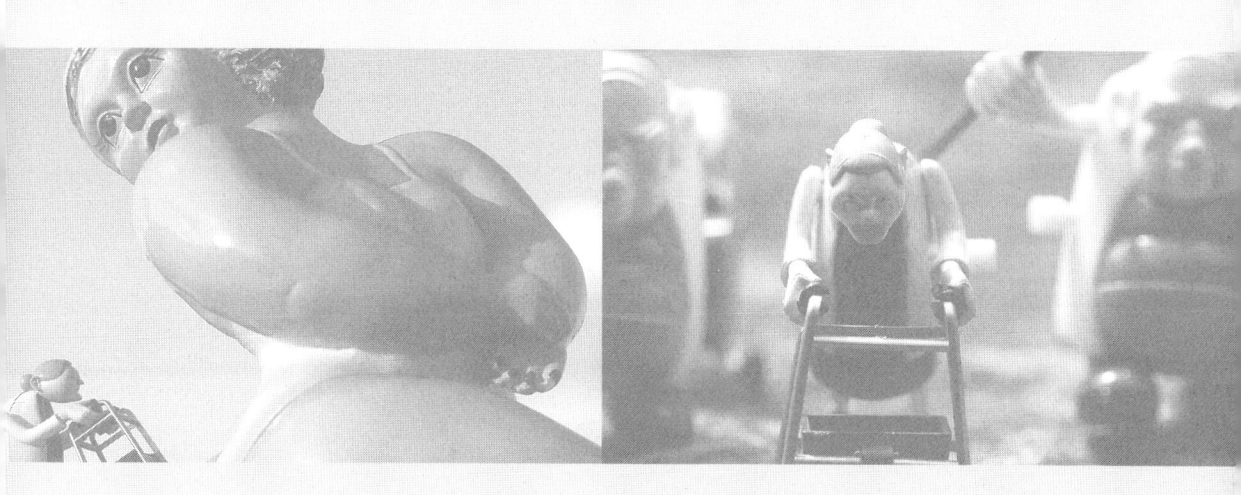

Teil II
Wer leidet unter toxischen alten Menschen, und wie?

Man muss vor allem sich selber mögen und andere Menschen mehr mögen, damit fängt es an. Wenn du nicht das Gefühl hast, in einem liebevollen Universum zu leben, ich glaube, dann bringen dich Gift und Galle einfach um.

Stanley Kunitz, 87 Jahre

5
Die Auswirkungen von Toxizität auf Fachkräfte in der Altenarbeit

Um festzustellen, wie sich «alte» (old) und «sehr alte» (old-old) toxische Menschen auf Fachkräfte in der Altenarbeit auswirken, auf die Qualität ihrer Dienstleistungen und die Einrichtungen, in deren Auftrag sie tätig sind, wurden Berufsanfängerinnen und -anfänger sowie erfahrene Fachleute in verschiedenen Bereichen der Geriatrie befragt. Die Gesprächspartnerinnen und Gesprächspartner waren in leitenden Funktionen der regionalen Altenarbeit oder in Seniorenzentren tätig, sie hatten ein Studium der Sozialen Arbeit absolviert (master's degree in social work, MSW) und waren als examinierte klinische Sozialpädagoginnen und Sozialpädagogen (licensed clinical social worker, LCSW) in Betreuungseinrichtungen, bei Hilfsorganisationen, in privaten Praxen, als Psychotherapeuten und Psychotherapeutinnen und in der Ehe- und Familienberatung tätig (marriage and family counselor, MFCC), sie waren Case Manager in privaten und staatlichen Psychiatrieeinrichtungen und sozialen Einrichtungen, gerichtlich bestellte Betreuungspersonen, arbeiteten auf gerontopsychiatrischen Stationen, in Tageskliniken, an Stellen zum Schutz alter Menschen vor Missbrauch, als Ombudsleute, in Hospizen, an Stellen zur Information und Weiterverweisung von Senioren und Seniorinnen, in der Hauskrankenpflege und wirkten als Lehrkräfte, sie fuhren «Essen auf Räder» aus und waren bei Sozialstationen angestellt. Manche Einrichtungen waren staatlich, andere wurden vom Bezirk oder Bundesland getragen, einige waren gemeinnützig, andere wurden privat betrieben.

Die 48 kontaktierten und interviewten Personen wurden gefragt, ob sie beruflich mit toxischen alten Menschen zu tun haben, und wenn ja, gebeten, das toxische Verhalten und dessen Auswirkungen zu schildern. Alle bestätigten, dass sie bei ihrer Arbeit direkten Kontakt mit toxischen alten Menschen haben, nur die älteren Richter, der Repräsentant eines Seniorenzentrums und eine in der staatlichen Gesundheitserziehung tätige Person verneinten die Frage. Die Stichprobe ergab ferner, dass sieben (15 %) der befragten Personen Töchter toxischer Mütter waren, und eine die geschiedene Ehefrau eines toxischen Alkoholabhängigen. Diese Zahl erscheint relativ hoch, weil meiner Schätzung nach derzeit 4 oder 5 % der alternden Bevölkerung toxisch sind.

5.1 Wo sind toxische alte Menschen zu finden?

Generell findet man toxisch alternde Menschen in allen Einrichtungen, die alte Leute direkt unterstützen. Eine Ausnahme bilden indirekte Dienstleistungen, wie beispielsweise gerichtlich bestellte Betreuungen und Vollmachten. Dann findet der Schriftverkehr primär mit den erwachsenen Kindern statt, nicht mit dem toxischen alten Menschen.

Ein weiterer Sonderfall sind öffentliche Bildungseinrichtungen für Seniorinnen und Senioren oder universitäre Seniorenstudiengänge, deren Aktivitäten von den Teilnehmenden mit organisiert, verwaltet und umgesetzt werden. Ziel solcher Erwachsenenbildungsprogramme ist es, die Menschen geistig anzuregen, die Gesellschaft zu bereichern und das soziale Klima zu verbessern. Auf die Frage nach toxischen alten Menschen lautete die Antwort: «Vielleicht sind ein paar dabei, aber die fühlen sich hier nicht lange wohl und bleiben bald wieder weg.» Die fröhlich beschwingte Stimmung und die *produktive* Energie solcher anspruchsvolleren Angebote bieten dem Negativismus und der Opferhaltung schwieriger alter Männer und Frauen wenig Raum.

5.1.1 Allgemeiner Eindruck

Es gibt unter alten Menschen offenbar ein konstantes Muster toxischen Verhaltens, das sich jedoch auf Fachkräfte in der Altenarbeit unterschiedlich auswirkt, je nachdem, wie lange sie mit toxischen Personen zu tun haben, wie sie toxisches Verhalten wahrnehmen, wie ausgeprägt ihr Selbstbewusstsein ist, ob sie innerlich frei sind und fähig, kreative Copingstrategien zu entwickeln. Auch die Anzahl der zu betreuenden toxischen alten Menschen und die Frage, ob sie selber toxische Eltern hatten, spielen eine wichtige Rolle.

5.2 Das ist die Realität

Keine der interviewten Fachkräfte war auf den Umgang mit toxischen alten Menschen vorbereitet. Eine spezielle Ausbildung wurde weder gefordert noch angeboten. Deshalb waren sie gezwungen, sich eigene Lösungen zu erarbeiten. Wenn sie an ihre Grenzen stießen und sich am Telefon endlose Klagen anhören mussten, lautstarke Wutausbrüche und Unterbrechungen erlebten, wenn ihre Bemühungen stets kritisiert und mit Gejammer quittiert wurden, wenn man sie hinterrücks verleumdete, waren sie nach einiger Zeit entmutigt, verzweifelt und ausgebrannt.

Vielen erschien die Arbeit mit toxischen alten Menschen fruchtlos. Überleben und Selbstschutz lauteten die Ziele. Das Ergebnis war negatives Coping: Toxische alte Männer und Frauen wurden gemieden, umgangen, abgeblockt oder (wenn möglich) an eine andere Stelle weiterverwiesen. Oft ersetzten rein praktische Erwägungen die eigentlich erwünschte Dienstleistung. War die Toxizität bereits fortgeschritten, das Arbeitspensum zu groß und zu belastend, waren die Unterstützungsangebote für das Personal unzureichend und stand lediglich Krisenintervention im Fokus, galt die Betreuung des toxischen Klientels schlicht als zu zeitaufwändig und zu kostspielig, weshalb nur noch Schadensbegrenzung stattfand. Langfristige und nachhaltige positive Veränderungen wurden nicht mehr angestrebt. Man beschränkte sich auf das Machbare.

5.3 Typische Reaktionen

Je länger ich Leuten zuhörte, die beruflich mit der Betreuung toxischer alter Menschen betraut sind, und je mehr ich auf ihre Wortwahl achtete, desto deutlicher spürte ich ihre Hilflosigkeit. Meist kam mir ein ungeheurer Schwall beschreibender Worte entgegen: frustrierend, extrem störend, verwöhnt, manipulierend, sie vertreiben ihre Mitmenschen, kooperieren nicht, sind selbstzentriert, anspruchsvoll, zeitaufwändig, beklagen sich fortwährend und beschuldigen andere, sie sind paranoid, nicht veränderungsbereit, vermutlich ist ihr Gehirnstoffwechsel entgleist, sie kauen immer wieder die gleichen Themen durch, haben nie loslassen gelernt, sind passiv-aggressiv, egoistisch, abhängig und nicht bereit, sich selber zu helfen.

Offenbar genügte allein die Frage nach «giftigen» Alten, schon erinnerten sich die Leute an einprägsame Erlebnisse. Endlich war da jemand, der sie verstand, weshalb die Schilderungen nur so aus ihnen heraussprudelten, als entfalteten sie kathartische Wirkung. Meist hörte ich Folgendes: Sie haben über die Jahre hinweg gelernt, dass sie mit diesem Verhalten erreichen was sie wollen; sie stoßen alle vor den Kopf; sie wollen immer im Mittelpunkt stehen; sie glauben stets im Recht zu sein; sie wollen ihre Wünsche *sofort* erfüllt haben; sie fühlen sich so schlecht behandelt, dass sie nicht merken, was sie sich und ihren Mitmenschen antun; sie sehen nicht, dass sie ihre Probleme selbst verursachen; sie lassen ihr Unglück an anderen aus; sie greifen zu ungeeigneten und unrealistischen Problemlösungen; sie *adaptieren* sich und sind immer negativ; sie sind streitbare Charaktere; sie nerven und sind schwierig.

John Steinbeck würde sie als «traurige Seelen» bezeichnen!

5.4 Und wie reagieren Sie?

Als professionell Pflegende oder Dienstleistende werden Sie nach dieser Lektüre vermutlich erleichtert sein, weil Sie nun wissen, dass nicht nur Sie allein solche Empfindungen haben, vielleicht fürchten Sie sich aber auch davor, in diese Sache hineingezogen zu werden. Als Neuling in der Altenarbeit und ohne Ausbildung auf diesem Gebiet, sollten Sie sich bemühen, die Betreuung toxischer alter Menschen als Herausforderung und Abenteuer aufzufassen, die Ihrer beruflichen Weiterentwicklung zugute kommt.

Es folgen nun einige Fallbeispiele, die Ihnen vermitteln, wie die Praxis aussieht und worauf Sie sich einstellen müssen. Ich möchte Ihnen helfen, die Frustration, Angst, Schuldgefühle, ja sogar Wut zu verstehen, die Sie möglicherweise empfinden, wenn Sie versuchen, toxische alte Menschen zu betreuen.

Einteilung der Fälle. Zur leichteren Orientierung wurden die Fallbeispiele bestimmten Kategorien zugeordnet: Neulinge im Case Management, Seniorenzentren, öffentliche Einrichtungen, private Betreuung, spezielle Unterstützungsangebote, Mehrfachbelastung (Differenzialdiagnostik), Unterstützung für Pflegende, Pflege- und Altenheime und Seniorenwohnanlagen.

5.4.1 Neulinge im Case Management

Berufsanfänger und Berufsanfängerinnen werden feststellen, dass sie mit toxischen alten Menschen ganz unterschiedliche Erfahrungen machen. Dennoch wird jeder Fall eine Lerngelegenheit sein, auch wenn es in der aktuellen Situation nicht danach aussieht.

So habe ich beispielsweise von einer Sozialarbeiterin gehört, die ihre Stelle bereits nach wenigen Wochen kündigte und unter Tränen gestand: «Diese Leute machen mich wahnsinnig.»

Als ich mich nach den näheren Umständen erkundigte, wurde mir gesagt: «Sie ist jung und verfügt nicht über die für den Umgang mit diesen gemeinen und gehässigen Leuten notwendige Toleranz und Geduld.»

Richtig, sie hatte vielleicht nicht die Toleranz und Geduld, vielleicht war sie nicht einmal geeignet für diesen Beruf, sie hatte aber sicher das Recht, auf ihre Aufgabe angemessen vorbereitet zu werden.

Hilfe durch «Etikettieren». Nun ein Beispiel mit glücklichem Ausgang. Bereits im Jahr 1989 nannte ich schwierige alte Menschen, die ich für meine Dissertation interviewt hatte, «toxisch». Mehrere Jahre danach – ich hatte auf einer Konferenz einen Vortrag über Alterstoxizität gehalten – sprach mich eine junge Sozialarbeiterin an. Sie wirkte unbeschreiblich erleichtert und gestand mir mit glänzenden Augen:

Ich habe wirklich angefangen, an meinem Verstand zu zweifeln! Bis heute Morgen fürchtete ich, den Altenpflegeberuf an den Nagel hängen zu müssen. Wissen Sie, es gab da ein paar alte Leute, mit denen ich einfach nicht zurecht kam. Im Grunde schämte ich mich, weil ich sie seit Wochen gemieden hatte. Inzwischen fängt meine Chefin an, Druck zu machen. Jetzt, wo ich weiß, was toxisches Verhalten ist und einen Namen dafür habe, weiß ich, worauf ich mich einstellen und wie ich damit umgehen muss.

Lächelnd und mit einem erlösten Seufzer fügte sie hinzu: «Wirklich gut zu wissen, dass nicht ich das Problem bin. Danke!»

Ich hätte sie umarmen können. Sie bestätigte meine Überzeugung, dass es allen Beteiligten hilft, wenn toxische alte Menschen identifiziert werden: allen, die mit der Versorgung betraut sind, den erwachsenen Kindern und den betroffenen betagten Männern und Frauen selber. Wer die Situation erkannt hat, kann lernen, mit den eigenen Reaktionen zurecht zu kommen.

Damals war es durchaus riskant, öffentlich etwas Negatives über alte Leute zu sagen, ungeachtet der Tatsache, dass Toxizität mit normalem Altern wenig zu tun hat. Noch immer besteht die Gefahr, dass «Etikettieren» als vorurteilsbeladene Herabsetzung betrachtet wird, nicht als Instrument, das uns helfen soll, zu erkennen und zu begreifen, dass wir alle abgespaltene und nicht entwickelte Teile in uns tragen, die wir nicht wahrhaben wollen, einen Schatten, der sich schließlich mehr oder weniger stark bemerkbar macht, wenn die gewohnten Kontrollmechanismen nachlassen. Das Etikett wird uns hoffentlich wachrütteln und unsere Wahrnehmung verändern, damit wir als Geriatriefachkräfte fähig sind, Menschen zu betreuen und zu lieben, die nicht liebenswürdig erscheinen.

5.4.2 Seniorenzentren

Interessanterweise reagierten in der Altenarbeit erfahrene Kräfte (insbesondere langjährige Leiterinnen und Leiter von Seniorenzentren) auf das Wort «toxisch» ganz anders als Berufsneulinge. Erstere schauten vielsagend drein und seufzten wissend. Ihnen brauchte man keine Symptome zu nennen, sie wussten sofort, was und welche Leute ich meinte, obwohl sie sie nicht toxisch nannten. Stattdessen hörte ich: «Oh, Sie meinen ___ !»

Oft lieferten mir diese Führungskräfte in den Interviews genaue Beschreibungen toxischen Verhaltens, und aus ihrer Stimmlage und ihrer Mimik war klar zu schließen, dass ihnen die Anwesenheit dieser emotional auslaugenden Personen unangenehm war. Ginge es nach ihnen, würden sie sie von der Gemeinschaft und den Gruppenaktivitäten ausschließen. Im besten Falle störten sie, im schlechtesten sprengten sie die Gruppe.

Ältere Leiterinnen und Leiter von Seniorenzentren erinnerten an die 1970er Jahre, als sie noch keine Berufserfahrung hatten und das Konzept der Seniorenzentren noch neu war. Sie waren damals auf Alterstoxizität nicht gefasst und konnten mit diesem Phänomen überhaupt nicht umgehen. Oft vergiftete das ungebärdige, störende Verhalten und die negative Haltung dieser alten Männer und Frauen das ganze Programmangebot, so dass sie von sämtlichen Gruppenaktivitäten ausgeschlossen werden mussten.

Diese Führungskräfte waren froh, dass sie dem Verhalten einen Namen geben konnten, weil es ihnen damit leichter fiel, die Symptome zu erkennen und auf die Symptome zu reagieren. Vielleicht konnte man anderen das Versuch-und-Irrtum-Spiel und den Stress ersparen, dem sie damals ausgesetzt waren, als sie sich um diese Menschen bemüht hatten? Dadurch rückte auch Behandlung wieder in den Fokus; es ging nicht mehr ums reine Überleben. Sie gaben sich große Mühe und entwickelten im Laufe der Zeit Strategien, die im Teil IV beschrieben werden.

Mehrere Leiterinnen und Leiter von Seniorenzentren gaben zu, dass sie nach 20–25 Berufsjahren immer noch aufpassen mussten, besonders wenn sie müde waren, um von toxischen alten Menschen nicht «reingelegt» zu werden. Dann schleppten sich die Arbeitstage dahin und wurden wirklich mühsam. Wenn sie jedoch die Symptome früh erkannten, gelang es ihnen, um der anderen Leute willen, das Verhalten «giftiger» Alter in neue Bahnen zu lenken, unter Kontrolle zu halten oder abzustellen, aber auch sich selber zu wappnen und die Angriffe nicht persönlich zu nehmen.

Liebe Führungskräfte, wir danken Euch. Euer engagierter und hartnäckiger Einsatz ist überaus lehrreich. Ihr seid eine reiche Informationsquelle, Eure Toleranz ist beispielhaft. Durch Euch erfahren wir mehr über die Variablen und repräsentativen Unterschiede zwischen aktiven alten Menschen. Ihr habt uns gewissermaßen beauftragt, nie zu vergessen, dass jeder betagte Mann und jede betagte Frau – insbesondere im toxischen Zustand – in seiner und ihrer Einzigartigkeit akzeptiert und entsprechend behandelt werden muss.

5.4.3 Öffentliche Einrichtungen

Regionale Seniorenservicebüros
In allen Bundesstaaten gibt es Seniorenservicebüros (Area Agency on Aging, AAA) und Beratungsstellen für Seniorinnen und Senioren, die den gesetzlichen Auftrag (Federal Older Americans Act) haben, ein umfassendes und koordiniertes Unterstützungssystem für über 60-Jährige zu entwickeln. Sie unterscheiden sich organisatorisch und inhaltlich, je nach den örtlichen Gegebenheiten, also je nach Bevölkerungszahl und Bedürfnissen. Allen gemeinsam ist die Aufgabe, die Verteilung staatlicher Mittel zu überwachen und Dienstleistungsaufträge zu vergeben. Sie setzen die Maßstäbe, vertreten die Interessen alter Menschen und sind generell für alle Belange der Altenbetreuung zuständig.

[Im deutschsprachigen Raum können sich hilfebedürftige Personen an kommunale Einrichtungen (z. B. Pflegestützpunkte, Beschwerdestellen, sozialpsychiatrischer Dienst, Gesundheitsamt), ihren Hausarzt, psychiatrische Ambulanzen, die Sozialstation oder Selbsthilfegruppen (z. B. graue Panther, pro senectute) wenden. Für Angehörige bestehen vorübergehende Entlastungsmöglichkeiten in Form von Tagespflegeeinrichtungen; Anm. d. Lek.].

Aber auch den Führungskräften dieser großen Behörden machen toxische alte Menschen zu schaffen. Als ich sie nach persönlichen Begegnungen mit solchen Personen fragte, lächelte ein Amtsleiter und sagte:

> Oh ja! Es gibt eine Frau, die jedes Treffen stört. Sie ruft regelmäßig im Büro an, aber das wird von meiner Sekretärin erledigt. Die kriegt das Meiste ab. Wenn diese toxische alte Dame auf mich zu kommt, mache ich nur mit der Hand eine abweisende Geste, schüttle den Kopf und entferne mich.

Ein weiteres Beispiel dafür, dass sämtliche Bereiche der Altenarbeit unter toxischen alten Menschen leiden und alle Betroffenen individuell geeignete Formen des Umgangs entwickeln.

Die AAA und einige lokale Altenprogramme haben ferner den Auftrag, ambulante Dienstleistungen zu erbringen oder erbringen zu lassen, damit gebrechliche Seniorinnen und Senioren unabhängig zu Hause wohnen bleiben können. Sie sorgen für «Essen auf Rädern», Fahrten zu Arztterminen, Haushaltshilfen und sind für die Einzelfallhilfe zuständig. Die Mahlzeiten werden von Ehrenamtlichen ausgefahren, während Case Manager die Bedürfnisse einschätzen, Hilfspläne aufstellen und sich um die Nachsorge des gefährdeten Klientels kümmern.

Alle langjährigen Mitarbeiterinnen und Mitarbeiter dieser offiziellen Stellen haben mit «giftigen» Alten zu tun und kennen deren Neigung zu jammern, sich zu beklagen und andere zu beschuldigen. Die meisten lernen im Laufe der Zeit, irgendwie zurecht zu kommen, manche entwickeln geeignete Copingstrategien, aber alle sagen übereinstimmend: «An solche Leute gewöhnt man sich nie.»

Gewöhnlich treten Schwierigkeiten auf, wenn diese Case Manager nicht auf den Umgang mit komplizierten, belastenden Fällen in ihrem Arbeitsbereich vorbereitet sind. Solche Betreuungsaufgaben sind meist von langer Dauer und recht komplex. Es sind die Fälle, die andere Pflegedienste abgeben, nachdem sie schmerzlich erfahren mussten, dass sie diesen Leuten nicht helfen können. Die negative Haltung, Widersetzlichkeit und das Nichteinhalten der Behandlungsempfehlungen toxischer Frauen und Männer machen Betreuungsversuche ineffektiv und frustrierend.

Eine ambulante Pflegeperson (sie war die einzige, die mit dieser toxischen Klientin umgehen konnte) äußerte sich so:

> Ich bekomme einen Stundenlohn von 24 Dollar, um einmal im Monat 40 Minuten dieser Frau zuzuhören, wie sie schimpft, tobt und sich beklagt. Dann versuche ich ihr zu helfen, so gut ich eben kann, und gehe wieder. Ich sorge dafür, dass sie die Mahlzeiten ins Haus gebracht bekommt, und dass sie zum Arzt gefahren wird. Mehr kann ich nicht tun.

Die meisten Pflegedienste sind berechtigt, Kranke abzulehnen, die nicht kooperieren, doch dann gibt es einen neuen Pflegedienst oder neues Personal, das sich verpflichtet und herausgefordert fühlt, auch diese Leute zu betreuen. In ihrer Ahnungslosigkeit und ausgeprägten Hilfsbereitschaft nehmen sie manchmal Fälle an, die andere abgelehnt haben. Unglücklicherweise ist es nur eine Frage der Zeit, dann fühlen auch sie sich unzulänglich, zermürbt und verzweifelt. Toxische Menschen können beim Erstkontakt hinreißend liebenswürdig sein und Leute, die dazu neigen, die Retterrolle zu übernehmen, in ihre toxischen Spiele hineinmanövrieren (siehe Kap. 10). Die Falle steht bereit, die Betreuungskräfte werden unvermutet zu Co-Opfern, und das Spiel geht weiter, nur eben mit anderen Spielern. Das große Retter-«R» (siehe Karpman-Dreieck Kap. 10) gerät fast allen überbesorgten neuen Kräften zur Fußangel.

Toxischem Klientel ist psychologisch nicht zu helfen. Solche Leute werden sich nur ändern, wenn sie sich für Veränderung entscheiden. Dazu sind sie jedoch meist erst bereit, wenn sie niemanden mehr finden, der oder die sich auf ihre toxischen Spiele einlässt. Das bedeutet, dass sie Mitmenschen brauchen, die gegen ihre Spiele immun und entschlossen sind, den *toxischen Kreislauf* zu unterbrechen.

Toxische Menschen im fortgeschrittenen Stadium haben meist zahlreiche Probleme und verstehen es meisterlich, Helferinnen, Helfer und Ressourcen zu erschöpfen. Jede neue Betreuungskraft, jeder neue Pflegedienst wird verständlicherweise anfangs auf die offensichtlichen Probleme ihres toxischen Klientels ansprechen, sich im Laufe der Zeit aber unfähig und ausgelaugt fühlen und geschlagen geben. Diese Betreuungskräfte sind bald erschöpft, doch damit nicht genug: Oft sind sie so frustriert, dass sie ihre Gefühle sofort auf die überweisende Person oder Stelle projizieren und dadurch das Arbeitsklima verschlechtern (ein Beispiel für unbewusste Gegenübertragung und toxische Kontaminierung).

Ein weiter Faktor sind die verborgenen Kosten, die Versuche auslösen, ein nicht ansprechbares Klientel zu betreuen. Es sind Kosten, von denen weder die Träger ambulanter Pflegedienste noch Gesundheitspolitiker und Gesundheitspolitikerinnen etwas wissen.

Schutzprogramme für Seniorinnen und Senioren
(Older Adult Protective Services, APS)

Aufgrund eines Bundesgesetzes müssen Misshandlungen stets gemeldet werden, doch die Hilfsangebote unterscheiden sich von Land zu Land. Weil sich zum Begriff «toxisch» keine statistischen Daten ermitteln lassen, können keine verlässlichen Zahlen genannt werden. Wir wissen also nicht, wie viele toxische alte Menschen unter den Opfern sind. Aufgrund seiner langjährigen Erfahrung wagte der Leiter einer Betreuungsagentur den Anteil emotional missbrauchender alter Menschen auf etwa 10 bis 15 % seines Klientels zu schätzen, also wiederum eine weit höhere Zahl, als die 4 bis 5 %, die ich bei der normalen älteren Population vermutet hatte.

Für die hohe Inzidenz von Misshandlung alter Eltern durch ihre Kinder gibt es mehrere Erklärungsansätze. Manche glauben, dass dieses Verhalten erlernt wurde und Kinder den Eltern im Alter «heimzahlen», also eine Art Vergeltung üben. Weil Missbrauch Teil der Geschichte toxischer Familien ist, überrascht es nicht, dass sich die innerfamiliären Beziehungen weiter verschlechtern, wenn eine bereits bis an ihre Grenzen stressbelastete Familie auch noch ein toxisches Mitglied betreuen soll. Ich glaube aber, dass die Sache noch tiefer geht. Für mich sind missbrauchende Person und missbrauchte Person beide Opfer geworden. Sie sind miteinander verstrickt. Keine Seite ist fähig, gut für sich selber zu sorgen oder sich zu lieben (oder das Gegenüber). Deshalb lassen sie, ohne sich dessen bewusst zu sein, ihre Ängste, Wut und Verzweiflung aneinander aus, jeder und jede auf eigene Art und Weise.

Eine Altenheimleiterin meinte: «Der Vater zieht als netter alter Herr ein, und dann sagt der Sohn: ‹Ehrlich! Er war schon immer ein Scheißkerl. Ich kenne ihn nicht anders.›»

Hauptaufgabe der Older Adult Protective Services (APS) ist es, alte Menschen zu Hause zu betreuen und vor Misshandlung und Vernachlässigung zu schützen und einzuspringen, wenn sich erwachsene Kinder der Betreuungsaufgabe entziehen. Schließlich ist es Tatsache, dass es kein Gesetz gibt, dass Kinder *zwingt*, für ihre alten Eltern zu sorgen. Einfach weggehen kommt dennoch für die meisten Kinder nicht in Frage, mag die Toxizität auch noch so ausgeprägt sein. Infolgedessen sind Stress und Burn-out-Syndrom weit verbreitet. Entscheidet sich jedoch die erwachsene Tochter oder der Sohn, die Verantwortung für die Versorgung der Eltern zu übernehmen, etwa in Form einer Vormundschaft oder als gesetzlich bestellte Betreuungsperson, verändern sich die Rechtslage und die Umstände.

Wird der APS verständigt, obliegt es dieser Behörde, die Situation einzuschätzen, mit der Polizei und der Anwaltschaft zusammenzuarbeiten und professionelle Pflegedienste einzuschalten. Die psychosozialen Bedürfnisse sind sekundär. Bei Langzeitfällen kann möglicherweise etwas bewirkt werden, allerdings dürfen die APS erst nach zahlreichen Berichten in eine Familie eingreifen. Bei neuen Fällen dürfen sie nichts gegen das Verhalten des alten Menschen unternehmen und sich nicht mit der Familiendynamik befassen. Die Krisenintervention steht im Fokus.

Die Fachleute der APS müssen komplizierte und detaillierte Assessments durchführen, eine Aufgabe, die ihnen vom Verhalten des toxischen alten Menschen zusätzlich erschwert wird. Das Assessment umfasst Alkoholabhängigkeit, Depression, Demenz, die Wirkungen von Medikamenten und Hausmitteln, Mangelernährung sowie körperliche und emotionale Misshandlung, Vernachlässigung und Ausbeutung.

Wachsende Fallzahlen und das fordernde, streitbare und unkooperative Verhalten der toxischen alten Menschen selbst, setzen dem Nutzen des Schutzsystems deutliche Grenzen. Es ist, als setzten diese emotional missbrauchenden Menschen alles daran, möglichst schwierig zu sein, damit es schier unmöglich wird, ihnen zu helfen. Dessen ungeachtet müssen die Fachleute der Senioren-Schutzprogramme stets die Interessen ihres Klientels vertreten. Die erwachsenen Kinder müssen lernen, sich mit der Situation zu arrangieren oder die Folgen tragen, wenn sie sich entscheiden, die alten Eltern weiter selbst zu betreuen.

Das Vormundschaftsgericht
Als letztes Mittel wird das Vormundschaftsgericht eingeschaltet. Die Justiz bemüht sich vor allen anderen Maßnahmen, ein Familienmitglied zu finden, das «bereit und befähigt» ist, Vormund zu sein, damit keine amtliche Vormundschaft benötigt wird. Eine in Vormundschaftsangelegenheiten erfahrene Fachkraft sagt, dass es in zwei Dritteln der meist wegen einer Demenzerkrankung zugewiesenen Fälle möglich ist, einen solchen Freund oder eine Freundin zu finden. Beim verbleibenden Drittel gehen die Justizbehörenden davon aus, dass davon wiederum fast ein Drittel der Kategorie «giftige» Alte zuzuordnen ist. Es gibt also auch hier wieder einen hohen Prozentsatz toxischer Personen. Dazu ein Beispiel:

Die Kinder einer 82 Jahre alten verwitweten Frau berichten, dass sie seit Jahren versucht haben, ihrer Mutter zu helfen. Dem Fallbericht zufolge hat die Mutter selten, wenn überhaupt je, die Hilfe der Kinder angenommen, wenn es um medizinische Versorgung, Budgetverwaltung, Wohnungsinstandhaltung, Einkaufen, Transport oder finanzielle Unterstützung ging. Die Mutter dagegen klagte, die Kinder würden ihr nie helfen und behauptete, sie würden sie nur ausnutzen. Sie kritisierte, was immer ihre Kinder für sie zu tun versuchten. Als sich die Frage nach einer Vormundschaft stellte, wurde es den Kindern zu viel. Sie gaben an, nicht länger bereit zu sein, die Verantwortung für ihre Mutter zu tragen, auch nicht mit Unterstützung des Gerichts. Sie hatten alles versucht und waren am Ende ihrer Weisheit. Die Beziehung war endgültig zerbrochen.

5.4.4 Private Betreuung

Einzelberatung
Ob die psychologische Einzelberatung eines toxisch alternden Menschen irgend einen Erfolg hat, ist selbstverständlich ganz von der Persönlichkeit und Ausbildung, dem Selbstvertrauen, dem Mitgefühl und der spirituellen Einstellung der professionellen Beratungskraft abhängig, sowie von der Bereitschaft der toxischen Person, an sich zu arbeiten. Toxische Leute besitzen genau wie Kinder die Begabung, Autoritätsfiguren zu «durchschauen», um sich dann blitzschnell auf deren Schwachpunkt einzuschießen. Sie sind bekannt für ihre Fähigkeit, wie auf Knopfdruck unablässig zu reden, ohne zuzuhören und scheinbar ohne Atem zu holen. Wie bereits erwähnt, nehmen toxische Menschen keine Unterstützung an und wehren jede erkennbare oder direkte thera-

peutische Hilfe vehement ab. Ihre ausgefeilten Abwehrmechanismen machen die Hoffnung auf Fortschritte meist von vornherein zunichte.

Ich habe die Erfahrung gemacht, dass Einzelberatung überwiegend ineffektiv und zeitaufwändig ist, insbesondere bei fortgeschrittener Toxizität. Hatte die Therapeutin oder der Therapeut selber toxische Eltern, ist Psychotherapie weitgehend nutzlos, sofern sie oder er die eigene Toxizität nicht bereits bearbeitet hat. Eine schwierige Herausforderung bleibt sie aber allemal.

Therapeutin und Tochter einer toxischen Mutter
Meine oben dargestellten Beobachtungen wurden durch eine Ehe- und Familienberaterin bestätigt, die selber eine toxische Mutter hatte, sowie durch zwei befreundete Therapeutinnen, ebenfalls Töchter toxischer Mütter. Die erste war so mit ihrer Mutter verstrickt, dass sie sich nicht schützen konnte und einen Monat mit der Arbeit aussetzen musste. Erst nach dem Tod ihrer Mutter entkam die Tochter dem toxischen Spielekreislauf.

Die andere Therapeutin bemühte sich weiter verzweifelt, mit der Situation zurecht zu kommen und effektiv zu arbeiten: leider vergeblich. Sie erreichte lediglich das Ende ihrer Kraftreserven.

Meine Interviewpartnerin behauptete, die Mehrzahl ihrer eigenen toxischen Neigungen bereits in der Ausbildung verarbeitet zu haben, nachdem sie sich bemüht hatte, einer Patientin zu helfen, die versuchte, ihre toxische Wut und ihre toxischen Schuldgefühle auf sie zu übertragen. Die damals noch junge und unerfahrene Therapeutin verstand den Vorgang nicht und war unfähig, ihre eigene Frustration und Wut beiseite zu lassen, weshalb die Beratungen erst ein Ende nahmen, als die Patientin eine Überdosis Schmerzmittel schluckte. Im Rückblick, so diese Psychotherapeutin, muss sie feststellen, dass sie sich zwar ungeheuer ins Zeug gelegt hatte für diese Frau, letztlich aber zugeben musste, dass sie damals weder den Blick noch die Kraft noch das Wissen für die eigene Beteiligung und die Komplikationen der Gegenübertragung gehabt hatte.

5.4.5 Spezielle Unterstützungsangebote

Bekanntlich gibt es heutzutage eine Reihe spezieller Serviceeinrichtungen und Unterstützungsangebote für die ältere Bevölkerung. Es werden hier nur einige erwähnt, um aufzuzeigen, wie stark sich Alterstoxizität auf solche Stellen auswirkt, etwa auf die unter dem Dach der AAA angesiedelten Informations- und Assistenzprogramme (Information and Assistance, I & A), den Ombuds-Service und das Hospizprogramm.

Information und Assistenz
Die Fachleute des Telefonberatungsdienstes erhalten die verschiedensten Anfragen zu den verschiedensten Problembereichen. Unter den Anrufenden sind auch toxische alte Menschen. Die meisten Beraterinnen und Berater bekommen im Laufe der Zeit Übung und bleiben solchen Leuten gegenüber gelassen und einfühlsam. Eine erfahrene Beraterin hat sich zu diesem Thema so geäußert:

> Toxisches Verhalten ist ein Hilferuf, was sie [die toxischen Personen] jedoch nie und nimmer zugeben würden. Ihre Wut und ihre Verbitterung haben im Laufe vieler Jahre so zugenommen, dass sie eine Zuhörerin oder einen Zuhörer brauchen. Sicher, sie nehmen einen großen Teil unserer Zeit in Anspruch, weil sie ständig anrufen, aber wir hören ihnen zu, so gut es eben geht, und raten ihnen, aktiv zu werden und aus sich raus zu gehen, obwohl sie unseren Rat vermutlich in den Wind schlagen.

«Giftige» Alte sind erfahrungsgemäß sehr geschickt und nutzen jede sich bietende Gelegenheit, ihre Angstgefühle zu unterdrücken und die Aufmerksamkeit auf sich zu lenken. Wenn sich ihre persönlichen Kontakte reduzieren, greifen sie zum Telefonhörer. Es sind verzweifelte, einsame Menschen.

Ombuds-Service
Der AAA beschäftigt auch Ombudsleute, welche die Interessen alter Menschen in Heimen vertreten. Sie informieren die Bewohnerinnen und Bewohner über ihre Rechte und gehen Beschwerden nach; das ist ihre Hauptaufgabe. Sie sind Patientenfürsprecher und Patientenfürsprecherinnen, vermitteln bei zahlreichen Problemen und befassen sich mit den unterschiedlichsten Themen: mit Gesundheitsfragen, Finanzverwaltung, Rechtsangelegenheiten, Familieninterventionen, mit der Organisation angemessener Betreuung und der Bereitstellung von Hilfsmitteln. Ein Großteil ihrer Arbeit besteht aus «Feuerwehreinsätzen». Sie sind weder personell noch fachlich in der Lage, langfristige, gründliche Sozialarbeit zu leisten.

Wie andere im sozialen Bereich tätige Menschen auch, werden Ombudsleute mit vielen verschiedenen Problemen konfrontiert – psychischer und physischer Art – Toxizität nicht ausgeschlossen. Das folgende Beispiel illustriert, wie «giftige» Alte auf ihre Betreuungskräfte wirken und deren Interventionsversuche vereiteln. Ein Ombudsmann sagte, in seinem Job könne man «nur Prügel beziehen».

Eine Ombudsfrau (hier Frau S. genannt), teilte mit, dass sie im Laufe ihrer zehnjährigen Tätigkeit mindestens 40 oder 50 toxische Personen zu betreuen hatte, und in 30 bis 40 % dieser Fälle den Eindruck hatte, dass sich deren Angehörige nicht mehr kümmerten. Als Tochter eines toxischen Vaters konnte sie sich in die Situation der erwachsenen Kinder toxischer Eltern einfühlen. Als Beispiel führte sie den Fall einer Tochter an, die beharrlich mit ihrem Vater telefonierte und seine ganze hochprofessionelle Pflege finanzierte, einem persönlichen Besuch jedoch nicht gewachsen war.

Zurückblickend gab Frau S. zu, dass sie erst nach mehreren Jahren fähig war, ihre eigene Geschichte mit dem toxischen Vater zu verarbeiten und diese aus ihrer beruflichen Tätigkeit rauszuhalten. «Ich musste viel lernen! Sonst wäre ich ausgebrannt oder ein bürokratisches Nervenbündel geworden. Toxische Menschen können uns buchstäblich umbringen, wenn wir es zulassen.» Inzwischen setzt Frau S. ihre persönliche Erfahrung und ihr Wissen zur Entwicklung geeigneter Copinginstrumente ein (siehe Teil IV).

Sie erinnerte sich allerdings an einen Fall vor etwa fünf, sechs Jahren, den sie nicht lösen konnte. Die von der staatlichen Gesundheitsfürsorge abhängige Patientin war eine «exotische Schönheit» und fünfmal verheiratet gewesen. Außer einem Neffen und seiner Frau hatte sie keine Angehörigen mehr. Sie behauptete steif und fest, die Frau des Neffen bestehle sie und veruntreue ihr Vermögen. Bärbel (wie ich sie nenne) verstand es, alle Aufmerksamkeit auf diese Angelegenheit zu lenken. Erst nach einiger Zeit fanden ihre Betreuungskräfte heraus, dass sie jede Frau, die «einen Mann» hatte, hasste. Es handelte sich um einen bereits 20 Jahre währenden Rachefeldzug. Inzwischen hatte sich die Situation so zugespitzt, dass der Neffe und seine Frau in einen anderen Bundesstaat zogen und ihre neue Adresse und Telefonnummer geheim hielten. «Sie waren wie vom Erdboden verschwunden», sagte Frau S. Auch Bärbels Umzug in ein kleines Alten- und Pflegeheim für Frauen erwies sich nicht als Lösung, weil Bärbel dort wegen des jungen Mannes, der als Helfer ins Haus kam, Schwierigkeiten machte.

Hospizarbeit
In diesem Fall war die Hospizmitarbeiterin für einen 75-jährigen Mann zuständig, der als Ingenieur am Bau der Alaska-Pipeline mitgearbeitet hatte. Obwohl er einen Blindenausweis besaß, hatte er allein in einem verdreckten und völlig vermüllten Wohnwagen gelebt, der all die 16 Jahre nicht geputzt worden war. Der Patient rauchte den ganzen Tag, hörte Radio und machte allen das Leben schwer. Ein Nachbar berichtete, der Patient sei bereits seit Jahren streitsüchtig, misstrauisch und schwierig gewesen. Er hatte einen angeborenen Herzfehler. Sauerstoffgaben taten ihm gut, allerdings hörte er dabei nicht auf zu rauchen. Er wollte sich bei der Körperpflege nicht helfen lassen und behauptete, keine

Angehörigen zu haben. Er traute niemandem. Als ihm die Hospizmitarbeiterin sagte, sie wolle ihm helfen, unabhängig zu bleiben und benötige deshalb Informationen über seine finanzielle Situation, beschied er sie: «Das geht Sie nichts an.»

Der Patient erzählte dann doch, dass sein Vater die Familie im Stich gelassen hatte, als er noch klein war. Später war er bei seiner kranken Mutter geblieben und hatte sie gepflegt, während seine Geschwister fortzogen. Dieser Mann hatte offenbar nie erlebt, dass sich jemand um ihn kümmerte und nahm wohl deshalb im Alter seine schreckliche Umgebung überhaupt nicht mehr wahr. Er war mal verheiratet gewesen, wie er beiläufig bemerkte. Damit war das Thema Frauen erledigt. Schließlich wurde eine Schwester aufgespürt, die behauptete, der Patient schulde ihr Geld und sie verwalte sein Bankkonto.

Bald starb der Patient, dem der Tod offenbar eine Erlösung war. Zurück blieb eine Hospizmitarbeiterin, die über den Zustand, in dem sie ihren Patienten vorgefunden hatte, zutiefst erschüttert war (und trotzdem ihre professionelle Haltung zu wahren wusste). War es Toxizität, die ihn jede Hilfe abweisen ließ? Vielleicht. Wir wissen es nicht. Was wir allerdings wissen, ist, wie sich die Situation auf eine erfahrene Sozialarbeiterin ausgewirkt hat.

5.4.6 Mehrfachbelastung und Differentialdiagnosen

Manchmal fällt die Unterscheidung zwischen Toxizität und anderen Diagnosen schwer – besonders wenn keine Anamnese erhoben worden ist – weil sich die Symptome manchmal gleichen. In den folgenden Fällen sind stets zwei oder mehrere Diagnosen vorhanden. Die gängige Empfehlung lautet, zuerst das offensichtliche Problem zu behandeln. Trotzdem gilt es, die Auswirkungen von Toxizität auf die Behandlung zu erkennen und zu berücksichtigen. Andernfalls ist sicher davon auszugehen, dass sie die Behandlung behindert.

Alkoholabhängigkeit

Als sich mehrere Case Manager über ihre Erfahrungen mit alkoholkranken alten Menschen austauschten, zeigte sich sehr deutlich, dass Toxizität und Alkoholabhängigkeit ineinander greifen. So war folgender Kommentar zu hören:

> Weder toxische noch alkoholkranke alte Menschen sind fähig, in einer Familie zu leben, sie können in keiner Tagesklinik untergebracht werden und ertragen keine Haushaltshilfe. Beide verweigern jegliche Unterstützung, bis sie völlig verzweifelt sind. Dann akzeptieren sie zwar Hilfe, sind dabei aber streitsüchtig, beklagen sich exzessiv und sind nur undankbar.

Toxische und alkoholkranke Leute, beide können sich prima verstellen. Manipulation ist ihre Stärke. Sie setzen sie ein, um ihren Betreuungskräften zu verheimlichen, wie sie ihre erwachsenen Kinder behandeln. Ihren Schmeicheleien ist oft schwer zu widerstehen. Eine Pflegeperson berichtete von einem Fall, als sie sich gezwungen sah, ihre Bemühungen einzustellen, weil alle Ressourcen erschöpft waren und sie für diesen Klienten nichts mehr tun konnte. Worauf der Alkoholabhängige alsbald eine andere mitfühlende Seele fand und der Fall wieder aufgenommen wurde. Das wiederholte sich alle drei bis fünf Monate, bis dem Träger das willige Personal ausging. Ein Beispiel für das bereits erwähnte Retter-Spielemuster.

Multimorbidität

In diesem Fall geht es um eine 80-jährige Frau und ihre Tochter. Die Mutter war multimorbid und litt an einer leichten bis moderaten vaskulären Demenz, an Diabetes, Hypertonie, Osteoporose und einer Depression. Die Tochter nahm seit sechs Monaten an einer Selbsthilfegruppe teil, die sie aber mit ihren aktuellen Problemen monopolisierte. Dabei stellte sich auch heraus, dass sie als Kind von ihrer Mutter misshandelt worden war. Offenbar waren Mutter und Tochter toxisch. Die Tochter wurde ebenfalls zur Klientin.

Die Mutter wurde von ihrem geschiedenen Mann finanziell unterstützt, der ansonsten keinen Kontakt hielt, weder mit ihr noch mit seiner Tochter. Sonst kümmerte sich niemand um die alte Dame. Die Mutter hatte zwar zwei Brüder, die allerdings alkoholkrank und daher keine Hilfe waren. Die Mutter behauptete, kein Alkoholproblem zu haben, was sich dann alsbald, nachdem einige Gedächtnisleistungstests nicht normal ausfielen, als unzutreffend erwies.

Die Mutter bekam einen Platz in einer Tagesklinik, weil sie ihre Medikamente nicht einnahm (sie lagen oft auf dem Boden herum), weil sie sich nicht angemessen kleidete, nackt im Freien angetroffen wurde und beim Einkaufen den halb mit Lebensmitteln gefüllten Korb im Laden stehen ließ und rausging. Ihre Toxizität brach sich meist bei Machtkämpfen mit der Tochter Bahn, weil sie jede Behandlung, auch nach Übernahme der Vormundschaft ablehnte. Schließlich war die Tochter so frustriert, dass sie einen Suizidversuch unternahm und hospitalisiert wurde.

Erst nach monatelanger, kontinuierlicher Arbeit an der Mutter-Tochter-Beziehung gelang es der Tochter mit Hilfe der Sozialarbeiterin, ihre Mutter zu einem gründlichen stationären Assessment und zur stationären Behandlung zu bewegen, sowie gemeinsam Strategien für eine bessere Gemeinsamkeit zu entwickeln, obwohl die Mutter in ihrer dominanten, kontrollierenden Rolle verharrte. Anfangs hatte die Tochter sogar Angst davor, die Mutter telefonisch an die Termine zu erinnern, weil sie sich gegen jede Behandlung wehrte und ihren Zorn an der Tochter ausließ.

Auch relativ simple therapeutische Maßnahmen wurden zu kräftezehrenden Quellen von Frustrationen. Um die Mutter zu bewegen, ihre Praxis überhaupt zu betreten, musste die Sozialarbeiterin zu diversen Techniken greifen. Eine davon war, die Mutter im Glauben zu lassen, es sei ihr gelungen, sie über ihren wahren Zustand zu täuschen. Die Sozialarbeiterin gab also vor, die Mutter für völlig normal zu halten, indem sie ihr bei jedem Hausbesuch lange und geduldig zuhörte, sie überschwänglich lobte und ausführlich ihre selbstgezogenen Tomaten bewunderte. Im Laufe der Zeit verschlangen die Versuche, die Mutter zu erreichen, aber doch zu viel Zeit und zehrten an den Kräften der Sozialarbeiterin, während die Klientin an ihren penetranten manipulativen Taktiken festhielt und keinerlei Mitwirkungsbereitschaft zeigte.

Am Ende unseres Interviews bemerkte die Sozialarbeiterin müde: «Dieser Fall hat unglaublich viel Zeit und Ressourcen gekostet. Ich fühle mich überfordert und ausgelaugt.» Verständlich, angesichts der vielen zusätzlichen Anrufe bei Tag und der langen Nachrichten, die die alte Frau allnächtlich auf dem Anrufbeantworter hinterließ. Selbst auf dem Parkplatz wurde sie nicht in Ruhe gelassen, vielmehr pflegte die Tochter ihren Wagen neben dem ihren abzustellen, um sie abpassen und mit ihr «reden» zu können. Therapie und medizinische Behandlung wurden durch die vielschichtigen Probleme unnötig erschwert.

Die Arbeit mit zwei toxischen Personen gleichzeitig kann unerträglich werden, wenn man sich zu sehr engagiert. «Wie viel Zeit darf so ein Fall beanspruchen?», seufzte die Sozialarbeiterin.

Psychische Störungen und Toxizität

Es werden nun zwei gerontopsychiatrische Fälle vorgestellt: der einer hochbetagten hospitalisierten Patientin und der einer Frau, die über sieben Jahre eine stationäre Behandlung verweigerte.

Die 89-jährige toxische Frau litt an einer erheblichen psychischen Störung. Nachdem sie durch die erfolgreiche Behandlung ihrer degenerativen Arthritis und Osteoporose schmerzfrei war, kamen ihre negativen Energien voll zum Ausbruch. Sie verlegte sich darauf, andere Kranke herabzusetzen und weigerte sich, zielgerichtete Behandlungsvorschläge zu befolgen. Die Tochter dieser toxisch alternden Frau klagte verbittert: «So ist sie schon immer gewesen.»

Der zuständigen Sozialarbeiterin zufolge, gab es in diesem Krankenhaus «viele toxische Leute», weshalb sich die Patientin sofort anderen «Meckertanten» anschließen konnte. Sie hatten offensichtlich großen Spaß daran, alle anderen Leute niederzumachen.

Anfangs half es der Fachkraft, sich an ihre Erlebnisse mit der eigenen toxischen Mutter zu erinnern, doch weil sie neu war im Beruf und ihren Vorgesetzten beeindrucken wollte, bemühte sie sich sehr um dessen Anerkennung und die Anerkennung ihrer Klientin. Das konnte nicht gut gehen. Weil die toxische Patientin nicht wie erhofft reagierte, war sie bald deprimiert und verängstigt und fühlte sich inkompetent. Eine Zeitlang dachte sie, mit ihr stimme etwas nicht, bis sie sich auf das besann, was sie in ihrer Ausbildung zum Thema Gegenübertragung gelernt hatte. Es war nicht leicht, das Gelernte umzusetzen. Doch dann gab es leichte Veränderungen bei ihrer Patientin. Sie wurde offener und lenkbarer, ließ ein wenig Unterstützung zu und jagte nicht alle in die Flucht, die ihr helfen wollten.

Beim zweiten Fall geht es um eine 68-jährige toxische Dame mit einer (damals noch nicht diagnostizierten) bipolaren Störung, die in großstädtischer Umgebung in einer Seniorenresidenz lebte. Sie war körperlich gesund und attraktiv, ging täglich vier bis fünf Meilen zu Fuß und lehnte ein psychiatrisches Assessment strikt ab.

Die Klientin war der Heimaufsichtsbehörde bekannt, weil sie sich fortlaufend über jede Einrichtung, in der sie wohnte, beklagte. Immer war die Behandlung unangemessen, wurden ihre Kleider entweder ruiniert oder gestohlen, war das Personal kaltherzig, kümmerten sich die Ärzte nicht richtig um sie, und stets waren die anderen an allem schuld. Schließlich waren auch ihre letzten Kontakte zu Mitmenschen zerstört.

Die für Beschwerden zuständige Ombudsfrau, die früher stundenweise als Freiwillige gearbeitet hatte und jetzt erst über zwei Jahre Berufserfahrung verfügte, war überzeugt, dieser Frau helfen zu können. Sie bemühte sich fünf Jahre, mit mäßigem Erfolg. Die Klientin zog von einer Einrichtung in die andere, ohne dass sich etwas an ihrer Unzufriedenheit und Kritik an den Mitbewohnerinnen und Mitbewohnern und der Betreuung änderte. Sie hielt an ihrem Muster fest. Als sie schließlich im letzten noch verbliebenen Heim der Region einen Platz bekam, zog die Betreuerin den psychiatrischen Fachdienst hinzu, bekam aber dann lediglich mitgeteilt, dass er für diese Patientin nichts tun kann. Inzwischen war die Klientin so aufgebracht, dass sie täglich mehrmals den Notarztdienst anrief und sich schriftlich ans Bezirksgericht wandte, um sich wegen unterlassener Hilfeleistung zu beklagen.

Eines Tages war die Ombudsfrau so frustriert, dass sie der Klientin beschied: «Ich kann nichts mehr für Sie tun. Sie müssen sich selbst helfen». Damit verließ sie das Zimmer. Sie verständigte sofort eine andere Mitarbeiterin und übergab ihr den Fall.

Schon wenige Wochen später rief die Klientin ihre ursprüngliche Betreuerin an und bat sie inständig, wieder mit ihr zu arbeiten. Diesmal war sie bereit, zuzuhören und einzusehen, dass sie Hilfe brauchte. Nach sieben Jahren! Bald kam sie auf eine gerontopsychiatrische Station, wo ihre manisch-depressive Störung diagnostiziert wurde. Ein weiteres Beispiel dafür, wie Unsicherheit und die Angst, die Kontrolle zu verlieren, die Versorgung und Behandlung einer toxischen Person völlig blockieren und eine Betreuungskraft quälen können.

Toxischer Ehemann und Gehirnerkrankung (Alzheimer-Krankheit)

Dieser besonders schwierige Fall wurde einer auf dergleichen Probleme spezialisierten Ehe- und Familienberaterin zugewiesen. Es ging um eine ältere Frau mit eingeschränkten Gehirnleistungen (die eigentliche Klientin), ihren toxischen Ehemann (der sie betreute) und deren unterstützende Tochter (das einzige Kind).

Die Toxizität der Familie kam zusammen mit dem Trauma der beginnenden Alzheimer-Krankheit der Ehefrau zum Vorschein. Diese versuchte, den Gedächtnisverlust zu kaschieren und verhielt sich zunehmend paranoid. Wann immer sie etwas nicht finden konnte, und das kam oft vor, beschuldigte sie andere des Diebstahls. Verängstigt und verwirrt wie sie war, verschlimmerte sich ihr Zustand durch das Verhalten ihres Ehemannes, der sie täglich verbal und emotional misshandelte. Die Folge war, dass sich potenzielle Hilfskräfte möglichst fernhielten.

Der Mann war bereits seit langer Zeit toxisch, worüber man die Sozialstation allerdings nicht informiert hatte. Typisch für viele «giftige» Alte, blieb das Problem in den eigenen vier Wänden und wurde erst publik, als die Erkrankung der Ehefrau seine eingefahrenen Muster störte. Als sich ihr Zustand verschlechterte, wurde die Angst des Ehemanns vor Kontrollverlust immer stärker. Er traute niemandem und verweigerte die Zusammenarbeit mit der Fachkraft. Er stellte unrealistische Forderungen. Er war anspruchsvoll und dominierend, bestand auf seinen perfektionistischen Vorstellungen und Standards und war nie zufrieden. Schließlich erklärte er sich dann doch bereit, eine professionelle Pflegeperson zu tolerieren und sich bei der Betreuung seiner Frau ablösen zu lassen. Keine hielt es länger als drei Tage an dieser Stelle aus. Entweder entließ er sie oder sie kündigte, weil sie seine fortlaufenden Schikanen und seine Kritiksucht nicht ertrug.

Der Ehemann hinderte seine Frau auch daran, eine Tagesklinik zu besuchen. «Sie hat es zuhause doch gut», behauptete er. Wie alle toxischen Personen, beherrschte er die Rolle des Märtyrers hervorragend, die er allerdings nur so lange spielte, bis ihm die Betreuung zu viel wurde und seine Toleranz am Ende war. Dann rief er seine Tochter an, verlangte von ihr, alles stehen und liegen zu lassen, sofort zu erscheinen und die Betreuung zu übernehmen. Oft klingelte er um vier Uhr morgens bei ihr an, wenn er die ganze Nacht mit seiner Frau auf gewesen war und sie ihn nicht schlafen ließ. Die pflichtbewusste Tochter machte sich auf den Weg, nur um bei der Ankunft ausgeschimpft und kritisiert zu werden. Sie konnte einfach nichts recht machen. Einmal war der Vater so wütend, dass er seiner Tochter sechs Monate lang das Haus zu betreten verbot; ein Hinweis auf den inneren Aufruhr, dem toxische Menschen ausgesetzt sind.

Die Tochter wirkte zunehmend erschöpfter. Sie litt an mehreren chronischen Erkrankungen und verlor ihre Arbeitsstelle, weil sie aufgrund der familiären Anforderungen zu viele Fehlzeiten hatte. Das führte zum Einkommensverlust und schließlich zu einer Räumungsklage, weil sie die Wohnungsmiete nicht mehr aufbringen konnte. Sie war niedergeschlagen und am Rande eines Nervenzusammenbruchs angelangt. Ihr Leben erschien ihr als einziges Chaos.

Obwohl sich die professionelle Betreuungskraft wirklich Sorgen um den Verlauf dieses Falles machte, war sie zugegebenermaßen erleichtert, als sie vom Umzug dieser Familie erfuhr. Sie denkt noch oft an diese Leute und erschaudert vermutlich, weil sie sich so hilflos gefühlt hat und noch immer fühlt. Sie war einen solchen Verlauf nicht gewohnt, konnte aber angesichts der Hilfeverweigerung des Ehemannes nichts weiter tun. Familiendynamik und Toxizität waren allzu eng verstrickt. Sämtliche Versuche einer Gruppenarbeit erwiesen sich als vergeblich, alle traditionellen therapeutischen Ansätze scheiterten. Andererseits war die Situation nicht schlimm genug, um die Behörde zu informieren und die Leute vom Seniorenschutz einzuschalten. Alles erschien so hoffnungslos.

5.4.7 Unterstützung für betreuende Angehörige und professionelle Pflegekräfte

In den frühen Stadien von Toxizität kommen die meisten alten Menschen nicht mit professionellen Betreuungskräften in Berührung. Die Angehörigen suchen erst Hilfe, wenn zu den toxischen Symptomen körperliche oder psychische Beeinträchtigungen, medizinische Bedürfnisse oder Demenz hinzukommen. Dann wird die Sache schnell problematisch, falls die professionellen Betreuungskräfte nicht wissen, was sie erwartet, und wie mit Toxizität umzugehen ist. Weil die Rolle einer Betreuerin oder eines Betreuers konstant, anstrengend und anspruchsvoll ist, wird sie nicht lange durchzuhalten sein, wenn die Arbeit stets nur kritisiert wird. Eine Tochter seufzte verzweifelt:

Mutter hat innerhalb von zwei Monaten sechs Pflegerinnen verschlissen. Sie findet immer etwas auszusetzen und kündigt ihnen fristlos. Sie informiert mich nicht einmal. Ich merke es erst beim nächsten Besuch. Ich bin am Ende meiner Weisheit. Ich weiß nicht, wohin ich mich wenden kann.

Im ambulanten Bereich tätige Pflegehilfskräfte und andere Betreuungskräfte haben eine spezielle Ausbildung besonders nötig, nicht nur damit sie wissen, was sie erwartet und wie mit ihrem toxischen Klientel umzugehen ist, vielmehr auch, weil sie wissen müssen, wie man sich selber vor den gemeinen Angriffen, Anschuldigungen und Spielen toxischer Kranker schützt.

Insbesondere Töchter, welche die Pflegerolle widerwillig übernehmen – aus Verzweiflung, weil sie Schuldgefühle haben oder sich verpflichtet fühlen – brauchen ein spezielles Training, weil sie sonst unweigerlich selber zu Opfern werden. Solange sie ihre Rolle nicht anders auffassen, bleiben sie anfällig und verwundbar. Als Pflegende wird die Tochter täglich mit Beschwerden bombardiert und Zielscheibe negativer Energie und negativen Verhaltens. Sie bekommt die ganze Wucht der Manipulationen, Projektionen, fehlgeleiteten Aggressionen, anderer Abwehrmechanismen und der psychologischen Spiele ab, und ist zudem als Tochter besonders anfällig für toxische Köder. Bekanntlich kann man sich innerhalb der Familie ja alles erlauben! Friede kehrt erst dann ein, wenn in den fortgeschrittenen Stadien der Demenz die innere Qual der toxischen Person langsam verebbt.

Wie die Alzheimer-Krankheit, ist auch Toxizität ein hochgradiger Stressfaktor, der jede unerfahrene Betreuungsperson zu Fall bringt, insbesondere Leute, die selber der Hilfe bedürfen oder *Retter* sind (siehe Karpman-Dreieck in Kap. 10).

Starke Worte? Ja, aber vielleicht rütteln sie uns auf und öffnen unsere Augen für die bittere Realität. Toxizität wirkt niederschmetternd, solange pflegende Angehörige und professionell Pflegende nicht erkennen, dass sie im Grunde ein Hilfeschrei ist und nach «liebevoller Strenge» verlangt.

Stolperfallen für Pflegende

Wenn professionelle Pflegekräfte den starken Wunsch haben, ihr Klientel «glücklich zu machen», ist Gefahr im Verzug. Insbesondere Berufsanfänger und Berufsanfängerinnen geben sich der Illusion hin, dies stünde in ihrer Macht. Wer versucht, alle Menschen, insbesondere aber toxische, glücklich zu machen, ist masochistisch veranlagt. Auch wer versucht, Ratschläge zu erteilen oder die Rolle eines Elternteils zu übernehmen, wird scheitern und sich nichts als Ärger, Schuldgefühle und Entfremdung einhandeln. Die Beziehung scheitert und beide beteiligten Seiten werden zu Opfern.

Wenn die Entscheidung für den Pflegeberuf bewusst getroffen wird, wohl wissend, was einen dort erwartet und wie damit umzugehen ist, kann Pflege eine sehr sinnvolle Tätigkeit sein. Es ist nicht immer leicht, den richtigen Abstand zu finden und sich weder zu stark noch zu wenig zu engagieren. Wenn die Balance gelingt, ist kein Raum für die falsche Hoffnung oder Erwartung, dass einem die Zuwendung gedankt wird. Die Betreuung erfolgt aus einer realistischen und professionellen Haltung heraus.

5.4.8 Pflege- und Altenheime

Eine erfahrene Sozialarbeiterin berichtete, dass die meisten Bewohnerinnen und Bewohner des Hauses, in dem sie arbeitet, an irgend einer Form von Demenz leiden. Viele davon sind «giftige» Alte. Sie schilderte eine Situation, die sich stets negativ auf das Personal auswirkt: Wenn Ehemänner sterben, die bislang für ihre toxischen Ehefrauen gesorgt haben. Die Kinder (sofern der Vater sie nicht von ihrer toxischen und dementen Mutter ferngehalten hat) wissen, dass sie ihre Mutter nicht allein lassen können, weshalb sie unmittelbar nach der Beerdigung des Vaters die Mutter in ein Altersheim bringen und sich dann verabschieden, oft für immer.

Vom Pflegepersonal wird erwartet, dass es mit der alten Frau zurechtkommt, die inzwischen völlig verwirrt und verängstigt ist und nach ihrem Ehemann ruft. Die

Betreuungskräfte versuchen, die Mutter zu beruhigen, ihre Ängste zu lindern und ihr die Situation zu erklären, doch die Kombination von Toxizität und Demenz macht alle Anstrengungen vergeblich. Jetzt ist guter Rat teuer. Dazu kommt, dass das Personal nicht die Zeit hat, dem endlosen Gejammer zuzuhören und sich einer Bewohnerin zu widmen, die stets nach Aufmerksamkeit heischt und sich anklammert. Die Pflegenden sind gezwungen, sich auf die Sicherheit der Patientin sowie ihre medizinischen oder körperlichen Bedürfnisse zu konzentrieren.

Inzwischen haben auch die Mitbewohnerinnen und Mitbewohner mit dem toxischen Verhalten der alten Mutter Bekanntschaft gemacht, wollen nichts mit ihr zu tun haben und weigern sich, mit ihr am Tisch zu sitzen. Sie greift zur Vorwärtsverteidigung und behauptet: «Mir doch egal. Ich bin gern alleine. Das ist ihr Problem.» Dann setzt die Paranoia ein. In einem Fall beschuldigte die Mutter alle, ihre untere Zahnprothese gestohlen zu haben. Dann bekommt sie die gewünschte Aufmerksamkeit, bleibt aber weiter einsam.

5.4.9 Seniorenwohnanlagen

Auch in den so einladend und freundlich wirkenden Seniorenwohnanlagen gibt es «giftige» Alte – und zwar, laut Sozialdienst, gar nicht wenige. Die nun folgenden beiden Beispiele zeigen, wie sich Alterstoxizität auf alle in der Altenarbeit tätigen Personen auswirkt, insbesondere dann, wenn sie selber Kinder toxischer Eltern sind.

In dieser Geschichte geht es um eine seit vielen Jahren selbstständig lebende und sich selbst versorgende toxische Bewohnerin mit Anfang 80. Sie wurde mir von einer Mitarbeiterin des Sozialdienstes vorgestellt, die über langjährige Erfahrung auf dem Gebiet der Gerontologie verfügt und als Übungs- und Gruppenleiterin tätig war.

Die betreffende toxische Frau (hier Frau B. genannt) ist früher Vorsitzende des Heimbeirats in eben dieser Seniorenwohnanlage gewesen. Der Heimbeirat kümmert sich um die Aktivitäten, die Hausordnung und andere Angelegenheiten der Bewohnerschaft. Obwohl Frau B. nicht mehr im Heimbeirat saß, betrachtete sie sich nach wie vor als voll verantwortliche Führungskraft und verhielt sich entsprechend. Oft marschierte sie ins Büro der Heimleitung und verlangte ihr sofortiges Eingreifen. Frau B. machte einfach alles, was nicht nach ihrem Kopf ging, zum Problem.

Sie las ihren Mitmenschen gern die Leviten, nahm keinerlei Rücksicht auf ihre Empfindlichkeiten, griff zu groben Beleidigungen, attackierte und kritisierte sie und wies jedes Feedback über ihr Verhalten entrüstet zurück. Bei den Versammlungen des Heimbeirats widersprach Frau B. den Beschlüssen, fiel anderen laut ins Wort, beharrte auf ihren Meinungen und machte jedes Treffen zum Fehlschlag. Die anderen Mitglieder beklagten sich stets über Frau B., sagten ihr allerdings nie die Meinung ins Gesicht. Sie machten lediglich einen großen Bogen um sie.

In ihrer Verzweiflung wandte sich die neue Heimbeiratsvorsitzende schließlich an die Sozialarbeiterin (hier Frau Z. genannt) und bat sie um Unterstützung. Frau Z. informierte sich gründlich über die Gruppe und die Gruppendynamik und nahm dann an der nächsten Versammlung teil. Sie stellte sich vor und beobachtete den Verlauf aufmerksam. Plötzlich geriet die Sache außer Kontrolle. Frau B. brüllte die Vorsitzende an, diese brüllte zornrot im Gesicht zurück. Als die Situation eskalierte, fielen auch andere Gruppenmitglieder ein. Frau Z. hatte zum ersten Mal in ihrem Berufsleben den Eindruck, dass ihr die Dinge entglitten waren. Sie stellte sich mit ausgebreiteten Armen vor die Tür und rief: «Niemand verlässt den Raum bis der Streit beigelegt ist.» Die Stimmung war gereizt. Sie habe ihr Möglichstes getan und sei dann rausgegangen, berichtete Frau Z.

Nach diesem Vorfall wandte sich Frau B. stets beleidigt ab, wenn sie Frau Z. begegnete. Sie weigerte sich, mit ihr zu reden. Stattdessen verbreitete sie Gerüchte und Lügengeschichten über Frau Z., die geeignet waren, ihren Ruf als Fachkraft zu beschädigen. Ihre Versuche, Frau B. damit zu konfrontieren, trugen lediglich zur Verschlechterung der Situation bei.

Frau Z. war von diesem Ausmaß der Toxizität überrascht und verblüfft, dass sie selber die Kontrolle verloren hatte. Es war ihr bislang nie in den Sinn gekommen, dass sie als Tochter eines toxischen Elternteils besonders toxin-anfällig und besonders der Gefahr einer Gegenübertragung ausgesetzt war. Weil sie nicht merkte, was gespielt wurde, hatte sich Frau Z. sofort in das Verhalten von Frau B. hineinziehen lassen. Ihre professionelle Distanz hatte sich im Nu in Luft aufgelöst. So kam es, dass sie Frau B. jede positive Eigenschaft absprach, diese als gerissene, undankbare Schleimerin und als «größtes Miststück aller Zeiten» bezeichnete.

In dieser Situation wurde die toxische alte Frau B. (symbolisch) zur Mutter von Frau Z., weshalb deren verletztes «inneres Kind» unbewusst die eigenen Abwehrmechanismen gegen Frau B. aktivierte, im Versuch, den eigenen Schmerz zu lindern und eine Auseinandersetzung mit ihrer eigenen emotionalen Qual zu vermeiden.

Erst Jahre danach konnte Frau Z. die Situation und die toxische Klientin in einem anderen Licht sehen. Die Veränderung stellte sich nicht von selbst ein. Vorangegangen waren viele Monate intensiver Arbeit an der eigenen Persönlichkeit und zwar mit «The Work» von Byron Katie, ein Prozess, der im Kapitel 13 vorgestellt wird. Als ihr die eigene Toxizität bewusst geworden war, konnte sie ihre negativen inneren Überzeugungen auflösen, und zwar durch Veränderung ihrer Wahrnehmungen und bedingungslose Selbstliebe. Das war der Beginn ihrer Heilung.

Am Ende ihrer Erzählung sagte Frau Z. ganz ruhig: «Heute sehe ich Frau B. völlig anders. Sie ist der traurigste Mensch aller Zeiten.» Ich nahm diesen Satz als Zeichen ihrer Veränderung.

Eine andere, in einer großen Seniorenwohnanlage angestellte sozialtherapeutische Fachkraft reagierte bei meiner ersten telefonischen Kontaktaufnahme, um ein Treffen zu vereinbaren, sofort mit der verärgerten Aussage, es gäbe hier «viel zu viele toxische Leute», die Arbeit mit diesen charaktergestörten Personen sei ein «undankbares, ungemein anstrengendes und frustrierendes Geschäft, bei dem man aufpassen muss, dass man nicht abstumpft und verbittert.» Dann war plötzlich Stille in der Leitung. Nach einer Pause und mit wesentlich freundlicherer Stimme, fügte sie dann hinzu: «Ich bin im Moment so ausgebrannt. Wir treffen uns besser nach meinem Urlaub.»

Sie hatte auf ihre Stimme geachtet, ihre Erschöpfung und zeitliche Überlastung wahrgenommen, die ihr keine Erholungspausen ermögliche, und eine kluge, professionelle Reaktion gezeigt. Ich war gerne bereit, unser Treffen aufzuschieben, weil sie so niedergeschlagen und wütend geklungen hatte. Unser Gespräch fand drei Wochen später statt.

Erst im weiteren Verlauf des Interviews erfuhr ich, dass diese Sozialarbeiterin (hier Frau M. genannt), eine toxische Mutter und eine toxische Großmutter hatte. Die Folgen waren offensichtlich und hatten ihren Entschluss, auf dem Gebiet der Altenarbeit tätig zu werden, sicher beeinflusst.

Frau M. hatte in ihrer Kindheit und Jugend die Auswirkungen der Toxizität ihrer Großmutter auf ihre Mutter beobachtet. Dies war wohl der Anstoß, sich der Aufklärung professionell Pflegender und erwachsener Kinder zu widmen und möglichst viele Leute über Möglichkeiten, sich vor den Auswirkungen toxischer Verhaltensweisen zu schützen, zu informieren. Sie konzentrierte sich auf die Eltern-Kind-Beziehung, auf Fragen des praktischen Umgangs und auf die Klärung der Interaktionsdynamiken, sie unterrichtete das Pflegepersonal und organisierte Selbsthilfegruppen für Kinder toxischer Eltern. Ihr Ziel war es, sich als freischaffende Beraterin zu etablieren und spezielle Workshops zum Thema Alterstoxizität und Familienbeziehungen durchzuführen.

Frau M. schilderte mir dann eine beispielhafte Szene, die sich zwischen ihrer Mutter und deren Mutter – also Frau M.s toxischer Großmutter – wieder und wieder abgespielt hatte.

Sie beschrieb ihre Großmutter als clevere alte Dame, die trotz ihrer 95 Jahre nur geringfügig eingeschränkt war. Sie beschrieb ihre Mutter, die stets vergeblich versuchte, die Großmutter zufrieden zu stellen, als emotional verstrickt und missbraucht. Jeden Tag rief sie die Großmutter an und erbot sich, ihr etwas zu besorgen. Das war das Muster.

Kürzlich hatte sie M.s Mutter gebeten, eine Packung Ibuprofen mitzubringen, falls es ihr nicht ungelegen käme. Prima, kein Problem. Kein Problem allerdings nur so lange, bis M.s Mutter die Tabletten überbrachte und Großmutter sofort einen Wutanfall bekam, sie niedermachte und kritisierte, weil sie versäumt hatte, den 50-Cent-Gutschein zu verwenden, der heute in der Zeitung war. Sie hatte von diesem Gutschein nichts gewusst, war auch nicht darauf aufmerksam gemacht worden, hatte kein Dankeschön gehört und keinerlei anerkennende Geste erfahren, weshalb der Ausbruch M.s Mutter das Gefühl vermittelte, unfähig und wertlos zu sein – wie schon so oft.

Solche Interaktionen zwischen den beiden Frauen sind an der Tagesordnung und eindrucksvolle Beispiele für den toxischen Kreislauf und einige der unbewusst ablaufenden Transaktionen, die ich

Co-Opfer-Spiele nenne. Solche Lebensspiele sind: «Du siehst, ich gebe mir wirklich die größte Mühe», «Ich versuche nur, dir zu helfen», «Jetzt hab ich dich endlich, du Schweinehund!» und «Ich armer Teufel» (siehe Kap. 10).

Assessment: Wird Frau M. vom fortgesetzten Kontakt mit toxischem Verhalten beeinträchtigt? Zweifellos. Interessanterweise reagierte Frau M. auf die Toxizität ihrer Mutter genau wie ich auf das toxische Verhalten meiner Mutter reagiert habe. Die Auswirkungen waren so schmerzlich, dass wir beide den Entschluss fassten, uns professionell dem Thema zuzuwenden und anderen zu helfen, solche Qualen zu vermeiden. Wir suchten also nach Informationen. Wir wollten Wege finden, mehr über toxisches Verhalten zu erfahren, wir wollten die Dynamik verstehen, die Auslöser erkennen und über Prävention und Therapie Bescheid wissen. Nun ist Frau M.s Klientel sowohl toxisch als auch psychisch krank: eine geradezu teuflische Kombination. Sie brauchte Antworten und hatte dafür bereits beträchtliche Forschungsarbeit geleistet.

Frau M.s Interesse gilt besonders den Beziehungen zwischen alternden Vätern und Müttern und ihren erwachsenen Kindern, weshalb sie auch das Buch von Victoria Secunda *When You and Your Mother Can't Be Friends* (1990) empfiehlt. Ihr Fokus liegt auf unangepasstem Verhalten, unzulänglichem Coping alter Menschen, den Unterschieden zwischen dem, was Frau M. «Wirtschaftskrisenmentalitäten und Immigrantenmentalitäten» nennt, und den daraus folgenden Konflikten zwischen den Müttern dieser Generation und der jungen Generation der geburtenstarken Jahrgänge, die berufstätig ist und andere Werte und Erwartungen hat. Frau M. hat festgestellt, dass viele Töchter die Betreuungserwartungen ihrer Mütter nicht erfüllen können, zugleich aber mit feministischem Gedankengut aufgewachsen sind, das ihnen vermittelt «Du kannst alles unter einen Hut bringen», weshalb die Töchter, die sich um die Betreuung ihrer Mütter kümmern wollen, zerrissen sind zwischen dem Gefühl, unbedingt helfen zu müssen und dem, was realistischerweise möglich ist. Der Versuch, alles unter einen Hut zu bringen, führt direkt zum Burn-out, ein Zustand, den Frau M. nur allzu gut versteht.

5.5 Toxizität hinterlässt tiefe Spuren

Wie bereits geschildert, werden erwachsene, toxizitätsanfällige Kinder stark beeinträchtigt, ungeachtet ihres professionellen Status und ihrer Kenntnisse. Toxizität wird trotz psychologischer Ausbildung leicht von einer Generation auf die andere übertragen. Dies lässt sich vielleicht am besten an meiner Person darstellen, indem ich schildere, wie es mir ergangen ist, und wie ich mich meiner eigenen, lange verleugneten Toxität gestellt habe.

Meine toxischen Verstrickungen wurden mir erstmals bewusst bei der bereits erwähnten Gegenübertragung, als ich im Jahr 1997 für mein Forschungsprojekt die ersten «giftigen» Alten interviewte. Zum zweitenmal begegnete ich ihr, nachdem das Verlagslektorat Anfang 1997 den ersten Manuskriptentwurf für dieses Buch beurteilt hatte. Das Lektorat bemängelte den gereizten Ton, der das ganze Manuskript durchzog, eine unterdrückte und unbewusste Wut, die für einen beträchtlichen Objektivitätsverlust sorgte und eine völlige Neufassung erforderlich machte.

Ich wusste, das sich Toxizität oft meldet, wenn man es am wenigsten erwartet, und dass man sie meist selber nicht bemerkt. Als ich feststellen musste, dass ich nicht so vollständig geheilt (oder genesen) war, wie ich gedacht hatte, kam mein Selbstbild erheblich ins Wanken. Diese anfangs so schwer zu akzeptierende Erkenntnis war eine weitere Chance für inneres Wachstum, für die ich inzwischen sehr dankbar bin. Die Wut – meine eigene Toxizität – saß so tief, war so vergraben, so verheimlicht, so unterdrückt, dass bloßes Wahrnehmen nicht ausreichte. Außerdem hatte ich gedacht, dieses Thema verarbeitet zu haben. Inzwischen weiß ich, dass Toxizität ein Teil von mir ist, der sich immer wieder plötzlich bemerkbar macht, und zwar auf immer wieder neue, überraschende Art und Weise, solange, bis ich die unbewussten Ängste und Schatten anschauen und bedingungslos liebevoll annehmen kann.

Inzwischen verstehe ich die emotionale Ebene und kann ehrlich sagen, dass ich die Wut kenne, die die meisten toxischen Menschen unbewusst antreibt, eine Wut – sowie die darunter liegende Angst – die oft ein Leben lang verleugnet bleibt. Oft ist sie quälend und schreit nach Heilung. Heilung braucht ihre Zeit. Wir betagten toxischen Leute dürfen, auch wenn wir genesen sind, in unserer Wachsamkeit nicht nachlassen.

5.6 Zusammenfassung

In diesem Kapitel wurde beschrieben, wie sich Toxizität auf Personen auswirkt, die sich beruflich der Altenarbeit widmen, und wie Serviceangebote für Seniorinnen und Senioren davon betroffen sind. Weil es in allen Bereichen der Geriatrie toxische alte und sehr alte Menschen gibt, wurden Fachleute aus dem ganzen Spektrum interviewt. Dabei stellte sich heraus, dass alle Berufsgruppen bislang überwiegend auf sich selbst gestellt sind, und selber Wege finden müssen für den Umgang mit emotional missbrauchten und missbrauchenden alten Menschen.

Mehrere Beispiele illustrierten diese Tatsache. Sie zeigten auf, mit welchen Problemen Fachleute der unterschiedlichen Settings konfrontiert sind, schilderten die persönliche Betroffenheit und daraus folgende Unfähigkeit, Dienstleistungen zu erbringen, die geeignet sind, die Bedürfnisse ihres toxischen Klientels zu befriedigen.

Um die Orientierung zu erleichtern, wurden die Beispiele toxischer Fälle und deren Auswirkungen verschiedenen Kategorien und Unterkategorien zugeordnet: Neulinge im Case Management, Seniorenzentren, öffentliche Einrichtungen, private Betreuung, spezielle Unterstützungsangebote, Mehrfachbelastung und Differentialdiagnosen, Pflege- und Altenheime sowie Seniorenwohnanlagen.

Es wurden die von den AAAs beauftragten Dienstleistungseinrichtungen dargestellt: Ombuds-Service, ambulante Pflegedienste, Informations- und Assistenzangebote, sowie die Situation von Vormundschaftsgericht, Hospiz- und Schutzprogrammen für Seniorinnen und Senioren sowie bei Alkoholabhängigkeit, Multimorbidität und psychischen Störungen erläutert.

Ferner wurden besonders schwierige Fälle vorgestellt, die illustrieren, wie sich Toxizität auf professionelle Betreuungskräfte auswirkt, die selber Kinder toxischer Eltern sind, und zeigen, wie hilflos sich Beraterinnen fühlen können, die sich um einen toxischen alten Mann kümmern, der seine alzheimerkranke Ehefrau pflegt, und um eine Tochter, die es weder dem Vater noch der Mutter recht machen kann.

Ich hoffe, mit diesen Beispielen bei allen Dienstleistenden größeres Verständnis für die Auswirkungen von Alterstoxizität auf sämtliche Berufsgruppen im Bereich der Geriatrie geweckt zu haben.

6 Potenzielle Co-Opfer?

Sie fragen sich vielleicht, warum ich den Co-Opfern und anderen, die von einer toxischen alten Frau oder einem toxischen alten Mann beeinträchtigt werden, ein eigenes Kapitel widme. Ganz einfach: Co-Opfer und dem Opfer nahestehende Menschen sind der Schlüssel zur Therapie von Toxizität. Es trifft durchaus zu, dass professionelle Kräfte eine vorübergehende Verhaltensveränderung einleiten können, die bei toxischen Leuten jedoch lediglich der Vertuschung dient, damit sie auch künftig bekommen, was sie haben wollen. Sie werden es weiter ablehnen, sich mit ihren tieferen Ängsten, Befürchtungen und Schattenanteilen zu befassen.

Betreuende und nahe Angehörige, wie Ehepartner, Ehepartnerin, Töchter und Söhne können der Sache eine Wendung geben, indem sie sich ändern und auf die toxische Person anders reagieren. Werden das Familiensystem und die Familiendynamik aus dem Gleichgewicht gebracht, sind die «giftigen» Alten, um sich sicher fühlen zu können, gezwungen, etwas anderes zu tun. Dies ist eine der Möglichkeiten, ihren Schutzschild zu durchbrechen und einen Anreiz zur Veränderung zu geben. Kommt es tatsächlich zum Durchbruch, ist der Weg zur inneren Heilung frei, allerdings nur, wenn sich der toxisch alternde Mensch bewusst für eine Veränderung entscheidet. Kommt die Anstrengung nur von außen, etwa als Einzelaktion einer nahestehenden Person oder einer Fachkraft, bekommt das Ich des emotional missbrauchenden Menschen nur eine weitere Gelegenheit, sich in eine neue Vertuschung zu manövrieren und ein neues psychologisches Spiel zu verlängern, zu intensivieren oder zu perfektionieren.

Weil den Betreuenden beim Heilungsprozess der toxischen Person so entscheidende Rollen zufallen, müssen sie unbedingt in die Behandlung einbezogen werden, sei es in einer Beratungsfunktion oder als Co-Klientinnen oder Co-Klienten. Einige Fallgeschichten im vorigen Kapitel illustrieren, wie fruchtlos es ist, ausschließlich mit der toxischen Person zu arbeiten. Wir müssen also die Auswirkungen von Toxizität auf die dem Klienten oder der Klientin am nächsten stehenden Menschen verstehen und wissen, wie sich deren Reaktionen, Sichtweisen und Wahrnehmungen verändern müssen, damit sich die Systemdynamik verändert. Es gilt aber auch, den *Grad* des laufenden «Spielbetriebs» einzuschätzen, um dann Workshops und Übungen für erwachsene Kinder daran zu orientieren. Weil immer zwei dazu gehören, damit diese psychologischen Spiele funktionieren, ist die Unterweisung der Angehörigen in die Kunst, sich dem toxischen Kreislauf zu entziehen, vermutlich der vielversprechendste Ansatz. Er wird im Abschnitt über Transaktionsanalyse im Kapitel 10 ausführlich erläutert.

6.1 Wie kommt es zur Co-Viktimisierung?

Im Kapitel 1 habe ich den Begriff Toxizität definiert und sie als charakterliche Fehlanpassung bezeichnet, die in eine negative Energie, in eine Opferhaltung mündet. Diese negative Energie ist ansteckend und überträgt sich auf alle, die anfällig sind, auch auf einschlägig veranlagte geriatrische Fachleute. Das heißt, dass sie sich in die toxischen Spiele hineinziehen lassen – wenngleich unbewusst – und potenzielle Co-Opfer sind.

Die negative Energie macht sich zwar sofort beim Betreten eines Raums bemerkbar, zur Co-Viktimisierung kommt es allerdings nur, wenn bei beiden Teilen die unbewusste Bereitschaft vorhanden ist, das toxische Spiel zu spielen. Lässt sich die arglose Person *ködern*, kann sich das Spiel endlos wiederholen, ohne dass sie merkt, was da abläuft. Wenn die Bewusstheit fehlt, nützen weder berufliche Position, noch Macht, noch die traditionelle Ausbildung. Erwachsene Töchter in Pflege- und Betreuungsberufen, die selber toxische Eltern hatten, sind am anfälligsten.

6.1.1 Schwierig oder toxisch?

Sie können andere erst dann über Toxizität aufklären, wenn Sie fähig sind, schwierige von toxischen Klientinnen und Klienten zu unterscheiden. Üben Sie diese Unterscheidungsfähigkeit, bevor Sie einer Person das Etikett «toxisch» verpassen. Auch schwierige Menschen sind frustrierend und anstrengend. Werden die Interaktionen jedoch nicht von einem alles bestimmenden negativen Gefühl geprägt, das Sie völlig auslaugt, handelt es sich vermutlich nicht um toxische Personen. Toxische Spieltransaktionen hinterlassen ein penetrantes Unbehagen, ein unverkennbares Gefühl, und damit einen wichtigen Hinweis. Es kommt entscheidend auf die richtige Beurteilung an. Ein alter Mensch kommt vielleicht schlecht mit anderen Leuten aus, ist dickköpfig und hört nicht auf Ratschläge, tut womöglich gewohnheitsmäßig Dinge, die Sie auf die Palme bringen oder ist einfach seltsam oder eigen, aber ist er dann bereits toxisch? Schwierige Menschen produzieren keine Co-Opfer. Toxische schon.

Ferner ist darauf zu achten, wie unterschiedlich intensiv Leute reagieren, oder sich auf toxisches Verhalten einlassen. Von 20 beruflich in der Altenarbeit tätigen Personen lassen sich vielleicht nur eine oder zwei auf toxische Spiele ein. Gibt es in einer Familie vier Kinder, wird sehr wahrscheinlich mindestens eines zum perfekten Co-Opfer. Die Gründe für dieses Verhalten sind so vielfältig wie es unterschiedliche Menschen gibt. Ich weiß von keiner empirischen Studie, die sich mit der Frage nach den Gründen befasst. Bei meinen Forschungen habe ich allerdings beobachtet, dass der Persönlichkeitstyp wohl ein wichtiger Faktor ist. Menschen, die zwanghaft gefallen und gebraucht werden wollen, dabei aber ihre eigenen Bedürfnisse ignorieren, sind anscheinend am meisten gefährdet, das Co-Opfer-Syndrom zu entwickeln (siehe das Enneagramm im Kap. 8).

6.1.2 Typische Anzeichen

Wer tatsächlich in die Co-Opfer-Falle tappt (in der Fachsprache heißt dieser Vorgang Gegenübertragung), empfindet alles zwischen einem vagen, nicht recht fassbaren Gefühl und einem gewissen Energieverlust, bis hin zu den hier aufgezählten deutlichen Symptomen. Das Co-Opfer

- ist emotional erschöpft
- fühlt sich schuldig und frustriert
- empfindet Groll oder Wut
- ist depressiv
- taucht völlig ein in die Probleme des Gegenüber
- hat das Gefühl, um eine liebevolle und normale Beziehung betrogen zu werden
- versucht vergeblich, Freude zu bereiten
- kann nie etwas recht machen
- ist extrem pflichtbewusst oder gehorsam

- hat das Gefühl «in der Falle zu sitzen» und hilflos zu sein
- ist traurig oder verzweifelt
- hat das Gefühl, schikaniert und ungerecht behandelt zu werden.

6.1.3 Weshalb stehen Co-Opfer im Fokus?

Bei der Arbeit mit toxischen Klientinnen und Klienten sind traditionelle Beratungstechniken und Psychotherapie kontraproduktiv. Also kein «business as usual»! Der Widerstand und die fehlende Mitwirkungsbereitschaft der toxischen Person werden Ihre Bemühungen blockieren. Suchen Sie nach dem Co-Opfer. Es gibt immer eines; für ein toxisches Spiel braucht es zwei. Vermutlich ist sie oder er der Schlüssel zum Fortschritt mit der toxischen Person, sofern Sie fähig sind, das Co-Opfer als Co-Klient oder Co-Klientin wahrzunehmen und auch mit ihm oder ihr zu arbeiten.

Ist das Co-Opfer aufgeschlossen, lehren Sie dieser Person die in Kapitel 12 beschriebenen Coping- und Veränderungsstrategien. Organisieren Sie Selbsthilfegruppen, damit die Leute einander zuhören und voneinander lernen können. Nehmen Sie sich die Zeit dazu. Auf lange Sicht gesehen werden Sie viele Familien erreichen, den Generationenzyklus unterbrochen und einem toxischen alten Menschen geholfen haben.

6.2 Beeinträchtigt Alterstoxizität auch andere, und wie?

«Andere» Personen, die durch Alterstoxizität beeinträchtigt werden können, sind das Personal und die Lehrerschaft einer Hochschule, erwachsene Töchter und Söhne, Ehefrauen und Ehemänner, Freundeskreis, Nachbarschaft und Enkelkinder.

6.2.1 Eine Hochschule wird beeinträchtigt

Nur wenige 70- bis 80-Jährige besuchen öffentliche Bildungseinrichtungen; die allerwenigsten davon sind toxisch.

Hat ein toxischer alter Mensch weder Freunde oder Freundinnen noch Angehörige, wird ihm manchmal eine öffentliche Hochschule o.ä. zur Heimat. So sehr sie die Hochschule auch brauchen, sie werden ihr Verhalten hier nicht ändern und ihre Fähigkeit, andere bei fast jedem Kontakt zu schikanieren, weiter geschickt einsetzen.

Im Rahmen meiner Tätigkeit als Beraterin einer Hochschule hatte ich auch viel mit Studierenden, die ihr Studium nach einer Unterbrechung wieder aufnahmen, und älteren Studierenden zu tun. In einem Jahr verbrachte ich viele Stunden mit Schadensbegrenzung, weil eine einzige alte toxische Dame (hier Frau T. genannt), das gesamte akademische Personal in Mitleidenschaft gezogen hatte. Ihre missmutige Miene, ihre laute, strenge und durchdringende Stimme, mit der sie ihre zahlreichen unvernünftigen Forderungen stellte, waren allseits bekannt. Sie wollte immer sofort bedient werden. Ihre Forderungen waren nicht nur lästig, störend und zeitraubend, sie behinderten auch die Betreuung der anderen Studierenden.

Im Laufe der Zeit litten so viele Leute unter ihrer Toxizität, dass man ihr eine formelle Beschwerde bei der Direktion androhte. Ziel war es, Frau T. eine Rüge zu erteilen oder – noch besser – von der Schule zu verweisen. Allerdings stellte sich ihr selten jemand direkt entgegen. Wie wäre die Verweisung einer 76-Jährigen zu rechtfertigen? Mit welcher Begründung? Außerdem war offenbar niemand bereit, Frau T. persönlich zu konfrontieren, was typisch ist für die meisten Leute, die mit toxischen alten Menschen zu tun haben. Als ihre Störmanöver überhand nahmen, weil sie dem Stoff nicht folgen konnte, und weil man ihrer Beschwerde beim Kuratorium zuvorkommen wollte, ergriff schließlich die Fachbereichsleitung mehrere Maßnahmen, die sie dazu bringen sollten, endlich wegzubleiben. Die Kursprogramme, das Benotungssystem, die Zahl der Kurswiederholungen, der Einsatz von Teilzeitlehrkräften, alles wurde überprüft, nur um Frau T. aus dem Fachbereich rauszubekommen und ihresgleichen daran zu hindern, sich einzuschreiben. Erst nach erheblichen Anstrengungen, zahlreichen Konferenzen und über einem Jahr Kampf mit der Bürokratie, gelang es, die Angelegenheit zu regeln.

Der Gedanke, eine kleine alte Dame könnte alle, die mit ihr zu tun haben, dermaßen einschüchtern, erscheint zwar unrealistisch, doch genau dies gelang ihr und zwar über Jahre hinweg. Nur selten fand sich eine Lehr- oder Verwaltungskraft, die fähig war, Frau T. direkt zu konfrontieren. Ein Teilzeitlehrer, der sich vor ihren Beschwerden fürchtete, ging sogar so weit, ihr unverdient bessere Noten zu geben, was, als die Sache aufkam, zu seiner Entlassung führte.

Weiterer Verlauf: Bei den Nachgesprächen mit der Leiterin des bedrängten Fachbereichs (hier Frau C. genannt), die Veränderungen verlangt und in die Wege geleitet hatte, wurde deutlich, dass sie ziemlich verzweifelt war. Das Problem hatte sich auch auf ihr Privatleben erstreckt: Ihr Mann musste stundenlang kathartisches Zuhören üben. Erst als ich erfuhr, dass Frau C. eine toxische Mutter hatte, verstand ich die Dynamik. Ungeachtet ihrer überragenden Fachkenntnisse und beruflichen Fähigkeiten, hatte sie sich mit der Toxizität ihrer Mutter nie auseinandergesetzt und bislang keinen Weg gefunden, damit zurecht zu kommen. Frau T.s Erscheinen rührte alles wieder auf. Sie wurde zu ihrer Mutter und einmal mehr spürte Frau C. den unverarbeiteten frühen Schmerz und projizierte ihn auf Frau T. Sie wurde zum Co-Opfer.

Bald danach schrieb sich Frau T. in einen anderen Fachbereich ein; es war ihr dritter. Glücklicherweise erwies sich diesmal, dass sie eine natürliche Begabung für das neue Thema hatte und den Anforderungen gewachsen war. Sie konnte brillieren und wurde akzeptiert. Der im Vorfeld über die Situation informierte Dozent war bereit, sich der Herausforderung zu stellen, bat die anderen Studierenden um Unterstützung, schenkte Frau T. besonders viel Aufmerksamkeit und lobte und unterstützte sie mehr als andere. (Was auch die vorige Dozentin versucht, Frau T. jedoch nicht zugelassen hatte.) Allmählich nahm die Zahl ihrer Unterbrechungen, Ausbrüche und unangemessenen Fragen und Kommentare ab.

Der normale Ablauf des Unterrichts wurde nur an einer Stelle ein wenig verändert. Die Studierenden sollten in jeder Stunde die Arbeit ihrer Kommilitonen und Kommilitonen kritisieren. Weil Frau T.s Kritiken stets zu harsch, zugespitzt und scharf ausfielen – das war eines ihrer Talente – wurde das System dahingehend verändert, dass erst die positiven Aspekte der Arbeit benannt werden mussten, dann erst durfte kritisiert werden. Frau T.s heftige Kritik hatte die anderen Studierenden beeinträchtigt, deren Selbstzweifel genährt und deren Selbstbewusstsein geschadet. Der strukturierte Ablauf half ihnen, die Situation anders wahrzunehmen und demoralisierende Projektionen zu unterlassen.

Frau T. hat Glück gehabt. Die Hochschule wurde zu einem Ort, der ihr angemessenes Sozialverhalten beibringen konnte (sofern sie lernwillig war), ohne sie direkt in den Fokus zu stellen und ihre Ängste und Abwehr auszulösen. Doch ist das die Aufgabe einer öffentlichen Bildungseinrichtung? Wie lässt sich vermeiden, dass eine Institution, vom toxischen «Fallout» betroffen, unversehens zum Co-Opfer wird? Ist der zur Schadensbegrenzung erforderliche Zeit- und Kraftaufwand zu rechtfertigen? Muss das Steuervolk dafür aufkommen?

6.2.2 Auswirkungen auf betreuende Töchter und Söhne

Die Kinder toxischer Eltern sind mit Sicherheit die am meisten gefährdeten Personen; sie werden sehr leicht zu Co-Opfern. Ihre neue Rolle als Betreuende zwingt sie zu häufigen Kontakten mit ihren alternden Vätern und Müttern, egal wie ihre Beziehungen früher waren, und dies oft nach vielen Jahren getrennter, eigenständiger Lebensführung. Kinder lernen, dass sie ihre Eltern «lieben, ehren und ihnen gehorchen müssen» und zwar unter allen Umständen. Negative Gefühle werden unterdrückt und jede Andeutung von Toxizität wird verheimlicht. Darüber spricht man nicht.

Meist trifft es eine der erwachsenen Töchter: Sie übernimmt die Betreuung eines toxischen Elternteils und ist am stärksten betroffen. Sie ist es auch, die zum Co-Opfer wird. Entweder wird ihr die Verantwortung einfach aufgebürdet oder sie fühlt sich ihren Werten und ihrer inneren Einstellung so stark verpflichtet, dass sie praktisch nicht anders kann, als die Rolle zu übernehmen. Die Auswirkungen auf diese Tochter können verheerend sein.

Aus meiner Beratungstätigkeit, den Workshops und Rückmeldungen aus Selbsthilfegruppen weiß ich, dass Toxizität nicht nur Depressionen und Groll auslöst; die meisten mit Alterstoxizität konfrontierten Töchter sind darüber hinaus in psychotherapeutischer Behandlung. Fünf solche Töchter habe ich interviewt, und diese Gespräche haben meine Besorgnis verstärkt. Eine gestand nach einigem Zögern, dass sie an Suizid gedacht hat. Daraufhin sagten drei oder vier andere spontan, dass auch sie Suizidgedanken gehegt hatten. Da wurde mir klar, dass die Auswirkungen von Toxizität noch gravierender sind, als ich angenommen hatte, und dass dieses Thema auf die professionelle und öffentliche Tagesordnung gehört.

Um die Wahrnehmung für die schädlichen Folgen zu schärfen, habe ich einige Kommentare erwachsener Kinder über ihre toxischen Eltern gesammelt. In meinen persönlichen Interviews habe ich folgende Bemerkungen gehört:

Sie ist so herrschsüchtig!

Es wird wohl immer schlimmer mit ihr, weil ihr die Familie nie ehrlich die Meinung sagt. Wir bestätigen sie nur in ihrer Wahrnehmung der Realität.

Ich bin traurig (und fühle mich schuldig), weil ich sie nicht liebe.

Heute, nach 34 Jahren, wird mir klar, wie destruktiv die Beziehung zu meiner Mutter war. Vielleicht lerne ich ein wenig langsam, aber es hat wirklich so lange gedauert, bis ich kapiert habe, dass ich sie nicht glücklich machen und sie einfach nie zufrieden stellen kann. *Es ist unmöglich!*

Die Beziehung zu meinem Vater war irgendwie kalt und distanziert. Ein einziges Mal hat er den Arm um mich gelegt. Warum hat er mir nie gesagt, dass er mich gern hat?

Ich wundere mich ständig. Sie war immer so überaus nett zu anderen Leuten. Stets hat sie sich freiwillig für irgend eine Hilfsorganisation engagiert. Niemand würde glauben, wie sie zu Hause ist.

Ich fühle mich so belastet. Sie ist so undankbar! Ich gebe mir die allergrößte Mühe. Ich kann ihr einfach nichts recht machen.

Sie ist völlig blind für das, was sie anderen antut.

Meine studierende Tochter sagte, sie käme Weihnachten nicht nach Hause, wenn Oma da ist. Das hat mir endlich die Augen geöffnet.

Die ganze Familie hat versucht, sie mit ihrem Verhalten zu konfrontieren. Es ist nicht der Mühe wert. Sie wurde nur noch störrischer, hysterischer und wütender. Jetzt sehen wir einfach zu, dass wir möglichst schnell wegkommen und ihre Ausbrüche vermeiden.

Manchmal bin ich einfach nur wütend!

Töchter und Söhne als Pflegende

Wir sollten uns auch die Situation eines erwachsenen Kindes ansehen, das die Aufgabe hat, die Eltern im Alltag zu unterstützen und damit alleine gelassen ist. Die Geschwister, Nachbarinnen und Nachbarn, die Bekannten können wegbleiben. Professionell Pflegende und Betreuungskräfte gehen zu einer bestimmten Zeit oder nach einer festgesetzten Stundenzahl nach Hause, Töchter und Söhne dagegen, die die volle Verantwortung übernommen und das Gefühl haben, immer für den Vater oder die Mutter da sein zu *müssen*, auch zu jeder Tages- und Nachtzeit die endlosen Telefonate entgegennehmen zu *müssen*, sind festgenagelt. Ob bei Tag oder bei Nacht, unter der Woche oder am Wochenende, die Ansprüche sind da und die Störungen finden kein Ende. Zwischen Familienpflichten und der alten Mutter hin und her gerissen, gibt es kein Privatleben mehr.

Diese Art der Mutter-Kind-Verstrickung ist beileibe keine Seltenheit. Viele Töchter und Söhne haben sich bereits auf das Retter-Spiel (siehe Kap. 10) eingelassen und sind co-abhängig. Es gibt persönliche und psychologische Gründe dafür, aber kaum schlüssige und gültige Antworten.

Selbst wenn wir die Gründe kennen, wird das betroffene erwachsene Kind weiter dieses durchdringende, nagende Gefühl empfinden, eine Empfindung, die es womöglich nicht einmal benennen kann. Die vage, fast neurotische Angst dahinter entpuppt sich bei näherem Hinsehen als Furcht. Furcht davor, selber so zu enden. Es ist eine tiefsitzende Empfindung, die insbesondere Töchter veranlasst, mit bitterer Stimme zu sagen:

«Hoffentlich werde ich nie wie meine Mutter!»

So die verräterischen Worte der Tochter einer toxischen Mutter, die ich nur allzu oft gehört habe.

Nur wer die Situation aus eigener Erfahrung kennt, versteht deren ganze Tragweite, fühlt das ganze Ausmaß der Wut und Angst sowie die damit einhergehende tiefe Bindung. Erwachsene Kinder toxischer Eltern können nur genesen, wenn sie aufwachen und sich der Realität ihrer misslichen Lage stellen. Sie müssen der Wahrheit ins Auge blicken. Vermeidung bewirkt lediglich, dass die ignorierte Wunde weiter schwärt. Ob sie es wollen oder nicht, sie *sind* wie ihre Eltern.

Die Angst vor Toxizität ist nicht unbegründet. Studien über Kindsmisshandlung haben ergeben, dass eine Misshandlung die andere nach sich zieht. Das Opfer wird schließlich zum Täter oder zur Täterin. So wird Toxizität unversehens von Generation zu Generation weitergereicht, solange niemand das destruktive Muster durchbricht.

Ohne Hilfe von außen wird uns das allerdings kaum gelingen. Beim Umgang mit unseren eigenen Sprösslingen entschlüpfen uns nur allzu oft giftige Bemerkungen. Wir stellen entgeistert fest, dass wir die nämlichen Worte benutzen, die nie zu benutzen wir uns geschworen haben. Wir sind uns nicht einmal bewusst, was hier abläuft, bis wir zurückschauen, die Situation analysieren und den deplazierten, aggressiven Abwehrmechanismus erkennen. Als Vater oder Mutter haben wir in dem Moment vielleicht unser idealisiertes Selbstbild oder unser Selbstwertgefühl geschützt, der Schaden beim wehrlosen Kind indessen ist angerichtet. Nicht umsonst heißt es, «Wir verletzen, was wir lieben»!

Aufgeklärte toxische Menschen bereuen zwar ihr zwanghaftes Verhalten, sind aber selten im Stande, es zu unterlassen oder zu verhindern, dass es durchbricht. Es bedarf permanenter Anstrengung. Negative Angewohnheiten sind so fest verankert, dass sich die unterdrückten Gefühle beim geringsten Anlass unversehens in endlosen Überreaktionen Bahn brechen. Unsere Familienangehörigen werden zu Sündenböcken, zum «sicheren» Ventil für diese Gefühle. Die Kinder als Adressaten toxischer Verhaltensweisen – wie etwa Gereiztheit, Perfektionismus, Beschuldigungen und Klagen – bekommen die Erblast aufgebürdet. Professionell Pflegende und Betreuende können intervenieren und den Kreislauf durchbrechen.

6.2.3 Auswirkungen auf Ehefrauen und Ehemänner, Partner und Partnerinnen

Ich vermute, dass der Hauptunterschied zwischen der Art, wie Eheleute die Toxizität eines alternden Familienmitglieds überleben und wie Kinder überleben, in der Form ihrer Distanzierung von der Toxizitätsquelle besteht. Solange die Kinder nicht in die Pflegerolle gedrängt werden, ist räumliche Distanz eine gute Wahl. Ehefrauen und Ehemänner haben diese Wahl nicht.

Sie müssen Tag für Tag mit Toxizität zurechtkommen, oft über lange Zeiträume hinweg. Die meisten experimentieren, bis sie geeignete Copingtechniken gefunden haben. Unseligerweise glauben in der älteren Generation nur allzu viele, dass ihnen nichts andres übrig bleibt, als «sich damit abzufinden». Sie kommen zu diesem Schluss, weil ihnen der Gedanke an Scheidung, an Veränderungsbereitschaft der anderen Seite oder der Gedanke, er oder sie würde dem Drängen auf eine Therapie nachgeben, überhaupt nicht in den Sinn kommt. Schließlich müssen Gefühle privat bleiben, und «schmutzige Wäsche» darf nicht in der Öffentlichkeit gewaschen werden.

Gut möglich auch, dass sich das toxische Verhalten über die Jahre hinweg so langsam eingeschlichen hat, dass die Eheleute überhaupt nicht merken, womit sie es zu tun haben, und die destruktiven Muster nicht erkennen. Sie passen sich einfach der toxischen Situation an oder haben aus trauriger Erfahrung gelernt, dass alle Versuche, die Dinge zum Besseren zu wenden, vergeblich sind. Deshalb stoßen wir oft auf Passivität, Unterdrückung der Gefühle und Rückzug.

Alten Ehemännern fällt es oft sehr schwer zuzugeben, dass sie in einer toxischen Situation leben. Sie können kaum darüber sprechen. Es ist leichter, das Verhalten zu verdrängen, zu ignorieren oder ihm aus dem Weg zu gehen. Einer gestand: «Ich musste es bitter lernen. Anders ist mit ihr nicht auszukommen.» Verdrängen mag hier funktioniert haben, aber so eine Beziehung wird unweigerlich gekünstelt, angespannt und bedrückend.

Vermeiden
Meine Eltern haben in der zweiten Hälfte ihrer 53-jährigen Ehe Vermeidungsstrategien entwickelt. Mein Vater war sieben Jahre älter als meine Mutter; deshalb war sie noch berufstätig, als er in Ruhestand ging und starb. Ich habe beobachtet, wie er sich von Jahr zu Jahr stärker zurückzog, während sich gleichzeitig ihre Toxizität verschärfte. Sie hielten einander nur aus, weil sie sich berufsbedingt jeden Tag trennen mussten. Gesunde Konfrontation war schlicht undenkbar. Sie konnten sich nicht eingestehen, dass ihre Beziehung inzwischen für beide toxisch geworden war.
Ich bezweifle, dass meine Mutter je verstanden hat, warum sich mein Vater in seine eigene Welt zurückzog. Sie ärgerte sich nur über ihn, wenn er sich in die Zeitung, in Magazine und Bücher vergrub oder in seine Holzwerkstatt verschwand, wenn er den Fernseher laut stellte und stundenlang auf dem Sofa schlief, um ihren endlosen Klagen, ihrem Gejammer und ihren Beschuldigungen zu entkommen. Für ihn war es eine Möglichkeit, ihre Ausbrüche abzumildern, was auch funktionierte, die negativen Schwingungen allerdings ließen nie nach.

Das Ausmaß der toxischen Verstrickung ehelicher Beziehungen wird meist vom Wertesystem beider Beteiligten bestimmt, ihrer jeweiligen Anfälligkeit für toxische Spiele, von Dauer und Intensität der Toxizität sowie der Methode, die eingesetzt wird, um das dysfunktionale Verhalten und die dysfunktionalen Reaktionsmuster in Grenzen zu halten, insbesondere vor Eintritt in den Ruhestand. Danach lenkt der anhaltende tägliche Kontakt die Aufmerksamkeit zwingend auf dieses Thema. Es gibt Familien, die damit zurechtkommen, den meisten gelingt es nicht. Die betreffenden Personen haben überwiegend keinerlei Konzept, sie wissen nicht, was los ist, was schief läuft, was zu tun ist.

Bei einem anderen lange Jahre verheirateten Paar war die 73-jährige Frau ihr Lebtag lang alkoholsüchtig gewesen. Die Grenzen zwischen ihrer Toxizität und ihrem Alkoholismus waren fließend. Weil sie darüber hinaus körperlich eingeschränkt war und die Treppen nicht mehr bewältigen konnte, richtete ihr Mann im ersten Stockwerk ein Zimmer für sie her, mit eigenem Fernseher und anderem Komfort. Sein Zimmer mit Fernseher lag im zweiten Stock, und dort verbrachte er so viel Zeit wie möglich, um ihrer Nörgelei und ihrem Gejammer zu entgehen.

Als die Ehefrau von einer Sozialarbeiterin besucht wurde, beklagte sie sich bitter über ihren Mann, der sie links liegen ließe und nicht auf ihr Rufen reagiere.

Auf den ersten Blick sieht diese Situation nach Missbrauch und Vernachlässigung eines alten Menschen aus. Auf Nachfragen erfuhr die Fachkraft allerdings, dass die Frau von einem einzigen Vorfall sprach, der morgens früh um 3.30 Uhr stattgefunden hatte. Der Mann hatte seine Frau einfach nicht gehört.

Wer beruflich mit «giftigen» Alten zu tun hat, muss sich vor vorschnellen Schlüssen und Vermutungen hüten. Nur wer gut zuhört und geschickt fragt, wird ein akkurates Assessment zustande bringen. Für komplexe Sachverhalte gibt es keine einfachen Lösungen. Außerdem ist Wachsamkeit geboten. Fast immer gibt es neben der toxischen Person ein weiteres Opfer.

Im Ruhestand
Ich habe mehrere Ehefrauen befragt, die seit vielen Jahren mit toxischen Partnern verheiratet sind. Sie stellten ihren Männern durchwegs ein gutes Zeugnis als Versorger aus und lobten ihre vielen positiven Eigenschaften in ihren ersten Ehezeiten – vor Eintritt in den Ruhestand. Früher waren ihre Toxizität und Herrschsucht erträglich, weil sie in beruflichen Führungspositionen ausgelebt wurden. Solche Männer hatten stets lange Arbeitstage gehabt, widmeten sich außerhäuslichen Tätigkeiten, wie kommunalen Ehrenämtern, saßen in Ausschüssen und Gremien oder unterstützten ihre gemeinsamen Kinder bei deren Aktivitäten. Sie führten Theaterspiele auf, waren am Sonntag in der Kirchengemeinde aktiv, organisierten Zeltlager oder setzten sich als Trainer für den Jugendsport ein.

Wenn dann die Kinder entwuchsen, die gemeinnützige Arbeit und berufsnahen Beschäftigungen ausgingen, wenn es keine Pläne für die psychologischen Aspekte des Lebens im Alter gab, womit sollten diese Männer ihr falsches Selbstbild und ihren Kontrollzwang nähren, an die sie sich so verzweifelt klammerten? Am schlimmsten aber ist, dass sie kaum Freundschaften und kein Unterstützungssystem haben. Sie erlauben sich keine Schwächen und wollen sich nicht bedürftig zeigen, was zur Folge hat, dass sie kaum Liebe und Freundschaft erfahren.

Bei diesem Beispiel für Alterstoxizität geht es um einen Mann im Rentenalter, der ein außergewöhnlich guter Bridgespieler war. Eines Abends stellte er fest, dass er sich nicht mehr an *alle* Karten erinnern konnte. Zwar war er auch mit einem leichten Gedächtnisverlust den anderen in der Bridgerunde überlegen, doch das entsprach nicht seinem selbstverordneten Perfektionsstandard. Weil er nicht mehr Herr der Situation war und andere seine Schwäche bemerken konnten, fühlte er sich unerträglich beschämt. Er war nicht flexibel genug, konnte sich nicht ändern, anpassen, seine Gefühle nicht ausdrücken und andere nicht bitten, seine Bedürfnisse zu erfüllen, weshalb er einfach aufhörte zu spielen, sich in seine Höhle zurückzog und dort in Selbstmitleid zerfloss.

Eine weitere beispielhafte Geschichte: Um zu überleben und um ihrer eigenen geistig-psychischen Gesundheit willen brach eine im Geriatriebereich tätige Beraterin die emotionale Beziehung zu ihrem toxischen Ehemann ab. Mit Ende 70 baute sie sich ein eigenes Leben auf, indem sie sich ihrer Arbeit widmete, sich für das Gemeinwohl engagierte, Ehrenämter übernahm und ihren eigenen Freundeskreis pflegte. Für Außenstehende sahen die Verhältnisse normal aus, weil das Paar weiter im gleichen Haus lebte. Tatsächlich hatten sie aber getrennte Zimmer, getrennte Identitäten und lebten getrennte Leben. Es war eine langjährige Ehe, die lediglich aus ökonomischen Zwängen heraus formal aufrechterhalten wurde.

Diese Beispiele zeigen, dass es Leuten, die eng mit toxischen Menschen verbundenen sind, manchmal gelingt, kreative Lösungen finden, wenn sie sich weigern, Co-Opfer zu werden. Wer mit Co-Opfern arbeitet, kann also durchaus Copingmethoden und Praktiken vorfinden, die verstärkt werden können.

Vertuschen
Ehemänner, die unter einer alten toxischen Partnerin leiden, greifen hin und wieder ihren Kindern gegenüber, sofern sie auswärts leben und selten zu Besuch kommen, zur Taktik des Vertuschens. Ob bewusst oder unbewusst, der Vater versucht, seine mittlerweile erwachsenen Kinder vor ihrer toxischen Mutter zu schützen. Er kontrolliert die Interaktionen, indem er einschreitet, Entschuldigungen findet oder schwierige Situationen auf die eigene Kappe nimmt. «Er schirmt uns ab und bekommt selber die ganze Wucht zu spüren», wie eine Schwiegertochter es formulierte.

Weil der Vater interveniert, haben die Kinder selten eine Vorstellung von den täglichen Belastungen und kräftezehrenden Bedingungen, denen er ausgesetzt ist. Viele ältere Männer wollen ihre Kinder nicht mit ihren Problemen belasten. «Wir sind und bleiben selbstständig», brüsten sie sich, um Stärke zu demonstrieren und ihre Gefühlslage zu verbergen. Infolgedessen hören die Kinder immer nur: «Hier ist alles in Ordnung. Macht euch keine Sorgen.» Das Täuschungsmanöver gelingt. Doch dann kommt zwangsläufig der Moment, vielleicht auf seinem Totenbett, für den vielsagenden letzten Satz: «Es ist nicht ganz leicht, mit Mutter auszukommen. Ihr müsst einfach Geduld aufbringen. Bitte kümmert euch um sie.»

Was dann folgt, schockiert die erwachsenen Kinder. Es ist Aufgabe professioneller Kräfte, sie durch die Krise zu begleiten und ihnen – besonders aber der hauptverantwortlich betreuenden Tochter oder dem betreuenden Sohn – einen gangbaren Weg aufzuzeigen.

6.2.4 Auch der Freundeskreis und die Nachbarschaft sind betroffen

Toxische alte Menschen wirken sich auf ihren Freundeskreis und die Nachbarschaft unterschiedlich aus; das ist von den Umständen und der Art der Beziehung abhängig. Die Irritationen und resignierten Reaktionen reichen von kleinen Handreichungen bis zu zeitaufwändigen Hilfsaktionen, besonders wenn es sich um eine toxische, gesundheitlich angeschlagene, alleinstehende Frau handelt. Die meisten Freundinnen und Freude und manche Leute aus der Nachbarschaft waren anfangs äußerst hilfsbereit, gaben dann aber bald frustriert und erschöpft auf: Sie waren ausgebrannt und «alle». Viele gingen der toxischen Person dann möglichst aus dem Weg, andere riefen sogar die Polizei, wenn die Sache aus dem Ruder lief.

Mit einer Ausnahme: Die toxische alte Frau lebte seit 20 Jahren im Nebenhaus, hatte früher sogar die Kinder gehütet. Nach dem Tod ihres Mannes alleine auf sich gestellt, brach ihre Toxizität durch. Pflichtbewusst und fürsorglich wie sie waren, erinnerten sich die Nachbarinnen und Nachbarn daran, wie sie früher gewesen war, und nahmen die Situation einfach hin. In der ersten Zeit wechselten sie sich ab und erfüllten reihum die zahlreichen Aufträge ihrer Nachbarin, damit sich die Last auf mehrere Schultern verteilte. Trotz bester Absichten blieb schließlich die Hauptarbeit doch am halbwüchsigen Sohn der Nachbarfamilie hängen. Er besaß nämlich nicht nur die Gabe, die toxische alte Dame aufzuheitern, vielmehr auch die Gabe, sich ihren «Ködern» zu entziehen und sich nicht auf ihre Manipulationen und Forderungen einzulassen. Als die anderen «die Nase voll» hatten, übernahm er den Part des stabilisierenden Faktors.

6.2.5 Auswirkungen auf die Enkelkinder

Weil Toxizität meist von einer Generation auf die nächste weitergereicht wird, kann den Enkelkindern die Rolle zufallen, ihren Mütter – die ja potenzielle Co-Opfer sind – die Augen für ihre eigenen toxischen Tendenzen zu öffnen. Sie sind ja so gerne bereit, hilfreiches Feedback zu geben. Die Mutter braucht nur zu sagen: «Bitte seid so freundlich und macht mich darauf aufmerksam, wenn ich wie Großmutter klinge oder mich verhalte wie sie. Ich verspreche, auf euch zu hören und nicht mit euch zu schimpfen. Macht mich aufmerksam, wenn ich mich toxisch verhalte, das wäre mir ganz besonders wichtig.»

Diese in der Transaktionsanalyse als Vertrag bezeichnete Strategie hilft nicht nur der betreuenden Mutter, sie klärt auch sie und das Enkelkind über toxische Verhaltensmuster auf, lehrt ehrliche Kommunikation, zeigt, wie man mit Alterstoxizität umgehen und vermeiden kann, ins toxische Spiel hineingezogen und Co-Opfer zu werden. Ein Vertrag ist auch eines der uns zur Verfügung stehenden Unterweisungsinstrumente (siehe Kap. 10).

Was Enkelkinder berichten
Die befragten Enkel und Enkelinnen toxischer Großeltern waren zwischen 17 und 39 Jahre alt; das Durchschnittsalter lag bei 26. Es gab welche, die überhaupt keinen Kontakt mit ihren toxischen Großeltern hatten, andere ignorierten ihre Anwesenheit, wieder andere verhielten sich höflich und versuchten es mit Einschmeicheln, und dann gab es welche, bei denen sich die Tränenschleusen öffneten, als sie von ihrer einst geliebten Großmutter oder dem früher so liebenswürdigen Großvater erzählten. Viele waren noch dabei, ihre Trauer über den Verlust eines idealisierten, befreundeten Menschen und Vorbilds zu verarbeiten.

Alle Enkelkinder waren äußerst gesprächsbereit und wirkten irgendwie erleichtert, dass ihnen endlich mal jemand zuhörte: «Endlich versteht vielleicht jemand, was ich durchgemacht habe!»

Im Laufe der Interviews stellte sich bald heraus, dass sich bei aller Unterschiedlichkeit ein roter Faden durch sämtliche Geschichten zog. Das barsche, abweisende Verhalten einer toxischen Großmutter oder eines toxischen Großvaters stieß die Enkel und Enkelinnen ab, so dass sie eine Beziehung abbrachen, die sie in jüngeren Jahren oft sehr geschätzt hatten. Früher schenkte ihnen die Großmutter ihre Aufmerksamkeit. Sie war jemand, zu dem ein Kind aufblicken konnte. Doch dann wuchsen sie heran, erlebten familiäre Probleme und erkannten, dass viele davon auf Großmutters Toxizität zurückzuführen waren. Die Enkelkinder nahmen den Schmerz ihrer Eltern wahr und fühlten ihre Qual mit. Nach und nach bemerkten sie auch an ihrer Mutter, die sich um die toxische Großmutter kümmerte, ein paar toxische Symptome, und langsam verstanden sie den Zusammenhang.

Als junge Erwachsene hatten die meisten Enkelkinder gelernt, mit ihren Gefühlen und Gedanken zu leben, indem sie auf Abstand gingen und so wenig wie möglich mit ihrer toxischen Großmutter oder ihrem toxischen Großvater zu tun hatten, auch wenn die Großeltern ganz in der Nähe lebten. Telefonische Kontakte waren selten und gefürchtet. Nur 2 von 17 befragten Enkelkindern äußerten, sie hätten die Situation soweit im Griff. «Ich weiß mich vor Großmutters Gift zu schützen.» Dennoch war ein durchgängiges Muster erkennbar. Die Besuche wurden immer spärlicher und kamen meist nur auf Druck der Eltern zustande.

Um einen Eindruck davon zu vermitteln, wie sich Toxizität auf die übernächste Generation auswirkt, folgen nun einige Auszüge aus den Interviews.

1. Wann haben Sie gemerkt, dass Ihre Großmutter toxisch ist?

Ein Enkel antwortete: «Sie war so herrschsüchtig, streitsüchtig und egoistisch. Als ich selber Kinder hatte, fiel mir das immer stärker auf.»

«Ich habe es erst vor ein paar Jahren gemerkt. Inzwischen gerät die Situation außer Kontrolle. Sie ist fast die ganze Zeit über negativ. Das war mir früher nicht so bewusst. Ich weiß nicht, ob es daran liegt, dass sie älter wird oder ob ich heute wachsamer bin.»

2. Wie reagieren Sie emotional auf die Toxizität Ihrer Großmutter?

«Ich weiß mich zu wehren. Meist lenke ich sie mit irgend einer Beschäftigung ab oder wechsle das Gesprächsthema. Ich lasse mich von ihr nicht runterziehen.»

Eine Enkelin beschrieb tränenüberströmt, wie verletzt und verärgert sie ist. Sie berichtete mit zunehmendem Groll, dass sich ihre Großmutter geweigert hatte, ihr sieben Monate altes Baby kennen zu lernen, obwohl diese Urgroßenkelin nach ihr benannt war. Da brach es aus ihr heraus:

«Ich verstehe es nicht. Ich stand ihr so nahe, und bis ich zwölf war, nahm sie mich am Wochenende zu sich, damit ich wegkam von meinem Vater. Wir standen uns *sehr* nahe. Wir erzählten uns sogar Geheimnisse. Ich konnte ihr mein Herz ausschütten, und jetzt redet sie nicht einmal mehr mit mir. Ich möchte, dass sie mir wieder einen Platz in ihrem Leben einräumt. Ich möchte, dass sie mich gern hat.»

«Meine Mutter und meine Großmutter, beide haben mich irritiert. Das war wirklich nicht einfach. Ich kümmerte mich um alle beide und stand in der Mitte. Aber jetzt bin ich schwanger und die Sache wird mir zu viel. Außerdem muss ich an meine eigene Familie denken.»

«Ich bin so angespannt und nervös, Sie würden es vermutlich ausgelaugt und wütend nennen. Wenn ich mit ihr rede, habe ich immer Angst, etwas Falsches zu sagen.»
«Dass ich so wenig Selbstbewusstsein habe, hat auch damit zu tun. Es stört mich, wenn ich sehe, wie sich die Sache auf meine Mutter ausgewirkt hat.»

3. Bitte beschreiben Sie, welche Verhaltensweisen Ihrer Großmutter Sie als toxisch betrachten.

«Die negative Haltung, ihr beleidigter Rückzug, die Bitterkeit, ihre Streitlust, Depression und Taktlosigkeit. Sie verkündet beispielsweise, sie als alte Frau habe das Recht, ‹zu sagen was Sache ist›, egal wen sie damit verletzt.»

«Immer schiebt sie die Schuld auf andere. Sie wird nie zugeben, dass sie sich geirrt hat.»

«Sie ist ständig am Jammern und Kritisieren. Du kannst ihr einfach nichts recht machen. Sie verzeiht dir auch nie. Einerseits soll ich ständig für sie da sein, im nächsten Atemzug schubst sie mich weg.»

«Sie ist so starrsinnig. Alles muss nach ihrem Kopf gehen. Man muss sich immer an die Regeln halten, an *ihre* Regeln. Wenn es Unstimmigkeiten gibt, zieht sie sich einfach desinteressiert zurück.»

«Sie bedrängt uns pausenlos. Sie verwechselt Liebe mit Geschenken und Gefälligkeiten, will dann aber alles doppelt und dreifach vergolten haben. Wer sich weigert, etwas für sie zu tun, liebt sie nicht. Wenn sie nicht bekommt, was sie will, wendet sie sich unter lauten Klagen an andere Familienmitglieder und spielt sie gegeneinander aus – sie macht einfach so lange Ärger, bis sie ihren Willen kriegt. Meistens klappt es.»

«Sie will immer im Mittelpunkt stehen und wird wütend, wenn sie nicht beachtet wird. Manchmal wird sie sogar krank, damit man bei ihr bleibt. Oder sie beklagt sich über die viele Arbeit, weist aber Hilfsangebote zurück. Dann sucht sie wieder Streit mit ihrem Mann, mit meinem Vater oder irgend einer anderen Person, die nicht neutral ist. Sie lässt in ihrem Haus nur eine Meinung zu: ihre Meinung.»

4. Wenn Sie an die Situation mit Ihrer Großmutter denken, was ist Ihre größte Angst?

«Dass sie einem anderen Menschen, der sie liebt, weh tut» (unter Tränen gesagt; es ging ihm offenbar nicht um sich).

«Dass Großmutter stirbt, bevor wir wieder zusammengefunden haben.»

«Dass ich explodiere und sie anschreie, dass sie einen Herzinfarkt bekommt und ich bin schuld.»

«Ich habe Angst davor, dass sie meiner Mutter noch mehr Schaden zufügt. Sie ist bereits so im Stress, bald wird ihr alles zu viel.»

5. Haben Sie den Eindruck, dass Ihre Großmutter normal altert?

«Keine Ahnung. Ich weiß nicht, was das heißt: normal altern.»

«Nein, weil meine andere Großmutter nicht so ist. Sie ist umgänglich und nimmt das Leben wie es ist. Auch die Großmutter meines Freundes ist ganz anders.»

Hier wird deutlich, dass Enkelkinder die Situation sehr gut erfassen. Sie können viel dazu beitragen, dass sich die Familiendynamik, das Interaktionssystem und die toxischen Spiele verändern.

Steigert sich die Toxizität?
Alle interviewten Enkelkinder waren der Meinung, das Verhalten ihrer toxischen Großmutter oder ihres toxischen Großvaters sei mit zunehmendem Alter immer unerträglicher geworden. Wobei sie zugaben, dies sei möglicherweise auf ihre eigene geschärfte Wahrnehmung zurückzuführen. Mehrere sagten, das toxische Verhalten habe sich nach dem Tod des Partners oder der Partnerin, nach dem Verlust des Arbeitsplatzes, nach einem Schlaganfall, nach Brustkrebs oder einem anderen traumatischen Ereignis gesteigert.

Gibt es Vorbeugungsmaßnahmen?
Auf die Frage, ob sie ihre Großmutter oder ihren Großvater je auf das toxische Verhalten direkt angesprochen hätten, reagierten die meisten Enkelkinder mit sichtlichem Schaudern. Der Schreck stand ihnen ins Gesicht geschrieben, ihr Blick sagte: «Sind Sie denn wahnsinnig?» Ja, sicher gab es Zeiten, da hätten sie am liebsten auch gebrüllt und sich gewehrt, wenn Großmutter außer Kontrolle geriet, aber eine direkte Konfrontation riskieren? «Das soll wohl ein Witz sein?» Was für ein absurder Gedanke!

Manchen Enkelkindern war die Möglichkeit, ihre Großeltern vernünftig auf ihr Verhalten anzusprechen, nie in den Sinn gekommen. Ein paar hatten die Möglichkeit erwogen, aber so etwas tat man einfach nicht. Außerdem war sowieso jeder Versuch zum Scheitern verurteilt. Sie mit ihren toxischen Gefühlen oder ihrem Verhalten konfrontieren? Unmöglich. Großmutter oder Großvater würde eh nur alles leugnen und dann irgend jemand anderen für alle Probleme verantwortlich machen. Sie kannten das Muster. Am besten, jeden Konflikt vermeiden, koste es was es wolle. Und das ist es, was diese Enkel und Enkelinnen taten, wann immer sie die Wahl hatten.

Wie verhalten sie sich in der Öffentlichkeit?
Die meisten Enkelkinder sagten, das völlig andere Verhalten ihrer Großmutter oder ihres Großvaters in der Öffentlichkeit überrasche sie. Sie reagierten insbesondere auf fremde Leute, auf Geistliche und gewisse Sozialarbeiterinnen ganz anders. In der Öffentlichkeit (außer bei sehr ausgeprägtem Toxizitätsgrad) zeigten sie sich plötzlich charmant und rücksichtsvoll und brachten ihr ausgeprägtes Manipulationsgeschick zum Einsatz. Außenstehenden war die Wahrheit selten zu vermitteln. Die alte Dame, der alte Herr verhielt sich doch ganz normal, warum sollte man den Angehörigen diese Toxizitätsgeschichte glauben? Deshalb hielten sie lieber den Mund. Die Wahrheit wurde selten ausgesprochen. Wie in den meisten gestörten Familien wurde das Syndrom verheimlicht, bis sich das toxische Verhalten auf andere auswirkte und nicht mehr unter der Decke gehalten oder ignoriert werden konnte. Dann war es aber oft zu spät für eine Intervention.

Ist das toxische Verhalten gerechtfertigt?
Fast alle Enkelkinder verneinten diese Frage. Sie waren der Ansicht, dass es für die Art, wie die Großeltern ihre Mutter oder ihren Vater behandelten, keine Entschuldigung und keine Erklärung geben kann. Eine Enkelin bemitleidete ihre toxische Großmutter, gab aber zu, dass sich die Beziehung dadurch nicht verbesserte. Andere waren abgestoßen vom ewigen Selbstmitleid und den toxischen Angewohnheiten ihrer Großeltern, die alle Beteiligten nur noch weiter auseinander trieben.

6.3 Zusammenfassung

Warum ist ein ganzes Kapitel den Co-Opfern gewidmet? Dieses Kapitel ist wichtig, weil Toxizität Opfer fordert. Es sieht fast so aus, als gäbe es das Eine nicht ohne das Andere. Deshalb kommt es für alle Fachkräfte in der Altenarbeit entscheidend darauf an, sich nicht nur auf eine Zusammenarbeit mit dem Co-Opfer einzustellen, vielmehr diese Person auch als Co-Klient oder Co-Klientin zu sehen sowie als Gewinn für den Hilfeplan. Weil an einem toxischen Spiel stets mindestens zwei Leute beteiligt sind (siehe Kap. 10) verändert sich das interaktive System, wenn das Co-Opfer aussteigt:

Das ist dann das Ende des Spiels. Um sein psychologische Gleichgewicht halten zu können, sieht sich der toxische alte Mensch nämlich gezwungen, plötzlich anders zu reagieren. Nur wer das Co-Opfer versteht und über die Auswirkungen der Toxizität auf das Co-Opfer informiert ist, kann einen wirksamen Aktionsplan aufstellen.

In diesem Kapitel wurde auch einer Reihe anderer Fragen nachgegangen. Wie kommt es zu Co-Viktimisierung? Warum lassen sich manche Leute auf toxische Spiele ein, insbesondere Fachkräfte, die möglicherweise Kinder eines toxischen Elternteils sind? Lässt sich schwieriges Klientel von toxischem unterscheiden? Auf welche Anzeichen ist zu achten? Wenn es gelungen ist, das Co-Opfer über die Zusammenhänge aufzuklären, damit es lernen kann, das toxische Spiel zu beenden, wird das auch die Toxizität beenden, zumindest insoweit, dass sie nicht an die nachfolgende Generation weitergereicht wird?

Eine weitere Frage lautete: Warum verstärken manche Reaktionen das toxische Verhalten, warum wirken andere hemmend? Ferner wurden Beispiele für die Auswirkungen von Toxizität angeführt und zwar auf Hochschulpersonal, Töchter und Söhne in der Betreuungsrolle, Ehefrauen und Ehemänner. Es ging um Vermeidungsstrategien und andere Copingtaktiken wie das Vertuschen, die Auswirkungen im Rentenalter, auf Freundeskreis, Nachbarschaft und Enkelkinder. Es folgten Ausschnitte aus Interviews mit den Enkeln und Enkelinnen toxischer Großeltern, um deren Wahrnehmungen zu ermitteln und ihre Antworten auf folgende Fragestellungen festzuhalten: Steigert sich die Toxizität? Gibt es Vorbeugungsmaßnahmen? Wie verhalten sich toxische alte Menschen in der Öffentlichkeit? Ist toxisches Verhalten zu rechtfertigen?

Diese Informationen sollen Ihnen die Zusammenstellung eines Unterstützungsteams für Ihre Arbeit mit toxischen alten Menschen erleichtern. Ich hoffe ferner, dass sie Ihnen helfen, kein Co-Opfer zu werden.

Teil III
Wie entsteht Toxizität?

Es ist die Theorie, die festlegt, was wir beobachten können.

Albert Einstein

7 Kann die Forschung Toxizität erklären?

Alterstoxizität ist nichts Neues. Neu ist die Bezeichnung «toxisch», ihre Verbindung mit alternden Menschen und unser Wunsch, die Ursache oder die Ursachen für Toxizität zu ermitteln.

Auf der Suche nach Antworten, insbesondere nach Erklärungen für ein spezifisches Verhalten, erheben sich immer die gleichen Fragen. Ist es Veranlagung oder Umwelt (*nature or nurture*), oder sowohl als auch? Ist das Verhalten angeboren oder anerzogen, oder eine Kombination aus beidem? Entscheiden die Gene oder entscheidet die Erziehung?

Teil III dieses Buchs geht diesen Fragen systematisch nach. Hier werden die Ergebnisse der Altersforschung sowie meine eigenen Forschungsarbeiten und Theorien vorgestellt. Die einzelnen Kapitel befassen sich mit der einschlägigen Literatur, die ich in folgende Kategorien eingeteilt habe:

1. Persönlichkeit: Fokus auf den angeborenen Typ
   Sind es die Gene?
2. Umwelt: Einfluss der Bezugspersonen
   Ist es die Erziehung?
3. Rollenbücher des Lebens: den Lebensplan leben
   Angeboren *und* anerzogen?

Forschungsansätze: Um einige statistische Indikatoren toxischen Verhaltens zu erhalten und die abstrakten Thesen, Theorien und Konzepten darzustellen, habe ich zwei verschiedene Methoden benutzt:

1. Eine empirische Studie von Daten, die mit dem Ziel erhoben wurden, erfolgreich alternde von nicht erfolgreich alternden (toxischen) Menschen zu unterscheiden.
2. Eine Literaturübersicht gerontologischer, sozialer und psychologischer Theorien und Modelle, die möglicherweise Hinweise auf die Ursache oder mehrere Ursachen von Toxizität enthalten.

7.1 Empirische Toxizitätsindikatoren

Für meine erste Forschungsarbeit (Davenport, 1991) habe ich eine Vergleichsstudie unternommen und 44 zufällig ausgewählte gleichwertige Versuchspersonen zwischen 64 und 86 Jahren befragt, um zu erfahren, warum manche Menschen erfolgreich altern, andere nicht (sie werden ab jetzt als toxisch bezeichnet).

Dabei stellte sich heraus, dass nicht erfolgreich alternde, toxische Menschen verglichen mit erfolgreich alternden zwar über weniger Geld verfügten, in schlechteren Wohnverhältnissen lebten, weniger gebildet waren, sich kränker fühlten (und tatsächlich nicht waren) und zu einer stark ritualisierten Religionsausübung neigten, eine statistische Signifikanz der Daten jedoch nicht erkennbar war.

Im Gegensatz dazu waren die auf dem Level 0.01 erhobenen Daten durchaus signifikant und ergaben, dass nicht erfolgreich alternde toxische Menschen folgende Merkmale aufwiesen:

- mangelhafte Copingfertigkeiten
- unzulängliche zwischenmenschliche Beziehungen
- wenig enge Freundschaften
- unzureichendes Unterstützungssystem

- zu wenig körperliche Bewegung
- wenig Außenkontakte
- minimaler Einfalls- und Ideenreichtum
- nachlässige Essgewohnheiten und gesundheitsschädigende Angewohnheiten
- Vergangenheitsorientiertheit
- eingeschränkter Bewegungsradius (nur wenige fuhren Auto)
- längere Zeit alleine lebend
- egoistische Tendenzen
- Verleugnung ihrer Befürchtungen
- größere Abhängigkeit von Außenstehenden
- herumreiten auf negativen Ereignissen.

Diese Befunde helfen zwar, toxisches Verhalten zu identifizieren, sind aber wohl eher Indikatoren oder Symptome, die nichts zur Klärung spezifischer Toxizitätsursachen beitragen.

Wir können also davon ausgehen, dass diese Symptome lediglich die Auswirkungen von Toxizität sind, nicht die Auslöser. Doch was sagen uns die Symptome? Viele davon sind bis zu einem gewissen Grad allen Menschen eigen. Warum aber intensivieren sie sich nur bei manchen alten Leuten? Wie wirken sie sich auf den Alterungsprozess aus? Warum altern Menschen so unterschiedlich, obwohl sich ihre Lebenssituationen und persönlichen Umstände völlig gleichen? Ist Toxizität einer der Gründe (Davenport, 1991)?

Schon bald merkte ich, dass nicht nur ich diese Fragen stellte. Ich studierte die Literatur und fand heraus, dass sich der Entwicklungspsychologe, Lehrer, Psychoanalytiker und Autor Erik Erikson und seine Frau Joan (beide waren damals über 80 Jahre alt) die gleichen Fragen gestellt hatten. In dem zusammen mit Helen Kivnick verfassten Werk *Vital Involvement in Old Age* (1986, S. 55) schrieben sie:

> Wie kommt es, dass ein Mensch offenbar fähig ist, schmerzhafte Alterszustände zu *integrieren* [Betonung von mir] und zu einer neuen Form psychosozialer Stärke zu finden, während ein anderer auf vergleichbare Umstände in einer Form reagiert, die eine effektive Integration und gesunde Weiterentwicklung zu verhindern scheint?

7.2 Gloria A. Davenports Theorien und Hypothesen

Aus der Literaturübersicht werden sich vermutlich plausible Hinweise auf Toxizitätsursachen ergeben, und die untersuchten Theorien und Modelle hoffentlich einen Bezugsrahmen liefern, um Reaktionen und praktikable Interventionen zu erforschen und einzuführen. Doch zuerst möchte ich meine eigene Hypothese und meine eigenen Theorien vorstellen, die den nachfolgenden Text umfassend geprägt haben.

Ich bin der Auffassung, dass wir Menschen meist in einer Welt leben, die unserer eigenen Wahrnehmungen entspricht, in einer Welt, die von unseren eigenen Denkvorgängen regiert wird – von den erlernten, selektiven, schwankenden und oft falschen Interpretationen interner und externer Reize. Wir sehen und hören nur, was wir sehen und hören wollen, und was mit unseren Wünschen und Selbsttäuschungen konform geht. Es ist eine Welt, die unser inneres Glaubenssystem spiegelt, nicht die Tatsachen. Sie ist ein Spiegel unserer eigenen Person, eine *subjektive Realität*, die nur eine Illusion, keine Wahrheit ist. Dazu kommt, dass wir wählen können.

Das Buch *Ein Kurs in Wundern* (1975) baut auf dem Grundgedanken der Wahlfreiheit auf. Seiner Prämisse zufolge wählen wir unseren Geisteszustand, wie wir leben und wo wir uns sicher fühlen wollen. Unser Geisteszustand reflektiert das ängstliche Wesen unseres Selbstbildes und das Gefängnis, das wir errichtet haben, um die Angst in Grenzen zu halten.

Diese Kerker werden zu unserem Lebensstil, zu unserer Daseinsform, je nachdem, wie wir unsere emotionale und geistige Verfassung, unsere Werte, früheren Erfahrungen, Ich-Bedürfnisse, Erwartungen, Kindheitsprägungen und Beziehungen interpretieren. Unsere Interpretationen der inneren und äußeren Signale bestimmen, wie wir leben. Sie bringen die Abwehrmechanismen zum Vorschein, die wir Projektionen nennen, eine Taktik, bei der wir einem anderen Menschen und der Umgebung die eigenen Fehler oder guten Eigenschaften zuschreiben. Es handelt sich hierbei um ein unbewusstes, eingeschliffenes Muster, das seinen Zweck – nämlich das Ich zu schützen – bestens erfüllt, offenen und ehrlichen Beziehungen jedoch im Wege steht (Davenport, 1991).

Projektionen können positiv oder negativ sein, auf Selbsttäuschung oder Tatsachen beruhen, schmerzlich oder erfreulich sein. Sie bilden dann die Basis für unsere Einschätzungen, Entscheidungen und Handlungen und für eine falsche Weltsicht, die nur in den Köpfen der Betroffenen existiert. Es bildet sich ein Lebensmuster heraus, das denen, die projizieren, nicht bewusst ist und wofür die Projektionen nicht verantwortlich sind.

7.2.1 Analogie

Menschen, die die Welt als moralisch verworfen empfinden und überall nur Hass, Schmerz und Angriff sehen – und sich selbst als hilflose Opfer – verfallen dem fälschlichen Glauben, ihre Wahrnehmung entspräche der Wahrheit. In einer solchen Realität lebend, können sie ihre Frustrationen, ihren Negativismus, ihre Wut, Paranoia und Angst rechtfertigen, doch das Unbehagen verschwindet damit nicht.

Das Ich verführt das Opfer aus Furcht vor der eigenen Verletzbarkeit und dem eigenen Kontrollzwang zu schnellen Abwehrreaktionen, weil diese nicht nur den aktuellen Schmerz lindern, vielmehr auch die eigentliche Existenz des Ich schützen und ihm erneut das vertraute, trügerische Machtgefühl vermitteln. Die Opfer, nicht wissend wie ihnen geschieht, bekommen durch diese Illusion von Macht wieder das Gefühl, die Situation zu beherrschen und sicher zu sein. Sie sind einmal mehr in ihre Ego-Falle getappt. Habituelle Reaktionsmuster werden fortlaufend gebildet und ausgespielt. So beunruhigend es sein mag, dies ist die Welt, die Opfer sich erschaffen, die Welt an die sie sich klammern, die Welt und das Muster der «giftigen» Alten.

7.2.2 Szenarium

Stellen wir uns, um den oben dargestellten Sachverhalt anschaulicher zu machen, toxische alte Menschen vor, die in ihrem Ich gefangen sind und das Gefühl haben, die Kontrolle über ihr Leben und ihre innere Sicherheit zu verlieren. Furcht macht sich breit. Sie haben schreckliche Angst, sie altern und verlieren zusammen mit ihrer Eigenmacht auch ihre Identität. Niemand kann ihre Verzweiflung nachvollziehen. Nicht einmal sie selber verstehen die beunruhigenden Empfindungen, die sich in ihrem Innern regen. Wohin wenden sie sich in ihrer Not? Sie wenden sich der Vergangenheit zu, klammern sich vergeblich an die altgewohnten, inzwischen dysfunktionalen Copingfertigkeiten aus ihrer Kindheit und schützen ihr Ich unbeirrt mit den altbekannten Abwehrmechanismen.

Toxisch alternde Menschen merken nicht, dass sie auch über ihre subjektiven Verluste trauern; sie verharren in Bitterkeit und Wut. Sie sehen sich als Opfer. In ihrer Angst kritisieren sie ihre Mitmenschen und projizieren auf sie (meist auf Angehörige) genau diese Dinge, die sie an sich selber verachten und fürchten. Jetzt fühlen sie sich obendrein noch schuldig und projizieren ihre Schuldgefühle auf die Familienangehörigen. Im Laufe der Zeit entstehen ein toxischer Kreislauf und eine toxische Weltsicht aus Illusionen, verzerrten Wahrnehmungen, Abwehr- und Kontrollmechanismen. Die toxische Schlinge wird immer enger.

Aufgrund dieser Annahmen und Theorie wurde folgende Hypothese entwickelt:

Bewusst oder unbewusst *konstruieren* [Betonung hinzugefügt] Menschen ihre Realität und ihre Lebenswelt, je nachdem, wie sie interne und externe Signale wahrnehmen, interpretieren und definieren, ob und inwieweit sie sich damit identifizieren und welche Bedeutung sie ihnen zuschreiben. (Davenport, 1991: 6)

7.3 Gerontologische Theorien

Aus den zahlreichen gerontologischen Theorien habe ich die Kontinuitätstheorie und das Werk von Robert Atchley über Diskontinuität ausgesucht, weil sie für das Thema Alterstoxizität am relevantesten sind.

7.3.1 Die Kontinuitätstheorie

Sie galt lange als eine der umfassendsten gerontologischen Theorien und wird bereits seit den 1960er Jahren diskutiert. Manche halten sie für die überzeugendste Theorie des Alterns (Covey, 1981; Dreyer, 1985), weil sie der Bezugsrahmen für die Perspektive der Lebensspanne und eine Komponente der Aktivitätstheorie ist. Vom Standpunkt der Kontinuitätstheorie aus betrachtet besteht erfolgreiches Altern aus der fortlaufenden Weiterentwicklung adaptiver Prozesse, um den Verlauf unseres Lebens mit unseren bevorzugten Mustern und mit einem Persönlichkeitsstil in Einklang zu bringen, der zu den üblichen und sozial strukturierten, restriktiven Rollenerwartungen passt.

Altersforscher Robert Atchley (1972) beschrieb den Prozess vermutlich am besten:

Die Kontinuitätstheorie geht davon aus, dass der Mensch beim Prozess des Erwachsenwerdens Gewohnheiten, Bindungen und Vorlieben entwickelt, sowie eine Vielzahl anderer Eigenschaften, die schließlich Teil seiner Persönlichkeit werden. Wird der Mensch älter, neigt er dazu, Kontinuität zu wahren und seine Gewohnheiten, Verbindungen, Vorlieben etc. aufrecht zu erhalten. (p. 36)

Als der bedeutende Gerontologe, Universitätsdozent und Herausgeber James Birren im Jahr 1987 auf einer Konferenz über *Aging and Wholeness in Later Years* sprach, bezog er sich zweifellos auf diese Kontinuität des Lebensstils. Birren sagte: «Stabilität war eines der beiden Merkmale, die sich aus zahlreichen Studien über die erwachsene Persönlichkeit ergaben, was die Interpretation nahe legt, dass wir uns selbst mit zunehmendem Alter immer ähnlicher werden.» (Birren, 1987: 31).

Wenn wir Persönlichkeit als vorhersehbare Art definieren, wie wir uns selber, andere Menschen und Lebensereignisse wahrnehmen – und unsere Reaktionsmuster mit dieser Wahrnehmung übereinstimmen – ist anzunehmen, dass daraus eine stabile Kontinuität entsteht (Reedy, 1983). Analog dazu wird, falls diese Wahrnehmung verzerrt ist und einen dysfunktionalen Lebensstil spiegelt, ein dysfunktionales Muster entstehen (Reichard/Livson/Peterson, 1968).

Robert Atchley war es dann, der im Jahr 1989 die negative Seite von Kontinuität (die non-normativen und dysfunktionalen, wenngleich vorhersehbaren Reaktionsmuster im Alter) identifizierte und in die Alter(n)sforschung einführte.

7.3.2 Die Diskontinuitätstheorie

Indem er seine neue Erkenntnis «Diskontinuitätstheorie» nannte, gab Atchley zu verstehen, dass manche alte Menschen nicht im Stande sind, auf ihre früher eingesetzten Strategien zurückzugreifen, dass ihnen diese Strategien nicht mehr helfen, mit den normalen Veränderungen im Alter zurechtzukommen und sich diesen Veränderungen anzupassen, andere dagegen effektive Copingfertigkeiten überhaupt noch nie besessen haben. Diskontinuität und Stress stellen sich ein, wenn ihr Selbstbild und ihre im Gedächtnis gespeicherte Identität kollidieren mit der Art, wie sie die externen Strukturen ihrer neuen Rollen, Aktivitäten, Beziehungen und Umgebung wahrnehmen. Dann setzt eine krankhafte Entwicklung ein, die einen normalen Verlauf behindert.

Atchley stellt ferner fest:

> Die zum Assessment von Kontinuität eingesetzten Standards erwachsen aus persönlichen Konstrukten, die das Individuum benutzt, um seine Wahrnehmungen zu organisieren. Die Menschen analysieren ihre Umgebung mit Hilfe eines persönlichen Konzeptrepertoires, und dieses persönliche Repertoire ist es – es kann auch soziale Konstruktionen von Realität enthalten – das unsere Entscheidungsprozesse und Evaluationen lenkt. Diese persönlichen Konstrukte werden, oft unbewusst, zu einer Theorie zusammengefasst, die erklärt, wie die Gegenwart mit der Vergangenheit und den Zukunftserwartungen verknüpft ist. (1989: 185)

Hier wird klar, dass Atchleys Denken große Ähnlichkeiten mit der Psychokybernetik (siehe Kap. 10), aber auch mit der grundlegenden Hypothese des vorliegenden Werks aufweist: Die Menschen konstruieren bewusst oder unbewusst ihre Realität, wobei sie sich an ihren inneren und äußeren Wahrnehmungen der Umgebungssignale orientieren.

Deshalb liegt der Schluss nahe, dass eine toxische Person, die sich an überholte innere Wahrnehmungskonstrukte klammert, weil sie mit den natürlichen Alterungsvorgängen nicht zurechtkommt, sich den Veränderungen nicht anpassen und sie nicht akzeptieren kann, die erwünschte und von Birren (1987) dargestellte Stabilität nicht erreichen wird. Desorganisation, Diskontinuität und Verzweiflung sind die Folgen. Das automatische Reaktionssystem kommt in «Schieflage». Die subjektiv erinnerten inneren Bilder – Bilder, die einst die Ich-Identität hergestellt, ein Sicherheitsgefühl erzeugt und das Ich geschützt haben – kollidieren nun mit der externen Realität des toxischen Individuums. Der toxische alte Mensch nimmt sich selber ganz anders wahr. Gelingt es nicht, die innerpsychischen und externen Konstrukte und Bilder miteinander zu versöhnen, sie zu integrieren und zu heilen, wird die Dysfunktion bestehen und die normale Entwicklung blockiert bleiben. Dann werden die Abwehrreaktionen nur noch intensiver. Das ist *nicht* erfolgreiches Altern.

Atchley bezeichnete alte Menschen im Zustand der Diskontinuität zwar nicht als «toxisch», dennoch weist viel darauf hin, dass er das gleiche Phänomen gemeint hat.

Auch hier fällt auf, dass der Macht der Wahrnehmung ein hoher Stellenwert eingeräumt wird, also der Art, wie Menschen ihre eigene Realität und Lebensstruktur ordnen oder durcheinander bringen. Wenn Konstanz fehlt, die Dinge aus dem Gleichgewicht geraten und frühere Reaktionsmuster nicht mehr zielführend sind, entstehen Unordnung und innerer Aufruhr.

So stellen sich erneut folgende Fragen:

1. Wie gehen wir mit diesen Kräften um?
2. Sind die inneren Bilder, Konstrukte und Wahrnehmungen veränderbar?
3. Welche neuen Copingfertigkeiten können die ständigen Rückgriffe auf alte Abwehrmechanismen ersetzen und wieder für Kontinuität sorgen?

7.4 Zusammenfassung

Teil III befasst sich überwiegend mit der Suche nach den Ursachen von Alterstoxizität. In diesem Kapitel wurde die vorhandene Literatur untersucht, wurden Theorien und Daten vorgestellt, Forschungsfragen formuliert sowie die Organisationsstruktur der folgenden drei Kapitel erläutert, die sich mit der Frage beschäftigen, ob Toxizität angeboren oder anerzogen ist oder beides, und wie Toxizität aufrechterhalten wird.

Zwei Ansätze bestimmten die Suche nach Antworten: erstens eine empirische Studie über Toxizitätsindikatoren, zweitens eine Literaturübersicht relevanter sozialer, gerontologischer und psychologischer Theorien.

Die empirischen Daten ergaben signifikante Gegensätze zwischen nicht erfolgreich alternden toxischen und erfolgreich alternden Menschen. Obgleich sich die Daten lediglich auf Verhaltenssymptome beziehen, liefern sie der Forschung doch Hinweise auf mögliche Ursachen für Alterstoxizität.

Es wurden die der Arbeitshypothese dieses Werks zugrunde liegenden Konzepte untersucht sowie die gerontologischen Theorien der Kontinuität und Diskontinuität erläutert. Besonders relevant ist Atchleys Diskontinuitätstheorie, weil sie besagt, dass es beim Altern auch eine non-normative, dysfunktionale, negative Seite eines vorhersagbaren Reaktionsmusters gibt.

8 Sind es die Gene?

Könnte es sein, dass uns toxische Tendenzen angeboren sind?

Wer der Typenlehre anhängt, wird sagen: Ja, wir werden mit bestimmten Neigungen, Persönlichkeitseigenschaften und Vorlieben geboren, sie bestimmen das menschliche Verhalten. Unser individueller genetischer Code diktiert uns und zwar im Guten wie im Schlechten.

Wer der Entwicklungspsychologie nahe steht, wird dagegen behaupten, dass die Umgebung die Persönlichkeit formt und dabei auch ihr Verhalten prägt. Wieder andere, ich zum Beispiel, glauben, dass die Persönlichkeit Ergebnis einer Kombination von Veranlagung und Erziehung ist und der Mensch wählen kann, wie er auf Umgebungsstimuli und Wahrnehmungen reagiert. Wir entscheiden, ob wir unsere natürlichen Veranlagungen verstärken oder unterdrücken wollen.

In diesem Kapitel werden verschiedene Persönlichkeitstypenlehren dahingehend überprüft, ob genetische Faktoren als Toxizitätsursache in Frage kommen.

8.1 Definitionen

Um für den Begriff der Persönlichkeit einen gemeinsamen Bezugsrahmen herzustellen, werden nun einige Definitionen präsentiert. Die meisten Fachleute können sich wohl darauf einigen, dass Persönlichkeit ein Set vorhersagbarer Reaktionsmuster, Charaktermerkmale und Qualitäten ist, die, wenn sie anderen gegenüber gezeigt werden, das Individuum definieren. In der Typenlehre heißt es zudem, dass Persönlichkeit ein Set angeborener Vorlieben und Tendenzen ist, das bestimmt, wie Individuen ihre Umgebung wahrnehmen und mit ihrer Umgebung interagieren.

Diese Wahrnehmungen können auch ein falsches Selbst hervorbringen, eine Ich-Illusion, die sich in bestimmten, vorhersagbaren Reaktionsmustern und Charaktermerkmalen äußert, deren Interaktionen von den internen Selbstwahrnehmungen früher Erfahrungen, Erwartungen, Motivationen, Werten und dem kindlichen Selbstbild geprägt werden. Diese Reaktionsmuster sind dann an der Art, wie sie auf andere projiziert werden, zu erkennen. Das Selbst spiegelt sich dabei.

So ist beispielsweise zu erklären, dass eine kontaminierte Selbstwahrnehmung (wie bei toxischen Menschen der Fall), die aufgrund von Fehlinterpretationen, negativen Botschaften, durch ein schlechtes Bild von sich selbst und geringe Selbstachtung zustande gekommen ist, toxische Individuen auf einem niedrigen Entwicklungsstand fixiert halten, und dass sie ihren Selbsthass und ihr fehlendes Vertrauen in die eigene Person auf andere projizieren. In solchen Fällen ist erfolgreiches Altern kaum möglich. Dann wird das trügerische Selbstbild oder falsche Selbst zu einem weiteren Baustein eines komplexen Toxizitätssyndroms und eines ungesunden Persönlichkeitstyps.

8.2 Persönlichkeitstheorien

Ich möchte aus der Fülle der Persönlichkeitstheorien vier herausgreifen. Zwei Studien wurden von Entwicklungspsychologen durchgeführt, die auf dem Gebiet der Altersforschung tätig sind, eine bezieht sich auf eine alte orale Tradition, das Enneagramm, die letzte basiert auf der von C. G. Jung entwickelten Theorie der Persönlichkeitstypen.

8.2.1 Theorien des Alter(n)s

Erste Studie
Bereits in den 1960er Jahren gab es Gerontologen und Gerontologinnen, die dem Persönlichkeitstyp große Bedeutung beigemessen haben. Für sie war er der Schlüssel zum erfolgreichen Altern und eine Variable der Reaktionen auf Lebensereignisse: Der Persönlichkeitstyp bestimmt, wer mit Zufriedenheit und wer mit Unzufriedenheit reagiert. Im Jahr 1967 haben Altersforscher wie Reichard, Livson und Peterson aufgrund einer Studie von 87 Männern zwischen 55 und 84 Jahren fünf Persönlichkeitstypen identifiziert (Turner/Helms, 1979). Die Reihenfolge geht von ideal angepassten bis zu den am schlechtesten angepassten Persönlichkeiten. Sie haben die verschiedenen Typen mit folgenden Worten charakterisiert: (1) reif (konstruktiv), (2) Schaukelstuhl (bequem, abhängig), (3) gewappnet (defensiv), (4) zornig (feindselig, beschuldigend), (5) Selbsthasser (selbstbeschuldigend oder deprimiert).

Die ersten drei Typen galten als gut angepasst. Sie handelten im Einklang mit der Wahrnehmung und Selbstakzeptanz ihrer früheren Lebensphasen und gestalteten ihre zwischenmenschlichen Beziehungen entsprechend. Die letzten beiden waren leicht zu frustrieren und meist depressiv, sie entwickelten einen vorhersehbaren Lebensstil, der zu ihrer Selbstwahrnehmung passte; auch dies ein Beleg für die Richtigkeit der Ausgangshypothese dieser Arbeit.

Zweite Studie
Ein Jahr danach gelangten Neugarten, Havighurst und Tobin (1968) aufgrund ihrer sechsjährigen Studie in Kansas City, bei der sie mehrere hundert alte Menschen zwischen 50 und 80 Jahren untersucht hatten, zu einer sehr ähnlichen Klassifikation.

Sie fanden folgende vier Persönlichkeitstypen:

1. *Integrierte* Menschen: Sie kommen gut zurecht, sind flexibel, akzeptieren ihre Triebimpulse, die sie unschwer beherrschen können, sind offen für Stimuli und weisen eine hohe Lebenszufriedenheit auf.
2. *Gewappnet-defensive* Menschen: Sie sind leistungsorientiert, ehrgeizig, kämpferisch und setzen ganz offensichtlich ihre Abwehrmechanismen ein, um das Bedürfnis nach Triebkontrolle zu befriedigen und dadurch Lebenszufriedenheit zu erlangen.
3. *Passiv-abhängige* Menschen: Sie pflegen seit jeher einen abhängigen, durchsetzungsschwachen Lebensstil, der Grad ihrer Lebenszufriedenheit ist gering.
4. *Unintegrierte* Menschen: Sie weisen einen niedrigen Aktivitätslevel und eine geringe Lebenszufriedenheit auf, werden als *desorganisierte* Persönlichkeiten bezeichnet, ihre Denkprozesse sind merklich reduziert, sie haben keine Kontrolle über ihre Emotionen und sind psychologisch beschädigt, können aber in der Gemeinschaft leben.

Bereits diese frühen Studien lassen erkennen, dass kindliche Verhaltensmuster auch die Muster des Alterns bestimmen, sofern nicht eine Intervention erfolgt, die eine Veränderung auslöst. Wenn Menschen dann im Alter wählen, wie sie mit ihrer Umgebung interagieren wollen, treten ihre Wertvorstellungen und Charaktermerkmale deutlicher hervor. Die meisten «giftigen» Alten fallen in die vierte Kategorie.

8.2.2 Das Enneagramm

Es gibt derzeit wohl kein besseres System für die Typologisierung von Persönlichkeiten als das Enneagramm. Es ist ein uraltes, allgemein gültiges Instrument der Selbsterkenntnis und Seelenkunde, das uns hilft, Toxizität und deren mögliche Ursachen zu verstehen. Das Enneagramm entstammt den östlichen Weisheitslehren und besteht aus einem Kreis, dessen Umfang in neun Punkte gegliedert ist, welche die neun unterschiedlichen Menschentypen darstellen. Die Punkte sind durch Linien miteinander verbunden; sie weisen die Richtung und stellen den Heilungsweg dar. Es wurde zu Beginn der 1970er Jahre in den USA bekannt und hat sich seither zu einem westlichen psychosozialen-spirituellen System entwickelt, das der persönlichen Reifung dient, im Geschäftsleben angewandt wird und den Weg zur Ganzheit weist. Als Mitte der 1980er Jahre mit der Tradition der mündlichen Überlieferung des Enneagramms gebrochen wurde, kam es weltweit zu einer wahren Bücherflut – allein zwischen 1990 und 1995 erschienen über 50 Titel. Kann also das Enneagramm die Grundfrage bewusster toxischer Menschen beantworten, die da lautet: «Warum verwirkliche ich das Gute nicht, das ich will... warum vollbringe ich das Schlechte, das ich nicht will?» Kann das Enneagramm erklären, was toxische Menschen antreibt? Weil dieses Energiesystem so differenziert, komplex und ausgereift ist, erschließt es sich am besten über drei Ebenen.

- *Soziale Ebene:* Die eigene Verschiedenheit und die anderer Menschen sowie die Auswirkungen unserer Verschiedenheit auf die mitmenschlichen Beziehungen akzeptieren, verstehen und achten.
- *Psychologische Ebene:* Zwanghaft dysfunktionales Verhalten, Ich-Fixierungen, negative Verteidigungsmechanismen und Selbsttäuschungen erkennen und ablegen, um sich innerlich weiterentwickeln und den Schatten umarmen zu können; berührbar werden, sich für Transformation und Ganzheit öffnen.
- *Spirituelle Ebene:* Ein *spirituelles Erwachen*, das die Ich-Kontrolle transzendiert, wodurch das wahre Wesen, das höhere Selbst und die heilende Macht göttlicher Liebe und Gnade gefunden werden.

Quellen

Die Enneagramm-Literatur ist so vielfältig, dass hier nur ein grober Überblick möglich ist. Wer an der Geschichte und einem tieferen Verständnis interessiert ist, sei auf die in diesem Kapitel genannten Autoren und Autorinnen verwiesen. Wichtig sind auch Gregor I. Gurdjieff, Oscar Ichazo und Claudio Naranjo, die entscheidend zur Bekanntheit des Enneagramms in den USA beigetragen haben.

Für Einsteiger empfehle ich die Bücher von Baron und Wagele *The Enneagram Made Easy* (1994) und *Are You My Type, Am I Yours?* (1995). Für Fortgeschrittene eignet sich *Personality Types: Using the Enneagram für Self-discovery* von Richard Riso und Hudson (1996) und die Audio-CD von Helen Palmer (1995). Für Therapeutinnen und Therapeuten gibt es *Transformation Through Insight: Enneatypes in Life, Literature and Clinical Practice* (Naranjo, 1997). Hier beschreibt Claudio Naranjo seine charakterorientierte und persönlichkeitstypbewusste Therapie, die er «Enneatype-concious»-Gestalt-Therapie nennt.

Das Wesen des Enneagramms
Es werden nun einige frühe Lehrerinnen und Lehrer der westlichen Enneagramm-Schule vorgestellt und aus deren Schriften zitiert, weil ich zeigen möchte, welches Potenzial in dieser Typenlehre steckt und inwiefern deren Konstrukte mit Toxizität zu tun haben.

Helen Palmer (1995) führt in der Einleitung zu ihrer Audio-CD-Reihe das Enneagramm auf Jahrhunderte lange mystische Traditionen und esoterische Praktiken zurück, um

> den negativen Pol der Persönlichkeit in seine entgegengesetzte Tendenz zu verkehren... um die eigene innere Motivation zu erkennen, die *Leidenschaften* [Hervorhebung von mir] oder negativen Tendenzen, und durch psychologische Erkenntnis und Verständnis oder die spirituelle Methode der Meditation den Automatismus der Leidenschaft zu durchbrechen, damit sie sich nicht Bahn bricht und den Mitmenschen keinen Schaden zufügt.

Für K.V. Hurley und T.E. Dobson (1993) zielt das Enneagramm auf

> Einssein mit sich und den Menschen. Es geht um Heilung der verborgenen Lebensqual. Es lehrt, wie man Kraft und kreative Energie freisetzt, um der eigenen Bestimmung folgen zu können und zu entdecken, was das Leben bereithält. Das Enneagramm ist ein Seelenführer. (p. 17)

Das Enneagramm kann uns also lehren, Toxizität zu verhindern und zu intervenieren, wenn jemand Gefahr läuft, Co-Opfer zu werden.

Richard Rohr bezeichnet das Enneagramm in seinem Buch *Enneagram II: Advancing Spiritual Discernment* (1995: ix, x) als «ein mächtiges spirituelles Instrument ... ein Hilfsmittel zur Transformation des Bewusstseins. Nur wer sich ganz der Gnade hingibt, findet seinen Weg durchs Enneagramm ... Es ist vor allen anderen Dingen Seelennahrung.»

Für Richard Rohr drückt es folgende Bibelstelle noch besser aus:

> Ihr habt gelernt, den alten Menschen eures früheren Lebens, der entsprechend den betrügerischen Begierden zu Grunde geht, abzulegen, euch aber in der Geisteskraft eures Denkens zu erneuern.
> Epheser 4, 22–23

Was ist das Enneagramm?
Das Enneagramm ist ein geometrisches Symbol, das aus einem neunzackigen Stern und bestimmten Verbindungslinien besteht, die von einem Kreis umschlossen werden (**Abb. 8-1**). Jede Spitze des Sterns repräsentiert einen Persönlichkeitstyp. Das Wort «Enneagramm» setzt sich aus den beiden griechischen Worten «enneas» (neun) und «grammos» (Messeinheit oder Punkt) zusammen (Brady, 1994; Hurley/Dobson, 1991).

Jedem Enneagramm-Punkt ist eine Zahl zugeordnet, die bestimmte Kräfte, Selbsttäuschungsmuster, Ich-Fixierungen, Vermeidungsstrategien, Ängste, Leidenschaften und Gaben repräsentiert. Jeder Mensch trägt Teile aller neun Enneagramm-Typen in sich, ein Teil ist jedoch so prägend, dass er als dominierende Kraft unser Lebensmuster bestimmt, was in der Transaktionsanalyse *Skript*, Lebensplan oder Drehbuch des Lebens genannt wird. In jeder Zahl ist ein wunder Punkt oder eine Chance enthalten. Davon ausgehend lernen wir, unsere Stärken und Begabungen zu entwickeln und im Gleichgewicht zu halten. Verzerren wir sie aber, wird das Gleichgewicht gestört, worauf sie uns zu zwanghaftem Verhalten geraten, zur Tyrannei des «sollte». Ohne Selbst-

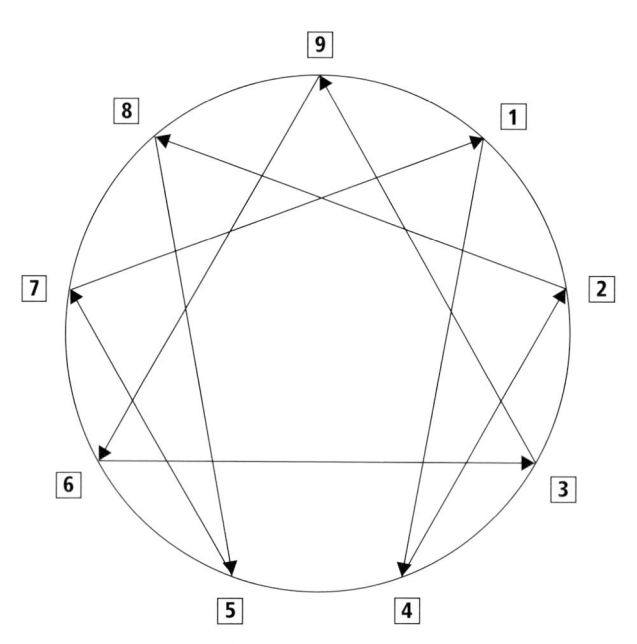

Abbildung 8-1: Das Enneagrammsymbol

beobachtung können sich diese unerklärten Zwänge verselbständigen und zu ungesundem, toxischem Verhalten werden.

Die Verbindungslinien des Enneagramms weisen mit ihren Pfeilen die Wege und Richtungen, die wir einschlagen sollen, wenn die Dinge gut laufen oder die Zeiten schwierig sind. Die Pfeile sind also Wegweiser zu psychologischer Gesundheit und damit ein weiteres Werkzeug zur Toxizitätsprävention und rechtzeitigen Intervention, wenn wir es mit potenziell toxischen Menschen zu tun haben. Die Nachbarzahlen eines jedes Typs heißen «Flügel», und auch sie beeinflussen die Manifestation des jeweiligen Persönlichkeitstyps (Beesing, Nogosek/O'Leary, 1984; Keyes, 1990; Palmer, 1988; Riordan, 1975; Riso, 1990, 1996).

Enneagramm und Toxizität
Als symbolischer Kreislauf des Lebens schreibt das Enneagramm jedem der neun Persönlichkeitstypen aufgrund ihrer Motivation und Wahrnehmung eine Hauptdisposition zu, kein Verhalten, weshalb es Hinweise auf die Ursachen negativer Verhaltensweisen geben kann. Ziel ist, den ganzen Kreis abzuschreiten und zur Stimmigkeit und Ganzheit zu finden.

Weil nun jeder Enneagramm-Typ auf Belastungen und Traumata anders reagiert, sollten alle in der Altenarbeit tätigen Fachkräfte mit dieser Typeneinteilung vertraut sein, um den effektivsten Hilfe-Ansatz wählen zu können. So werden beispielsweise zum Typ *Eins* gehörende perfektionistische toxische Personen, speziell ältere, gerne kritisieren, nörgeln und angreifen, bis sie das Gefühl haben, die Lage zu beherrschen, bis die Dinge, ihrer Wahrnehmung zufolge, «richtig» sind und sie sich sicher fühlen. Fachkräfte, die zwischen den einzelnen Persönlichkeitstypen unterscheiden können, werden auch die unterschiedlichen Hauptcharaktermerkmale und typischen toxischen Reaktionen besser verstehen und bearbeiten können.

Warum gilt das Enneagramm als mächtiges Werkzeug?
Das Enneagramm ist wirkmächtig, weil es

1. Selbsttäuschungen aufdeckt und Ich-Illusionen zerstört.
2. jedem Menschen einen Kompass in die Hand gibt, der ihm den Weg zur Selbsterkenntnis weist.
3. traditionelle psychologische Modelle transzendiert und die sozialen, psychologischen und spirituellen Komponenten von Ganzheit und emotionaler Gesundheit erfasst und verknüpft.
4. jedem Persönlichkeitstyp den individuell passenden Weg zur Heilung und inneren Reife weist.
5. hilft, den Grad der ungesunden oder gesunden Entwicklung oder Energie zu erkennen.
6. es uns erkennen hilft, «warum» wir uns bewusst oder unbewusst verhalten wie wir uns verhalten.
7. dazu beiträgt, störende symptomatische Verhaltensweisen zu erkennen.
8. uns ermutigt, unseren Schatten zu umarmen, heil zu werden und dysfunktionale Gewohnheiten und Ängste abzulegen.
9. allen, die bereit und fähig sind, diese Reise zu unternehmen, ihr wahres Wesen enthüllt und Seelenfrieden schenkt.
10. uns zeigt, wie wir Liebe finden, weil Liebe die Zutat ist, die im Leben toxischer Menschen fehlt.

Erste Prämissen
In Europa wurde das Enneagramm erstmals Ende der 1920er Jahre von Georg Iwanowitsch Gurdjieff beschrieben. Die Grundaussage des Enneagramms, so Gurdjieff (Tart, 1983, 1986), lautet: Die Menschen schlafen und sind in einem System gefangen, das Selbsttäuschung fördert, insbesondere Täuschungen über das eigene Wesen. Da aber die Spitzen des Enneagramms miteinander verbunden und bewegungsorientiert sind, kann jeder Mensch mehr über sich erfahren, indem er darauf schaut, welche Richtung er innerhalb des Systems einschlägt, eine Wahl, die hilfreich oder schädlich, positiv oder negativ sein kann. Entscheidet sich der Mensch positiv, wird er ausgeglichen und bewegt sich in Richtung Ganzheit und Integration. Entscheidet er sich negativ, wie toxische Menschen es tun, verfallen sie nur immer stärker ihrer Toxizität und ihren pathologischen Persönlichkeitsschichten, bis sie schließlich im endlosen *kybernetischen* Feedback-Kreislauf gefangen sind (siehe Kap. 10).

Welche Persönlichkeitstypen sind am stärksten toxizitätsgefährdet?
Bei meinen Gesprächen mit «giftigen» Alten bin ich zwei im Enneagramm beschriebenen Persönlichkeitstypen besonders häufig begegnet. Ich war beunruhigt. Es handelte sich um die beiden Muster, die mir besonders vertraut waren – meine eigenen. Der erste Persönlichkeitstyp, die *Eins* (der Perfektionist/die Perfektionistin) war genau mein Typ. Der zweite, Typ *Zwei* (der Helfer/die Helferin) war mein wichtigster «Flügel». Erschütterung! Meine schlimmsten Vermutungen hinsichtlich Toxizität in meiner Herkunftsfamilie wurden bestätigt. Doch dann siegte meine professionelle Neugier und löste eine intensivere Suche nach möglichen Toxizitätsursachen aus.

Als Tochter einer toxischen Mutter und in einer toxischen Umgebung aufgewachsen, hatte ich bereits angefangen, mich mit einigen meiner logischen Ängste, selber im

Alter toxisch zu werden, auseinanderzusetzen. Auch aus diesem Grund habe ich mich so engagiert in die Arbeit gestürzt. Mein Wissen linderte allerdings kaum das generelle, tiefe Unbehagen, das mich inzwischen erfasst hatte. Ich wusste, wie lange ich bereits meine eigenen, ungesunden Neigungen bekämpfte. Ich wusste auch, warum sie sich so schwer verändern ließen. Diese Verhaltensweisen waren mir zwar zuwider, aber es waren eben doch meine; ich musste mich zu ihnen bekennen, sie «annehmen», nicht los werden.

Es hatte mich Jahre beharrlicher Bemühungen gekostet, wenigstens diesen Erkenntnisstand zu erreichen. Meine lästigen Reaktionsmuster waren tief in meinem Identitätsgefühl, meiner Selbstwahrnehmung und meinem Sicherheitsgefühl verankert. Als eine Möglichkeit, die Zeit zu strukturieren, sind sie zu einem Lebensstil geworden, der allerdings – und das ist das Schlimmste – von meinem Unbewussten, meinen Abwehrmechanismen und meinem Ich regiert wird. Ich bin, zu meinem Kummer, *abhängig* geworden.

Enneagramm-Typ Eins: Ein Hauptmerkmal, eine der Fallen von Einsern – den toxizitätsgefährdeten perfektionistischen Menschen – ist Rechthaberei, die unterdrückte Wut auf Ungerechtigkeiten, Unrecht und Ungleichheit in der Welt, sind unerreichbar hohe Standards und ihre innere Stimme, die sie stets antreibt, alles richtig zu machen, richtig nach *ihren* Maßstäben und Standards. Fügen wir einen weiteren Typ hinzu, der am stärksten dazu neigt, im toxischen Spiel die Rolle des Co-Opfers zu übernehmen, meinen Zweier-Flügel (die Helferin), sehen wir eine leidenschaftliche Person, die das ganze Gewicht der Welt auf ihren Schultern trägt.

Es war der Zweier-Flügel, der mich in die Falle tappen ließ, die Verantwortung für meine zunehmend gebrechlichere Mutter zu übernehmen. Der ungesunde Zweier-Anteil in mir verheddert sich fortwährend in Spielen, die mal «Sieh nur, was ich alles für dich tue», mal «Ich armer Teufel», mal «Ich versuche nur, dir zu helfen» hießen. Mein Zweier-Stolz drängte mich zu helfen, ungeachtet meiner eigenen Bedürfnisse. Damals kannte ich weder meine Bedürfnisse – was für «hilflose Helfer» so typisch ist – noch wusste ich, dass ich insgeheim den Wunsch hatte, Märtyrerin zu spielen und meine Bedürfnisse deshalb nicht wahrnehmen wollte. Ich konnte niemandem eine Bitte abschlagen und quälte mich mit Schuldgefühlen, wenn ich mal nicht geholfen hatte. Deshalb hatte ich 34 Jahre lang vergeblich versucht, meiner toxischen Mutter zu gefallen und sie glücklich zu *machen*.

Kein Wunder, dass die Gesellschaft den helfenden Zweiern und perfektionistischen Einsern hohe Anerkennung zollt, ohne den Preis zu sehen, den das Individuum für seine Bemühungen zahlt. Perfektionistische Menschen sind hochmotivierte «Macher» mit ausgeprägter Eigeninitiative. Sie arbeiten schwer, sind verlässlich, handeln moralisch, sind integer und stets damit beschäftigt, von anderen angerichtete Schäden auszubügeln oder deren Fehler zu bereinigen. Es sind gute Menschen, die allerdings, wie alle Enneagramm-Typen, auch ihre Schattenseiten haben. Äußerlich ist Einsern kaum anzumerken, dass sich hinter ihrem Lächeln Groll und Wut verbergen, vermiedene und gefürchtete Gefühle (ein braves Mädchen, ein braver Junge ist nicht aggressiv). Diese Vermeidungshaltung führt schließlich dazu, dass sie emotionale Schwäche verachten und sich, ihre Umgebung und alles, was sich in ihrer Umgebung befindet, kontrollieren, nur um sich sicher fühlen zu können.

Das Dilemma der Einser besteht darin, dass ihre besondere Gabe, das Gutsein, umschlagen kann in moralisierende Rigidität, die in Toxizität mündet. Ungesunde Einser sagen laut und deutlich ihre Meinung, wenn etwas nicht «gut» ist und ihren rigorosen, unrealistischen Standards nicht entspricht. Sie machen aus allem ein Drama und beklagen sich ständig: mal über ein schief aufgehängtes Bild, eine unmoralische Zeitungsanzeige, ein fehlerhaftes Urteil, eine Person, die eine Sache nicht zu Ende führt, obwohl sie es doch versprochen hat, oder einfach nicht tut, was sie in den eigenen toxischen Augen tun sollte.

Wenn toxizitätsgefährdete Leute älter werden und langsam andere Regeln gelten, ist Gefahr im Verzug. Jetzt wäre der Zeitpunkt gekommen, die Kontrollen zu lockern, sich anzupassen, flexibel zu sein und den Dingen ihren Lauf zu lassen. Perfektionistische betagte Männer und Frauen wissen aber nicht, wie das geht. Sie können sich nicht einmal richtig entspannen. Sie wissen nicht, dass sie von Natur aus bereits vollkommen und liebenswürdig sind. Unfähig zu vertrauen (erstes Stadium in Erik Eriksons Stufenmodell) fürchten diese toxizitätsgefährdeten alten Menschen das Unbekannte, was sie aber konstant leugnen. Sie weigern sich zuzugeben, dass es ihnen nicht mehr gelingt, ihre Umgebung in Schach zu halten oder ihre inneren Zwänge zu zügeln, um sich sicher fühlen zu können. Sie haben so große Angst vor Verletzungen, dass sie zum Angriff übergehen und um sich schlagen, eine andere Kontrollstrategie kennen sie nicht.

Ihr Ich rät Einsern zu Abwehrmechanismen, weshalb sie es in Projektionen und Reaktionsbildung zu wahrer Meisterschaft bringen. Sie projizieren ihre Ängste, Fehler und Schwächen auf andere und verschaffen sich damit kurzfristig Erleichterung. Was gesunden Menschen im Alter gelingt – nämlich zu ihrer Ganzheit zu finden und sich einer höheren Macht anzuvertrauen – ist toxischen schier unmöglich. Sie sind der Hauptaufgabe des Alters nicht gewachsen.

Manche «giftige» Alte entwickeln im Laufe der Zeit dann doch Schuldgefühle. Sie merken, was sie angerichtet haben und bedauern dies, doch ihre Abwehrmechanismen verhindern, dass sie tatsächlich realisieren oder zugeben, wie verheerend sich ihr Verhalten auf ihre Mitmenschen auswirkt. Sie sehen sich nur als Opfer und rechtfertigen damit ihr Gejammer und ihre passiv-aggressiven Manipulationen, was den toxischen Kreislauf in Schwung hält.

Enneagramm-Typ Zwei: Ein anderes Phänomen ist die Helferpersönlichkeit, die sich belohnt fühlt und der Kräfte zuwachsen, wenn sie anderen Menschen helfen kann: in unserer Gesellschaft hoch geschätzte Eigenschaften. Trotzdem ein Warnhinweis: Wie alle Enneagramm-Spitzen haben auch Helfer und Helferinnen ihre dunklen Seiten. Sie sind nämlich unfähig, sich um die Erfüllung der eigenen Bedürfnisse zu kümmern oder liebevoll für sich selbst zu sorgen, ohne andere zu manipulieren und sich unentbehrlich zu machen. Anderen helfen können, das ist ihr Lohn. Wenn diese Hilfe authentisch ist, kommt ihr Dienst von Herzen und ist das Geschenk der Zweier an die Gesellschaft. Doch wie alle anderen spirituellen Gaben auch, wird diese Gabe zur Schwäche, sobald sie aus dem Gleichgewicht gerät und sich verzerrt präsentiert. Dann gleitet die Helferpersönlichkeit in ein ungesundes Selbst, d.h. sie «brauchen es, gebraucht zu werden» und benutzen andere zur Befriedigung dieses Bedürfnisses.

Eine Frau vom Typ *Zwei*, die ein Co-Opfer war und sich langsam davon erholte, hat es bei meinem Interview prägnant so formuliert:

> Ich muss auf meine eigenen Bedürfnisse achten. Stets sehe ich die Bedürfnisse anderer klarer als meine eigenen. Inzwischen höre ich jedes Mal, bevor ich etwas zusage oder anbiete, meine innere Stimme sagen: Willst du das wirklich tun oder gibt es eine Sache, die dir selber im Moment wichtiger ist?

Dann fuhr sie fort:

> Ich habe vor Jahren an einem hervorragenden Workshop teilgenommen und erinnere mich an die Vermutung der Leiterin, dass manche Leute wohl deshalb nicht gut für sich sorgen, weil sie fürchten, sich die Liebe und Zuneigung derer zu verscherzen, um die sie sich kümmern. Heute verkünde ich ein für allemal: Ihr werdet mich um meiner selbst willen lieben müssen, weil ich nicht mehr bereit bin, eure Wunscherfüllerin zu sein.

Ein starker Satz, der egoistisch klingt, bis wir uns klar machen, dass er von einer Typ *Zwei*-Persönlichkeit geäußert wird. Wenn diese erwachsene Tochter das Wort «muss» in ihrem ersten Satz weglässt und sagt: «Ich achte auf meine eigenen Bedürfnisse», ist sie bereits weit gekommen auf dem Weg zurück zum inneren Gleichgewicht und zum wahren Kern ihres Wesens. Das Problem ist, wie bereits erwähnt, dass Superhelfer und Superhelferinnen in unserer Gesellschaft sehr willkommen sind und bestärkt werden. Wir *benutzen* sie, bis ihre guten Gaben und ihre Stärke zum inneren Zwang geworden sind, den sie nicht mehr steuern können. Solange sie sich nicht um ihre eigenen Bedürfnisse kümmern, werden sie keine wahre Liebe schenken können.

Ein Beispiel dafür ist die Beziehung zwischen toxischer alter Person und Helfer, wenn ungesunde Hilfspersonen (ob professionell Pflegende, Betreuerinnen und Betreuer oder erwachsene Kinder) feststellen, dass sie feindselig reagieren oder Rachegefühle entwickeln, sobald sie merken, dass ihre Dienste nicht gefragt sind, und sie ihre Gefühle nicht ausdrücken und nicht für sich selber sorgen können. Die eigentlich uneigennützig geleistete Hilfe ist zu einem TA-Dramadreieck geworden (siehe Kap. 10), der *Helfer* wird erst zum *Retter*, dann zum *Täter* und schließlich zum Co-Opfer. Und wieder ist der tückische, endlose toxische Kreislauf in Gang gesetzt.

Nur in den seltensten Fällen verstehen diese alten Leute, ihre Angehörigen oder manchmal auch Fachkräfte, was hier abläuft und wie mit den pausenlosen Spielen und emotionalen Ausbrüchen umzugehen ist. Eines dagegen ist sicher: Lange Zeit unterdrückte negative Empfindungen und innere Kräfte brechen sich Bahn und richten großen Schaden an, sofern ihre Entstehung nicht verhindert wird oder sie nicht im Frühstadium bearbeitet werden. Alle Persönlichkeitstypen sind toxizitätsanfällig, falls sie ihren eigenen, ungesunden Persönlichkeitsschichten und Zwängen erliegen und sich ihrem echten, wahren Selbst entfremden. Wie leicht wird man in den Sumpf menschlicher Niederungen hineingezogen, wie leicht schlägt man den falschen Enneagramm-Pfad ein.

8.2.3 Die Jung'sche Persönlichkeitstheorie

Der Bruch zwischen dem Psychotherapeuten Carl Gustav Jung und Sigmund Freud Anfang des vergangenen Jahrhunderts unterstreicht, wie stark sich die Unterschiede von Persönlichkeitstypen auf Beziehungen, Entscheidungen und Reaktionen auswirken. Jung stellte sich verblüfft die Frage, warum er, Freud und Alfred Adler auf die gleichen klinischen Patientendaten so unterschiedlich reagierten. Ihre Meinungsverschiedenheiten veranlassten Jung, sich auf die Suche nach Antworten zu begeben, worauf er im Jahr 1921 sein Werk *Psychologische Typen* veröffentlichte.

Bei seinen Forschungen stieß Jung auf das dualistische Lebensprinzip und war fasziniert vom Konzept der Gegensätze, das er in den dominanten und am wenigsten geschätzten oder inferioren Charaktermerkmalen seiner Persönlichkeitstypen und den introvertierten-extrovertierten Attributen erkannte. Er schrieb es diesem Dualismus zu, dass er und Freud die Dinge so unterschiedlich sahen. Ihre bevorzugten Handlungsweisen waren völlig gegensätzlich, genau wie ihre Eigenschaften. Sigmund Freud war der extrovertierte, verstandorientierte, denkende und urteilende Typ (extraverted, sensing, thinking, judging, ESTJ-Typ), der kopfgesteuert war und dem Gefühle nicht so wichtig waren. Carl Gustav Jung dagegen war der introvertierte, intuitive, fühlende und wahrnehmende Typ (introverted, intuitiv, feeling, perceiving, INFP-Typ), der überwiegend intuitiv reagierte und weniger vom Verstand dominiert wurde.

Freud und Jung nahmen Situationen und Menschen aus völlig verschiedenen Perspektiven wahr. Jeder reagierte der eigenen Sichtweise entsprechend, ohne den anderen zu verstehen oder zu respektieren. So entbrannten Konflikte zwischen den beiden Männern, wie sie auch zwischen Eltern und Kindern entbrennen, wenn sie unterschiedliche Persönlichkeitstypen sind. Konflikte dieser Art zwischen Fachkräften und ihrem Klientel oder erwachsenen Kindern und ihren Eltern sind keine Anzeichen von Toxizität. Sie verweisen lediglich auf unterschiedliche Persönlichkeitsmerkmale und verschiedene Charaktere.

Jung, der das Unbewusste in den Mittelpunkt stellt, weist auch darauf hin, dass alle Menschen, ob Fachkräfte oder nicht, die Macht des Unbewussten über den Menschen erkennen müssen, insbesondere seine Macht über unser Selbstbild und unser künftiges Selbst.

Den Schatten anschauen
William A. Miller spricht in seinem Buch *Make Friends with Your Shadow: How to Accept and Use Positively the Negative Side of Your Personality* (1981) vom «Gesetz des psychischen Gleichgewichts». Damit ist gemeint, dass an einem Ende eines Kontinuums die Persona steht, also der Rollenaspekt der Persönlichkeit, die dem Publikum zugewandte Seite, die nach außen sichtbare Maske. Am anderen Ende des Kontinuums befindet sich der Schatten, die tief verborgene Seite der menschlichen Psyche. Es sind die abgespaltenen, ungeliebten, unentwickelten, unbekannten oder unterentwickelten Anteile unseres Wesenskerns. Der Schatten kann positiv oder negativ sein, besteht jedoch meist aus den Teilen, die wir ablehnen, aus unserer gefürchteten dunklen Seite. Andere erkennen den Schatten durchaus, wir selbst erkennen ihn selten, weil er aus einer Ansammlung primitiver, unzensierter, triebhafter und instinktiver Impulse und Reaktionen besteht, die uns so erschreckt und abschreckt, dass wir lieber den Deckel draufhalten, um sie vor uns selbst und – allerdings vergeblich – vor anderen zu verbergen.

Die meisten Menschen sind so geübt darin, ihren Schatten zu unterdrücken, dass sie seine Existenz völlig vergessen, was recht praktisch ist, je nach Grad der Bitterkeit oder Ausmaß der Rachegelüste, die sie zu verdecken trachten. An diesem Punkt wird das Problem toxischer alter Menschen offensichtlich. Wenn der Schutzschild brüchig und stellenweise lückenhaft wird, wenn die Kontrollstrategien nicht mehr recht funktionieren, kommen die unschönen Teile ihrer Persönlichkeit zum Vorschein. Ängstlich und verwirrt wie die toxische Person ist, besteht ihre erste Reaktion darin, das, was sie an sich selber ablehnt, auf die nächstbeste Person, die sich dafür anbietet, zu projizieren. Wenn sie dann ihre Projektion sieht, dreht sie den Spieß um und attackiert die andere Person, weil sie Züge aufweist, die sie an sich selber hasst und setzt damit den toxischen Kreislauf in Gang.

Meist ist das Aufdecken verborgener Seiten mit Schmerzen verbunden. Jung, Erikson (1986) und das Enneagramm stimmen überein, dass wir im Alter die Aufgabe haben, uns zu entwickeln, ins Gleichgewicht zu kommen und alle Teile des Selbst zu integrieren, insbesondere unsere abgelehnten Teile, also auch den abgespaltenen Schatten, um zur Ganzheit zu finden. Ziel ist es, beide Teile miteinander zu versöhnen, indem wir den Schatten umarmen, bis er seinen Schrecken verliert und uns nicht mehr beunruhigt, bis wir lernen, seine Kraft produktiv zu nutzen. Eine schwierige, jedoch nicht unmögliche Aufgabe, wenn wir uns Mühe geben und spirituelle Wandlung zulassen.

Die inferiore Funktion
Dieser Bestandteil der Jung'schen Persönlichkeitstheorie wird am wenigsten geschätzt und deshalb selten erwähnt. Er ist jedoch das Tor zum Schatten und deshalb wichtig. Die inferiore Funktion, unsere «verwundbare Stelle», erklärt, warum «giftige» Alte ihre Toxizität nicht erkennen können. Wenn sie nämlich im toxischen Kreislauf gefangen bleiben und keine Erschütterung ertragen können, die so stark ist, dass das endlose negative Feedback unterbrochen wird, werden sich toxische alte Menschen nicht mit dieser Funktion identifizieren, sie werden sie bei sich selbst nicht wahrnehmen, geschweige denn die Polaritäten jeder Funktion und die negativen Seiten ihres Schattens integrieren. Ihre Angst ist so groß und ihre Fragmentierung so fortgeschritten, dass sie nie und nimmer die Kraft aufbringen, die nötig wäre, um ihre Wut, ihre Verletzungen oder ihre panischen Ängste zu bearbeiten, wenn sie das Gefühl haben, dass ihnen die Kontrolle entgleitet.

8.2.4 Ist Toxizität eine Dissoziative Identitätsstörung?

Das Konzept der Dissoziativen Identitätsstörung kann hier nur gestreift werden. Es handelt sich dabei um einen ziemlich neuen Ableger der Multiplen Persönlichkeitsstörung (DSM-IV der American Psychiatric Association, 1994). Dissoziative Identitätsstörungen sind zwar auch oft die Folge emotional belastender Ereignisse in der Kindheit, doch fehlt dabei die mit einer Multiplen Persönlichkeitsstörung einhergehende dissoziative Trance. Die Identitäten gleichen vielmehr den von Jung entdeckten Archetypen, die allen Menschen gemeinsam sind und uns unbewusst sowohl positiv wie negativ lenken, sofern wir sie nicht bewusst entwickeln und einsetzen.

Einige dieser Identitäten, die S. C. Roberts «Multiple Realitäten» nennt, sind notwendig und praktisch, etwa der Schützer, der Heiler, der Lehrer oder die liebevollen Eltern. Andere, wie der Störenfried, der Toxiker, das verwundete innere Kind oder der Gewalttätige können destruktiv, ja ganz und gar böse sein. Werden diese Identitäten nicht wahrgenommen, nicht gezähmt und in ihre Schranken verwiesen, können sie sich in jedem Moment überraschend bemerkbar machen und auf positive oder negative Weise die Kontrolle übernehmen. Für toxische alte Menschen bedeutet dies, dass sie sich an ihre innere liebevolle Mutter wenden können, wenn sie Wertschätzung und Trost brauchen.

8.2.5 Gibt es eine neurobiologische Erklärung?

Die Biologie, der Körper und das Immunsystem gelten meist als Teil der Natur. Wo ist hier die Verbindung zu Toxizität? Könnte vielleicht die Neurobiologie die Frage beantworten, warum es toxischen alten Menschen so unendlich schwer fällt, sich zu ändern? Ist Toxizität angeboren, erworben oder eine Blockierung des Energieflusses?

Ich stelle diese Fragen nur, um einen Denkanstoß zu geben und anzuregen, die Prämisse, dass emotionale Probleme neurobiologische Ursachen haben können, näher zu erforschen. So hat beispielsweise Candace Pert (1997) diese Möglichkeit in einem Interview mit Deepak Chopra (1997) über sein Buch *Molecules in Emotions* erwähnt.

Pert zufolge sind Neuropeptide (Endorphine) und ihre Rezeptoren biochemische Botenstoffe für Emotionen, die sich durch Zellsignale mit den wichtigsten autonomen Systemen verbinden und so «Information in physische Realität transformieren», wodurch «Geist buchstäblich zu Materie wird» (Chopra, 1997: 3). Das bedeutet, dass eine interne Verbindung besteht zwischen dem, was die Natur hervorbringt und der emotionalen Auswirkung auf den Körper. Die nächsten beiden Kapitel werden sich mit diesem Thema eingehender beschäftigen müssen.

8.3 Zusammenfassung

Wer der Typenlehre anhängt, wird, im Gegensatz zu Entwicklungspsychologen, sagen, dass der Persönlichkeitstyp angeboren ist und daher auch für toxische Tendenzen verantwortlich gemacht werden kann. In diesem Kapitel wurde der Begriff Toxizität definiert, wurden, um einen gemeinsamen Bezugsrahmen herzustellen, vier Persönlichkeitstheorien in Auszügen vorgestellt und mit dem Konzept der Dissoziativen Identität weitere Gründe für Toxizität identifiziert. Ferner wurde von Forschungen über Neuropeptide und deren Rezeptoren berichtet, den chemischen Botenstoffen für Emotionen (überwiegend Endorphine), die unsere Stimmungen und Reaktionen regulieren.

Die ersten gerontologischen Theorien sind bereits 1960 entwickelt worden, als man die unterschiedlichen Muster des Alterns mit dem jeweiligen Persönlichkeitstyp erklärte. Es gab zwei wichtige Studien zur Klassifikation der Persönlichkeitstypen, eine davon war die klassische Kansas City Studie von Neugarten et al. (1968).

Auch das Enneagramm liefert uns Hinweise auf innerpersönliche Tendenzen, die toxizitätsauslösend sein können. Es wurden die Grundzüge des Enneagramm-Systems, seine Symbole und Struktur erläutert sowie die ungesunden Anteile der neun Typen und die beiden besonders unter toxischen alten Menschen und ihren Co-Opfern verbreiteten Persönlichkeitstypen erwähnt. Dann folgten Hinweise auf typenspezifische Wege, die entweder zu Heilung und Wohlbefinden oder in die Toxizität führen.

Jungs Persönlichkeitstheorie wurde kurz dargestellt, weil sie die Unterschiede zwischen den Individuen und den Einfluss des Unbewussten und des Schattens erklärt, aber auch die Identifikation polarisierter Persönlichkeitsmerkmale erlaubt und Einblicke in extrem abweichende Verhaltensmuster bietet.

Das Konzept der Dissoziierten Identität geht davon aus, dass innerhalb eines jeden Menschen weitere positive und negative Identitäten vorhanden sind. Dieses Konzept bedarf aber noch näherer Untersuchung. Könnte eine dieser Identitäten toxisch sein?

Auch die Frage, ob und wie neurobiologische Faktoren und Toxizität zusammenhängen, ist noch nicht ausreichend beantwortet. Die Funktion der Neuropeptide, die Informationen übermitteln und als Bindeglied zwischen Körper und Geist fungieren, muss erst noch erforscht werden.

9 Ist es die Erziehung?

Könnte es sein, dass Alterstoxizität auf frühkindliche Konditionierung zurückzuführen ist?

Wie bereits im vorherigen Kapitel festgestellt, würden Entwicklungspsychologen behaupten, dass frühe Umwelteinflüsse das spätere Verhalten eines Menschen formen und prägen. Demnach würde die Umwelt bewirken, dass natürliche Veranlagungen unterdrückt und verleugnet werden. Um dieses Thema näher zu untersuchen, werden nun mehrere Theorien und Modelle vorgestellt, einschließlich der Modelle von Jung, Erikson und Feil. Ferner werden das Recovery Movement (Selbsthilfegruppen zur Verarbeitung und Heilung von Traumata) und Perts Forschungen über den Einfluss von Emotionen erläutert.

9.1 Konditionierung

Kinder werden wohl kaum hinterfragen, ob die Haltungen, Glaubenssätze und Werte, mit denen sie indoktriniert werden, dem Bild, das sie von sich haben, tatsächlich entsprechen (Greenwald, 1977). So kommt es, dass genau diese Konditionierung zu unserem Selbstkonzept wird und uns womöglich gefangen hält. Wenn bestimmte Anteile der eigenen Persönlichkeit in der Umgebung, in der wir leben, unerwünscht sind, ist es klüger und bequemer, solche Anteile zu verheimlichen und zu verleugnen. Die anderen Teile werden dann der Persönlichkeit adaptiert, worauf die Persönlichkeit der Umgebung und dem Selbstkonzept entspricht. Wir leben vielleicht nicht unser wahres *Selbst*, befinden uns aber in Sicherheit.

Diese Prämisse wird von C. G. Jung unterstützt, der sagt, dass die Persönlichkeit durch bestimmte Lebenserfahrungen und Vorbilder entwickelt oder deformiert wird. Er hat beispielsweise festgestellt, dass die meisten Kinder sehr schnell herausfinden, welches Verhalten in ihrer Familie akzeptiert wird und welches nicht. Wenn Eltern unabhängiges Denken und freie Meinungsäußerungen bestrafen, Bravsein, Nettsein und blinder Gehorsam dagegen Vorteile bringt, wird die Mehrzahl der Kinder, um zu überleben, akzeptables Verhalten an den Tag legen. Das wahre Selbst des Individuums, sein Wesenskern wird verleugnet und unterdrückt, während sich die Persönlichkeit, also der für andere funktionierende Anteil, entwickelt. Dabei entsteht ein falsches Selbstbild und ein *Skript* (TA), ein unbewusstes Drehbuch des Lebens.

Im Laufe der Zeit wird diese verzerrte Selbstwahrnehmung – Persönlichkeit genannt – zur Gewohnheit, und das Individuum nimmt an, dass dieses Bild mit seiner wahren Person identisch ist. Leider besteht unser Wesen aber auch aus unseren versteckten und verleugneten Anteilen (nach Jung aus dem Schatten). Weil wir diese Teile unserer Persönlichkeit aus Angst nicht zeigen können, schieben wir sie ins Unterbewusstsein, wo sie den Blicken entzogen sind, und nur an die Oberfläche durchbrechen, wenn die Kontrollmechanismen nachlassen.

9.1.1 Der Goldene Schatten

Keineswegs alle Schattenteile sind negativ. Jung zufolge, der vom Konzept des Gleichgewichts ausgeht, gibt es auch eine positive Seite: den Goldenen Schatten (Miller, 1989). Auch der wird unterdrückt, wenn er in der Umgebung keine Akzeptanz erfährt. Oft ist er ein Talent, das nicht gelebt werden oder eine angeborene Begabung, die sich nicht entfalten durfte. So bleiben Fähigkeiten und Potenziale, insbesondere bei toxischen alten Menschen, tief im Verborgenen. Wird dieser Schatz nicht gehoben und von der betreffenden Person und ihren Mitmenschen nicht freudig begrüßt, werden sich diese Fähigkeiten nie entwickeln.

9.1.2 Umwelteinflüsse

Es gibt nicht viele «giftige» Alte, die in einer liebevollen, offenen, fürsorglichen und akzeptierenden Umgebung aufgewachsen sind, in einer fest strukturierten Umgebung, die innerhalb gewisser vernünftiger Grenzen Raum gibt für Neugier, in der Kinder Dinge ausprobieren und Gefühle ausdrücken dürfen. Toxisch alternde Menschen sind meist in einer Umgebung groß geworden, in der sie verbal, körperlich, emotional oder sexuell missbraucht oder misshandelt wurden. Sie mussten als Kind hohen, rigiden, hemmenden Ansprüchen genügen und lebten in einer Welt voller drohender «du musst» und «du sollst». Sie durften nicht in Freiheit wachsen, experimentieren oder normale Gefühle ausdrücken.

Wenn emotional missbrauchten Kindern verwehrt wird, Gefühle zu zeigen, ist es nur eine Frage der Zeit, bis sie den Zugang zu ihren Gefühlen verlieren und dann schließlich außer Stande sind, sie angemessen und verantwortungsvoll mitzuteilen. Sie werden also ihre Empfindungen unterdrücken und ins Unterbewusstsein verbannen. Im Alter machen sie sich dann als Schatten bemerkbar, als ungezähmte, zerstörerische Verhaltensmuster und unerledigte Angelegenheiten.

9.2 Das Stufenmodell der psychosozialen Entwicklung nach Erikson

Erik Erikson gliedert die menschliche Entwicklung von der Geburt bis zum Tod in acht Stufen und unterscheidet dabei zwischen Menschen, die sich ideal entwickeln und anpassen von solchen, die sich beim Weg durch die einzelnen Phasen ihrer Umgebung schlecht anpassen. Im Alter von über 80 Jahren erweiterte Erikson seinen Fokus auf die Re-Integration dieser Phasen und die Umkehr des Prozesses im Laufe des Alterns. In seinem letzten, zusammen mit seiner Frau und Helen Kivnik verfassten Werk führt er folgendes Beispiel an:

> [Im letzten Lebensabschnitt hat der Mensch die Aufgabe] ein Gleichgewicht herzustellen zwischen dem Gefühl von Integrität, von bleibendem, umfassenden Verständnis dessen, was er getan hat und geworden ist, und dem Gefühl der Verzweiflung, des Schreckens und der Hoffnungslosigkeit. (1986: 54)

Dem Autor und den beiden Autorinnen zufolge sollen Menschen im Alter Integrität entwickeln, gegensätzliche Gefühle, Bestrebungen und Anteile integrieren und in ein dauerhaftes Gleichgewicht bringen, um schließlich zur Ganzheit zu finden. Sie sollen alle Persönlichkeitsanteile akzeptieren und bejahen und alle Bestandteile ihres *Seins* (*beingness*) vereinen. Die anstößigen Elemente sind das, was Jung «Schatten» nennt, die bislang verborgenen Seiten der menschlichen *Psyche*, die angenommen werden müssen, um Eriksons achte Stufe erfolgreich zu bewältigen und nicht Verzweiflung, sondern Ich-Integrität und Altersweisheit zu erfahren.

Doch damit sind noch nicht alle Aufgaben dieses Lebensabschnitts bewältigt: Der alte Mensch ist aufgefordert, auf alle sieben anderen psychosozialen Entwicklungsstufen zurückzublicken und die Themen früherer Lebensphasen zu re-integrieren oder einzufügen, um schließlich zu einem neuen, altersangemessenen Lebensstil zu finden. Das heißt, er muss sich noch einmal die Mühe machen und sich versöhnen, den Weg noch einmal abgehen und noch einmal durchleben, sich noch einmal mit den Konflikten aller Erikson'schen Entwicklungsstufen und ihren Fixierungen auseinandersetzen, indem er die Phasen zuerst in absteigender, dann in aufsteigender Reihenfolge ins Gleichgewicht bringt. Zugegeben, ein schwieriges Unterfangen, das für die meisten toxischen alten Menschen kaum zu schaffen ist, weil sie bereits auf der ersten Entwicklungsstufe fixiert geblieben sind und nie Vertrauen entwickelt haben.

Wer aber auf der ersten Entwicklungsstufe stehengeblieben ist, (**Tabelle 9-1**) wird auch die nächsten nicht komplett meistern, weshalb es höchst unwahrscheinlich ist, dass toxische alte Menschen diesen Weg zurück gehen können. Sehr viel wahrscheinlicher dagegen, dass die unterentwickelten oder verzerrten Wahrnehmungen und Reaktionen bestehen bleiben, weil auch die folgenden Entwicklungsstufen psychologisch kontaminiert sind.

Wird der achtstufige Entwicklungsweg durch Außeneinwirkung gestört, kommt es zu unangemessenem oder schädlichen Verhalten, zu Rückzugstendenzen, Zwanghaftigkeit, Skrupellosigkeit, Ablehnung, Verachtung, Schamlosigkeit, Fehlanpassung und Selbstüberschätzung (Erikson et al., 1986: 45), alles typische Eigenschaften vieler toxischer oder emotional missbrauchender alter Menschen.

Nach einigen Jahren verwandeln sie ihre maladaptiven Tendenzen dann oft in negative Copingfertigkeiten und Abwehrmechanismen. Das ist ihre Überlebensstrategie. Dieses Verhalten schleift sich ein, wird zur Gewohnheit und zu einem unbewussten destruktiven Muster.

Tabelle 9-1: Die acht psychosozialen Entwicklungsstufen nach Erik Erikson

Ideal		Maladaptation
Integrität	und	Verzweiflung
Generativität	und	Stagnation
Intimität	und	Isolierung
Identität	und	Rollenverwirrung
Werksinn/Leistung	und	Minderwertigkeitsgefühl
Initiative	und	Schuldgefühl
Autonomie	und	Scham/Zweifel
Vertrauen	und	Misstrauen

Anmerkung: Um den Ablauf des Re-Integrationsprozesses zu zeigen, stehen die Themen in umgekehrter Reihenfolge. Adaptiert aus *Vital Involvement in Old Age: The Experience of Old Age in Our Time* (p. 45), von E. H. Erikson, J. M. Erikson und H. Q. Kivnick, 1986, New York: Northon & Company

9.3 Die Feil-Methode und die Theorie der Lebensaufgaben

Naomi Feil, Sozialarbeiterin im Bereich Geriatrie, hat 1963 begonnen, sich mit verwirrten alten Menschen zu befassen und bis 1980 ihre Validationstheorie entwickelt: die Feil-Methode. Sie kam bereits als Kind viel mit alten Menschen zusammen, weil sie im Altersheim aufwuchs, das von ihren Eltern geführt wurde. Nachdem ihr Interesse geweckt war, absolvierte sie ein Studium der Sozialen Arbeit, sammelte jahrelang Erfahrungen im Bereich der Altenpflege und spezialisierte sich später auf die Arbeit mit agitierten und verwirrten hochbetagten Menschen.

Sehr früh in ihrer langen beruflichen Laufbahn beschäftigte sie sich mit Eriksons Theorie der menschlichen Entwicklungsstufen, die sie später adaptierte und erweiterte, um dann eine eigene Theorie zu entwickeln und mit dieser zu arbeiten. Feils Methoden und Grundsätze für den Umgang mit verwirrten Personen sind am besten dem Lehrfilm «Myrna» (1997) zu entnehmen. Er ist für professionell Pflegende und pflegende Angehörige gedacht und erklärt, wie man sich empathisch in sehr alte Menschen einfühlt, die von der Alzheimer-Krankheit und Toxizität betroffen sind, und wie hier die Validationsmethode angewandt wird.

In ihrer Tabelle der Lebensaufgaben (**Tabelle 9-2**) lässt sie zwei der von Erikson beschriebenen Stufen aus, nennt ihre Stufen «Aufgaben» und fügt eine weitere Phase hinzu, die der Aufarbeitung oder des Vegetierens, und nennt die Ergebnisse bei Nichterfüllung der jeweiligen Aufgabe. Naomi Feil hält die Aufarbeitungsphase für die wichtigste und schwierigste Aufgabe des Alterns, insbesondere dann, wenn die sechste Aufgabe, das Erikson'sche Stadium der Ich-Integrität und Altersweisheit nicht erreicht wurde, bevor die Phase des sehr hohen Alters einsetzt. Wenn Aufgaben unerledigt und

Tabelle 9-2: Die Lebensaufgaben nach Naomi Feil

Stadium	Aufgabe	Bei nicht erfüllter Aufgabe
1. Säuglingsalter	Bei Frustration lernen zu vertrauen	Misstrauen «Ich bin nicht liebenswert.»
2. Kindheit	Darm- und Blasenkontrolle lernen Regeln befolgen	Scham, Schuldgefühl, Zweifel «Nichts gelingt mir.»
3. Jugendalter	Die eigene Identität finden. Rebellieren. Sich von der elterlichen Autorität lösen	Unsicherheit. Rollenverwirrung. «Ich bin nur etwas, wenn ich geliebt werde.»
4. Junges Erwachsenenalter	Intimität. Echte Gefühle ausdrücken. Verantwortung für Gefühle, Versagen und Erfolg übernehmen	Isolation Abhängigkeit
5. Erwachsenenalter	Neue Rollen generieren, wenn die alten nicht mehr passen. Etwas Neues beginnen	Stagnation Festhalten an überlebten sozialen Rollen
6. Alter	Lebensrückblick. Innere Stärke finden. Integrität. Vergangenheit und Gegenwart in Einklang bringen	Verzweiflung «Wenn ich nur schon tot wäre.»
7. Hohes Alter	Vergangenheit aufarbeiten	Vegetieren

Anmerkung: Adaptation der psychosozialen Entwicklungsstufen nach Erik Erikson. Aus VIF *Validation® : The Feil Method – How to Help Disoriented Old-Old* (p. 21), von N. Feil, 1992, Cleveland: Feil Productions. Copyright 1992, Naomi Feil. Mit freundlicher Erlaubnis der Autorin.

Konflikte ungelöst bleiben, kommt es oft zu Fehlverhalten (Maladaptation), die sich bis zur Verwirrtheit steigert.

Feil und Erikson betonen, dass alte Menschen die spezifischen Entwicklungsaufgaben ihrer Lebensphase bewältigen müssen, weil andernfalls Fehlverhalten zu erwarten ist. Innerer Aufruhr und seelische Qualen sind die Begleiterscheinungen.

9.3.1 Die Folgen

Es wird zwar selten erwähnt, dennoch fühlen sich toxische, emotional missbrauchende alte Menschen oft in ihren Ängsten und Schuldgefühlen, ihrer Wut und ihren Verletzungen gefangen, sofern diese Gefühle nicht auf früheren Entwicklungsstufen angenommen, bearbeitet oder integriert wurden – und zwar innerlich wie äußerlich. Feil ist der Ansicht, dass im sehr hohen Alter schmerzliche, angestaute Gefühle in *maskierter* Form wieder hochkommen, wenn es einen Anlass gibt, sich an diese Emotionen zu erinnern. Dann verhält sich der alte Mensch urplötzlich völlig unangemessen, was alle verstört, auch ihn selbst. Oft verstehen die alten Leute gar nicht, was los ist, kämpfen verzweifelt und klammern sich an alte Wahrnehmungen und Selbstbilder.

Weil «giftige» Alte sehr selten das Stadium der Integrität erreichen, haben sie keine Vorstellung davon, wie sie mit Umgebungseinflüssen verantwortungsvoll umgehen könnten. Sie meinen, ein Kurswechsel stünde nicht in ihrer Macht. Erikson würde sie als maladaptiv klassifizieren. Feil bezeichnet sie als mangelhaft orientierte Menschen, die erste Kategorie ihrer Theorie der Desorientierung. Dieser Theorie zufolge ist unangepasstes Verhalten das Vorstadium zu mangelhafter Orientierung, die zu Desorientierung und schließlich zu Institutionalisierung führt. Wir haben es demnach wohl mit einer fortschreitenden Verschlechterung zu tun, wobei Feils Phase der Desorientierung auf verblüffende Weise meiner Beschreibung des fortgeschrittenen Stadiums von Alterstoxizität entspricht, dessen Frühstadium die Maladaptation ist.

Für Naomi Feil sind mangelhaft orientierte alte und sehr alte Menschen unglückliche, frustrierte Leute, die oft als Jammerer und Beschuldiger gelten. Sie wissen offenbar nicht, wie es weitergehen soll, können sich dem Alter nicht anpassen, sich nicht abfinden und mit ihren Gebrechen nicht zurechtkommen. Warum? Weil mangelhaft orientierte Menschen nie gelernt haben zu vertrauen und das erste Entwicklungsstadium und die erste Entwicklungsaufgabe nicht bewältigt haben. Die Möglichkeit, später im Leben vertrauen oder lieben zu lernen, kommt ihnen nicht in den Sinn. Stattdessen stärken sie ihr Ich und halten ihren Schmerz nieder, indem sie andere für ihre Probleme verantwortlich machen. Sie unterdrücken ihre Gefühle und projizieren sie auf nichtsahnende Familienmitglieder, Pflegende, Freundinnen oder Freunde. Sie projizieren insbesondere ihre uneingestandene Wut, hinter der sich Angst und Verletztheit tarnen.

Theorien erleichtern das Verständnis der einzelnen Dysfunktionsstufen. Wenn wir der Feil'schen Tabelle folgen, erkennen wir, dass Misstrauen dazu führt, dass die Person schon früh das Gefühl bekommt, nicht liebenswert zu sein, dass fehlende Kontrolle zu Beschuldigungen führt, fehlende Identität zu Unsicherheit und Rollenverwirrtheit, fehlende Intimität zu Isolierung und Abhängigkeit, fehlende neue Aktivitäten zu Stagnation und fehlende Integrität zu Verzweiflung. Alles steuert auf eine Katastrophe zu. Wenn die Aufgabe des letzten Stadiums nicht erfüllt wird, also keine Aufarbeitung stattfindet, heißt die allerletzte Phase Vegetieren.

9.4 Die Heilung des inneren Kindes

Allen bisherigen Ausführungen liegt der Gedanke zugrunde, dass zwischen emotional belastenden frühkindlichen Ereignissen und Toxizität ein Zusammenhang besteht. Deshalb verwundert es nicht, dass ich hier auch das Recovery Movement vorstelle und die Heilung des inneren Kindes erläutere.

Es sind vor allem zwei Bücher, die für das Toxizitätssyndrom relevant sind, weil sie Hinweise auf mögliche Gründe enthalten. In beiden wird untersucht, wie gute elterliche Absichten, ins Extreme gesteigert, auch destruktiv wirken können.

Pat Love, eine Ehe-/Familienberaterin, äußert in ihrem Werk *The Emotional Incest Syndrome: What to Do When a Parent's Love Rules Your Life* (1990) die Vermutung, dass es sich bei emotionalem Inzest um eine Art Rollenumkehr handelt, um einen Erziehungsstil, bei dem das Kind zur emotionalen Stütze des Vaters oder der Mutter wird. Das Kind muss lernen, eigene Bedürfnisse und die eigene Identität zu unterdrücken, um die Bedürfnisse der Eltern zu erfüllen, ihnen zu gefallen und sie glücklich zu machen (in der Typenlehre des Enneagramms eine unerlöste *Zwei*). Meist verstehen weder das Kind noch die Eltern, was hier tatsächlich abläuft. Beide sind emotional so verstrickt, dass die Grenzen zwischen Eltern und Kind verschwimmen oder völlig fehlen, obwohl die Familie nach außen vielleicht ein ideales Bild abgibt. Das Problem solcher Kinder ist, dass sie allmählich das Gefühl für das, was sie wirklich sind, verlieren, ihre wahren Bedürfnisse überhaupt nicht mehr erkennen und später im Leben die Energie ihrer sich verstärkenden, verheimlichten Wut nicht zur Veränderung der Situation nutzen können.

Wie diesen Kindern ist auch «giftigen» Alten beigebracht worden, ihre Gefühle und Gedanken zu unterdrücken, den Mund zu halten, zu gehorchen und ihre Arbeit zu tun. Gefühlsregungen wie Verletztheit und Wut werden niedergehalten. Sie haben auch kein Vorbild für echte Liebe, an dem sie sich orientieren und lernen könnten, sich und andere zu lieben. Ihr Überleben ist davon abhängig, ob es ihnen gelingt, die Eltern zufriedenzustellen und ihnen blind zu gehorchen. Sie werden also notgedrungen ihre wahren Empfindungen unter Kontrolle halten und verheimlichen.

In ihrem Buch *Am Anfang war Erziehung* verwendet Alice Miller andere Begriffe für die gleiche Botschaft. Das im Jahr 1990 in den USA erschienene Werk versetzte die erziehungswissenschaftliche und psychoanalytische Welt in Aufruhr. Millers provokante Äußerungen rüttelten an festgefügten Normen oder, wie Gurdjieff sagen würde, erschütterten das System.

Nach 20 Jahren psychoanalytischer Arbeit distanzierte sich Miller, was Kindesmissbrauch anging, von der Theorie und Praxis der klassischen Psychoanalyse. James Hillman und Michael Ventura (Juni, 1992) vertreten die Auffassung, die Psychoanalyse neige dazu, missbrauchte Menschen in ihren traumatischen Erinnerungen schmoren zu lassen und eine Opfermentalität zu erzeugen. Caroline Myss spricht in ihrem jüngsten Buch *Mut zur Heilung* (1997) von «woundology» («*Wundologie*»). Für Miller bleiben missbrauchte Menschen in ihrer Kindheitsverwirrung *zementiert*. Sie bleiben Opfer, wie toxische Menschen Opfer bleiben. Sie kommen auf keine Lösung. Was in so vielen Biographien dargestellt und der Kunst zu entnehmen ist, haben sie noch nicht gelernt: nämlich dass unterdrückte Ressentiments, Bitterkeit und das Gefühl der eigenen Wertlosigkeit produktives Wachstum verhindern.

Alice Miller geht sogar noch weiter. Für sie (wie für Hillman) sollten der Entwicklungsprozess im Fokus stehen, die Ursachen und Folgen der Verwundung, und nicht die Symptome oder das Verwundungsgeschehen an sich, weshalb sie ihre Theorie «Schwarze Pädagogik» nennt (Miller, 1990).

«*Wir können uns vor einem Gift nur schützen, wenn es klar als solches benannt wird*» (Miller, 1990: 7). Gift wird nicht erkannt, wenn es sich hinter den im Befehlston geäußerten Worten verbirgt: «Mach' was ich dir sage, du hast keine Fragen zu stellen, ich will ja nur dein Bestes.»

Pädagogik als «Kunst des Lehrens» kann effektiv sein oder schädlich, entwicklungsfördernd oder entwicklungshemmend. Pädagogik in Form elterlicher Erziehung – sie mag gut oder schlecht sein – wird jedoch selten hinterfragt. Für Miller ist das schädliche Handeln von Eltern unter dem Deckmantel von «Erziehung» nur ein Ausdruck von Grausamkeit.

Manche Eltern bedienen sich solcher Erziehungsmaßnahmen und reden sich bewusst ein, sie würden ihrem Kind das «Bravsein» lehren. Die Gesellschaft mag diesen Stil sogar honorieren, weil er «perfekte» Söhne und Töchter und «perfekte» Staatsbürger und Staatsbürgerinnen hervorbringt. Mit diesem Erziehungsstil lernen Kinder bereits sehr früh am Beispiel ihrer Eltern die Abwehrmechanismen Projektion und Verschiebung. Sie sind ja noch jung und nicht fähig, Dinge zu erkennen oder zu hinterfragen. Es ist eine Erziehungsmethode, die den Enneagramm-Typ-*Eins* und dessen zur Toxizität neigende Schattenseiten fördert. Äußerlich fällt die Sache kaum auf, aber die Kinder wissen Bescheid. Sie lernen am Modell, wie man Gefühle und eigenständiges Denken vermeidet, wie man Probleme ungelöst lässt und sich minderwertig fühlt: ein Nährboden, auf dem Toxizität gedeiht.

Kinder, die mit verschleierter Konditionierung und Manipulation erzogen werden, halten diesen Stil meist für normal und zuträglich. Beweis dafür sind die Antworten «giftiger» Alter auf meine Interviewfragen: «Wie war die Beziehung Ihrer Eltern zueinander? Haben Sie sich als Kind von Ihren Eltern geliebt gefühlt?»

Ungeachtet der unmissverständlichen nonverbalen Zeichen und peinlichen Redepausen lautete die Antwort meist so oder ähnlich: «Nun ja, sie hatten es nicht leicht im Leben. Sie waren streng, aber sie wollten einen guten Menschen aus mir machen. Ich sollte stark werden.»

Lediglich eine Frau brach mit diesem üblichen Muster und gab folgende Antworten:

Interviewte: Ich habe nie gesehen, dass sie sich geküsst hätten. Sie haben keinerlei Zuneigung gezeigt … auch nicht mir gegenüber.

Davenport: Wie war das für Sie?

Interviewte: Ich war wütend! (Dabei entschlüpfte ihr ein kleines Lachen.)

Davenport: Haben Sie Ihren Eltern mal gesagt, dass Sie Zuneigung erleben möchten?

Interviewte: Ich habe erst sehr viel später gemerkt, dass andere Leute so eine Bitte äußern. Ich habe mich meiner Mutter nie nahe gefühlt … auch nicht meinem Vater. Manchmal habe ich sie richtiggehend gehasst.

Dann schwieg sie kurz und bemerkte dann mit Überraschung im Blick:

Interviewte: Ich bin sehr ehrlich. Das erzähle ich sonst kaum jemandem.

9.4.1 Indoktrinierung

Indoktrinierende Eltern suchen für jedes Problem die Schuld beim Kind, nie bei sich. Sie erziehen überwiegend durch Drohungen, Angst, Strafe und Demütigung oder durch verführerische und verlockende Manipulation, gespielte Freundlichkeit, vorgetäuschte Krankheit oder andere subtile Methoden. Beide Ansätze zwingen das Kind dazu, auf Eigenständigkeit zu verzichten und sich anzupassen. Es darf einfach keine eigenen Gefühle, Gedanken, Empfindungen und natürlichen Neigungen entwickeln. Unbewusst übernimmt das Kind die Lehren der Eltern und macht sie zu seiner Welt. Wenn es die Emotionen abspaltet, lässt der Schmerz nach. Es ist eine Frage des Überlebens. Was das Kind nicht wissen kann, ist, dass diese verscharrten Gefühle später plötzlich wieder hochkommen können – oft im Alter – und zwar als ungezähmte, unerkannte, triebhafte Ausbrüche.

Ein weiteres Problem von Kindern, die mit den vergifteten Beziehungen «Schwarzer Pädagogik» groß geworden sind, ist, dass sie lügen gelernt haben. Lügen sind ihr Lebensmuster. Selbst im Alter von 55 Jahren liegt es Kindern toxischer Eltern näher, ihren toxischen Vater oder ihre toxische Mutter anzulügen, als ihnen die Wahrheit zu sagen. Wie einfach es ist, Gefühle und Gedanken zu verbergen! Wie einfach, über den Hass hinwegzulächeln! Wie einfach, einfach einen Anruf oder Besuch versprechen, ohne jede Absicht, das Versprechen zu halten! So lernen die Enkel toxischer alter Menschen am Modell ihrer Eltern, was negatives Coping ist.

Auch Belohnungen sind Teil der Konditionierung, die in der «Schwarzen Pädagogik» jedoch nur erfolgen, wenn sich das Kind unter Kontrolle hat, blind gehorcht und sich stark zeigt. Für ein Kind, das nach positiver Zuwendung lechzt, sind diese Belohnungen lebenswichtig. Meist überwiegen jedoch negative Zuwendungen, wie Geringschätzung, Restriktionen, Schweigen und Rückzug, aber auch körperliche Züchtigung für normales Weinen, Spontaneität, unüberlegte Äußerungen, ungeduldiges Verhalten, wenn es ein Gespräch unterbricht oder weil es irgendeine andere autonome kindliche Lebensäußerung an den Tag legt oder einen eigenständigen Gedanken äußert.

Kinder, die solchen Erziehungsberechtigten ausgesetzt sind, haben nur eine Funktion: die Erfüllung elterlicher Bedürfnisse. Angst und Abhängigkeit sind die Ergebnisse. Wie Pat Loves emotionales Inzestsyndrom, hält auch diese Form der Abhängigkeit das ganze Erwachsenenleben und das ganze Alter über an, sofern der Kreislauf falscher Wahrnehmungen nicht durchbrochen und der Suchtcharakter nicht erkannt wird. Wacht die toxische Person jedoch nicht auf, wiederholt sich das gesamte Syndrom in der nachfolgenden Generation, wenn die einst Missbrauchten die Macht haben, ihre angestaute, verbotene Wut und den unterdrückten Groll unbewusst an ihren Kindern, am Ehemann oder an der Ehefrau auszulassen – sie werden selbst zu Missbrauchenden.

Für die 50- bis 65-jährigen betreuenden Töchter und Söhne, die ihre Eltern inzwischen besser kennen als ihnen lieb ist, wird die Sache immer schwieriger. Bald fühlen sie sich hin und her gerissen zwischen gerechtfertigtem Zorn und ihrer frühkindlichen Konditionierung, die ihnen sagt: Du sollst deine Eltern lieben, ehren und ihnen gehorchen. Du sollst deine Gefühle unterdrücken und dich aufopfern, um sie glücklich zu machen. Vergiss nie, was sie alles für dich getan haben! Sei kein undankbares Kind. Sei stets loyal und stets verschwiegen. Hol dir keine Hilfe von außen.

9.4.2 Elterliche Ignoranz?

Ist toxischen Eltern womöglich nicht klar, dass die emotionalen Bedürfnisse ihrer Kinder ebenso wichtig sind wie Kleidung, Nahrung, Behausung, Grenzen und Kontrolle? Ist ihnen vielleicht nicht klar, dass Disziplinierung durch Beschämung und Kritik emotionale Schäden verursacht und Kinder Bestätigung brauchen, d. h. täglich liebevoll in den Arm genommen und berührt werden müssen? Wissen sie nicht, dass Kinder eine vertrauenswürdige Umgebung brauchen, in der sie gehört werden und die ihnen vermittelt: «Ich bin immer für dich da.» Vielleicht ist manchen Eltern tatsächlich nicht klar, dass sie ihren Kindern beibringen müssen, liebevoll für sich zu sorgen und sich zu mögen, um Selbstwertgefühl zu erwerben und zu erhalten.

Bedeutet diese Ignoranz, dass die von toxischen Menschen in ihrer Kindheit durch den verbalen, emotionalen und körperlichen elterlichen Missbrauch angehäuften ungelösten Ängste im Alter, wenn die Selbstkontrolle nachlässt, notgedrungen auf ihre eigenen erwachsenen Söhne und Töchter und jede andere Person in ihrer Reichweite übertragen werden? Bedeutet dies, dass Menschen, die nie gelernt haben *wie* man liebt und für sich selber sorgt oder mit der Umgebung effektiv kommuniziert, zwangsläufig toxisch werden? Ist damit Alterstoxizität erklärt? Bedeutet dies womöglich, dass Toxizität von innerzellulären Reaktionen auf subjektiv wahrgenommene, von Umgebungsstimuli ausgelösten Botschaften verursacht wird?

9.5 Die innere Umgebung

Wenn wir das Wort Umgebung hören, kommen uns meist Kräfte in den Sinn, die von außen auf uns einwirken; wir denken an die externe Umgebung. Ich möchte dieses Denken in eine andere Richtung lenken, meine im Kapitel 8 an die Neurobiologie gestellten Fragen erweitern und überlegen, ob es innerhalb unseres Körpers nicht auch eine Umgebung gibt. Perts Forschungsarbeiten (Chopra, 1997) weiterführend schlage ich vor, von einer inneren, biologischen Umgebung auszugehen, in der die Zellen und wichtigsten Organsysteme ständig mit den Botschaften kommunizieren, die sie aus dem eng geknüpften Netzwerk chemischer Substanzen oder Informationsträger beziehen, die wir Neuropeptide nennen, und davon auszugehen, dass sie auf deren Einflüsse reagieren und sich verändern. Sind die übermittelten, verarbeiteten und gespeicherten Botschaften negativ, wie im Falle von Toxizität, wird dann nicht der Körper mit einem Zusammenbruch des Immunsystems reagieren und den Endorphinausstoß blockieren, was sich dann als negative Stimmung und negatives Verhalten materialisiert?

Pert vertritt folgende These: Wenn das Körpernetzwerk mit «unterdrückten Traumata oder unverarbeiteten Emotionen» überlastet ist, können sich die Peptide nicht mehr frei verteilen. Dies führt zu einem Zusammenbruch des von den Peptiden regulierten autonomen Nervensystems, es entsteht ein simpler Feedback-Kreislauf, der den normalen Heilungsprozess behindert (Chopra, September, 1997: 8). Wir können folglich davon ausgehen, dass unterdrückte Angst und Wut die Rezeptoren der Immunzellen angreifen und das autonome limbische System blockieren, was den natürlichen Heilungsvorgang schwächt. Aus Geist wird Materie – das ist die Quintessenz – psychosomatische Erkrankungen sind die Folge.

Die nachstehende Geschichte der Kindheit von Frau T. kann den oben geschilderten Vorgang illustrieren. Wir sind dieser älteren Hochschulstudentin – meiner Klientin – im Kapitel 6 im Falle der Hochschule, das unter einer toxischen alten Frau litt, bereits begegnet.

Frau T. erzählte mir ihre Geschichte so:
In der Nacht, als sie geboren wurde, verließ ihr Vater unter lautem Protest das Haus, weil sie angeblich nicht sein Kind sei. Das war der Anfang eines Musters: Im Laufe ihrer frühen Kindheit drohte der Vater immer wieder und verließ immer wieder Frau und Kind. Einmal war er zwei Jahre lang verschwunden. Schließlich nahm ihre verzweifelte Mutter ihre 2-jährige Tochter mit auf eine 2000 Meilen lange Reise, um ihn zur Rückkehr zu bewegen. Sie fühlte sich dem Leben nicht gewachsen ohne ihn. Selbst seine schrecklichen Wutausbrüche, sein Alkoholismus, seine berufliche Instabilität, Zeiten der Arbeitslosigkeit und Schläge konnten ihre Angst vor dem Verlassenwerden nicht lindern. Diese Befürchtung hing wie eine dunkle Wolke über der Familie. Voller Verachtung hatte sie über Jahre hinweg beobachtet, wie ihre Mutter dem Vater hinterher rannte, nur um noch mehr zu leiden. Als T. heranwuchs, ertrug sie die Situation eines Tages nicht mehr. Sie stellte sich in die Tür und hinderte ihre Mutter daran, das Haus zu verlassen und einmal mehr ihren Vater zurückzuholen. Leider ohne Erfolg. Ihre Mutter hatte sich bereits dauerhaft in der Opferrolle eingerichtet.

Im Vorschulalter blieb Frau T. zuhause eingesperrt und durfte nicht mit anderen Kindern in ihrer Arme-Leute-Gegend spielen. Ohne Geschwister und ohne die Gesellschaft anderer Kinder konnte Frau T. kaum soziale Fertigkeiten erwerben.

Als sie älter wurde, beschloss ihr Vater, falls er gerade anwesend war, hin und wieder spontan, seiner Tochter bei den Hausaufgaben zu helfen. Das lief dann so ab:

«Es war entsetzlich. Wenn ich ihn um eine Erklärung bat, wurde er wütend und ungeduldig, schimpfte mich einen Dummkopf und brüllte mich an: ‹Du kannst nichts und bist nichts.› Einmal steigerte er sich so rein, dass er mich beinahe erwürgt hätte.»

Während ihrer gesamten Schulzeit war sie eine verlachte Außenseiterin. Ihre Klassenkameraden und Klassenkameradinnen gaben ihr gemeine Spitznamen, wühlten in ihren persönlichen Sachen herum, zerstörten ihre Arbeitsprojekte und

«schoben immer mir die Schuld zu. Lehrer, Lehrerinnen und Verwaltungsleute waren mir auch keine Hilfe. Sie redeten nur über mich in ihren Konferenzen; es hatte keinen Sinn, mich zu beklagen. Ich schrieb einfach einen anderen Namen auf meine Arbeiten, um besser benotet zu werden.»

Als etwa 10-Jährige wurde sie «von ein paar Jungen» sexuell belästigt, was ihr ängstliches, abwehrendes, fast paranoides Wesen noch verstärkte. Sie lernte schnell, Jungen aus dem Weg zu gehen, wie sie auch ihrem Vater aus dem Weg gegangen war, und blieb lieber alleine.

In der Hochschule war Frau T. dann soweit, dass sie aus Selbstschutz ihre Umgebung kontrollierte und stets angriff, bevor sie angegriffen wurde. Meist funktionierte ihre Taktik. Als ein Lehrer mal ihre Arbeit kritisieren wollte, habe sie ihm «kräftig Bescheid gesagt», verkündete sie stolz und mit süffisantem Grinsen.

Nach einigen Jahren an einer öffentlichen Hochschule, wo sie sich endlich einen Platz erobert hatte, ereilte sie «ihr größter Schlag». Sie wurde krank und musste von der Schule abgehen. Dort hatte sie gute Noten und damit ein paar positive Streicheleinheiten bekommen.

Ihre Erkrankung war schwer zu fassen. Sie fühlte sich einfach elend, litt auch an Durchfall und einer Depression. Das ging zehn Jahre so. Niemand hielt sie tatsächlich für krank. Weil sie nur sporadisch zum Unterricht erschien, stellte man sie vor die Wahl: regelmäßige Anwesenheit oder Abgang. Sie begann eine Therapie, wo sie aber nur zu hören bekam, sie «genieße ihre Krankheit». Schließlich war Frau T. so verzweifelt und frustriert, dass sie sich gezwungen fühlte, wieder bei ihrer labilen Mutter einzuziehen. Ihr Vater war nun endgültig weg. Sie war so belastet und deprimiert, dass sie fünf Jahre lang kaum aus dem Haus ging.

Frau T. wusste nicht, dass ihre Unfähigkeit, gut für sich selbst zu sorgen, ihr Gefühl, stets zurückgewiesen zu werden, zusammen mit der Bitterkeit und Wut, die sie so viele Jahre lang unterdrückt und in ihrem Innern verschlossen hatte, sich in den Zellen ihres Körpers angesammelt und – wie Pert (1997) postuliert – in ein chemisches Toxin verwandelt hatten. Sie merkte ferner nicht, dass sie durch ihre Projektionen lediglich zum Opfer wurde und andere zu Sündenböcken und Co-Opfern. Denn, wie Steinbeck 1962 geschrieben hatte: «Eine traurige Seele kann einen schneller, viel schneller umbringen, als eine Mikrobe.» Sie hatte nicht erkannt, dass sie durch anhaltende Identifikation mit den Wunden ihrer Kindheit und den Mängeln der familiären Umgebung ihrer Vergangenheit verhaftet blieb und – um mit Myss zu sprechen – in ihrer «woundology» («*Wundologie*») (Myss, 1997) und ihrem Selbstmitleid verharrte.

Nachdem sich Frau T. geöffnet hatte, wurde aus jedem Gespräch ein endloses Klagelied, einer «gesprungenen Schallplatte» gleich. Sie hatte Dinge erlebt, die ihre Haltung und ihr Verhalten (sowie ihre unerkannte Toxizität) und ihr «Recht zu manipulieren, verbittert oder zornig zu sein» (Myss, 1997, S. 20) legitimierten. Sie hatte das starke Bedürfnis nach Kontrolle und Macht, weil sie sich nur dann einigermaßen sicher fühlte.

Leider verschwendete Frau T. viel von ihrer Lebensenergie darauf, ihre selbstdestruktiven Wahrnehmungen in ihren Gedächtniszellen lebendig zu halten. Unfähig oder nicht willens, gut für sich selbst zu sorgen, benutzte sie andere zum Auftanken ihrer Energiereserven, eine Taktik, die ihre Opferhaltung und ihre toxischen Spiele verstärkten. Inzwischen war «Wundologie» zu ihrer Identität geworden. Eine andere Art der zwischenmenschlichen Beziehung kannte sie nicht.

9.6 Zusammenfassung

Aus Sicht der Entwicklungspsychologie formt und prägt die Umwelt das Verhalten eines Individuums nachhaltig. Der Mensch bleibt in seiner frühkindlichen Konditionierung und Indoktrination gefangen, wenn sich negative Reaktionsmuster einschleifen und ein negatives Selbstbild zur Gewohnheit wird. Persönliche Eigenschaften – positive und negative – die einflussreiche Kräfte in der Umgebung (etwa nahestehende Personen) nicht akzeptieren, werden unterdrückt und abgespalten: Sie werden zum Schatten. Laut C. G. Jung wird die Persönlichkeit von den Erlebnissen entweder entwickelt oder deformiert.

Erik Erikson schuf eine Theorie der Lebensstadien. Er geht davon aus, dass sich die menschliche Entwicklung in Phasen vollzieht und jeder Phase eine Entwicklungsaufgabe zugeordnet ist. Ob die Aufgaben des höheren Alters erfüllt werden können, hängt davon ab, wie gut wir die Aufgaben früherer Lebensphasen bewältigt haben. Toxische alte Menschen verharren oft in der ersten Phase und haben bereits sehr früh gelernt, dass sie nicht auf die Fürsorge und den Schutz ihrer Umgebung vertrauen können. Solche alten Frauen und Männer sind sehr wahrscheinlich nicht im Stande, die Entwicklungsstadien zurückzugehen, wie von Erikson verlangt, die Aufgaben aller acht Lebensphasen zu «re-integrieren» um dann erfolgreich zu altern.

Naomi Feil erweitert Eriksons Theorie zur Theorie der Lebensaufgaben und betont, dass neben Integrität die Aufarbeitung eine Aufgabe des Alters ist. Nur wer auch diese Aufgabe bewältigt, ist davor gefeit, in Angst-, Schuld- und Wutgefühlen zu verharren, und schließlich mangelhaft angepasst und desorientiert zu werden.

Das Recovery Movement zur Heilung des inneren Kindes betont die Wichtigkeit effektiver, liebevoller frühkindlicher Erziehung, und dass dysfunktionale Erziehungsmethoden oder dysfunktionale Vorbilder seelische Wunden schlagen. Dies wird von Pat Loves Theorie des «emotionalen Inzestsyndroms» und Alice Millers Theorie der «Schwarzen Pädagogik» sehr anschaulich illustriert.

Perts neurobiologische Forschung über Rezeptoren und Neuropeptide (die sogenannten chemischen Emotionen) als Regulatoren der autonomen Systeme, implizieren, dass auch die innere Umgebung mit bestimmt, wie das zelluläre Netzwerk des Körpers auf Emotionen reagiert und mit Emotionen interagiert. An dieser Stelle vereinen sich Geist und Körper, dort werden die chronischen psychosomatischen Reaktionen ausgelöst, die bei toxischen alten Menschen so häufig anzutreffen sind.

Perts Theorie und Myss' Konzept der Wundologie wurden am Beispiel der Kindheitsgeschichte der 76-jährigen toxischen Frau T. erläutert. Wir sind diesem Fall von Toxizität an einer Hochschule bereits im Kapitel 6 begegnet.

10 Angeboren UND anerzogen?

Toxizität ist weder ausschließlich eine Frage der Gene noch ausschließlich eine Frage der Erziehung. Toxizität ist beides: angeboren *und* anerzogen.

Unsere tägliche Lebensaufgabe besteht darin, ererbte Eigenarten und Umwelteinflüsse in ein harmonisches Gleichgewicht zu bringen. Dabei interagieren Bewusstes und Unbewusstes, Realität und Illusion, freies Denken und Konditionierung, Geist und Körper – bis sie im Einklang stehen und eins geworden sind.

C. G. Jung hat bereits sehr früh festgestellt, dass Menschen, welche die äußere Welt bekämpfen, einen ähnlichen Kampf auch in ihrem Inneren ausfechten.

Dieser Kampf ist es – der im Inneren toxischer alter Menschen schwelende Konflikt zwischen dem, was sie sind und dem, was sie ihrer Meinung nach im Grunde sein sollten – der zum größten Teil für ihren inneren Aufruhr, ihr fehlgeleitetes Verhalten und ihre Neurose verantwortlich ist. Weder die Eltern noch ihre Umwelt haben ihnen beigebracht, innere und äußere Kräfte auszubalancieren. Sie haben nicht gelernt, ein stabiles, selbst-liebendes Reaktionsmuster zu entwickeln und zu erhalten. Das entbindet «giftige» Alte jedoch nicht von der Verantwortung, diese Dinge in eigener Verantwortung zu lernen.

Persönliche Verantwortung. Den in Kapitel 8 dargestellten Theorien zufolge sind uns bestimmte Merkmale und individuelle Neigungen angeboren. Die Entwicklung unserer Persönlichkeit und wahren Charaktereigenschaften ist allerdings in hohem Maße davon abhängig, wie wir die in früher Kindheit empfangenen Signale und Botschaften deuten. Wir entscheiden selber, wie wir auf eine Umgebung reagieren, die entweder von liebevoller Zuneigung geprägt ist und unser wahres Selbst stärkt, oder eine Umgebung ist, die dazu tendiert, die Entwicklung unseres wahren Wesens zu verhindern.

10.1 Transaktionsanalyse

Die Transaktionsanalyse (TA) ist ein von Eric Berne in den 1950er Jahren entwickeltes psychotherapeutisches Verfahren, das besonders durch das Buch *Ich bin o.k. – Du bist o.k.* (1967) von Thomas A. Harris populär wurde und sich mit der interaktiven Dynamik zwischen individuellen Entscheidungen und Umwelteinflüssen befasst.

10.1.1 Rollenbücher des Lebens

Claude Steiner, ein Schüler Eric Bernes und erster Forschungsleiter seiner San Francisco Social Psychiatry Seminare, hat Bernes Konzept der Lebenspläne weiterentwickelt und den Begriff «Skript» geprägt, der für die Opferhaltung toxischer alter Menschen von großer Bedeutung ist. Das Wort stammt aus der Theatersprache. Es bezeichnet den Plan, nachdem wir unsere Identität, die Handlung des Stücks, unseren Auftritt, die Kulissen, Charaktere, Requisiten und das ganze Schauspiel unseres restlichen Lebens ausrichten. Es handelt sich um ein ganz persönliches Theaterstück, das der Mensch im Alter zwischen zwei und sechs Jahren verfasst. Art und Form des Skripts hängen davon ab, wie das Kind aufgrund seiner instinktiven Wahrnehmungen und Entscheidungen die verbalen und nonverbalen Botschaften interpretiert, die ihm von nahestehenden Personen – meist den Eltern – übermittelt werden.

Nun ist es aber leider so, dass sich das Rollenbuch den Kindern genau so einprägt, wie sie diese frühen Botschaften aus der Umwelt interpretieren und gedanklich bewerten. Was sie dann ausleben, muss also nicht der Realität entsprechen. Weil kaum jemand die Ereignisse, die zu diesen Interpretationen geführt haben, verifizieren wird, ist der Gedanke beunruhigend, dass wir nicht feststellen können, ob diese Interpretationen korrekt sind. Vielleicht beruhen sie auf einer Illusion, die wir unbewusst entwickelt haben, damit sie zu unserem Selbstbild passt, dann aber in eine Tragödie mündet. Damit das psychologische Lebensdrama seinen Lauf nehmen kann, wird es auf ein mentales *Tonband* aufgenommen, dort gespeichert und immer wieder abgespielt, solange, bis es durch eine bewusste Entscheidung endlich gestoppt wird. Erst dann wird das aktuelle Verhalten nicht mehr von alten Umweltinterpretationen diktiert. Endlich ist Schluss mit der Viktimisierung.

Auch Hillman stimmt zu
Von der Richtigkeit dieses Gedankens ist auch der Psychoanalytiker James Hillman ausgegangen, als er das Recovery Movement beschuldigte, die Opfermentalität der Nation zu schüren (Hillman/Ventura, 1992), indem es das «verletzte Kind» betont und die Leute ermuntert, in frühen Erinnerungen zu wühlen. Seiner Meinung nach führt dies leicht dazu, das eigene Verhalten zu entschuldigen und die Verantwortung dafür zurückzuweisen. Auch wenn diese Erinnerungen nicht der Realität entsprechen, stellen sie doch Ich-Illusionen dar, welche die Wahrnehmungen und alle daraus folgenden Reaktionen bestimmen. Dies erklärt, warum sich «giftige» Alte zu psychologischen Opfern machen.

Hillman bestreitet nicht, dass Traumata vorkommen. Wichtiger sei aber, *wie* traumatische Erfahrungen erinnert werden. Seiner Meinung nach kommt es weniger auf das reale Erlebnis an, vielmehr auf den Umgang mit den damit verbundenen Emotionen und den hochkommenden Erinnerungen.

Toxische alte Menschen neigen eher dazu, ihre Erinnerungen wiederzukäuen und über Vergangenes zu lamentieren, als ihren Schmerz zu verarbeiten (Frau T. ist ein Beispiel dafür). Erkenntnisse tun oft weh. Doch auch wenn sie sich ihre psychische Situation bewusst machen und bereit sind, sich mit ihrer inneren Leere, ihren Bedürfnissen und ihrer Sehnsucht nach Liebe und Verbundenheit auseinander zu setzen: Können sie den schwierigen Weg der Transformation gehen? Wollen sie sich dieser Aufgabe tatsächlich stellen, wenn sie doch zugleich entschlossen sind, ihre Schattenanteile und triebhaften Seiten standhaft zu leugnen? Das würde lediglich ihren Glauben bestärken, dass sie nicht stark sind und die Lage nicht mehr kontrollieren können.

Lebenspläne verändern
Der TA zufolge können wir als Erwachsene unsere in der Kindheit geschriebenen Rollenbücher des Lebens verändern. Jeder und jede von uns hat die Macht, ein negatives und toxisches Skript in ein positives zu verwandeln, vorausgesetzt wir wollen es. Das größte Hindernis ist, dass wir möglicherweise unbewusst unsere eigenen guten Intentionen und Bemühungen sabotieren. Frühe Entscheidungen sind nämlich oft recht wandelbar, weil sie uns zum geeigneten Zeitpunkt dabei helfen, unser Ich zu schützen, zu verteidigen und zu erhalten. Wenn wir aber das gewohnte Verhalten über Jahre hinweg beibehalten, obwohl es seinen Zweck nicht mehr erfüllt, blockiert es unser wahres Wesen und steht unserer Selbstverwirklichung im Wege.

Veränderung ist möglich, aber nicht einfach. Die TA-Theorie weiß, dass alte Prägungen zwar nicht gelöscht, aber überschrieben, modifiziert und verbessert werden können, dass wir frei sind, das Skript unseres Lebens zu verändern. Das heißt, dass wir tatsächlich dafür verantwortlich sind, uns das eigene Selbst wieder anzueignen, es zu verwirklichen und zu akzeptieren, samt den Schattenseiten. Wir sind für die Integration aller Lebensphasen verantwortlich, wie Erikson und Feil es formulieren würden. Wenn uns dies gelingt, ist Ganzheit der Lohn. Dann werden Illusionen, negative Rollenbücher, *Spiele-«Gewinne»* und Sündenböcke überflüssig. Wir haben die Wahl.

10.1.2 Streicheln und berühren

Berne bezieht sich bei seiner Theorie des Streichelns auf René Spitz (1945), der Anfang der 1940er Jahre eine Studie über hospitalisierte Säuglinge durchführte, die über längere Zeit hinweg ohne liebevolle Berührung auskommen mussten. Spitz hat festgestellt, dass diese Säuglinge, die niemand berührte und liebkoste, in ihrer Entwicklung irreversibel zurückfielen und krankheitsanfällig wurden. Er nannte diesen Vorgang *emotionale Deprivation* (Spitz, 1945).

Auf seine psychiatrischen Patientinnen und Patienten gemünzt, vertrat Berne die Ansicht, dass sich emotionale Deprivation durch positives Streicheln oder positive «Streicheleinheiten» heilen lässt. Negatives Streicheln war die Ursache des Übels, wobei er nicht nur Vernachlässigung meinte, sondern auch alle Formen des verbalen und emotionalen Missbrauchs. Für Berne war Streicheln eine Möglichkeit, positive oder negative Lebenspläne zu fördern.

Auch John Bowlbys Veröffentlichungen über *Attachment and Loss,* (1967–1980), also über den Zusammenhang zwischen früher Bindung, Trennung und kindlicher Entwicklung, belegen seine Theorie. Wenn dem Säugling positive Berührungen und bedingungslose Liebe vorenthalten werden, kann er kein Vertrauen und keine Sicherheit erwerben und folglich keine Bindung eingehen. Sue Johnson stützt sich in ihrem Artikel *The Biology of Love* (1997: 38) auf Bowlby, der behauptet, das Bedürfnis, einen bestimmten und nicht ersetzbaren Menschen zu lieben und von ihm geliebt zu werden, sei angeboren. Unterbleibt diese enge Bindung, entsteht keine verantwortungsvolle, verlässliche und vertrauensvolle Basis. Eine entsprechende neurophysiologische Reaktion kann dann zu grausamem Verhalten im Erwachsenenalter führen (Johnson, 1997: 39).

In TA-Begriffen ausgedrückt, kann es als Frühstadium grausamen Verhaltens bezeichnet werden, wenn «giftige» Alte genau die positiven Streicheleinheiten zurückweisen, die ihnen Anerkennung und Wertschätzung vermitteln könnten: Komplimente, Unterstützung, anteilnehmendes Zuhören und freundliche Zuwendung. Sie weigern sich, positives Streicheln anzunehmen und ziehen es vor, ihr Rollenbuch mit dem Titel «Ich bin nicht o.k.» zu verstärken und aufrechtzuerhalten.

Es dauert viele Jahre, doch dann haben toxisch alternde Menschen schließlich unbewusst eine unüberwindbare Mauer um sich gezogen (einen persönlichen Schutzschild, der in den früher erläuterten Gerontologietheorien erwähnt wurde), die ihren Schmerz und ihr negatives Selbstbild verbirgt und hinter der sie den klugen Lebensplan, der sie als Kinder so gut geschützt hat, verstecken können. Um ihr Skript und ihre Opferhaltung fortsetzen zu können, müssen diese Männer und Frauen im Alter negative Streicheleinheiten austeilen und provozieren, weil sie sich sonst überhaupt nicht lebendig fühlen. Das kann sich nonverbal äußern als finstere Miene, abschätziges Seufzen und Märtyrerhaltung, durch schweigenden Rückzug oder durch verbale Vorwürfe wie: «Kannst du nicht einmal etwas richtig machen?», «Du liebst mich nicht mehr», «Wie kannst du nur so gemein sein!», und «Gib's zu, du willst, dass ich sterbe.» Mit solchen und noch schlimmeren Schmähungen beweisen sich toxische alte Menschen immer wieder aufs Neue, dass ihnen die Welt, wie sie sie sehen und erfahren, Böses will. Sie sind die Opfer. Sie fühlen sich für den Zustand ihrer Umgebung oder deren Feedback in keiner Weise verantwortlich.

10.1.3 Ich-Zustände

Eric Berne geht davon aus, dass jeder Mensch verschiedene Persönlichkeitsanteile hat, die er *Ich-Zustände* nennt. Sie werden durch drei übereinander angeordnete Kreise dargestellt und heißen Eltern-Ich, Erwachsenen-Ich und Kindheits-Ich (**Abbildung 10-1**). Jeder Ich-Zustand hebt sich durch spezifische Merkmale deutlich vom anderen ab. Das Eltern-Ich enthält Wertvorstellungen, Traditionen, Gebräuche, Gewissen sowie alle «sollte» und «müsste», die unser Verhalten regeln und dafür sorgen, dass wir nicht aus der Reihe tanzen. Das Erwachsenen-Ich ist wie ein Computer auf das Sammeln von Informationen und Daten ausgerichtet, es ist der objektive Teil, der Problemlöser und vernünftig argumentierende, nicht von Gefühlen beeinflusste Persönlichkeitsanteil. Das Kindheits-Ich umfasst alle Emotionen und Impulse, ist spontan und ganz von Gefühlen, weder vom Gewissen noch von Logik, gesteuert.

Zwei dieser Ich-Zustände sind noch unterteilt. So besteht beispielsweise das Eltern-Ich aus dem Fürsorglichen Eltern-Ich und dem Kritischen oder Kontrollierenden

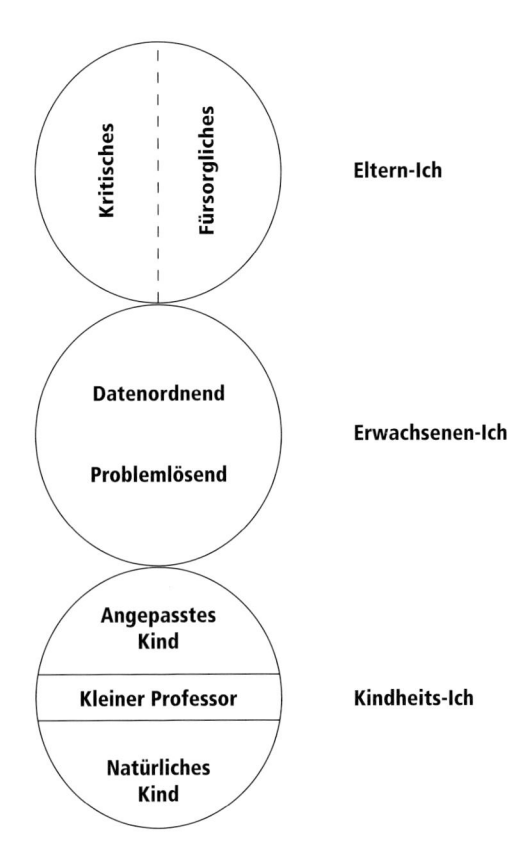

Abbildung 10-1: Ich-Zustände

Eltern-Ich. Das Kindheits-Ich hat drei Teile, nämlich das Angepasste Kind, den Kleinen Professor und das Natürliche oder Rebellische Kind (James/Jongeward, 1973).

Alle Formen der Ich-Zustände (in **Abbildung 10-1** durch die gestrichelte Linie markiert) haben eine positive und eine negative Seite, wobei es darauf ankommt, die Seiten gut auszubalancieren. Gewinnt die negative Seite das Übergewicht, wird das Kritische Eltern-Ich alles in seiner Reichweite kritisieren und herabsetzen. Sind dagegen beide Teile ausgewogen, ist die positive Seite frei, vernünftige Entscheidungen zu treffen und Situationen, Verhaltensweisen und Systeme sachlich richtig einzuschätzen, sich also nicht an Furcht und verdrehten Projektionen, sondern an Werten, Gesetzen und liebevollen Beweggründen zu orientieren.

Für «giftige» Alte besonders relevante Formen der Ich-Zustände sind das Kritische Eltern-Ich und der Kleine Professor (**Abbildung 10-2**). Bei toxischen alten Menschen überlagert das Kritische Eltern-Ich den positiven Anteil, übrig bleibt das kontrollierende, dogmatische und dominante Kritische Eltern-Ich. Das Erwachsenen-Ich ist kaum funktionstüchtig, während die negative, manipulative Seite des Kleinen Professors außer Kontrolle geraten ist. Diese klugen und in Krisenzeiten überaus wertvollen Überlebenstaktiken werden destruktiv, wenn man starr daran festhält und sie unangemessen einsetzt. Dazu kommt, dass das Kindheits-Ich weder ein Gewissen kennt noch an die Folgen denkt und sich deshalb in endlose Schwierigkeiten bringt, sofern es sich selbst überlassen bleibt, ohne stabiles Fürsorgliches Eltern-Ich, das ihm Schranken setzt, oder ein Erwachsenen-Ich, das einige Tatsachen beisteuert und Problemlösungsstrategien liefert. Weil das Erwachsenen-Ich und das Fürsorgliche Eltern-Ich toxischer alter Menschen praktisch überhaupt nicht funktionieren, werden meist alle Anteile des negativen Kindheits-Ichs überstrapaziert, besonders aber der manipulative Kleine Professor.

Bei emotional gesunden, erfolgreich alternden Menschen sind alle drei Ich-Zustände im Gleichgewicht. Sie sind ein Team, das zusammenwirkt und auf Integration und

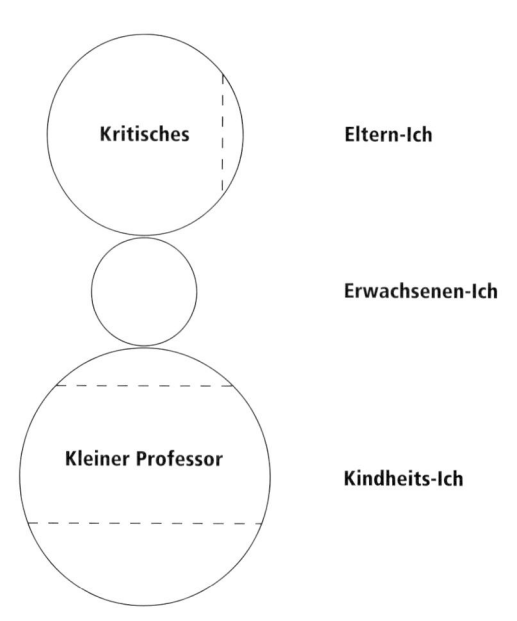

Abbildung 10-2: Unausgewogene-Ich-Zustände

Ganzheit zielt. Das Erwachsenen-Ich übernimmt dabei die Funktion der ausführenden und überwachenden Instanz, damit alle drei Ich-Zustände eine effektiv und harmonisch funktionierende Einheit bilden. Bei toxischen alten Männern und Frauen dagegen sind die Ich-Zustände aus dem Gleichgewicht geraten. Die negativen Anteile des Kindheits-Ichs und das Kritische Eltern-Ich haben die Kontrolle übernommen, weil sie von ungelösten emotionalen Spannungen, Konflikten und Schmerzen der Vergangenheit gesteuert werden. Die unausgewogenen Ich-Zustände interagieren mit ihrer Umgebung und beeinflussen sie. Sie sind es auch, die am stärksten dazu neigen, Spiele zu spielen.

10.1.4 Psychologische Spiele

Wie bereits erwähnt, sind toxische alte Menschen und ihre Co-Opfer äußerst geschickte Spiele-Spieler. Bei Bernes Spielen handelt es sich nicht um kindliche Spielaktivitäten, vielmehr um Transaktionen, denen psychologische Motive zugrunde liegen, die allerdings dem Erwachsenen-Ich-Zustand und dem Fürsorglichen Eltern-Ich nicht bewusst sind. Folglich sind diese Spiele hervorragend geeignet, negatives Verhalten zu bewahren und zu verstärken. Für toxische alte Menschen erfüllen Spiele noch folgende Aufgaben: Sie

- verhindern ehrliche Beziehungen
- fördern ihr negatives Skript
- dienen der Sammlung negativer Streicheleinheiten
- bestärken ihr Gefühl, *nicht o.k.* zu sein
- erlauben es ihnen, alte Ressentiments auszuleben
- lassen keine Zeit für Intimität.

Psychologische Spiele werden nicht bewusst gespielt. Sie werden immer von mindestens zwei Leuten gespielt, die einander «geködert» haben. Dieser Punkt ist wichtig, weil er bedeutet, dass es stets ein Co-Opfer gibt. Beide Seiten müssen die Spielregeln beherrschen, damit das Spiel automatisch und ohne Nachdenken ablaufen kann. Spiele wiederholen sich ständig, haben ein verborgenes Thema oder ein existenzielles Motiv und werden so lange gespielt, wie beide es wollen und solange beide bereit sind, sich an die ungeschriebenen Regeln zu halten. Die Spielerinnen und Spieler merken genau, wann das Spiel vorbei ist, weil sie spüren, dass es seinen psychologischen Nutzen erfüllt hat. Dieses befriedigende Gefühl des Spiele-«Gewinns» kann Minuten, ein paar Stunden oder ein paar Tage lang anhalten, bis sie einen anderen Mitspieler oder eine andere Mitspielerin finden und das Spiel von vorn anfängt.

Typisch ist dabei, dass das Unbewusste (möglicherweise der Schatten) das Heft in der Hand hält. Spiele können zwar vom Eltern-Ich ausgehen, die tragende Rolle wird jedoch von der emotionalen Energie des Kindheits-Ichs gespeist, insbesondere vom Kleinen Professor. Diese Energie ist so mächtig, dass sie das Eltern-Ich und das Erwachsenen-Ich völlig überwältigen kann, sofern sie nicht in ihre Schranken gewiesen wird. Gewinnt sie die Oberhand, wird die Sache sehr schnell problematisch, weil das Kindheits-Ich unzensiert und völlig gegenwartsorientiert agiert. Es wird zum ungelenkten Geschoss, sofern das Fürsorgliche Eltern-Ich nicht bereit ist, seine Rolle zu spielen und rechtzeitig einzugreifen. Es kommt also entscheidend darauf an, dem Kind Grenzen zu setzen, innerhalb derer es sicher ist, geliebt wird und sich ungehindert entwickeln

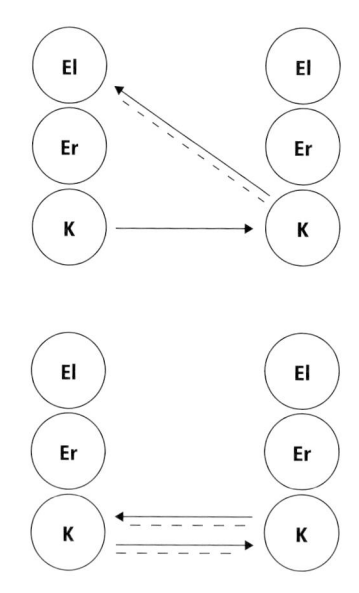

Abbildung 10-3: Spiele-Analyse

kann. In der Kindheit und Jugend toxisch alternder Menschen hat es solche Grenzen meist nicht gegeben.

Spiel-Analyse

Weil die meisten Spiele von der Kindheits-Ich- und Eltern-Ich-Ebene aus gespielt werden, müssen wir uns anschauen, wie diese Ich-Zustände interagieren und ob sie Alterstoxizität schüren. In der **Abbildung 10-3** stellen die Pfeile die bewussten Transaktionen dar, die gestrichelten Linien die unbewussten, verborgenen Motive. Nur wenn beide Transaktionen gleichzeitig stattfinden, wird ein Spiel daraus. Weil in toxischen Familien die Kommunikation über Spiele läuft, findet der in allen Teilnehmenden aktive Kleine Professor sehr schnell Mittel und Wege, das Spiel am Laufen zu halten. Schließlich geht es ums Überleben. Konditionierung sorgt dafür, dass ein bestimmter Blick, ein bestimmtes Wort oder ein Manierismus als Spiele-Auslöser genügen. Der kritische Anteil des Eltern-Ichs weiß haargenau, welchen Knopf es drücken muss, damit das Kindheits-Ich reagiert. Leider setzen sich toxische Spiele endlos fort und dienen den nachfolgenden Generationen als Modell, sofern sie nicht in einen sachlichen Erwachsenen-Ich-Zustand überführt und gestoppt werden. Anstatt der Toxizität ein Ende zu setzen, halten die Mitspielenden die Spiele aufrecht, intensivieren sie und räumen dem toxischen alten Menschen noch mehr Macht ein. Weil sie sich der interaktiven Dynamik solcher Spiele nicht bewusst sind, halten sie lediglich den *toxischen Kreislauf* in Gang.

Das Karpman-Dreieck

Steve Karpman, ein Schüler Bernes, hat als erster die interaktive Dynamik, die wechselnden Rollen der Spielsituation beschrieben und diese als ein auf der Spitze stehendes Dreieck dargestellt (**Abbildung 10-4**). Es gibt in diesem Spiel nur drei Rollen: den *Täter*, den *Retter* und das *Opfer*, wobei sich das *Opfer* stets an der unteren Spitze befin-

```
        Täter                    Retter


                  ╲         ╱
                   ╲       ╱
                    ╲     ╱
                     ╲   ╱
                      ╲ ╱
                      Opfer
```

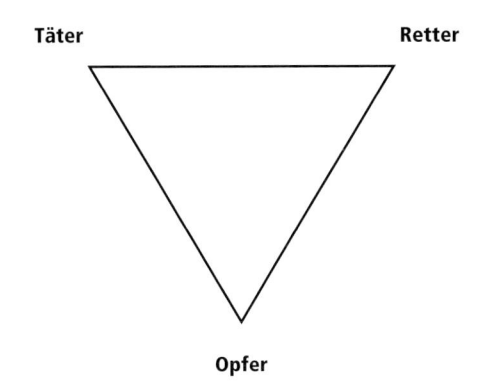

Abbildung 10-4: Das Karpman-Dreieck

det. Die Bezeichnungen stehen in kursiver Schrift, um die Handlungsrollen von realen Tätern, legitimen Rettern und echten Opfern zu unterscheiden.

Dieses Spiel ist dynamisch, weil alle Darstellerinnen und Darsteller ständig ihre Rollen wechseln, mit einer Ausnahme: Toxische alte Männer und Frauen spielen nur die Rollen des *Opfers* und des *Täters*, keine andere.

Beim gerne gespielten Drama «Ich versuche nur, dir zu helfen» beispielsweise ködert sich das toxische *Opfer* sofort alle Betreuungskräfte, die sich trotz bester Absichten unversehens in der *Retter*-Rolle wiederfinden. Vielleicht merken genau diese *Retter* schon nach wenigen Minuten, dass sie sich wie *Täter* verhalten und plötzlich *Opfer* geworden sind, weil sie sich unbewusst in die interaktive Dynamik des Spiels hineinziehen ließen. Überfürsorgliche erwachsene Kinder und gewisse Fachkräfte in der Altenarbeit sind für diese Verführungstaktiken besonders empfänglich.

Das Spiele-Brevier

Berne und seine Nachfolger haben über viele Jahre hinweg die Dynamik psychologischer Spiele beobachtet, dabei festgestellt, dass sie nach bestimmten Mustern ablaufen, dann Spiel-Typen identifiziert und ihnen Namen gegeben. «Giftige» Alte und ihre Co-Opfer sind meist mit folgenden Spielen befasst:

- «Ich versuche nur, dir zu helfen» (siehe obiges Beispiel)
- «Ich armer Teufel»
- «Ja, aber... Hilfreiche Hand» (der Köder für Helfer)
- «Holzbein» (Ich kann nicht, weil...)
- «Was wärst du ohne mich...»
- «Wenn doch nur...»
- «Mach mich fertig»
- «Wenn du nicht wärst» (... dann hätte ich)
- «Macht den Sieger unter euch aus»
- «Tumult»
- «Jetzt hab ich dich endlich, du Schweinehund».

Werden auch die den individuellen Bedürfnissen der Spielenden angepassten Versionen aufgenommen, wird die Liste noch erheblich länger. Die Interaktionen zwischen toxischen Emotionen und begünstigenden Umgebungsbedingungen sind der beste Nährboden für Toxizität.

Ich-Zustände und Spiele
Aus meiner Arbeit mit Leuten, die täglich mit «giftigen» Alten zu tun haben, insbesondere von ihren Söhnen und Töchtern, weiß ich leider, dass kaum jemand die Ich-Zustände toxischer alter Menschen unterscheiden kann, was jedoch nötig wäre, um direkt und ehrlich kommunizieren zu können. Erwachsene Kinder nehmen fälschlicherweise an, dass sich ihre Eltern, nur weil sie erwachsen sind, im Erwachsenen-Ich-Zustand befinden und rational und objektiv kommunizieren können. Dies ist aber bedauerlicherweise eine Fehleinschätzung. Toxische alte Menschen agieren nicht mit ihrem Erwachsenen-Ich. Deshalb gehen Töchter und Söhne – manchmal auch professionell Pflegende und Betreuungskräfte – dem manipulativen Kleinen Professor des toxischen alten Menschen auf den Leim. Sie gleiten dann sofort und unmerklich in ihren eigenen, dazu passenden negativen Kindheits-Ich-Zustand und verfallen in ein Spiel oder mehrere. Dann gehen die Gefühlswellen hoch, die Abwehrmechanismen treten in Aktion, dann fallen böse Worte und werden bedauert. Das Spielekarussell und die Toxizität kommen richtig in Fahrt.

10.2 Abwehrmechanismen

Anna Freud, der Tochter und Schülerin Sigmund Freuds, verdanken wir die ersten Beschreibungen und Deutungen von Abwehrmechanismen. Sie gelten als unbewusste psychische Strategien zum Schutz des Selbstbildes oder der Ich-Position, an denen die Person insbesondere zum Zwecke der Selbsttäuschung festhält. Obschon langfristig unwirksam, dienen Abwehrmechanismen doch der schnellen Bewältigung verletzender Angriffe auf das Ich. Diese Mechanismen schützen das falsche Selbst zumindest für den Augenblick vor emotionalem Schaden und helfen, die Selbstbilder und Illusionen über sich aufrechtzuerhalten, und zwar durch das *kybernetische* System eines geschlossenen Feedback-Kreislaufs.

Interessanterweise weicht die Betrachtungsweise der Kybernetik (siehe Ende dieses Kapitels), die Abwehrmechanismen betreffend, von der üblichen Auffassung ab. Die kybernetische Theorie geht davon aus, dass Abwehrmechanismen *nicht* unbewusst sind, lediglich als solche empfunden werden. Sie laufen nämlich so schnell ab, dass niemand einen bewussten Denkvorgang bemerkt. Das bedeutet, dass Abwehrmechanismen eigentlich unreife, erlernte Strategien sind, die vom Gehirn und Nervensystem durch Versuch und Irrtum hergestellt worden sind und damit auf frühkindliche Problemlösungsformen zurückgreifen. Sie werden im Laufe der Jahre zur Gewohnheit, zu «Servomechanismen» (Maltz, 1969), die automatisch ablaufen, wenn das Selbstbild (ob falsch oder real) oder unser Ich-Gefühl angegriffen wird. Frühe Programmierungen werden auf diese Weise zu einem repetitiven Reaktionsmuster im Erwachsenenleben, was Bernes Skript-Theorie bestätigt. Diese Servomechanismen treten automatisch in Funktion; sobald sich das Ich schutzbedürftig fühlt, werden die erlernten Signale dem Gehirn übermittelt und schon tut der geschlossene Feedback-Kreislauf erneut seinen Dienst.

Frühe Programmierungen zur Ich-Verteidigung sind oft Überlebensstrategien, die zum Zeitpunkt ihrer Entstehung durchaus ihren Zweck erfüllt haben, im Alter allerdings nicht mehr. Weil sich im Alter die Bedürfnisse und Umstände verändern, besteht eine der Aufgaben des Alters darin, die Ich-Kontrollen und Fixierungen zu transzendieren. Wer sie erweitert oder noch verstärkt, versagt bei dieser Aufgabe. Toxische alte Menschen sind dazu verdammt, an ihren Abwehrmechanismen und falschen Bildern festzuhalten, und zwar so lange, bis sie den Mut finden, ihre Selbsttäuschungen aufzugeben und ihr wahres Selbst zu suchen. Leider führt das Festhalten an diesem Schutzmechanismus lediglich dazu, dass die alten verzerrten Gefühle und *maladaptiven*, ungeeigneten Lösungen permanent neu aufgezeichnet und in den geschlossenen toxischen Kreislauf eingespeist werden.

Verschiedene Abwehrmechanismen
Von den vielen heute in der Fachliteratur genannten Abwehrmechanismen werden die nun folgenden Reaktionen von toxischen alten Menschen am häufigsten eingesetzt (siehe erweiterte Definitionen des DSM-IV [APA, 1994] im Glossar):

Verleugnung der Realität: Um eigene schmerzhafte Gefühle und eigenes schmerzauslösendes Verhalten nicht wahrnehmen zu müssen, wird die Realität geschickt ausgeblendet. Damit vermeidet die Person, sich mit ihren Ressentiments, ihrer Wut, ihren Ängsten und Schuldgefühlen zu konfrontieren und diese zu bearbeiten. Manche Angehörige lassen sich in die Realitätsverleugnung hineinziehen, werden zu heimlichen Verbündeten und damit zu Toxizitätsopfern.

Projektion: Dabei werden eigene inakzeptable Eigenschaften, Impulse oder Triebe auf andere Personen übertragen. Nehmen diese die Projektion an, fühlt sich der toxische alte Mensch frei, sie all dessen zu beschuldigen, was er bei sich selber verabscheut. Die Projektionsempfänger spiegeln genau das, was toxische alte Menschen verleugnen.

Reaktionsbildung: Das Ersetzen eigener Gefühle oder bewusster Verhaltensweisen durch solche mit entgegengesetzter Bedeutung. Ein toxischer alter Mensch kann beispielsweise nach außen charmant und freundlich auftreten und damit seine Umgebung in die Irre führen und manipulieren.

Gegenangriff: Toxische alte Menschen greifen meist diejenigen an, die ihnen am nächsten stehen, wenn sie sich eigentlich über sich selber ärgern und ihre hinter der Wut verborgene Furcht nicht akzeptieren können. Sie zerstreuen ihre Ängste, indem sie andere beschuldigen.

Repression: Oft unterdrücken und blockieren toxische alte Menschen ihre inakzeptablen Regungen oder störenden Triebe, die sie nicht wahrhaben wollen oder nicht ausdrücken können.

Rückzug: Meist durch passiv-aggressives Schweigen oder selbstgerechte Märtyrerhaltung, verbunden mit heimlicher Schadenfreude über den damit ausgelösten Ärger.

10.3 Kontrolltheorie

Ende der 1930er Jahre begannen Wissenschaftler und Wissenschaftlerinnen unterschiedlicher Fachrichtungen, sich für die Entwicklung von Kontrollverfahren zu interessieren, um Menschen in die Lage zu versetzen, ihrer eigenen Welt entsprechend zu agieren, anstatt lediglich auf externe Einflüsse zu reagieren. Manche konzentrierten sich besonders auf die Kybernetik, weil sie erkannten, dass Kontrollsysteme nur durch entsprechendes Feedback funktionieren. Einer der Bewunderer dieser Anfänge der Kybernetik war William T. Powers, ein Physiker und Ingenieur, der das Buch *Behavior: The Control of Perception* (1973) geschrieben hat. William Glasser, der Gründer der Realitätstherapie, war so fasziniert vom Konzept der Verhaltenskontrolle durch Wahrnehmung, dass er zwei auf Powers Werk basierende Bücher über die Kontrolltheorie verfasste (1981, 1985).

Im Vorwort zu Glassers (1981) erstem Buch über Kontrolltherapie fasste Powers seine Theorie in folgendem Grundsatz zusammen: «Wir kontrollieren, was wir wahrnehmen, nicht was tatsächlich existiert und nicht, was wir tun.» Mit anderen Worten, wir erhalten unser psychisches Gleichgewicht, indem wir von außen kommende Stimuli selektiv daran hindern, bis zum Gehirn vorzudringen, sofern sie unseren inneren, subjektiv wahrgenommenen Bedürfnissen, Werten und Wünschen nicht entsprechen. Gleichzeitig wird in unserem Inneren eine Verhaltensreaktion ausgelöst, die mit den Bildern oder Vorstellungen in unseren Köpfen korreliert.

Ich verstehe diesen komplexen Vorgang so: Wenn wir uns vorstellen, dass unsere Bedürfnisse befriedigt und unsere Wünsche erfüllt sind – mögen sie nun selbstdestruktiv oder konstruktiv sein – haben wir das Gefühl, die Dinge unter Kontrolle und soziale Macht zu haben. Glasser zufolge bedeutet dies, dass uns die Macht, mag sie auch eine Illusion sein, in die Lage versetzt, zwischen Freude oder Leid zu wählen, zu wählen, wovon wir uns abhängig machen und was wir in unser computer-gleiches Gehirn einspeisen.

Interessant dabei ist, dass die theoretischen Annahmen, die diesen Text leiten, vom gleichen Grundgedanken und der gleichen Botschaft ausgehen. Auch die Transaktionsanalyse und die kognitive Psychologie des im Kapitel 10 vorgestellten Selbstbehauptungstrainings (Responsible Assertion Training) basieren auf dieser Leitidee. Wenn wir unser Denken und unsere Wahrnehmungen verändern und uns entscheiden, entsprechend zu handeln, können wir das Drehbuch unseres Lebens neu schreiben, psychologische Spiele abbrechen oder fortführen und selber bestimmen, wie wir auf Situationen oder von außen kommende Stimuli reagieren. Das ist persönliche Macht, ein Konzept, das toxischen alten Menschen unbegreiflich ist. Alles, was sie im tiefsten Inneren wissen, ist, dass sie nicht befriedigt sind. Deshalb verschreiben sie sich dem Kontroll-Spiel, einem Spiel, das ihnen die Illusion von Macht verschafft.

10.4 Kybernetik und Psychokybernetik

Bei meinen Literaturrecherchen über die Gründe von Alterstoxizität stieß ich überraschend auf weitere Belege für die Richtigkeit der oben dargelegten Theorien. Sie sind fundamental wichtig, um das Konzept der Zusammenführung von Angeborenem und Anerzogenem (nature and nurture) würdigen zu können.

Bereits in den 1940er und 1950er Jahren versammelten sich alljährlich in Chicago und Belgien die führenden Köpfe der Welt, um einen neuen und praktikablen Bezugsrahmen zu konstruieren und eine universell gültige Erklärung aller Lebensphänomene zu finden – gewissermaßen ein neues Paradigma, ein neues wissenschaftliches Weltbild zu erschaffen. Es nahmen Vertreter und Vertreterinnen vieler Einzelwissenschaften teil, etwa der Physik, Mathematik, Computerwissenschaft, Neurophysiologie und Psychiatrie, sowie bekannte Persönlichkeiten wie Gregory Bateson, Margaret Mead, Norbert Wiener, Warren McCulloch und Heinz von Förster. Ihr Ziel war es, eine neue interdisziplinäre Sprache zu finden, um mit deren Hilfe ein einheitliches System zu konstruieren, das erklärt, wie das Leben organisiert ist, wie das Gehirn arbeitet und komplizierte Systeme der Verhaltensorganisation und Informationsverarbeitung funktionieren. Nach Jahren der kritischen Überprüfung und des Testens ihrer Ideen nannte sie ihre Disziplin «Kybernetik», ein Begriff, der aus dem griechischem Wort für Steuerung/Regelung abgeleitet ist (Maltz, 1969).

Der Gedanke an «steuern» ergab sich aus der Feststellung, dass das Gehirn das eigentlich Unbewusste ist und das Nervensystem vom Geist bestimmt und gelenkt wird, um uns auf ein spezifisches Ziel hin zu steuern. Maxwell Maltz gab dieser Steuerung den Namen «Servomechanismus», eine automatische zielsuchende Maschine, die sich unter Zuhilfenahme empfangener Daten und gespeicherter Informationen selber in eine bestimmte Richtung oder auf ein bestimmtes Ziel hin lenkt, und ihren Kurs bei Bedarf automatisch korrigiert» (1969: 40–41). Zugleich betonte er, dass Menschen keine Maschinen sind, dass aber Gehirn und Körper auf einen bestimmten Input hin ähnlich wie Computersysteme arbeiten. Allmählich erfolgt der Input automatisch (und unbewusst), nämlich dann, wenn nach zahlreichen korrigierenden interaktiven Feedback-Versuchen schließlich ein fehlerfreier Ansatz entdeckt wurde. Weil aber das Gehirn nicht zwischen faktischem und imaginärem Input unterscheiden kann, genügt ein mentales, d.h. im Kopf erscheinendes Bild, um die automatische Reaktion auszulösen und die erwünschten Ergebnisse herbeizuführen.

Maltz hat zwar hauptsächlich über die positiven Ergebnisse seines Servomechanismus geschrieben, logischerweise ist aber zu folgern, dass negative Inputs in dieses automatische System zu negativen Ergebnissen führen. Wenn dies zutrifft, und wenn der geschlossene Feedback-Kreislauf, ein Schlüsselelement kybernetischen Denkens, allmählich in seiner Negativität feststeckt, kommen auch negative Ergebnisse zustande – die Erklärung für den toxischen Kreislauf.

«Giftige» Alte haben sich offenbar im Laufe der Zeit in einem automatischen, geschlossenen, negativen Feedback-System verfangen, das sich fortlaufend selber am Leben erhält. Wenn sie nicht aufpassen, drehen sie sich endlos im toxischen Kreis. Das bedeutet, wie bereits von Gurdjieff in einem früheren Kapitel geäußert, dass nur ein schwerer Schock das System erschüttern und den gewohnten Zyklus unterbrechen kann.

10.5 Die innere Umgebung

Bei toxischen alten Menschen werden die Feedback-Kreisläufe zu negativen Reaktionsmustern, die auf den Typ der Daten und Emotionen abgestimmt sind, die sie in früher Kindheit ihrem internen System zugeführt haben. So kommt es, dass sie negative Selbstgespräche führen, als liefe ständig ein Tonband ab, und dieser laute innere Dialog eine projizierte negative Reaktion auf ihre Umwelt verursacht.

Diese Auffassung wird auch von neurobiologischen Forschungen und den Reaktionsmustern der Zellrezeptoren auf chemische Peptide, den Emotionstransmittern, bestätigt. Dabei wird gewissermaßen «Geist in Materie» transformiert (Pert, zitiert in Chopra, 1997: 3), wobei die Emotionen das Bindeglied darstellen, im Negativen wie im Positiven.

10.6 Zusammenfassung

Das Kapitel 10 enthält mehrere verschiedene Theorien, die das Konzept vom Zusammenwirken von Veranlagung und Umwelt als entscheidendem Faktor für die Persönlichkeits- und Charakterentwicklung stützen. Die Reaktionsmuster der Interaktion zwischen Individuen und ihrer Umgebung – die internen und externen Kräfte – formen die äußerlich erkennbaren Haltungen und Verhaltensformen. Beide sind wichtig. Erfolgreich alternde Menschen finden zu einem integrierten Gleichgewicht, ein Zustand, der für toxisch Alternde scheinbar unerreichbar ist. Sie sind innerlich zerrissen zwischen ihren idealisierten Vorstellungen und den realen Gegebenheiten, sind verängstigt und fühlen sich ständig unter Druck.

Ferner wurden einige TA-Theorien vorgestellt, die zeigen, dass und wie sich individuelle Entscheidungen und Umwelt gegenseitig beeinflussen:

- Rollenbuch des Lebens/Skript – sein Zusammenhang mit Viktimisierung
- Streicheln – um emotionale Deprivation zu verhindern
- Ich-Zustände – zur Identifizierung von Persönlichkeitsanteilen
- Spiele und das Karpman-Dramadreieck – um unbewusste Transaktionen zwischen den Ich-Zuständen, die das Skript fördern, zu analysieren und zu verstehen.

Bowlbys Bindungstheorie wurde erwähnt, um seine These zu betonen, dass Kinder das Bedürfnis haben, zu lieben und geliebt zu werden und eine sichere Bindung an die Eltern brauchen. Wird dieses Bedürfnis in der Kindheit blockiert und misslingt das «Bonding», kann dies dazu führen, dass sich die Person im späteren Leben grausam verhält.

Einige Abwehrmechanismen wurden ebenfalls vorgestellt, um zu zeigen, warum sie für «giftige» Alte ein Mittel sind, ihre gestörten Selbstbilder und ihre Toxizität aufrecht zu erhalten, und warum sie fortlaufend sehr geschickt eingesetzt werden.

Die Kontrolltheorie geht davon aus, dass wir die Realität selektiv wahrnehmen, was erklärt, dass toxische alte Menschen gewisse äußere Stimuli ausblenden können und nur solche zulassen, die zu ihren Illusionen über sich selbst, zu ihrem Selbstideal, ihren Ängsten und ihrer inneren Zerrissenheit passen.

Die Kybernetik liefert das anschauliche Bild eines geschlossenen Feedback-Kreislaufs in nie endender zyklischer Bewegung. Das betreffende Individuum (der toxische alte Mensch) steckt in einem rigiden Kreislauf fest, der für jeden Input aus der Umgebung verschlossen ist, weshalb die Integration von Veranlagung und Umwelt kaum gelingen kann. Dieses Grundkonzept wird von der Neurobiologie bestätigt, deren Forschungsergebnisse zeigen, dass Ganzheit offenbar nur gelingt, wenn angeborene und anerzogene Faktoren verbunden sind, wenn die Systeme, zusammen mit den emotionalen Botenstoffen, eins werden.

Teil IV
Was tun? Können wir intervenieren und negative Überzeugungen aufdecken?

Glück ist ein Geschenk; pack' es aus, dann gehört es dir!

Unbekannt

11 Was Fachleute raten

Ich schaff' es nicht mehr!

Ich bin am Ende meiner Weisheit.

Bitte, helfen Sie mir!

Wenn nur irgend jemand verstünde, was ich durchmache! Wenn es nur ein paar Antworten, ein paar Vorschläge, ein paar Lösungen gäbe...

Von erwachsenen Kindern toxischer alter Menschen an Sie gerichtete, unter Tränen hervorgestoßene Sätze.

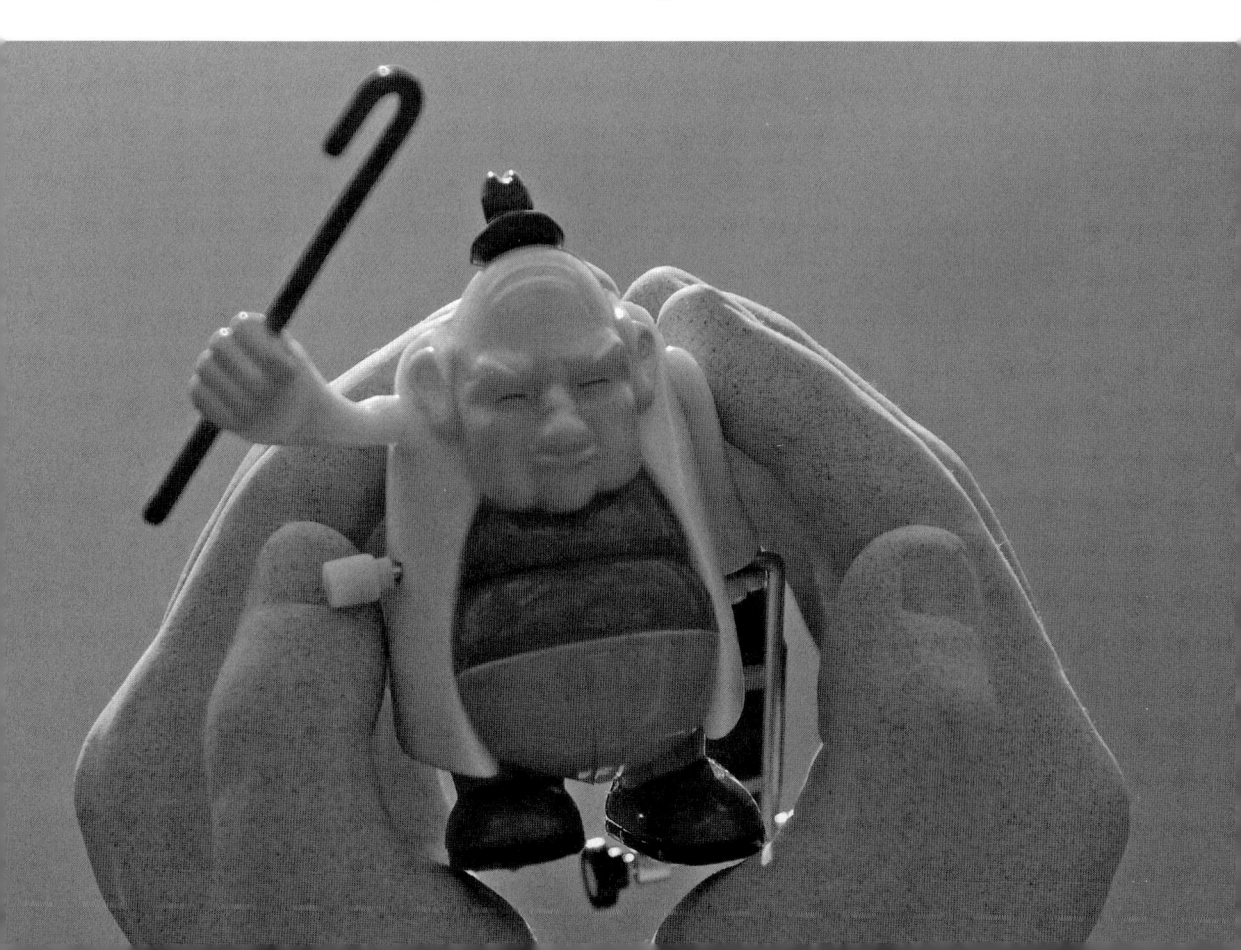

Vor Ihnen sitzt die deprimierte, wütende, entmutigte, verbitterte Tochter einer toxischen Mutter oder eines toxischen Vaters, sie fühlt sich schuldig, ist innerlich aufgewühlt, völlig ausgelaugt und verzweifelt. Sie ist nicht Ihre Klientin. Sie haben sie nicht einbestellt und um ein Gespräch gebeten. Wie reagieren Sie? Worin besteht Ihre Verantwortung? Können Sie ihr behilflich sein?

Ja, Sie können ihr helfen. Das ist Ihre Stunde. Jetzt sind Sie gemeint. Sie sind verantwortlich. Man nennt es Krisenintervention. Wer so frustriert und wütend ist, läuft Gefahr, den alten Menschen zu misshandeln. Wenn die Situation einer Betreuungs- oder Pflegeperson so belastend und ihre Erschöpfung so groß ist, wenn ihre persönlichen Stressgrenzen überschritten sind und sie sich nicht mehr unter Kontrolle hat, sind verbale, emotionale und körperliche Misshandlung, ja sogar die Veruntreuung von Vermögen nicht weit.

Psychisch gesunde Menschen gehen toxischen möglichst aus dem Weg. Sie weigern sich, emotional zu leiden. Sie weigern sich, täglich Klagen, Angriffen und Abwehrmechanismen ausgesetzt zu sein. Sie können sich schützen und lassen sich von der Toxizität nicht anstecken. Gesunde wissen – und haben dieses Wissen meist schmerzlich erworben – dass toxisches Verhalten, toxische Gedanken, Empfindungen und Haltungen innere Spannungen und Krankheit auslösen und zum körperlichen und seelischen Zusammenbruch führen können. Christiane Northrup (Juli, 1996) belegt diese Zusammenhänge eindeutig und erweitert das Konzept mit der Aussage: «In der neueren Forschung gelten toxische Emotionen als Schlüsselfaktoren für die Entwicklung von Krebs, Herzerkrankungen, Arthritis und Schlaganfällen» (S. 3).

Deshalb ist es oft verständlich, dass erwachsene Kinder den Kontakt zu einem toxischen Elternteil abbrechen, mag ihr Tun auch kalt und verantwortungslos wirken. Vermutlich geht es ihnen ums Überleben. Sie haben einfach die Nase voll. Sie dagegen sind eine Fachkraft, haben einen Dienstleistungsberuf ergriffen, sind vielleicht zudem professionell Pflegende und können den Kontakt nicht einfach abbrechen. Der Umgang mit alten Menschen ist Ihr Beruf. Ein Teil Ihres Klientels wird toxisch sein. Viele sind alleinstehend. Wenn nicht, werden Sie wahrscheinlich Bekanntschaft mit dem Co-Opfer in der Familie machen. Ihr Arbeitsauftrag lautet zwar anders, dennoch müssen Sie die betreuende Tochter oder den betreuenden Sohn, das Co-Opfer, in ihre Behandlungspläne einbeziehen, wenn Sie die toxische Person in Ihrer Obhut tatsächlich effektiv betreuen und mehr als Krisenintervention leisten wollen.

Vielleicht sind Sie als Fachkraft für die Behandlung und Betreuung alter Menschen dem Konzept der «giftigen» Alten noch nicht begegnet. In dem Fall besteht Ihre wichtigste Aufgabe darin, zu verstehen, womit Sie es zu tun haben, Toxizitätssymptome zu bemerken, sich professionelle Unterstützung zu holen (möglichst eine Gruppe), sowie angemessene Techniken zu erlernen und anzuwenden. Sie müssen liebevolle Zuwendung und professionelle Distanz im Gleichgewicht halten, standfest sein, und stets freundlich aber bestimmt auftreten. Vor allem aber müssen Sie, falls Ihre Eltern toxisch waren, um die eigene Toxizitätsgefährdung wissen. Akzeptieren Sie verborgene Tendenzen und bearbeiten Sie Ihre latente Toxizität, weil Sie sonst nicht wirklich helfen können und Gegenübertragungen fördern. Ist dies nicht möglich, geben Sie die Betreuung Ihrer toxischen Klientin oder des toxischen Klienten in andere Hände.

Die hier genannten Punkte sind wichtig, entscheidender noch für alle, die mit toxischem Klientel zu tun haben – sei es mit einer alten Mutter, einem alten Vater, mit der 60-jährigen Tochter oder dem erwachsenen Sohn (die womöglich ebenfalls toxisch sind) – ist: Sie müssen gut für sich selber sorgen. Das bedeutet, sich jeden Tag etwas Gutes tun und ein Wohlfühlprogramm absolvieren, damit Selbstwertgefühl und Selbstvertrauen nicht leiden. Mit dieser Strategie lässt sich am ehesten vermeiden, für toxische Spiele geködert zu werden. Ein Ombudsmann äußerte sich dazu folgendermaßen: «Nach jahrelangem Versuch und Irrtum habe ich endlich gemerkt, dass ich meinem Klientel am besten helfe, wenn ich selbstsicher auftrete und meine eigenen Grenzen setze.»

11.1 Behandlung

Ich verwende diesen Begriff unspezifisch, weil Toxizität im traditionellen Sinne des medizinischen Heilungsmodells nicht behandelbar ist. «Giftige» Alte werden nicht wieder «gesund». Bei fortgeschrittener Toxizität ist das Muster so eingeschliffen und dem alten Menschen so wenig bewusst, dass Verleugnung eine Heilung verhindert. Heilung findet nur statt, wenn sich die toxische Person selber innerlich entschließt, den mühevollen Weg zu gehen. Dazu muss ihr Wunsch sehr stark und ihre Motivation überdurchschnittlich hoch sein (siehe Kap. 13).

Die Behandlung, sofern es überhaupt eine gibt, erfolgt am besten durch pflegende oder betreuende erwachsene Kinder. Sie, die Co-Opfer, haben die Macht und die Möglichkeit, den Kreislauf toxischer Spiele und Feedbacks zu durchbrechen. Wenn sie sich jeden Tag aufs Neue dazu durchringen, die Spiele zu stoppen (sie werden immer zu zweit gespielt) und auf die Köder ihrer Eltern anders zu reagieren, können Töchter und Söhne das interaktive Verhaltensmuster aufbrechen. Dies erfordert Einsatz, Standfestigkeit und Ausdauer, doch mit professioneller Unterstützung und Anleitung sind sie als Einzige in der Lage, den destruktiven Transaktionen Einhalt zu gebieten, ihre negativen Auswirkungen zu reduzieren und damit zu verhindern, dass Toxizität auf die dritte Generation übertragen wird.

11.2 Ausbildung

Weil in der herkömmlichen Berufsausbildung das Thema Alterstoxizität bislang nicht berührt wird, habe ich erfahrene Fachkräfte in der Altenarbeit gebeten, aus ihrer langjährigen Praxis zu berichten. Ihre Erkenntnisse, praktischen Tipps, Informationen und spezifischen Techniken haben sich im Umgang mit toxischen alten Menschen bewährt und geholfen, ihnen Grenzen zu setzen und sich selber abzugrenzen.

Bitte vergessen Sie trotzdem nicht, dass jeder toxische alte Mann, jede toxische alte Frau einmalig ist. Alle, die mit der Behandlung und Pflege toxischer alter Menschen betraut sind und von diesen emotional missbrauchenden Leuten herausgefordert werden, sind verpflichtet zu experimentieren, bis sie Techniken gefunden haben, die zu ihrer eigenen Persönlichkeit sowie zur Persönlichkeit und zum Ausmaß der Desintegration ihres toxischen Klienten oder ihrer Klientin passen.

11.3 Grundregeln

Die Arbeit mit «giftigen» Alten ruht auf drei Säulen:

- Selbsterkenntnis
- Sachkenntnis
- Kenntnis geeigneter Interventionsstrategien.

11.3.1 Selbsterkenntnis

Erforschen Sie Ihre eigene Geschichte, bevor Sie mit toxischen alten Menschen arbeiten. Ich habe das versäumt. Der Gedanke, dass meine 35-jährige Berufserfahrung vielleicht nicht ausreichen könnte, kam mir gar nicht in den Sinn. Schließlich hatte ich doch gelernt, mich abzugrenzen! Dass ich als Tochter einer toxischen Mutter besonders anfällig bin für Toxizität, war mir überhaupt nicht bewusst.

Wenn ich über meine Berufslaufbahn nachdenke, frage ich mich, wie sie wohl verlaufen wäre, wenn ich von Anfang an über Toxizität informiert gewesen wäre, wenn ich die entsprechende Sachkenntnis gehabt und meine eigenen toxischen Tendenzen erkannt hätte. Anstatt Co-Opfer zu werden und der Toxizität meiner Mutter neue Nahrung zu geben, hätte ich meine Wahrnehmungen in eine andere Richtung lenken, mich emotional distanzieren und sie als Klientin sehen und behandeln können, nicht als Mutter. Vielleicht wäre ich dann wieder objektiver geworden. Weil ich aber keine Ahnung hatte, kam was kommen musste: Ich ließ mich ködern und spielte ihre Spiele mit. Schließlich hatte ich Übung und war bereits allzu viele Jahre gewohnt, Teil des toxischen Kreislaufs zu sein. Als Tochter war ich genau so anfällig für toxische Spiele wie jede andere Person auch. Da half auch meine Berufsausbildung nicht. Ich kannte mich selber nicht und wusste nicht, was es heißt, toxisch zu sein.

Ich war damit allerdings nicht allein. Eine der Ehe- und Familienberaterinnen, die ich für dieses Buch interviewt habe (Kap. 5), berichtete mir von zwei befreundeten Sozialarbeiterinnen mit toxischen Müttern. Die erste Freundin kam erst nach dem Tod ihrer Mutter innerlich zur Ruhe, nachdem das Spiele-Dreieck zerbrochen war. Die Situation hatte sich so zugespitzt, dass sie einen ganzen Monat lang arbeitsunfähig war.

Die zweite Freundin hatte kürzlich ihr Studium der Sozialen Arbeit erfolgreich abgeschlossen und verzweifelt versucht, ihre Mutter zufrieden zu stellen und glücklich zu machen. Obwohl sie all ihr persönliches und berufliches Wissen aufbot, fand sie keine Lösung. Sie fühlte sich zunehmend schuldig, und das steigerte ihre Hilflosigkeit. Dazu kam, dass sie nicht darüber reden konnte. Als Fachfrau sollte sie der Situation doch wohl gewachsen sein, dachte sie, war sich dabei aber der eigenen emotionalen Erschöpfung nur allzu bewusst.

11.3.2 Sachkenntnis

Klient oder Klientin verstehen
«Giftige» Alte suchen Beachtung, wenn sie feststellen, dass ihr negatives Coping und die kontrollierten Manipulationen nicht mehr funktionieren, wenn sie merken, dass ihre alten Strategien – die einzigen, die sie kennen – nicht mehr effektiv sind. Dann realisieren sie, dass sie auch mit ihren Gefühlen nicht mehr zurechtkommen. Weil sie starr an alten Verhaltensweisen festhalten und sich nicht ändern können, gebärden sich toxische alte Menschen wie verzweifelte Kinder: Sie beschweren sich lautstark oder ziehen sich zurück. Die Frage lautet nun, wann intervenieren Sie, und wenn ja, wie?

Grad der Störung
Bevor irgendwelche Maßnahmen ergriffen werden, ist sorgfältig zu prüfen, welche Störung vorliegt. Schwieriges Verhalten lässt sich in drei Grade unterteilen:

1. *Anpassungsprobleme:* Anzeichen von Trauer, Depression, Angst, körperliche Beschwerden, Wut, Rückzug oder schlechtes Benehmen; solche Symptome sind meist auf die Unfähigkeit zurückzuführen, sich nach einem traumatischen Ereignis, einem einschneidenden Verlust oder einem identifizierbaren psychosozialen Stressor innerhalb eines angemessenen Zeitraums den neuen Umständen anzupassen.
   Dabei handelt es sich *nicht* um Toxizität. Hier kann mit traditionellen Ansätzen behandelt werden, wie mit Empathie, aktivem Zuhören, Case-Management, Beratungsgesprächen, Workshops oder einer Selbsthilfegruppe.
2. *Zeitlebens vorhandene Maladaptation und Toxizität:* Opferhaltung, die auf frühkindliche negative Interaktionen zwischen dem Kind und seinen wichtigen Bezugspersonen sowie auf angeborene toxische Tendenzen zurückzuführen und zum Muster geworden sind.
3. *Persönlichkeitsstörung:* Überwiegend im DSM-IV (APA, 1994) genannte Klassifikationen, wie paranoide, schizoide, antisoziale, dramatisierende, zwanghafte Persönlichkeitsstörungen sowie Borderline-Persönlichkeitsstörung, die Psychotherapie und Medikation erfordern.

Verschaffen Sie sich Klarheit darüber, womit Sie es zu tun haben; das ist der erste und wichtigste Schritt. Finden Sie anschließend heraus, was akut und längerfristig zu tun ist, und gehen Sie dann zuversichtlich ans Werk.

Leitlinien
Als Fachkräfte für Gerontologie, professionell Pflegende und Betreuende von erwachsenen Kindern toxischer Eltern sollten wir uns noch einmal ein paar grundlegende Tatsachen unseres Arbeitsbereichs vor Augen führen.

1. *Konzentrieren Sie sich auf Coping und Management; versuchen Sie nicht, die Dinge in Ordnung zu bringen und zu «heilen».* Der toxische Aufruhr spielt sich im Inneren ab. Es handelt sich dabei nicht um ein körperliches Leiden, vielmehr um eine negative psychische Energie. Die Opferhaltung ist eine destruktive Kraft, die letztlich alle erfasst, den toxisch alternden Menschen sowie sämtliche Personen, die er psychologisch beeinflussen und in seine Falle locken kann. Toxizität löst sich nur auf, wenn sie als solche erkannt und bewusst wird. Ist der betroffene alte Mensch allerdings nicht bereit, die eigene Toxizität zu bemerken, sie anzuschauen, anzunehmen und zu integrieren, ist die Wahrscheinlichkeit, dass er zur Ganzheit findet und inneren Frieden erlangt, gering.
2. *Machen Sie sich klar, dass alle Menschen toxische und fürsorgliche Qualitäten besitzen.* Greenwald (1969) geht davon aus, dass alle Individuen über innere, einmalige, intrapsychische Muster verfügen, die es ihnen gestatten, bestimmte Eigenschaften zu entwickeln. Jeder Mensch kann gut für sich sorgen oder aber toxisches Verhalten wählen. Mit anderen Worten: Wir können entscheiden, wie wir auf das Leben reagieren, ob wir liebevolle Gewinner oder toxische Verlierer werden.
3. *Betrachten Sie toxische alte Menschen mit anderen Augen – das ist der Schlüssel.* Zugegeben, ein mühsames, nie endendes Unterfangen. Wenn es Ihnen aber nicht gelingt, den Standpunkt zu wechseln und Ihr toxisches Klientel anders zu sehen – nämlich als eine Gelegenheit zu lernen und zu wachsen – bleibt es für immer ein Problem.
4. *Begreifen Sie, was es heißt, mit toxischen Menschen zu arbeiten.* Sie haben es mit «Schattenenergie» zu tun, und das bedeutet, die Tatsache zu akzeptieren, dass es

kaum sichtbare Resultate geben wird. Sie sind für das Verhalten oder die Emotionen der toxischen Person *nicht* verantwortlich. Es ist deren Entscheidung. Nehmen Sie eine professionelle Haltung ein, bleiben Sie distanziert und objektiv, handeln Sie ausgewogen, indem Sie sich fürsorglich zeigen, ohne persönlich verwickelt zu sein.

5. *Lassen Sie sich nicht «ködern» und zu toxischen psychologischen Spielen verleiten.* Psychologische Spiele werden immer zu zweit gespielt. Wenn Sie sich darauf einlassen – ob bewusst oder unbewusst – trifft Sie die gleiche Verantwortung wie die andere Partei.
6. *Widerstehen Sie dem Sog der Schuldgefühle:* Toxische Menschen verstehen es bekanntlich meisterhaft, anderen Leuten, die dafür empfänglich sind, Schuldgefühle zu machen. Das sehr verführerische Spiel heißt: *Ich armer Teufel – Jetzt hab' ich dich endlich, du Schweinehund.* Wappnen Sie sich gegen diese passiv-aggressiven Manipulationen. Schuldgefühle sind eine Sache der Entscheidung.
7. *Versuchen Sie nie, einen toxischen alten Menschen glücklich zu machen.* Glücklich machen wir uns selber. Der Versuch, jemanden anderen glücklich zu *machen*, ist zum Scheitern verurteilt. Wer dieser Versuchung unterliegt – insbesondere in Fällen voll ausgeprägter Alterstoxizität – lässt sich auf einen Teufelskreis aus ständiger Anstrengung und Ablehnung ein.
8. *Vergessen Sie nicht, sich täglich etwas Gutes zu tun; das ist Ihre Hauptaufgabe.* Eigentlich liegt es auf der Hand, dass Sie der Umgang mit einer echt toxischen Person (ob alt oder nicht) überfordert, wenn Sie niedergeschlagen, erschöpft oder verärgert sind oder an ihre Grenzen stoßen. Bitte entnehmen Sie dem Kapitel über Selbsthilfe ein paar spezifische Erholungs- und Wohlfühltechniken.
9. *Machen Sie sich bewusst, dass toxische alte Menschen «bedingungslose Liebe» brauchen; das ist vermutlich die Grundvoraussetzung für Veränderung.* Sie lechzen danach, ohne es zu wissen. Ironischerweise machen sie es anderen schier unmöglich, sie zu lieben, indem sie alle positiven Streicheleinheiten zurückweisen, um ihre negative Energie zu erhalten und ihrem Skript gemäß zu leben. Trotzdem: Lieben Sie die toxische alte Frau, den toxischen alten Mann. Bedingungslose Liebe muss nicht erwidert werden, um Wirkung zu zeigen.

11.3.3 Kenntnis geeigneter Interventionsstrategien

Oft ist es am klügsten, Berufskolleginnen und -kollegen zu beobachten, ihnen zuzuhören und von ihnen zu lernen. Es folgen nun einige Tipps, die sich in der Praxis bewährt haben. Weitere Strategien und Techniken werden im Kapitel 12 vorgestellt.

Naomi Feils Methode der Validation
Feil (1992a; dt.: 2005) hat im Laufe der Jahre mehrere effektive Methoden für den Umgang mit gebrechlichen und schwierigen hochbetagten Menschen entwickelt und deren Verhalten in verschiedene Stadien eingeteilt (siehe Kap. 9).

Der überwiegende Anteil ihres Klientels hat das Frühstadium der Maladaptation, wie Feil und Erikson es nannten – ich nenne es frühe Toxizität – bereits hinter sich gelassen und das Stadium der Desorientierung erreicht. Weil das Stadium der Desorientierung, mit seinen unerledigten Lebensaufgaben, dem Stadium fortgeschrittener Alterstoxizität gleicht, sind Feils Tipps für die Arbeit mit mangelhaft orientierten hochbetagten Menschen auch für den Umgang mit alterstoxischen Menschen wertvoll.

Ich interpretiere und formuliere Feils Validationsprinzipien so:

1. Vorweg: Desorientierte (oder toxische) alte Menschen *müssen* ihren Heilungsprozess selber initiieren! Sie lassen sich nicht «heilen»; das ist einer meiner Standardsätze.
2. Wer mit mangelhaft orientierten (oder toxischen) Menschen umgeht, muss vorher die eigenen Verletzungen oder die eigene Abwehr kennen und verarbeiten. Erst dann kann die Arbeit beginnen.
3. Zentrieren Sie sich. Stellen Sie Ihre Gefühle zurück.
4. Nehmen Sie mangelhaft orientierte (bzw. toxische) Personen erst einmal wie sie sind, um sie dann zu identifizieren. Sagen Sie sich: «Oh, ein Beschuldiger» oder «ein Jammerer». Mit dieser Taktik verstehen Sie besser, mit wem Sie es zu tun haben, und können sich dann leichter für einen geeigneten Ansatz entscheiden.
5. Achten Sie sorgfältig auf die nonverbalen Äußerungen der desorientierten Klientin oder des desorientierten Klienten (bzw. des toxischen alten Menschen). Sie sind so geübt darin, verbale Abwehrmechanismen einzusetzen, dass ihre Körpersprache eher verrät, was in ihrem Inneren vorgeht. Stimmlage, Lautstärke und Sprechtempo übermitteln wertvolle Botschaften, ebenso informativ sind Mimik, Körperbewegungen und Gestik. Solche Beobachtungen sind besonders wertvoll, weil sie helfen, ihren Schutzpanzer zu durchbrechen.
6. Stellen Sie keine Fragen. *Hören Sie zu! Beobachten Sie!*
7. Suchen Sie nach einem realen Punkt im Inneren der desorientierten (oder toxischen) Person, an den Sie anknüpfen können.
8. Lügen Sie Ihren Klienten oder Ihre Klientin nie an. Kommunizieren Sie offen und ehrlich.
9. Seien Sie freundlich aber bestimmt. Setzen Sie Grenzen und halten Sie sich dann daran. Desorientierte (und toxische) Menschen respektieren selbstsichere Persönlichkeiten, die Eigenmacht ausstrahlen.
10. Führen Sie anderen vor, wie Copingtechniken funktionieren, nicht nur dem desorientierten (oder toxischen) alten Menschen, vielmehr auch allen Leuten, die mit ihm zu tun haben.
11. Schlagen Sie *keine* Gruppentherapie oder Selbsthilfegruppe vor. Desorientierte (und toxische) Menschen können mit Gefühlen nicht umgehen und würden die Gruppe nur manipulieren oder zerstören. Einzelarbeit funktioniert am besten. Ist die Person in einem frühen Stadium und noch aktiv, kann sich eine politische oder an einem bestimmten Thema orientierte Gruppe günstig auswirken, weil sie dort ihre Wut auf ein äußeres Objekt übertragen und produktiv einsetzen kann.

Empfehlungen des Recovery Movements

Um mit den verwischten Grenzen toxischer alter Menschen umgehen und ihrem zu Übergriffen neigenden Verhalten Grenzen zu setzen, hat Love (1990) eine Technik entwickelt, die sie «Zehn-Sekunden-Konfrontation» nennt. Dabei werden konfrontierende Aussagen gemacht, die kurz, spezifisch, ehrlich, direkt, klar, angemessen und von Verantwortung getragen sind. Love formuliert es so: «Sie sagen, was Sache ist und damit Schluss.» (1990: 2). Wichtig ist, dass die Aussagen mit fester und ruhiger Stimme und kongruenter Körpersprache erfolgen, damit das Gegenüber sofort weiß, dass die Worte ernst gemeint sind (vgl. Watkins 2009).

Nun sind «giftige» Alte nicht gewohnt, dass ihnen jemand selbstsicher entgegen tritt; machen Sie sich also darauf gefasst, dass sie Ihre Ernsthaftigkeit auf die Probe stellen. Setzen Sie in dem Fall die Technik der «gesprungenen Schallplatte» ein. Wiederholen Sie Ihre Erklärung nur mit fester Stimme und überzeugender Körpersprache wörtlich oder mit anderen Worten und halten Sie dabei direkten Blickkontakt. Wenn Ihr Gegenüber nach dreimaliger Wiederholung nicht einlenkt oder ärgerlich wird, wenden Sie einfach eine andere Methode an.

Es folgen nun ein paar Beispiele für konfrontierende Aussagen, die Ihre Klientinnen und Klienten respektieren werden, wenn sie spüren, dass Sie ihnen wohlgesonnen sind. Natürlich ist es am besten, eigene Formulierungen zu entwickeln.

- Frau Müller, ich habe den Eindruck, Sie wollen nur Verwirrung stiften. Ich werde unsere Besprechung auf Mittwoch verschieben, dann können wir ein paar Dinge entscheiden.
- Unterbrechen Sie einen toxischen Klienten, der sich allzu lautstark beklagt, sprechen Sie ihn mit Namen an und sagen Sie mit fester Stimme: «Herr Rücker, Sie haben sich jetzt 15 Minuten lang sehr laut beklagt. Ich weiß nun gar nicht, was Sie von mir wollen. Hier sind Stift und Papier. Bitte schreiben Sie eine Wunschliste. Ich bin in fünf Minuten wieder bei Ihnen, dann können wir sie zusammen durchgehen.»
- Ruft die Klientin oder der Klient bereits zum dritten Mal oder noch öfter an, um zu schimpfen und Ihre Fähigkeiten negativ zu kommentieren, erwidern Sie höflich aber bestimmt: «Es tut mir leid, dass Sie diesen Eindruck haben. Bitte wenden Sie sich direkt an meine Chefin. Einen Moment bitte...». Telefonieren Sie dann schnell mit Ihrer vorgesetzten Stelle, um sie über die Situation zu informieren und eine Strategie zu entwickeln. Wer mit toxischen alten Menschen arbeitet, ist auf die Unterstützung des Teams angewiesen.

Erwarten Sie keinesfalls schnelle positive Ergebnisse. Die Neuordnung Ihrer Beziehungen wird Zeit, Geduld, Experimentierfreude und Risikobereitschaft brauchen. Darüber hinaus müssen Sie sicherstellen, dass Ihre Vorgesetzten wissen, dass Sie eine toxische Person betreuen, damit Sie sich von unrealistischen Erwartungen nicht unter Druck gesetzt fühlen. Arbeiten Sie mit dem ganzen interaktiven Umfeld der toxischen Person, also mit den Angehörigen und dem Seniorenzentrum, um zu verhindern, dass sie irgend einen anderen Mitspieler oder eine andere Mitspielerin findet. Auf lange Sicht gesehen ist dieses Vorgehen entschieden wirksamer, als bloße Krisenintervention.

Ratschläge erfahrener Fachkräfte

Einige Fachpflegekräfte für Gerontologie mit langjähriger Berufserfahrung und verschiedene Dienstleistungseinrichtungen (siehe Kap. 5) waren gerne bereit, ihre in vielen Jahren durch Versuch und Irrtum erworbenen Kenntnisse weiterzugeben, in der Hoffnung, anderen die quälenden Schwierigkeiten ihrer eigenen beruflichen Anfänge zu ersparen. Viele der befragten Personen waren in Seniorenzentren und öffentlichen Einrichtungen tätig oder hatten in anderen Zusammenhängen viel mit alten Menschen zu tun. Allen gemeinsam war das Bestreben, die Störungen in Grenzen zu halten. Es war einfach zweckmäßiger, Begegnungen mit diesen unangenehmen alten Leuten zu vermeiden, ihnen aus dem Weg zu gehen, sie abzublocken oder ganz einfach des Hauses zu verweisen. In ausgeprägten Fällen, und wenn alle anderen Interventionen fehlschlagen, greift man auch heute noch zu dieser Taktik. Schließlich sind Zeit und Kräfte begrenzt und müssen andere Teilnehmende geschützt werden.

Um wirklich effektiv zu sein und bei schwierigen alten Männern und Frauen tatsächlich etwas zu erreichen, müssen ihre toxischen Muster in Erfahrung gebracht, muss ihr Vertrauen gewonnen und mit unterschiedlichen Methoden experimentiert werden, bis der individuell passende Weg gefunden ist. Weil kein alter Mensch wie der andere ist, und auch Pflege- und Betreuungskräfte unterschiedlich sind, muss es auch verschiedene Lösungsansätze geben, je nachdem, welche Persönlichkeiten oder Situationen betroffen sind, und je nach Intensität und Frequenz der Kontakte. Für alle gilt jedoch der oberste Grundsatz, dass von Anfang an konsistente und feste Regeln eingeführt sowie klare Grenzen gezogen und eingehalten werden müssen; beides Strategien, die an die Wichtigkeit von Prävention erinnern.

Erfahrene Fachkräfte geben uns folgende gute Ratschläge:

- Halten Sie Ihre eigene Wut fest unter Kontrolle, das ist am allerwichtigsten.
- Sprechen Sie direkt und zur Sache und übernehmen Sie die Führung.
- Verschwenden Sie keine Zeit und Energie auf Versuche, vernünftig mit ihnen [den toxischen alten Menschen] zu diskutieren.
- Treten Sie bestimmt auf, setzen Sie Grenzen und sprechen Sie streng, wenn es sein muss.
- Zentrieren Sie sich.
- Sprechen Sie die Person stets mit Namen an.
- Gestatten Sie toxischen Menschen, ausführlich ihre Meinung zu äußern, bis sie erschöpft sind, und sich ihre negative Energie allmählich auflöst.
- Glauben Sie nicht, die Ursache ihrer Probleme zu sein; nehmen Sie ihre Wutausbrüche nicht persönlich.
- Bleiben Sie so weit auf Distanz, dass sie nicht persönlich tangiert werden und womöglich Ihre Objektivität verlieren.
- Vergessen Sie nicht: Toxische alte Menschen können nicht nur sich selber, vielmehr auch Sie «fertig machen»... sie haben keinerlei Einsichtsfähigkeit.
- Nehmen Sie sich Auszeiten; gehen Sie weg, wenn nötig und möglich.
- Bitten Sie eine Kollegin oder einen Kollegen um Ablösung, wenn Sie gerade einen schlechten Tag haben.
- Finden Sie heraus, was sie interessiert, versuchen Sie, ihre Neigungen zu berücksichtigen, oder geben Sie ihnen «richtige» Arbeit zu tun.
- Wechseln Sie häufig die Freiwilligen oder das Personal, das mit ihnen arbeiten muss.
- Wenn sie wütend und frustriert vorsprechen, warten Sie ab, bis sie sich von selber beruhigen, versuchen Sie, das Problem zu ermitteln und sorgen Sie dafür, dass sie sich an die richtige Stelle wenden.
- Informieren Sie das Pflege- und Betreuungspersonal über Alterstoxizität und führen Sie es freundlich aber bestimmt.
- Machen Sie toxischen Personen sehr klar, welches Verhalten für Sie akzeptabel ist und welches nicht.
- Falls sie an einer Gruppe teilnehmen, müssen Sie für konsequente Strukturierung sorgen und feste Grundregeln etablieren.
- Wenn sie sich nicht an die vereinbarten Regelungen halten, sich ungebührlich benehmen und keinen freundlichen Umgangston pflegen, bitten Sie sie in Ihr Büro

zu einem Vier-Augen-Gespräch. Erklären Sie ihnen dann mit ruhiger fester Stimme, dass dieses Verhalten nicht toleriert wird, und dass sie nicht mehr teilnehmen dürfen, wenn sie sich nicht ändern. Kommen sie trotzdem ins Haus, darf zum letzten Mittel gegriffen und die Polizei gerufen werden.
- Setzen Sie auf den Gruppendruck. Andere alte Leute sind oft nicht bereit, negatives Verhalten zu tolerieren.
- Schützen Sie andere Teilnehmerinnen und Teilnehmer. Konfrontieren Sie toxische Personen im Zweiergespräch; zeigen Sie sich dabei liebevoll entschlossen, damit sie merken, dass es Ihnen ernst ist: Sie müssen sich ändern und andere respektvoll behandeln. Wenn sie sich den Bedingungen nicht anpassen, werden die Dienstleistungen eingestellt.
- Rufen Sie einen Beirat aus etwa 15 bis 20 Senioren und Seniorinnen ins Leben, der sich mit der Lösung zwischenmenschlicher Probleme befasst. Zuerst werden toxische alte Menschen persönlich verwarnt. Verhalten sie sich dann anderen gegenüber immer noch respektlos, werden sie vor den Beirat zitiert. (Achtung: Bei fortgeschrittener Toxizität ist diese Methode vielleicht unwirksam.)
- Dokumentieren Sie die Zwischenfälle und informieren Sie sich genau. Konfrontieren Sie den toxischen alten Menschen mit seinem unangemessenen Verhalten und sagen Sie dabei ganz offen, an welchem Tag, zu welcher Uhrzeit und wo es stattgefunden hat. Nennen Sie Zeugen.
- Informieren Sie Ihre vorgesetzte Behörde fortlaufend über Probleme mit Ihrem toxischen Klientel. «Giftige» Alte sind schnell dabei, sich telefonisch oder schriftlich zu beschweren und für negative Beurteilungen zu sorgen. Sich von solchen Leuten einschüchtern zu lassen oder sie zu fürchten, kann tödlich sein.
- Kümmern Sie sich am Beginn Ihrer Tätigkeit um Unterstützung durch eine berufsspezifische Selbsthilfegruppe, damit Ihr Selbstbewusstsein intakt bleibt, was sich besonders dann empfiehlt, wenn Ihre Einrichtung mit zahlreichen toxischen Menschen gesegnet ist.
- Nehmen Sie ihr Verhalten nicht persönlich, streiten Sie sich nicht und vergessen Sie nie, Humor einzusetzen. Bei noch nicht allzu fortgeschrittener Toxizität wirken leichte Neckereien geradezu Wunder.

Mir selbst waren diese Tipps und Anregungen sehr hilfreich, und ich hoffe, sie sind es auch für Sie. Man kann sie sich nur durch bittere Erfahrungen und hohen Zeiteinsatz selber erarbeiten. Alle langjährigen Leiterinnen und Leiter von Senioreneinrichtungen haben zugegeben, dass sie sich anfangs extrem schwer getan haben. Die «giftigen» Alten wirkten sehr bedrohlich und einschüchternd. Diese Führungskräfte fühlten sich erst wirklich effektiv, als nichts mehr ihr Selbstvertrauen und ihr Selbstwertgefühl erschüttern konnte. Wer mit toxischen alten Menschen zu tun hat, mobilisiert ungeahnte, bislang verborgene innere Kräfte.

Tipps aus der Transaktionsanalyse
Die TA ist ein bewährtes, im vorherigen Kapitel ausführlich behandeltes Modell, dessen Schlüsselbegriffe ich jedoch hier noch einmal zusammenfassend darstellen möchte, weil die TA in meinen Augen zu den hilfreichsten und praktikabelsten Arbeitsansätzen gehört. Allen, die sich mit dieser Theorie näher befassen möchten, empfehle ich den Klassiker von Muriel James und Dorothy Jongeward *Spontan leben* (1974). Auch erwachsene Kinder toxischer Eltern können viel daraus lernen. Es liefert die theoreti-

schen Grundlagen zum Verständnis der Beziehungsdynamik und nennt mögliche Gründe für das Verhalten und die jeweiligen Transaktionen.

Für die praktische Arbeit mit «giftigen» Alten sind folgende TA-Konzepte am relevantesten:

Positive Streicheleinheiten. Sie vermitteln Wärme und Geborgenheit, bestätigen und nähren das Selbstwertgefühl oder stellen es wieder her – ein entscheidender Punkt für alle, die mit der Betreuung und Pflege toxischer alter Menschen betraut sind, aber auch für die toxische Person selbst und für ihre erwachsenen, zu Co-Opfern gewordenen Kinder. Sie sind Ausdruck spiritueller Liebe und ein Weg zur Heilung. Ehrliche, angemessene, zur richtigen Zeit und verantwortungsvoll eingesetzte Streicheleinheiten sind äußerst effektiv. Sie können aus einem freundlichen Lächeln, einer Umarmung, einer Berührung, einer netten Geste bestehen, in Form von Aufmerksamkeit, einer liebevollen Notiz oder liebevollen Blicken, eines Telefonanrufs oder eines persönlichen Treffens vermittelt werden. Am allerwirksamsten aber sind: aktives Zuhören und persönliche Präsenz, einfach für den anderen Menschen da sein. Der Schlüssel? Nicht vergessen, sich selber, Mitarbeiterinnen und Mitarbeitern und anderen Leuten Streicheleinheiten zu geben – und zwar Tag für Tag.

Rollenbücher des Lebens, Lebenspläne, Skript. Wer über die verschiedenen negativen Rollenbücher Bescheid weiß, die in der frühen Kindheit geschrieben werden, begreift und bemerkt, welches Lebensdrama toxische alte Menschen unbewusst ihr Leben lang aufführen. Sie machen uns als Fachleute darauf aufmerksam, wie viel professionelle Unterstützung toxische alte Menschen brauchen würden, sollten sie sich tatsächlich dazu entschließen, ihr Skript umzuschreiben (was unwahrscheinlich ist), und wie schwer es ist, Abwehrmechanismen und Spiele zu durchbrechen, mit denen sie ihre Opferhaltung aufrecht und den toxischen Kreislauf geschlossen halten.

Ich-Zustände. Wir können mit dem derzeit aktiven Ich-Zustand des toxischen alten Menschen nur dann Kontakt aufnehmen und unsere Botschaft vermitteln, wenn wir uns klar darüber sind, welchen eigenen Persönlichkeitsanteil (Eltern-Ich, Erwachsenen-Ich, Kindheits-Ich) wir dafür aktivieren müssen. Auf Problemlösung können wir leider nicht setzen, weil das Erwachsenen-Ich toxischer alter Menschen unterentwickelt ist. Bleibt uns im Grunde nur, von der Ebene des Fürsorglichen Eltern-Ichs aus zu arbeiten.

Das heißt, dass wir mit unseren Klientinnen und Klienten in freundlichem, aber bestimmten Ton sprechen müssen. Diese Mischung heißt «tough love». Warum? Wenn sich toxische alte Menschen wie jammernde, klagende oder rebellische Kinder verhalten, gibt es nur zwei Möglichkeiten mit ihrem Kindheits-Ich zu kommunizieren: entweder mit dem Eltern-Ich (das voreingenommen, kritisch oder fürsorglich sein kann) oder dem dazu passenden Kindheits-Ich, was jedoch weder eine effektive noch eine professionelle Reaktion wäre. (Bitte lesen Sie im Kap. 10 über TA nach.)

Psychologische Spiele. Toxische Menschen interagieren fast ausschließlich durch passiv-aggressive Spiele und halten dies für Kommunikation. Als Fachpflegeperson für Gerontologie besteht Ihre Aufgabe darin, die Spiele zu erkennen und Verstrickungen zu vermeiden. Wenn Sie plötzlich feststellen, dass Sie geködert worden sind und sich im Kindheits-Ich-Zustand befinden, machen Sie sich den Vorgang klar, versetzen Sie sich in Ihren Erwachsenen-Ich-Zustand und bleiben Sie darin. Dies wird dem Spiel automatisch ein Ende setzen. Warum? Weil unser objektives, sachliches und rationales Erwachsenen-Ich keine Spiele spielt.

Eine andere Technik besteht darin, eine überraschende Antwort zu geben (etwa der toxischen Person zuzustimmen, was im Selbstbehauptungstraining «vernebeln» heißt), die den Klienten oder die Klientin kurz sprachlos macht und Ihnen die Möglichkeit gibt, die Transaktion in eine andere Richtung zu lenken, oder, wie es der Sozialarbeiterin in folgendem Beispiel gelang, das Spiel zu stoppen. Als sie ihren toxischen Klienten fragte, warum seine Kinder ihn nicht besuchen kommen, erwiderte er schroff: «Ich will meine Kinder nicht sehen.» Worauf sie sofort einhakte: «Oh, eigentlich wünschen Sie sich Besuch von Ihren Kindern!» Nach dieser Bemerkung hielt er inne, dachte kurz nach und zeigte sich bald zugänglicher (s. Spiele stoppen, S. 208).

Selbstsicherheitstraining, Selbstbehauptungstraining
Eine der effektivsten Methoden für die Arbeit mit toxischen oder schwierigen alten Menschen wurde bereits in den 1970er Jahren entwickelt und ist bis heute noch nicht überholt: das Selbstsicherheitstraining zum Aufbau sozialer Kompetenz und zur Einübung von Selbstvertrauen (Responsible Assertion Training, ausführlich dargestellt in Kap. 12). Auch in den aktuellen Programmen öffentlicher Erwachsenenbildungseinrichtungen finden sich Kurse zum Thema Selbstbehauptung und Selbstsicherheit. Vor der Anmeldung sollten Sie sich allerdings erkundigen, auf welchem Wertesystem das Training beruht. Achten Sie auf den Begriff «Selbstbehauptung in Verantwortung», weil es auch unmoralische Ansätze gibt. Mit einer manipulativen, aggressiven und angreifenden Technik ist produktive Arbeit mit toxischen alten Menschen unmöglich. Die besten Quellen sind *Responsible Assertive Behavior* (Lange/Jakobowski, 1976), ein Werk, das sich an Leute richtet, die künftig dieses System lehren wollen, und *Assertive Options* (Jakobowski/Lange, 1979), ein ausgezeichnetes Buch für Studierende.

Dieses Verhaltenstraining lehrt nicht nur Copingfertigkeiten und Techniken für den Umgang mit schwierigen Menschen, es hilft auch zum Erwerb von Selbstachtung und Selbstsicherheit, beides Eigenschaften, die Spiele gar nicht erst aufkommen lassen. Eine selbstsichere Person, die sich der genannten Techniken effektiv bedient, vermittelt anderen sehr schnell, dass sie meint was sie sagt und nicht zu manipulieren ist. Mit ihrer Hilfe lässt sich auch die passiv-aggressive Komponente toxischen Verhaltens erkennen, denn damit zurecht zu kommen, ohne Schuldgefühle zu entwickeln, gehört sicher zu den schwierigsten Aufgaben.

Das heißt allerdings nicht, dass selbstbewusste und durchsetzungsstarke Menschen ihre Wünsche immer erfüllt bekommen. Es heißt vielmehr, dass sie genau wissen, was sie brauchen oder wollen, dass sie ihre Bitten oder Erwartungen kurz und präzise mitteilen und ihre Gedanken und Gefühle angemessen, bestimmt und verantwortlich äußern können.

Eine Sozialarbeiterin, Tochter eines toxischen Vaters, die im Laufe eines Jahrzehnts mit 40 bis 50 toxischen Personen zu tun gehabt hatte, kann als gutes Beispiel für klare, ehrliche und angemessene Botschaften gelten: Als einer ihrer toxischen Klienten eines Tages recht laut und barsch war (sie hatte ihn innerhalb von drei Wochen bereits im fünften Pflegeheim untergebracht), schaute sie ihm in die Augen und sagte ruhig aber bestimmt: «Sie verhalten sich wie ein fieser alter Mann. Ich bin von einem fiesen Mann großgezogen worden, Sie können mir also keine Angst einjagen.» Daraufhin wurde er umgänglicher.

Ein durchaus typischer Vorfall. Diese berufserfahrene Fachfrau hat gemerkt, dass sie von ihren toxischen alten Klientinnen und Klienten respektiert wird, wenn sie ihnen selbstsicher entgegen tritt, ehrlich und direkt mit ihnen spricht, fürsorglich handelt und sich nicht «wegduckt». Sie praktizierte «Selbstbehauptung in Verantwortung» und hörte zu ihrer Überraschung des öfteren von ihrem Klientel: «Sie sind die Einzige, die sich wirklich um mich kümmert.» Dennoch rät sie allen, die mit der Behandlung und Pflege toxischer alter Menschen betraut sind, dringend, professionelle Distanz zu wahren, um ihren Einschüchterungsversuchen nicht zu erliegen, weil sie uns «buchstäblich umbringen können.»

Auszeit. In bestimmten Situationen ist eine Auszeit äußerst hilfreich. Sie dient beiden Seiten zum Spannungsabbau. Ist die Auszeit vergeblich, brechen Sie das Treffen einfach ab und vereinbaren Sie einen anderen Termin. Wichtig ist, dass Sie die Situation beherrschen, ein produktives Klima und ein verlässliches Muster herstellen. Im Grunde trainieren Sie Ihre toxische Klientin oder den toxischen Klienten, angemessen auf Sie zu reagieren, und nicht umgekehrt.

Selbstsicheres und verantwortliches Verhalten wird allerdings nicht eingeübt, indem man ein Buch liest. Wir müssen uns Zeit nehmen und lernen, unsere Wahrnehmung neu zu strukturieren oder durch Rollenspiele ein anderes Verhalten zu probieren, wir brauchen Coaching und Übung. Im Kapitel 12 werden geeignete Strategien und Techniken vorgestellt.

11.4 Zusammenfassung

Um herauszufinden, mit welchen Methoden Alterstoxizität am erfolgreichsten zu begegnen ist, habe ich in diesem Kapitel auf die jahrelangen Erfahrungen unterschiedlicher Fachleute aus Forschung, Lehre und Praxis zurückgegriffen und die besten Tipps zusammengestellt. Alle geben übereinstimmend folgende Ratschläge:

- Machen Sie sich klar, womit Sie es zu tun haben.
- Informieren Sie sich über geeignete Techniken und wenden Sie sie an.
- Bleiben Sie im Gleichgewicht und wahren Sie Abstand.
- Sprechen und handeln Sie bestimmt und freundlich, im Sinne von «tough love».
- Achten Sie auf eigene Toxizitätsneigungen, besonders dann, wenn Sie einen toxischen Vater oder eine toxische Mutter hatten.
- Vergessen Sie nie, gut für sich selber zu sorgen, Tag für Tag.

Alterstoxizität lässt sich mit traditionellen Methoden nicht behandeln. «Giftige» Alte können nicht geheilt werden. Coping und Unterbrechung des toxischen Kreislaufs sind die besten Ansätze. Heilung kann nur aus dem Inneren des toxischen Menschen selber kommen.

Spezielles Training hilft bei der Arbeit mit toxischen alten Menschen. Professionell Pflegende und Betreuende müssen drei Grundregeln beachten; sie brauchen:

1. Selbsterkenntnis
2. Sachkenntnis
3. Kenntnis geeigneter Interventionsstrategien.

Es wurden drei Grade von Störungen genannt und mit neun Leitlinien beschrieben, was Arbeit mit Alterstoxizität bedeutet. Der Feil'schen Methode der Validation wurden elf Tipps entnommen. Ferner wurden Loves «Zehn-Sekunden-Konfrontation» erwähnt und die Ratschläge erfahrener Leiterinnen und Leiter von sozialen Einrichtungen wiedergegeben. Aus der TA stammen praktische Tipps zur Arbeit mit positiven Streicheleinheiten, Rollenbüchern, Ich-Zuständen und Spielen.

Ein weiterer Punkt war Selbstsicherheitstraining in Zusammenhang mit professioneller Altenarbeit. Im folgenden Kapitel geht es um spezielle Lern- und Übungstechniken.

Im Idealfall gelingt es gerontologischen Fachkräften, Alterstoxizität zu erkennen, als Katalysatoren zu wirken und zu verhindern, dass die positiven Aspekte des Alterungsprozesses – der eigentlich erfreulich und erfolgreich verlaufen sollte – von Toxizität beeinträchtigt und zerstört werden.

12 Strategien und Techniken

Beim Einsatz von Techniken ist Vorsicht geboten. Sie werden hier als mögliche zusätzliche Instrumente vorgestellt, nicht als Behandlung. Bei der Arbeit mit toxischen alten Menschen kommt es vor allem auf Ihre Persönlichkeit an, auf Dasein (*beingness*). Im besten Fall sind Sie voll eingestimmt und präsent, ein Modell heilender Liebe. Ob Sie etwas bewirken können oder nicht, ist davon abhängig, ob Sie diese alten Menschen wertschätzen, ihr Vertrauen gewinnen und ihnen nonverbal zeigen können, dass Sie wirklich an ihrem Wohlergehen interessiert sind, ob es Ihnen gelingt, die tief in ihrem Inneren verborgene spirituelle Liebe zu sehen und trotzdem standfest zu bleiben. Strategien und Techniken sind nur taktische Schritte, die den Prozess anbahnen, sind nur der erste Ansatz. Bitte denken Sie stets daran.

Dass es sich bei Alterstoxizität um die externalisierten Symptome innerer unbewusster Konflikte und Ängste handelt, wissen Sie bereits. Diese sind so sehr unterdrückt, dass nur ein Schock den Veränderungswillen des toxischen Menschen wachrütteln kann. Weil aber Veränderungen große Angst machen, werden sie gar nicht erst versucht. Infolgedessen besteht die Arbeit mit toxischem Klientel überwiegend darin, den Konflikt einzudämmen, Grenzen zu setzen, toxische Spiele zu vermeiden und sich mit dem erwachsenen Kind als Co-Opfer zu befassen. Erste Heilungsansätze sind nur möglich, wenn sich die Sichtweise verändert, wenn Sie «giftige» Alte nicht mehr als Problem empfinden, vielmehr als spannende neue Aufgabe betrachten. Wenn Sie sich auf dieses Abenteuer einlassen, werden Schwierigkeiten zur Chance, nicht zu einer Bürde, und wird der toxische Mensch zu Ihrer besten Lerngelegenheit.

12.1 Strukturierte Interventionen

Weil ich mir der heilenden Kraft veränderter Wahrnehmungen so sicher bin, warne ich vor dem Einsatz von Familieninterventionstechniken (wie sie bei Alkoholkranken angewandt werden). Gut möglich, dass sie bei manchen toxischen Menschen tatsächlich den dringend benötigten Schock auslösen. Zweifellos handelt es sich dabei um eine effektive Konfrontationsmethode zur Beziehungsklärung – sofern mit Liebe praktiziert. Allerdings frage ich mich, wie erfolgreich eine solche Intervention bei hochbetagten, hochtoxischen Menschen (und ihren in Opferhaltung und toxischen Spielekreisläufen gefangenen Co-Opfern) sein kann, angesichts der Tatsache, dass toxische Spiele stets zu zweit gespielt werden.

Dessen ungeachtet kann eine strukturierte Intervention ein machtvolles Werkzeug sein, wenn alle anderen Mittel ausgeschöpft sind. Von professioneller Handhabung kann jedoch nur gesprochen werden, wenn es nach gründlicher Vorbereitung eingesetzt wird und alle wichtigen Bezugspersonen informiert, eingebunden und eingeübt sind.

Die strukturierte Intervention ist ein Prozess, der erwachsene Kinder zwingt, sich mit ihren kollektiven Ängsten auseinander zu setzen, ihre Eltern mit der Wahrheit zu konfrontieren und wenn möglich das toxische Muster und den toxischen Kreislauf aufzubrechen, damit die Enkelkinder nicht auch noch erfasst werden. Daran ist nichts auszusetzen. Dennoch stellen sich im Hinblick auf toxische alte Menschen zwei Fragen: Können wir davon ausgehen, dass sich das Co-Opfer nicht wieder in den toxischen Kreislauf hineinziehen lässt, und lohnt es sich tatsächlich, dieses Risiko einzugehen? Die Manipulationstechniken von Menschen mit fortgeschrittener Alterstoxizität sind so ausgefeilt, dass es ihnen vermutlich gelingt, den Prozess zu stören, umzudrehen, die Märtyrerrolle zu übernehmen und die erwachsenen Kinder, insbesondere aber das Co-Opfer, mit unerträglichen Schuldgefühlen zurück zu lassen. Deshalb halte ich Aufklärung für die am besten geeignete Intervention.

12.2 Workshops

Da sich die meisten toxischen alten Menschen jedem offensichtlichen Therapieversuch verschließen, ihn zurückweisen und blockieren, ist eine direkte Behandlung meist nicht erfolgreich. Therapeutische Versuche sind nur zu empfehlen, sofern sie von der betreffenden Person gewünscht und erbeten werden. Infolgedessen besteht unsere Aufgabe darin, alle am toxischen Beziehungsgeflecht beteiligten Personen aufzuklären, insbesondere erwachsene Töchter und Söhne, die Teil des toxischen Systems sind, und mit deren Hilfe die toxischen Spiele fortgesetzt werden. Auch die Angehörigen anderer Berufsgruppen (insbesondere Fachkräfte, die selber toxische Eltern hatten), ältere Menschen, die fürchten, toxisch zu werden und bereits leicht toxische Personen müssen informiert und aufgeklärt werden. Weil die Zielgruppe so heterogen ist, sind vermutlich Workshops am besten geeignet, «unser Wissen weiterzugeben und den Leuten beizubringen, wie sie sich und anderen helfen können» (Schlossberg, 1990: 9).

Die Lehrinhalte sollen auf die individuellen Bedürfnisse der einzelnen Gruppen abgestimmt sein. Am besten funktioniert eine Mischung aus interaktiven Strategien, Techniken und Gruppenprozessen, z. B. Übungen zum Aufbau von Selbstschutz, TA, Selbstsicherheitstraining, Stressmanagement und Wohlfühlpraktiken.

Handelt es sich um einen Workshop für Personen im Frühstadium von Alterstoxizität, muss sichergestellt sein, dass sie ihren Zustand kennen und akzeptieren, freiwillig teilnehmen und lernwillig sind. Übernehmen Sie eine solche Gruppe nur, wenn die Teilnehmenden zugeben, dass sie ihr Verhalten sich selber zuzuschreiben haben, wenn sie ihre Rolle und Verantwortung akzeptieren, bereit sind, ihre Gewohnheiten zu ändern, sich anzustrengen und lieben zu lernen, wenn sie einer Gruppe vertrauen und sich unter fester Führung und liebevoller Vermittlung sicher fühlen können.

Gruppenarbeit mit gerontologischen Fachkräften und alten Menschen, die nicht toxisch werden wollen, ist leicht. Die schwierigste und bedürftigste Gruppe sind Söhne und Töchter, besonders wenn sie Co-Opfer sind. Hier können Sie viel Gutes bewirken: Sie können dafür sorgen, dass Schuldgefühle und Frustration abgebaut werden und dazu beitragen, dass die nachfolgende Generation nicht von der Toxizität angesteckt wird. Wenn es gelingt, das negative Muster aufzubrechen und alle erwachsenen Kinder mit ins Boot zu nehmen, wirkt sich die gemeinsame Kraftanstrengung für alle Beteiligten positiv aus.

12.2.1 Struktur

Die Workshops sollen so organisiert werden, dass sie den Bedürfnissen und Möglichkeiten der Gruppenleitung und der Teilnehmenden entsprechen, d. h., dass sie als zweistündige Seminare, aber auch als zwölfwöchige Kurse konzipiert sein können. Ich selber favorisiere eine Kombination aus Workshop und Selbsthilfegruppe, die sich über zweimal sechs Wochen erstreckt. Man trifft sich wöchentlich für jeweils drei Stunden, mit einer halbstündigen Pause zur Halbzeit, um den Leuten Gelegenheit zu geben, sich zwanglos kennen zu lernen und zu vernetzen. Es ist ratsam, nach dem ersten Treffen keine neuen Leute in die Gruppe aufzunehmen. Am besten hat sich eine Gruppengröße von sechs bis zehn Teilnehmenden bewährt.

Einzelgespräche vor Beginn des Workshops sind von Vorteil, wesentlich wichtiger aber ist ein anderer Aspekt: Jeder Teilnehmer und jede Teilnehmerin muss sich verpflichten, drei Monate lang regelmäßig teilzunehmen und an sich zu arbeiten. Warum? Ich habe festgestellt, dass der Veränderungsprozess mindestens drei Monate beansprucht. So lange dauert es, bis alte Gewohnheiten abgelegt und neue gefestigt sind. Erwachsene Söhne und Töchter sind ja selber gefährdet und müssen an der eigenen Toxizität arbeiten. Sie sind wesentlich motivierter, sich anzustrengen, wenn sie wöchentlich über ihre Fortschritte berichten müssen, besonders vor einer Gruppe.

Falls es zum Thema Alterstoxizität noch keinen Workshop oder noch kein vernetztes Unterstützungssystem gibt, bitte ich Sie, den Anfang zu machen. In den meisten Institutionen und Ausbildungsprogrammen wird der Umgang mit schwierigen alten Menschen nur kurz gestreift, toxische alte Menschen kommen überhaupt nicht vor. Der Lohn für Ihre Mühe: weniger Stress und Frustration.

12.2.2 Ablauf

Die Selbsthilfegruppen für erwachsene Kinder toxischer Eltern (Adult Children of Toxic Agers, ACTA) können als Modell dienen. Ich habe diese Workshops im Jahr 1992 ins Leben gerufen, nachdem mir eine betroffene Tochter geschrieben und mich dringend gebeten hatte, ihr und anderen in der gleichen Situation zu helfen.

Das Akronym ACTA wurde bewusst gewählt, weil mehrere Söhne und Töchter fürchteten, ihre toxischen Eltern könnten herausfinden, welche Kurse sie besuchen. In ihren Augen wäre es pure Dummheit gewesen, ehrlich zu sein und eine weitere Schimpftirade auszulösen. Sie hatten auch so schon genug Probleme. Im Laufe des ersten Workshops brachte es dann eine Tochter doch fertig, in festem, neckenden, aber freundlichen Ton ihrer Mutter mitzuteilen: «Ich nehme jetzt Unterricht, damit ich lerne, besser mit dir zurechtzukommen.»

Nach dem ersten Treffen verlaufen die Sitzungen meist nach dem gleichen, wenn auch flexiblen Muster. Unterrichtsteil und Selbsthilfeteil nehmen gleich viel Zeit in Anspruch. In der ersten Stunde lernt man sich gegenseitig kennen, werden die Gruppenregeln festgelegt, die Erwartungen an den Workshop ermittelt, Vertrauen und Zusammenhalt angebahnt und die persönlichen Geschichten erzählt. Die folgenden Stunden beginnen mit einer Stressreduktionstechnik, gefolgt von einem dreiminütigen Bericht jeder teilnehmenden Person über ihren in der vergangenen Woche erzielten Fortschritt. Auch der kleinste Fortschritt zählt. Vielleicht ist es einer Teilnehmerin gelungen, an ihrer Mutter etwas Positives zu entdecken? Vielleicht ist es einem Sohn gelungen, sich nicht ködern und in ein Spiel verwickeln zu lassen? Die zweite Halbzeit ist Übungen und Gruppenprozessen gewidmet; dabei werden Inhalte besprochen und Aufgaben für die kommende Woche verteilt. Dann wird ermittelt, was jeder und jede in dieser Stunde gelernt hat.

12.2.3 Inhalte

Im Workshop wird hauptsächlich über Alterstoxizität informiert und erklärt, welche Herausforderungen damit verbunden sind. Der Fokus liegt auf der interaktiven Rolle erwachsener Kinder, auf Persönlichkeitstheorien, der praktischen Anwendung von Copingstrategien sowie der Einübung von Fertigkeiten. Ferner soll es die Möglichkeit geben, einige der Theorien zu testen. Im Idealfall entstehen daraus persönliche Netzwerke und Selbsthilfegruppen.

12.2.4 Nachsorge

Sechs bis neun Monate nach Kursende wird ein Nachbereitungstreffen empfohlen, falls dies von den Teilnehmenden ausdrücklich gewünscht wird. Auch Selbsthilfegruppen, die sich über einen festgesetzten Zeitraum hinweg regelmäßig treffen, werden befürwortet. Sie unterstützen Leute, die mindestens den ersten Sechs-Wochen-Workshop absolviert haben, dabei, ihre erlernten Fertigkeiten zu festigen und ihr Selbstvertrauen und ihre Selbstliebe zu erhalten.

Entscheidend ist, dass es gelingt, einen Schutzraum herzustellen, in dem alle Teilnehmenden von sich berichten können, der ihr Selbstwertgefühl stärkt, ihr inneres Kind wahrnimmt und nährt, in dem sie Selbstbehauptung üben und einige spezifische Techniken lernen können. Schließlich sollen aus dem Workshop tragfähige Verbindungen zur gegenseitigen Unterstützung entstehen.

12.2.5 Feedback

Den Rückmeldungen zufolge sind ACTA-Workshops geeignet, Frustrationen und Schuldgefühle abzubauen und dem tief verwurzelten Gefühl eigener Unzulänglichkeit wirksam entgegenzutreten. Die Söhne und Töchter toxisch alternder Menschen fühlen sich meist sehr entlastet, wenn sie feststellen, dass es Leute gibt, die sie verstehen. Das ist für sie oft der wichtigste Teil des Kurses. Manchmal hilft bereits das Wissen, dass das Syndrom einen Namen hat. Oft äußern diese erwachsenen Kinder, dass sie erleichtert sind, weil ihnen nun bewusst ist, dass sie es mit einem emotionalen Gefängnis zu tun zu haben. Jetzt können sie sich distanzieren und schützen – ohne nagende Schuldgefühle – und genügend Energie mobilisieren, um sich zu wappnen. Auch Fachkräfte in der Altenarbeit, die toxische Eltern hatten und sich am Kursprogramm beteiligen, berichten von enormen Verbesserungen ihres Privatlebens, was sich oft auch auf ihre berufliche Tätigkeit positiv auswirkt. Ihre Arbeit mit toxischen Leuten ist dann meist außerordentlich effektiv.

Die Ergebnisse sind vielversprechend. Workshops und Selbsthilfegruppen, wie die ACTA-Gruppen, bieten erwachsenen Kindern nachhaltige Unterstützung, insbesondere in der Anfangsphase, wenn sie erstmals die Verantwortung für die Betreuung und Pflege eines toxischen Elternteils übernehmen. Sehr häufig sind ACTA-Kursteilnehmerinnen und -teilnehmer depressiv oder suizidgefährdet; dann können diese Gruppen die intensive individuelle Therapie und Medikation ersetzen oder zumindest unterstützen. Weil aber Alterstoxizität ein so verstecktes Phänomen ist, bleiben diese verzweifelten erwachsenen Kinder meist im Verborgenen, bis der Sozialdienst auf ihren toxischen alten Vater oder ihre toxische alte Mutter aufmerksam wird. Deshalb tut Aufklärung not. Auch brauchen wir neue Unterstützungsprogramme. Wenn es an Ihrem Ort nichts dergleichen gibt, ist es an Ihnen, den Anfang zu machen.

12.2.6 Warnung

Für die Arbeit mit toxischen Co-Opfern gilt, was auch für die Arbeit mit «giftigen» Alten gilt: Sie dürfen keine Spontanremissionen erwarten. Die Veränderung und Neuordnung von Beziehungen braucht Zeit, Geduld, Experimentier- und Risikofreude. Eine Frau hat zu mir gesagt: «Es geht langsam, aber ich sehe kleine Fortschritte. Allmählich wird mir klarer, was ich brauche und möchte, ich kann mich angemessen selbstsicher mitteilen und Grenzen setzen. Ich glaube meine Mutter ist genauso verblüfft wie ich.»

Sie werden bei vielen Co-Opfern auch feststellen, dass sie ganz generell ihrer alten Konditionierung, ihren Verhaltensmustern und Erwartungen nachtrauern, vor allem aber den Spielen, die ihr Zeitvertreib waren. Als Gruppenleitung ist es Ihre Aufgabe, diesen psychischen Vorgang zu erkennen und anzuerkennen. Er verläuft ganz unterschiedlich, doch wenn sich eine Teilnehmerin oder ein Teilnehmer erschüttert, wütend, gelangweilt oder depressiv zeigt oder mit Rückzug reagiert, sollten Sie ihr oder ihm helfen, diese Gefühle wahrzunehmen, den Schmerz zu fühlen und dann zu verarbeiten. Sie müssen sich von dem Gedanken verabschieden, ihre toxischen Eltern verändern und aus ihnen die liebevollen Eltern machen zu können, die sie als Kind gerne gehabt hätten. Weil diese Erkenntnis schmerzlich ist, langsam reift und nur allmählich akzeptiert wird, brauchen die Leute Trauerbegleitung.

12.2.7 Literatur

Zwei Werke, aus denen erwachsene Kinder und Co-Opfer viel lernen können, sind inzwischen Bestseller. Im Jahr 1973 hat Jerry Greenwald *Be the Person You Were Meant to Be* geschrieben, meines Wissens das erste Buch über das Thema Toxizität. Susan Forward schrieb *Vergiftete Kindheit: Vom Missbrauch elterlicher Macht und seine Folgen* (1989) sowie *Emotionale Erpressung: Wenn andere mit Gefühlen drohen* (1997). Alten Eltern werden nur wenige Seiten gewidmet, doch die Grundkonzepte sind für alle Altersstufen anwendbar und deshalb eine gute Ergänzung zu diesem Buch.

Im zweiten Teil ihres Werks erklärt Forward spezifische Techniken und Strategien zur Befreiung von selbstschädigenden Mustern und Viktimisierung. Sie nennt spezifische Übungen, die es erleichtern sollen, toxischen Eltern entgegenzutreten, denn dies ist die schwierigste Aufgabe, die erwachsene Kinder bewältigen müssen, zugleich aber die befreiendste.

Ich persönlich neige dazu, erwachsene Kinder toxischer Eltern zu ermuntern «den Kampf einzustellen», wie auch Susan Forward im Vorwort (1989) schreibt. Für mich bedeutet dies, die Co-Opfer dabei zu unterstützen, ihr Leben selber zu bestimmen, Grenzen zu setzen, fest zu bleiben und sich zu behaupten, sich über die Beziehung klar zu werden, sich selber zu vertrauen und keine psychologischen Spiele zu spielen. Es bedeutet, den Söhnen und Töchtern zu empfehlen, ihre Eltern als Klientel oder Kranke zu sehen, ihre eigene Rolle als emotional gefangenes Kind abzulegen und in die Rolle einer professionellen Kraft zu schlüpfen, die ihren Dienst liebevoll versieht. Es bedeutet, erwachsenen Kindern beizubringen, nicht mit blinder Subjektivität zu reagieren, sondern so lange im Erwachsenen-Ich- und im Fürsorglichen Eltern-Ich-Zustand zu verharren, bis sie objektiv verständnisvoll sein können. Es bedeutet, sie zu ermuntern, die guten und schönen Seiten ihrer Eltern zu entdecken und sich auf ein Abenteuer, eine interessante Herausforderung einzulassen.

12.3 Eine schwierige Aufgabe

Die Töchter und Söhne toxischer Eltern zu ermuntern, ihren Schmerz in eine interessante Herausforderung zu transformieren, kann eine Aufgabe sein, die *Sie* herausfordert. Auf die Frage, welche Copingtechniken sie üblicherweise einsetzen, werden Sie überwiegend von negativem Coping hören, eigentlich mehr von Überlebensversuchen. Die Mehrzahl erwachsener Kinder weiß sich einfach nicht zu helfen, verstrickt sich bei jedem Anlass erneut im toxischen Netz und greift zu unterschiedlichen Strategien, wobei Vermeidung und Flucht ihre beliebtesten Taktiken sind.

Hier einige beispielhafte Zitate:

Ich habe sie möglichst selten besucht.

Ich habe das Telefon ausgesteckt.

Ich habe einen Anrufbeantworter gekauft, damit ich mir ihr Gejammer und ihre Klagen nicht anhören muss.

Ich habe immer nur oberflächliche Gespräche geführt und Situationen vermieden, die erfahrungsgemäß ihren Zorn auslösen. Sie war nämlich herzkrank.

Ich habe lügen gelernt. Ich sage ihr nie, wie es mir wirklich geht. Manchmal behaupte ich, arbeiten zu müssen, nur damit ich mal einen Tag Ruhe habe.

Keines dieser erwachsenen Kinder fühlte sich wohl dabei. Schuldgefühle quälten sie auf Schritt und Tritt. Intuitiv wussten sie, was sie zu tun hatten, um zu überleben. Andererseits sagte ihnen der Kopf, was sie als liebevolle anständige Kinder eigentlich tun sollten. Sie waren hin- und hergerissen. Es gelang ihnen weder, den Kampf einzustellen, noch, die Eltern zu konfrontieren. Die Spannung war quälend.

Eine Frau erzählte, wie sie nach 50 Jahren schließlich «ihr Problem löste»: Sie ging einfach weg. Keine Kontakte mehr, keine Anrufe – totale Trennung. Tausende Meilen sorgten für räumliche Distanz. Die mentale und emotionale Trennung war schwieriger, dennoch verhalf ihr dieser Schritt zur psychischen Genesung. Sie absolviert nun ein Zwölf-Schritte-Programm, um mental und emotional zu gesunden. Obwohl sie beruflich mit der Betreuung gebrechlicher alter Menschen betraut ist, fürchtet sie immer noch, eines Tages die Rache ihrer Mutter zu spüren zu bekommen.

Negatives Coping ist keine Lösung. Manchmal sorgt es vorübergehend für Entlastung, doch dann tauchen die Probleme wieder auf, schlimmer als zuvor.

Vermeidung und Distanzierung sind Strategien, die bei Fremden möglicherweise funktionieren, bei Familienangehörigen und Leuten, die mit der toxischen Person täglich Kontakt haben müssen, funktionieren sie nicht. Der Konflikt schwelt weiter, erfasst alle, die sich infizieren lassen, und produziert Co-Opfer.

12.4 Techniken

Wer einen Workshop oder eine Selbsthilfegruppe leitet, wird gerne auf ein paar bewährte Techniken zurückgreifen. Setzen Sie ein, was zu Ihnen und zu Ihrer Gruppe passt. Am besten aber Sie finden eigene, ganz auf die angestrebten Ergebnisse zugeschnittene Methoden.

12.4.1 Die Sichtweise verändern

Die Aufforderung, sich eine andere Sichtweise zueigen zu machen und eine Wahrnehmungsveränderung vorzunehmen, ist in diesem Werk bereits mehrmals ergangen. Ich halte dieses Konzept für den größten, nützlichsten und ersten Schritt zur Heilung und erläutere es an dieser Stelle noch einmal, in der Hoffnung, dass es in allen einschlägigen Workshops und Selbsthilfegruppen gelehrt wird. Ich behaupte, dass Toxizität an Macht verliert, wenn es uns gelingt, die Person oder Sache anders zu sehen, weil eine andere Sichtweise automatisch andere Reaktionsmuster auslöst.

Dass unsere Reaktionen von unseren Wahrnehmungen bestimmt werden, ist ein leicht verständlicher Gedanke. Die Technik ist fast allzu simpel. Oft vergisst man, sie anzuwenden, besonders dann, wenn sie am nötigsten gebraucht wird. Die veränderte Sichtweise muss internalisiert und emotional integriert werden und sich ohne Nachdenken manifestieren. Bis es soweit ist, müssen wir uns ständig daran erinnern und üben, üben, üben. Dazu nun einige Vorschläge.

Übung
Mit dieser Übung soll erreicht werden, dass die Kursteilnehmerinnen und -teilnehmer ihre toxischen Eltern mit neuen Augen sehen, nämlich nicht als schwierige, anstrengende Bürde, als Leute, die es darauf anlegen, ihnen das Leben schwer zu machen, vielmehr auch wahrzunehmen, dass sie liebenswürdige, schöne Seiten haben. Folgende Schritte helfen dabei:

1. Bitten Sie die Teilnehmenden, ein Blatt Papier in der Mitte zu falten und auf einer Hälfte alle negativen Eigenschaften der toxischen Person aufzulisten.
2. Auf der anderen Hälfte sollen sie alle positiven Eigenschaften vermerken.
3. Nun sollen sie ihre Liste betrachten und unten aufs Blatt schreiben, was sie festgestellt haben.
4. Bitten Sie jede teilnehmende Person, ihre Erkenntnisse der Gruppe mitzuteilen, damit sie diskutiert und verarbeitet werden können.
5. Dann sollen alle die Augen schließen, die auf ihrem Blatt beschriebene toxische Person visualisieren und sich deren Ängste und Verletzungen vorstellen.
6. Bitten Sie die Gruppe dann, ihre toxische Person als kleines verschrecktes Mädchen oder als kleinen verschreckten Jungen zu visualisieren, als Kind, das nicht vertrauen und sich nicht geliebt fühlen kann.
7. Sprechen sie miteinander über die Liebe, die diese Kinder entbehrt haben.

8. Danach sollen sie sich das gleiche Kind als erwachsene Frau oder erwachsenen Mann vorstellen und das innere Bild aufs Papier zeichnen.
9. Besprechen Sie die Ergebnisse in der Runde.
10. Jetzt kommt der letzte und entscheidende Schritt: Bitten Sie alle Teilnehmenden, **nach der Liebe und Schönheit Ausschau zu halten, die diesem alten Menschen innewohnen** und diesmal schriftlich festzuhalten, was sie sehen und dabei empfinden.
11. Auch diese Ergebnisse werden in der Gruppe besprochen und verarbeitet.

Gut möglich, dass sich anfangs gegen diese Übung Widerstand regt, vielleicht gibt es sogar Tränen. Das ist normal. Tief verschüttete Eigenschaften sind schwer zu finden. Wer jedoch hartnäckig bleibt und lange und intensiv genug sucht, wird schließlich auf Liebe stoßen. Ich bin mir dessen völlig sicher. Über zwei Monate hinweg suchte ich ganz bewusst bei jedem Besuch bei meiner Mutter nach ihrer Liebe und Schönheit, ihre Kritik und Klagen blendete ich konsequent aus. Im Laufe des zweiten Monats konnte ich sie, sobald sie mit ihren Beschwerden loslegte, in den Arm nehmen und ihr «Ich liebe dich» ins Ohr flüstern. Am Ende des zweiten Monats erwiderte sie meine Umarmung und flüsterte: «Ich liebe dich auch.» Es klang glaubwürdig. Es war wie ein Wunder. Sie war in der Tat meine beste Lehrmeisterin. Endlich konnte auch ich anfangen, lieben zu lernen.

Fallbeispiel
Ein weiteres Beispiel für veränderte Wahrnehmung und den Wert von gestärktem Selbstbewusstsein und Selbstvertrauen ist der Fall eines Mannes Anfang 30, der an meinen Kursen teilgenommen hatte. Nennen wir ihn Herrn J. Er war der Mittlere von drei Brüdern, der die Verantwortung für seine Mutter übernahm, nachdem sich diese endlich von ihrem gewalttätigen herrschsüchtigen Mann getrennt und dadurch auch ihre Wohnung verloren hatte. Sie lebte erst ein paar Monate mit ihren Söhnen beisammen, da zogen der älteste und der jüngste aus. Sie kamen mit der Wut, dem Geschrei, der Kritiksucht, den Schuldzuweisungen, Streitereien und passiv-aggressiven Nörgeleien ihrer Mutter nicht mehr zurecht.

Herr J. trug jetzt die ganze Last alleine und war verzweifelt. Er schrieb sich für einen meiner Selbstbehauptungskurse ein. Im Laufe des Semesters gelang es ihm, Selbstvertrauen und Selbstachtung zu erwerben, ein paar Fertigkeiten zu lernen und wieder mehr über sich selbst zu bestimmen. Er veränderte seine Sichtweise, nahm seine Mutter anders wahr und suchte nach der Liebe in ihr, gab ihr täglich positive Rückmeldungen, setzte ihr Grenzen und praktizierte Selbstbehauptungstechniken. Sie reagierte darauf und ihr Verhalten änderte sich. Auch sie veränderte ihre Wahrnehmung und begann, Liebe zu fühlen und zu finden, bis sie schließlich im örtlichen Seniorenzentrum auch Akzeptanz erlebte. Die Toxizität dieser alten Frau war lange verborgen geblieben, weil sie die Schikanen und Drohungen ihres Ehemannes fürchtete. Im Laufe vieler Misshandlungsjahre wandte sich ihre Toxizität nach innen und löste eine klinische Depression und körperliche Erkrankung aus. Ihre Toxizität nahm erst typischere Formen an und kam erst zum Vorschein, als sie sich von dem dominanten Mann, der sie schlecht behandelte, befreit, und eine Kultur hinter sich gelassen hatte, die von einer Frau Unterwürfigkeit erwartet. Dann gelang die Wende; doch das brauchte Zeit, Geduld und die bedingungslose Liebe ihres Sohnes.

12.4.2 Einen Abschiedsbrief schreiben

Dies ist eine weitere Übung, die Widerstand auslösen und unterdrückte Gefühle aktivieren kann. Das Verfassen eines Abschiedsbriefs ist ein mächtiges Instrument zur Einleitung des Trauerprozesses, zum «Loslassen». Der Brief wird namentlich an die toxische Mutter, den toxischen Vater, die alte Klientin oder den alten Klienten gerichtet. In diesem Brief geht es um die Beziehung zueinander, wie sie von der Schreiberin oder dem Schreiber tatsächlich empfunden wurde, verglichen mit der Beziehung, die sie oder er sich *gewünscht* hätte, um sich dann von Wunsch und Wirklichkeit zu verabschieden.

Diese Übung nimmt etwa 15 Minuten in Anspruch und findet am besten in einer unterstützenden Gruppenatmosphäre statt, ohne Vorankündigung, doch erst *nachdem* Vertrauen aufgebaut und Zusammenhalt hergestellt worden ist. Sie fällt leichter, wenn Sie mit dem inneren Kind der Kursteilnehmerinnen und Kursteilnehmer in Kontakt treten, spontane Reaktionen auslösen, an ihren unterdrückten Gefühle rühren, und das Kritische Eltern-Ich überrumpeln und ausschalten.

Bitten Sie die Teilnehmenden, zwölf Minuten lang zu schreiben und zwar möglichst ohne abzusetzen den Brief aus der Feder fließen zu lassen. Schlagen Sie ihnen vor, alles aufzuschreiben, was sie gerne von ihrem toxischen Vater, ihrer toxischen Mutter oder der toxischen Bezugsperson bekommen hätten aber nie bekommen haben, z. B.: Unterstützung, Freundlichkeit, Aufmerksamkeit, Ermutigung, Wertschätzung, Hilfe in der Not, aber auch materielle Dinge. Auch alle negativen Empfindungen werden aufgeschrieben, z. B.: Groll, Verletztheit, Wut oder Schuldgefühle, Gefühle, die immer noch im Inneren nagen, weil der toxische alte Mensch bestimmte Dinge getan, oder – wichtiger noch – *nicht* getan hat.

Die letzten drei Minuten sollen dem endgültigen Abschied gewidmet sein, dem Abschied vom Wunschbild. Dann wird das Ende der Übung angekündigt. Geben Sie den Leuten dann ein paar Minuten Zeit, damit sie ihren Brief noch mal durchlesen können. Manchmal ist eine fünfminütige Pause möglich und angezeigt.

Nach der Pause sollen sie ihre Briefe der Gruppe vorlesen und erzählen, wie es ihnen bei dieser Übung ergangen ist, aber auch, was sie dabei entdeckt oder gelernt haben. Die anderen werden gebeten, nur zuzuhören: keine Kommentare, keine Sympathiekundgebungen, keine Berührungen. Nur nonverbale Affirmationen und stummes Übermitteln von heilender Liebesenergie, Unterstützung und Verständnis. Hinterher sind Umarmungen durchaus möglich und erwünscht.

Abhängig vom Gruppenklima und den Bedürfnissen der Gruppe ist es an diesem Punkt möglicherweise angezeigt, die Stadien des Trauerprozesses zu erklären und auf die heilende Wirkung bestimmter Entscheidungen einzugehen: die Entscheidung, Erwartungen aufzugeben, zu verzeihen und sich zu verändern. Wenn alle das Gefühl haben, dass die Übung abgeschlossen ist, werden die Teilnehmerinnen und Teilnehmer vermutlich fähig sein, einen Schritt zurückzutreten und den toxischen alten Menschen in ihrem Leben anders zu sehen, ohne emotionale Verstrickung, und dabei objektiv und fürsorglich zu sein. Jetzt können sie die reale Person sehen, ohne in die alten toxischen Spiele zu verfallen. Sie haben es mit einer neuen Person, einer neuen Beziehung und einer neu formulierten Aufgabe zu tun. Jetzt ist der Moment, den toxischen alten Menschen an ihrer Seite zu akzeptieren, ohne Wenn und Aber – ohne Fehlwahrnehmungen und Wunschvorstellungen.

Fachkräfte als Kinder toxischer Eltern

Gerontologische Fachkräfte, die beruflich mit der Pflege oder Betreuung toxischer alter Menschen zu tun haben und selber einen toxischen Vater oder eine toxische Mutter hatten, können einen Abschiedsbrief verfassen und sich bei dieser Gelegenheit unterdrückte Gefühle und Wahrnehmungen bewusst machen. Diese Übung kann wie ein Katalysator wirken und dem negativen Energiestrom ein Ende setzen, der sie daran hindert, beim Umgang mit ihrem toxisch alternden Klientel objektiv und effizient zu sein; die Übung ist aber auch geeignet, eine Gegenübertragung abzuwehren. Wer in einer toxischen Umgebung und mit psychologischen Spielen aufgewachsen oder im toxischen Kreislauf gefangen ist, wird sich kaum aus eigener Kraft befreien können. Betroffene werden bestätigen, dass es eine wahre Herkulesaufgabe ist, das toxische Muster zu durchbrechen.

Eine Gruppe leiten

Wer in einem Workshop diese oder eine andere Übung durchführt, muss mit Schwierigkeiten rechnen. Sie als Leiter oder Leiterin einer Gruppe brauchen Erfahrung mit Gruppeninteraktionen und Gruppendynamik. Sie müssen die individuellen Bedürfnisse registrieren, nonverbale Signale wahrnehmen und merken, ob die Vertrauensbasis stark genug und die Gruppe für bestimmte Übungen bereit ist.

12.4.3 Transaktionsanalyse

Obwohl bereits viel von TA die Rede war, komme ich noch einmal darauf zurück, weil sie so viel zum Verständnis psychologischer Spiele beiträgt, die ja ein Hauptbestandteil von Toxizität sind. Wie mehrmals betont, wird ein Spiel immer von zwei Leuten gespielt. Deshalb kann es sehr einfach sein, ein Spiel abzubrechen, so einfach wie der Abbruch eines Tennismatchs, wie eine meiner Interviewpartnerinnen verkündete. Verlässt eine Person den Platz, ist das Spiel zu Ende. Es ist eine Sache der Entscheidung.

Da Toxizität von Spielen genährt wird, müssen Kursteilnehmerinnen und -teilnehmer recht bald lernen, ihre eigenen toxischen Spiele zu erkennen, ihre Verstrickung wahrzunehmen und zu merken, wann und wie sie geködert werden. Im nächsten Schritt lernen sie, sich für einen Spielabbruch zu entscheiden. Diese Fertigkeit muss über Monate hinweg eingeübt werden, bis die Person schließlich Spiele automatisch erkennen und stoppen kann. Nur wer geeignete Vermeidungstechniken im Schlaf beherrscht, lässt sich nicht mehr ködern und kann den endlosen Aufforderungen, Spiele zu spielen, auf Dauer widerstehen.

Spiele identifizieren

Es folgen nun einige Szenarien als Übungsfeld zum Erkennen von Spielen. Die Namen der Spiele stehen jeweils in Klammern.

Eines Tages erreichte mich der Anruf einer verzweifelten 61-jährigen Frau K., die sich über ihre toxische Mutter, Frau L. beklagte. Die Tochter klang frustriert, klagend, deprimiert und müde. Sie jammerte:

> Meine Mutter ist herzkrank und hat keinen Führerschein. Ich muss sie zum Arzt und zum Einkaufen fahren. Ich besuche sie jeden Tag, jedes Mal eine Fahrt von 30 Meilen («Armer Teufel»). Als Christin kann ich nicht anders, sonst hätte ich Schuldgefühle («Ich versuche nur, dir zu helfen»). Wenn ich dann bei ihr bin, dauert es keine zwei Minuten bis wir uns anschreien («Tumult»).

> Ich bin wie mein Vater, deshalb mag mich meine Mutter nicht. Ich bin ihr einziges Kind. Mein Vater starb bald nach meiner Geburt («Holzbein»). Meine Mutter hat nur noch mich. Sie betrachtet und bezeichnet sich als Opfer. Sie hat keinen Freundeskreis. Einmal hab' ich gesagt, ich würde mich umbringen, wenn sie stirbt. Ich hab's nicht so gemeint, aber... («Märtyrer»).
> Ich bin manisch-depressiv und muss Lithium nehmen («Ist es nicht schrecklich»).

Nach einer Pause fragte ich Frau K. ob sie gut für sich selber sorge. Sie zögerte einen Augenblick, dann sagte sie:

> Ich weiß, ich weiß, aber ich bin immer so beunruhigt! («Ja, aber...»)

Dann empfahl ich ihr, ehrlich und direkt mit ihrer Mutter zu sprechen, und ihr zu sagen, dass sie ab jetzt nur noch jeden zweiten Tag käme. Darauf antwortete sie spontan:

> Oh, nein! Das kann ich nicht tun! Ich werde ihr nur sagen, dass ich verhindert bin («Hilflos»).

Das mag sich nach einem extremen Fall anhören. Leider ist er eher die Regel und ein gutes Beispiel für Co-Viktimisierung. Solange eine der beteiligten Personen nicht aufwacht und beschließt, keine Spiele mehr zu spielen, wird die Toxizität beiden unbewusst bleiben und *ad infinitum* anhalten. (Diese und weitere Spiele werden im Buch von Eric Berne *Spiele der Erwachsenen* (1964) und in anderen TA-Büchern ausführlicher erklärt.)

12.4.4 Selbstbehauptungstraining, Responsible Assertion Training (RAT)

Wir haben bereits festgestellt, dass man bei toxischen alten Menschen mit Bitten und Anregungen nichts erreicht. Die Erfahrung hat jedoch gezeigt, dass geschickt eingesetzte Selbstbehauptungstechniken helfen, effektiver und selbstsicherer zu sein, und im Eltern-Ich-Zustand die Rolle eines fürsorglichen, standfesten und direkt kommunizierenden Elternteils zu übernehmen.

Deshalb sollten in allen Workshops, die den Umgang mit «giftigen» Alten zum Thema haben, Selbstbehauptungstechniken gelehrt werden. Ebenso hilfreich ist es, über grundlegende Persönlichkeitsrechte aufzuklären und spezifische Fertigkeiten zu üben, wie sie in allen einschlägigen Werken und im Kapitel 13 dieses Buchs ausführlich erläutert werden: «Gesprungene Schallplatte», «Freundlich sein und standhalten», «Auszeit», «Eskalation», «Vernebeln» und Ich-Botschaften senden.

Wer häufig mit Alterstoxizität in Berührung kommt, wird Auszeiten als wertvolles Werkzeug schätzen. Raten Sie Ihren Kursteilnehmerinnen und Kursteilnehmern, auf einer Auszeit zu bestehen, wenn die Spannung einen unerträglichen Grad erreicht hat. Sie sollen sich eskalierenden Situationen eine Zeitlang entziehen. Immer verbunden mit dem Versprechen, in fünf bis zehn Minuten wieder zur Stelle zu sein, wenn ihre Angst nachgelassen hat und sie sich wieder sicherer fühlen. Sie müssen vor allem lernen, stets die Oberhand zu behalten, indem sie ein Klima und ein verlässliches Muster innerer Kraft herstellen. Als Kursleitung können Sie nicht oft genug wiederholen: Der toxische alte Mensch muss lernen, auf die Betreuungsperson oder das erwachsene Kind zu reagieren, nicht umgekehrt!

Mein Fokus liegt jedoch auf drei anderen herausragenden Selbstbehauptungstechniken, nämlich der kognitiven Therapie oder kognitiven Umstrukturierung (cognitive restructuring), auf Verhaltensmodifikation durch Rollenspiel und Coaching.

Kognitive Umstrukturierung

Als Teil der RAT geltend, wurde die kognitive Therapie aus den Arbeiten von Aaron Beck, Stanley Schachter und Albert Ellis entwickelt (Lange/Jakobowski, 1976). Jeder dieser Kognitionspsychologen vertritt die Ansicht, dass der Geist das Denken, Fühlen und Handeln bestimmt und verändern kann, und dass wir unsere Welt durch die Linse unserer Gedanken sehen und interpretieren. Wie wir fühlen und handeln, hängt von unseren Erkenntnissen und Einsichten ab. Die zentrale Annahme ist, wie bei der Kontrolltheorie auch, dass sich ein Mensch unangemessen verhält, weil er im Hinblick auf seine Überzeugungen und Werte ein falsches Signal bekommen hat oder verwirrt ist. Das System hat einen «Knick», weil Wünsche und Erwartungen nicht den Tatsachen entsprechen, d.h. Fehleinschätzungen zu Fehlanpassungen führen. So entstehen Neurosen.

Die folgende Geschichte ist ein gutes Beispiel dafür, dass sich erwachsene Kinder toxischer Eltern ihrer automatischen Selbstgespräche und falschen Denkweise bewusst werden müssen und die Aufgabe haben, ihren Eltern gegenüber ein neues, ehrliches und authentisches Sprechen, Denken und Verhalten einzuüben (McKay/Davis/Flanning, 1981).

Szene

Stellen Sie sich eine brave Tochter vor, Frau N., die pausenlos um ihre betagte toxische Mutter besorgt ist, die weit entfernt, an der anderen Küste lebt. Ungeachtet der Tatsache, dass Mutter und Tochter nie miteinander ausgekommen sind, ist N. von Schuldgefühlen und heftigen Selbstgesprächen besessen. Verwandte und Freundeskreis verstärken das Gedankenkarussell, das sich unablässig in ihrem Kopf dreht: «Du bist keine gute Tochter, wenn du dich nicht um deine Mutter kümmerst. Du solltest sie zu dir holen.»

Schließlich kapituliert Frau N. vor ihren Schuldgefühlen und *besteht* auf dem Umzug ihrer Mutter zu ihr. Das Problem ist, dass die Mutter ihre Unabhängigkeit genießt, ihr Leben gerne selber bestimmt und überhaupt nicht umziehen möchte. Für sie ist Alleinleben ein Symbol für persönliche Freiheit, eine Lebensform, die ihr Selbstwertgefühl stärkt. Frau N. weiß nichts von der inneren Einstellung ihrer Mutter, noch ist sie sich im Klaren darüber, dass andere das Gemecker, Gejammer und den Negativismus ihrer Mutter ignorieren können, solange diese alleine lebt. Die Mutter ihrerseits liebt die Märtyrerrolle und verschweigt der Tochter ihre wahren Gefühle. Sie denkt lediglich: «Ich will meiner Tochter nicht weh tun.» Eine typische Vermeidungslüge, die alle toxischen Beziehungen durchdringt.

So kommt es, dass die Mutter ihr Hab und Gut verkauft, quer durchs Land reist und sich im Haus ihrer Tochter niederlässt. Es dauert nicht lange, dann sind beide Co-Opfer geworden. Der Mutter geht es immer schlechter und der Tochter auch. Das enge Zusammenleben und die Abhängigkeit der Mutter intensivieren ihre Toxizität und ihre Märtyrerhaltung. Die Tochter kann die negative Energie nicht länger ignorieren. Die Situation verschärft sich, weil beide unfähig sind, ehrlich und selbstsicher zu kommunizieren. Sie können ihre wahren Gefühle einfach nicht angemessen und verantwortungsvoll ausdrücken. Dazu kommt, dass auch der Schwiegersohn und die Enkelkinder den Folgen einer ungesunden Beziehung ausgesetzt sind.

Eine Lösung: die ABC-Methode

Für Lange und Jakobowski (1976) bietet die auf Albert Ellis zurückgehende ABC-Methode eine Möglichkeit, Personen wie dieser Tochter einer toxischen Mutter zu helfen, ihre negativen Selbstgespräche, die sie in solche Situationen bringen, zu restrukturieren und ihren Befürchtungen, Frustrationen und Schuldgefühlen den Boden zu entziehen. Durch eine andere Auslegung der Umwelt und eine veränderte Sichtweise empfängt unser Gehirn, das ähnlich wie ein Computer funktioniert, Botschaften, die es uns ermöglichen, emotionale Reaktionen zu umgehen und unser Denken neu zu ordnen.

Die ABC-Methode ist leicht zu erklären: Man teilt eine Tafel oder ein Flipchart in drei Spalten und bezeichnet sie mit den Buchstaben A, B und C. A steht für *activating event* (auslösendes äußeres oder innerpsychisches Ereignis), B für *beliefs* oder *belief systems* (bewusste oder unbewusste Überzeugungen) und C für *consequences* (Konsequenzen sind emotionale Reaktionen und Verhaltensweisen).

Bitten Sie die Kursteilnehmerinnen und Kursteilnehmer zur Verarbeitung des oben geschilderten Falles, die Spalten auszufüllen. Spalte C macht den Anfang. Was sind die Folgen oder welche schlechten Gefühle hat Frau N.? Vielleicht lautet die Antwort: *Sie hat Schuldgefühle.* Dann ist Spalte A an der Reihe. Was löst die Schuldgefühle aus? Antwort: Weil die Mutter so weit weg alleine lebt. Frage: Ist das tatsächlich die Ursache? Gehen Sie zu Spalte B. Nein, es war Frau N.s Überzeugung, ihr Bewertungsmuster. Sie glaubte, sich um ihre Mutter kümmern zu müssen. Durch die visuelle Darstellung wird sehr klar, dass Frau N. die Situation verzerrt wahrgenommen und interpretiert und deshalb eine emotionale, irrationale Entscheidung getroffen hat.

Unsere Selbstgespräche, unsere Überzeugungen und Bewertungsmuster und die Bedeutung für das eigene Werte- und Handlungssystem, die wir einem Ereignis zuschreiben, bestimmen, wie wir reagieren. Unsere Bewertungen lösen Probleme aus, nicht das Ereignis selber.

Hätte Frau N. ihren inneren Monolog verändert, wäre ihr Schuldgefühl verschwunden und das «Ich versuche nur, dir zu helfen»-Spiel zu Ende. Ehrlichkeit und Selbstbehauptung wären möglich geworden. Sie hätte ihre wahren Gefühle identifizieren, das Kontrollbedürfnis ihrer Mutter wahrnehmen und sagen können:

Mutter, ich mache mir Sorgen, weil du so ganz alleine lebst und so weit weg bist. Ich weiß allerdings auch, dass es weder dir noch mir gut täte, wenn du hier bei uns wohnen würdest. Wenn du möchtest, kann ich dir aber bei einem Umzug in eine Wohnung oder ein Altenheim in unserer Nähe behilflich sein.

Damit hat die Tochter unmissverständlich gesagt, was zu tun sie bereit ist und zwar ohne Schuldgefühle. Sie hat ihre Entscheidung in angemessener und verantwortungsvoller Form mitgeteilt und klar gemacht, dass sie ab jetzt aus dem Spiel aussteigt.

Verhaltensmodifikation durch Training und Rollenspiel
Frau N. hat ihre Gedanken geklärt und weiß genau, was sie sagen und tun will. Nun wird im nächsten Schritt durch Rollenspiel das neue Verhalten eingeübt. Frau N. stellt ein Szenarium her, wobei eine von ihr ausgewählte Person (die Protagonistin) die Rolle der Mutter einnimmt, der sie nun erklärt, was sie will. Bevor die Situation durchgespielt wird, sollten Sie sich versichern, dass Frau N. immer noch klar denken kann. Andernfalls sind das Rollenspiel und die anschließende Aufarbeitung wirkungslos. Der ganze Prozess wird am besten von einer ausgebildeten Coaching-Fachkraft begleitet, die eingreifen und das Rollenspiel abbrechen kann, wenn das Denken irrational wird, um die betreffende Person dann erneut durch den kognitiven Restrukturierungsprozess zu führen.

Coaching
Als Leiterin oder Leiter des Workshops werden Sie anfangs vermutlich Coach sein müssen, die Person, die den Prozess überwacht und lenkt, während sie zugleich die erforderlichen Selbstbehauptungsfertigkeiten demonstriert. Das Rollenspiel läuft in folgenden Einzelschritten ab:

1. Frau N. stellt das Szenarium her und bestimmt, welche Rollen zu besetzen sind.
2. Frau N. wählt eine Protagonistin (P) aus, eine Person, die voraussichtlich die Eigenarten, Worte und Haltung ihrer Mutter imitieren kann.
3. Sie wird dann von Frau N. möglichst genau darüber informiert, was ihre Mutter vermutlich sagen und tun würde.
4. Frau N. spricht Klartext mit P. (Vielleicht muss sie sich vorher den genauen Wortlaut aufschreiben und die Sätze einüben.)
5. Die Szene beginnt mit einer Begrüßung und einem kurzen Dialog, der zur gewünschten Konfrontation führt. Dann kommt Frau N.s knappe, eingeübte und prägnant formulierte Aussage, der P (die Mutter) zustimmt, um Frau N. anfangs die Selbstbehauptung zu erleichtern.
6. Daraufhin stoppt die Coaching-Fachkraft die Interaktion und bittet Frau N. zu sagen, mit welchen Teilen ihres Rollenspiels sie zufrieden ist. (Bestehen Sie auf einer Einschätzung; an diesem Punkt gibt es keine negativen Bewertungen. Legen Sie den Fokus auch auf nonverbale Zeichen: Raum, Haltung, Bewegung, Gesichtsausdruck, Blick, Stimmlage, Sprechpausen und Sprechtempo.)
7. Wenn Frau N. ihre Selbsteinschätzung durchgeführt hat, ergreifen P und schließlich alle Gruppenmitglieder das Wort und geben Frau N. ein positives Feedback, jedoch ohne ihre Worte zu wiederholen. (Entscheidend ist, dass das Positive im Blick bleibt, indem beispielsweise festgestellt wird: «Mir hat gefallen, wie du...». Es geht in den ersten Phasen vor allem darum, ihr Selbstvertrauen zu stärken.)
8. Die Coaching-Fachkraft fragt Frau N., ob es etwas gibt, was sie beim nächsten Mal anders machen würde. Nachdem sie geantwortet hat, äußern die anderen Gruppenmitglieder ihre Meinung. (Auch diese Phase bedarf sorgfältiger Begleitung.)
9. Der ganze Prozess wird mindestens dreimal wiederholt, wobei die Negativität jedes Mal intensiviert wird, bis Frau N. völlig selbstsicher reagiert und ihre Reaktionen automatisch erfolgen.
10. Am Schluss des Rollenspiels verpflichtet sich Frau N., der Gruppe in der nächsten Sitzung oder eben möglichst bald zu berichten, wie die Konfrontation mit ihrer Mutter verlaufen ist.

Achtung: Der Lernprozess ist in hohem Maß vom Feedback der beobachtenden Gruppenmitglieder abhängig, weil diese im Laufe der Zeit die nonverbalen Botschaften – die ja oft unbewusste Auslöser eines Spiels sind – immer besser erkennen.

Üben, üben, üben

Selbstbewusstsein und Selbstsicherheit werden durch Übung erworben. Nur wer hartnäckig trainiert, kann alte Verhaltensmuster verändern und automatisch und effektiv mit neuem Verhalten reagieren, sobald die nächste toxische Attacke erfolgt. Nur wer sich durch Übung ein Verhalten aneignet, das dem toxischen Gegenüber ruhig aber bestimmt vermittelt: «Ich meine, was ich sage», und Geduld mit sich hat, wird schließlich Erfolg haben. Es braucht seine Zeit, bis Formulierungen und nonverbale Botschaften kongruent sind und sichergestellt ist, dass Worte und Körpersprache korrekt interpretiert werden.

Damit die Kursteilnehmerinnen und Kursteilnehmer liebevolles Konfrontieren üben können, werden drei Untergruppen gebildet, sobald Frau N. ihr Rollenspiel absolviert hat. Eine stellt die Person dar, die Selbstbehauptung lernt, eine den Protagonisten oder die Protagonistin, eine übernimmt das Coaching. Bitten Sie nun jede

Untergruppe, die soeben dargestellte Szene Schritt für Schritt nachzuspielen, bis alle ein gutes Gefühl dabei haben.

Anfangs kann ein simuliertes Szenarium, bei dem alle Gruppenmitglieder gleichzeitig mitwirken, recht effektiv sein. Sie können dabei Unklarheiten beseitigen, die einzelnen Schritte internalisieren und Vergleiche zwischen den einzelnen Untergruppen und deren Umgang mit der Situation anstellen. Im Anschluss daran empfiehlt es sich, die persönlichen Situationen und unterstützenden Untergruppen aus dem Kurs oder Workshop auszulagern und die Leute außerhalb weiter üben und trainieren zu lassen. (Für die ersten Gehversuche wird ihnen ein einfaches Szenarium angeboten.)

Sie müssen lediglich sicherstellen, dass die Teilnehmerinnen und Teilnehmer vor der Konfrontation mit einem toxischen alten Menschen ihre Motive geklärt haben. Wichtig ist, dass es sich um den redlichen, liebevollen Versuch handelt, klare Verhältnisse zu schaffen und für eine ehrliche und offene Kommunikation zu sorgen, und dass es nicht darum geht, den Vater, die Mutter, den Klienten oder die Klientin zu blamieren, ihnen die Leviten zu lesen oder sie den eigenen Wünschen gemäß zu verändern.

12.5 Ein Übungsszenarium für Fachkräfte

Richtet sich der Workshop oder Kurs an Personen, die beruflich mit der Betreuung und Pflege «giftiger» Alter zu tun haben, kann das folgende Szenarium hilfreich sein: Sie als Sozialarbeiter oder Leiterin konfrontieren bereits zum fünften Mal die 77-jährige toxische Frau X., die regelmäßig ins Seniorenzentrum kommt. Frau X. ist bekannt dafür, dass sie unablässig jammert und stets mit lauter, schriller, barscher Stimme ihr Schicksal beklagt, so dass sie im ganzen Haus zu hören ist. Egal, was Sie ihr vorschlagen und welche Ablenkungsversuche Sie unternehmen, Frau X. kommt alsbald wieder auf ihr Thema zurück, ergeht sich in endlosen Erzählungen ähnlicher Vorkommnisse in ihren jüngeren Jahren und darüber, wie grausam sie behandelt wurde, wobei sie die Geschichten bei jedem Treffen *ad nauseam* wiederholt. Frau X. hört offenbar überhaupt nicht zu. Wenn Sie versuchen, die Interaktion in Frage zu stellen, Frau X. zu konfrontieren und zu kontrollieren, reagiert sie mit einer heftigen Gegenattacke. Ihre Augen weiten sich vor Schreck und ihr Blick wird abwehrend ängstlich, sie zieht eine Grimasse, wirft den Kopf zurück und fängt erneut an, irgendwelche Klagen vorzubringen, die mit dem, was Sie ihr mitteilen wollten, überhaupt nichts zu tun haben.

12.5.1 Rollenspiel

Am besten ist es, ein paar Leute vorab zu informieren und sie gleich zu Anfang die Szene spielen zu lassen. Mit diesem dramatischen Einstieg wird die ganze Gruppe auf das nun folgende Rollenspiel eingestimmt. Dann werden drei Untergruppen gebildet, um das richtige, selbstsichere Verhalten zu üben. Die Rollen werden frei gewählt. Die Gruppe entscheidet, was die Leiterin des Seniorenzentrums oder der Sozialarbeiter erreichen möchte und überlegt, wie sie oder er mit Frau X. sprechen muss. Dann werden die einzelnen Schritte des Rollenspiels probiert und kritisch begleitet. Jede Untergruppe berichtet, wie es ihr gelungen ist, sich in dieser Situation selbstsicher durchzusetzen und was sie dabei gelernt hat. Anschließend resümiert die ganze Gruppe gemeinsam den Verlauf.

Hier noch eine Übung, die ebenfalls effektiv ist und Spaß macht: Jede der drei Untergruppen soll ihre Durchsetzungsstrategie darstellen und diese dann von der ganzen Gruppe nachspielen und bearbeiten lassen. Denken Sie auch an die Möglichkeit der Videoaufzeichnung, damit Feedback, Selbstevaluation und Gruppenevaluation unmittelbar nach dem Rollenspiel stattfinden können.

12.6 Zusammenfassung

Obwohl es in diesem Kapitel hauptsächlich um Strategien und Techniken geht, sei doch darauf hingewiesen, dass sie nur Hilfsinstrumente sein können, ein Sprungbrett für die kreative Entwicklung von Lerngelegenheiten. Bitte halten Sie sich zunächst vor Augen, dass Ihre eigene Person der wichtigste Faktor ist. Ihr Dasein, Ihre fürsorgliche Präsenz setzt den Heilungsprozess in Gang.

Von der Grundannahme dieses Buchs ausgehend, die besagt, dass sich toxische Menschen nur selber heilen können und niemand ihnen diese Arbeit abnehmen kann, konzentrieren sich die Bemühungen auf eine Unterbrechung des toxischen Kreislaufs und toxizitätsverstärkender Spiele. Im Grunde bedeutet dies, dass aus der therapeutischen Aufgabe eine Lehrtätigkeit wird. Die Informationen darüber, wie man den toxischen Kreislauf unterbricht, richten sich primär an erwachsene Kinder toxischer Eltern, insbesondere an solche, die beruflich in der Altenarbeit engagiert sind. Die Führungskräfte von Dienstleistungseinrichtungen müssen über Alterstoxizität aufgeklärt werden und lernen, «giftigen» Alten Grenzen zu setzen, mit den erwachsenen Kindern zu arbeiten und sich dem toxischen Kreislauf zu entziehen. Wir müssen uns ferner mit Menschen befassen, die wissen, dass sie bereits leicht toxisch sind und verzweifelt versuchen, sich zu ändern, und uns um betagte Männer und Frauen kümmern, die eigene Toxizität fürchten und verhindern wollen. Unsere Aufgabe ist es, die Bemühungen aller Leute, die mit der toxischen Person zu tun haben, zu koordinieren, um das Spiele-Karussell anzuhalten und endgültig stillzulegen.

Ich habe die Erfahrung gemacht, dass sich eine Kombination aus Workshop und Selbsthilfegruppe am besten bewährt. Dieses Kapitel enthält Tipps für die inhaltliche Gestaltung, Struktur und Leitung solcher Gruppen, wobei ich mich auf meine ACTA-Workshops und mein Selbsthilfegruppenmodell beziehe. Zu den Strategien gehören auch strukturierte Interventionen, Literaturtipps, Übungen und Beispiele ineffektiven negativen Copings.

Es wurden folgende Techniken erläutert: kognitive Umstrukturierung, Abschiedsbrief und Fallszenarien, die zeigen, wie Spiele identifiziert und gestoppt werden. Ferner enthält dieses Kapitel Hinweise zur Vermittlung grundlegender Aspekte des Selbstbehauptungstrainings: kognitive Umstrukturierung, Rollenspiel, Coaching und die ABC-Methode von Ellis.

Teil V
Ist Prävention möglich?
Ist Heilung möglich?

Bemühen Sie sich ernsthaft, meinem Rat zu folgen.
Nicht, um dem Leiden zu entkommen – niemand kann ihm entkommen –
sondern um das Schlimmste zu verhindern: blindes Leiden.

Unbekannt

13 Selbsthilfe und Prävention

Wie oft ertönt der Stoßseufzer:
«So will ich bestimmt nicht werden!»
Ein Mensch, der dies proklamiert, leidet unter quälenden Erinnerungen und verrät sich als Sprössling eines toxischen Vaters oder einer toxischen Mutter. Dieser Satz ist der Hilfeschrei inzwischen auch alt gewordener Söhne oder Töchter, die spüren, dass sie dabei sind, selber toxisch zu werden. Er ist Ausdruck ihrer Angst, ihres Gefühls zu ertrinken und rettungslos in Frustration, Schuld und Verzweiflung zu versinken... **und genau das droht ihnen.**

Aber nicht zwangsläufig! Niemand will toxisch sein. Niemand will psychologisches Gift schlucken, das sich im Inneren festfrisst, ohne dass wir es merken. Toxische Neigungen mögen angeboren sein, die damit einhergehende Opferhaltung dagegen wird anerzogen. Deshalb kann sie abgelegt werden. Früh erkannte Muster lassen sich aufbrechen. Verschlechterung ist zu verhindern. Ja selbst eine Wende zum Guten ist möglich. Es ist nur nicht so leicht. Es bedeutet beharrliches Bemühen. Es geht nicht ohne persönliche Entschlossenheit, Motivation, Energie, Übung und Unterstützung. Es geht nicht ohne Kenntnis des Syndroms, öffentliche Akzeptanz, die Einsicht, dass Toxizität keine Sünde ist und nicht ohne eine kognitive Umstrukturierung, eine veränderte Wahrnehmung.

Alterstoxizität ist eine *Anomalie*, die durch konditionierte Reaktionen im Laufe eines ganzen Lebens erzeugt wird. Sie lässt sich nicht kurieren, doch die vorhandenen Verhaltensmuster können modifiziert, vielleicht sogar abgebaut werden, wenn auch langsam, Schritt für Schritt.

Echter Wandel jedoch bedeutet Bewusstmachung des Selbstbetrugs und Wahrnehmung der unser Leben prägenden Illusionen. Echter Wandel bedeutet, die Symptome zu erkennen, sich einem anderen Glaubenssystem zu verpflichten, ein anderes kognitives Reaktionsmuster einzuüben, sich auf ein anderes Wertesystem festzulegen, sowie anderes Verhalten vorzuleben und sich ein anderes Verständnis von Wahrheit, ein anderes Selbstgefühl und eine andere Auffassung von Liebe zuzulegen und Liebe anders zu leben, nämlich bedingungslos zu lieben. Es gilt, tatsächlich zu leben, was die meisten von uns nur vorgeben. Wenn uns dies gelingt, ist Toxizitätsprävention möglich.

13.1 Selbsthilfe: Wer braucht sie?

Erwachsene Kinder toxischer alter Menschen (Fachkräfte eingeschlossen) sind nicht die einzigen Kandidatinnen und Kandidaten für Selbsthilfe. Oft werden auch betagte Personen dazugezählt, die fürchten, toxisch zu werden und etwas dagegen unternehmen möchten, die ihre eigene Toxizitätsgefährdung bemerken und den Kreislauf unterbrechen wollen, die bei sich bereits gewisse Toxizitätssymptome feststellen und entschlossen sind, eine Trendwende einzuleiten. Für solche Leute ist Selbsthilfe das Mittel der Wahl.

Freilich ist für manche alte Menschen der Weg zur Ganzheit allzu beschwerlich. Besonders hart ist er für Leute in den ersten Trauerphasen, mit einer Gehirnschädigung oder einer psychischen Erkrankung, für Menschen, die klinisch oder chronisch deprimiert sind, sich in fortgeschrittenen Stadien von Toxizität oder Alkoholismus befinden oder an einer anderen geistigen oder emotionalen Behinderung leiden.

13.2 Selbsthilfe: Wie geht das?

Es gibt viele Möglichkeiten, sich selber zu helfen, sofern die Bereitschaft dafür vorhanden ist. Zuerst jedoch ein Hinweis: Sie müssen bereit sein, über Monate hinweg Selbstdisziplin zu üben, Sie müssen fest entschlossen und willens sein, mit vielen verschiedenen Techniken zu experimentieren, bis Sie gefunden haben, was zu Ihrer Persönlichkeit passt.

Um ein System in die unterschiedlichen Selbsthilfe-Ansätze zu bringen, wurden sie in folgende Kategorien eingeteilt: Selbststärkung (Self-nourishment), Stressmanagement, Stressreduzierung, Selbsthilfegruppen und spezielle Selbsthilfeprogramme. Alle verändern schließlich in irgend einer Form die Wahrnehmung. Wo immer möglich, illustrieren Fallgeschichten die Themen. Sie müssen erkennen, dass Selbsthilfearbeit im Inneren geleistet wird, finden, was für Sie geeignet ist und es dann tun – und zwar täglich. Das ist der Dreh- und Angelpunkt.

13.3 Selbststärkung und positives Streicheln

Aus Menschen, die gut für sich selber sorgen, werden keine «giftigen» Alten. So einfach ist das. Sie wissen, dass sie für ihr Wohlergehen selber verantwortlich sind. Sie können sich positive Streicheleinheiten geben, sich selbst lieben und schützen und ihre Gefühle ehrlich und angemessen ausdrücken. Falls sie toxizitätsgefährdet sind, ist ihnen bewusst, dass sie wachsam sein und Ängste und Negativität beseitigen müssen, die ihre Selbstliebe blockieren, um zu verhindern, dass die tiefsitzende toxische Wut und der tief eingegrabene toxische Schmerz überhand nehmen.

Menschen, die gut für sich sorgen, ist ferner bekannt, dass Selbststärkung (Self-nourishment) und positive Streicheleinheiten zur Routine werden müssen. Bis sie sich eingeschliffen und automatisiert haben vergehen gewöhnlich drei Monate. Ja, es ist eine Herausforderung.

13.3.1 Affirmationen

Affirmationen sind aufbauende positive Streicheleinheiten, die dem Selbstbewusstsein gut tun. Am besten affirmiert man sich anfangs mindestens dreimal täglich oder stündlich, ja sogar alle fünf Minuten, wenn möglich. Häufiges Wiederholen blockiert negative Gedanken, es reduziert Kummer, Angst, Furcht und Schuldgefühle, ist aber auch eine Einschlafhilfe.

Damit sie auch tatsächlich ihre positive Wirkung entfalten, müssen alle Affirmationen positiv formuliert, in der Ich-Form und im Präsens erfolgen. Sie beginnen meist mit den Worten «Ich bin». Vermeiden Sie alle negativen Begriffe wie: nicht, nein, nie, niemals, kein etc. Sie sind nämlich geeignet, unser Gehirn, das ähnlich wie ein Computer auf Eingaben reagiert, negativ zu programmieren. Nachdem Sie die Affirmation gesagt haben, handeln Sie, «als ob» sie bereits zuträfen, obwohl Sie anfangs womöglich Zweifel haben. Es handelt sich dabei weder um Tricks noch um Eigenlob, sofern Sie das nicht selber glauben. Wenn Sie etwas Neues oder Unbekanntes ausprobieren, etwas tun, was aus dem gewohnten Rahmen fällt, fühlen Sie sich vielleicht anfangs komisch, lächerlich, ja sogar unbehaglich. Bleiben Sie einfach dabei und vertrauen Sie auf die positive Wirkung.

Hier einige beispielhafte Affirmationen:

«Ich bin ein liebenswürdiger, tüchtiger, angesehener und fürsorglicher Mensch.»
«Ich bin wunderbar, verantwortungsvoll, wertvoll und liebevoll.»
«Ich tue, was für alle am besten ist.»
«Alle Kräfte, die ich brauche, stehen mir zur Verfügung.»
«Ich bin o.k. Ich bin gut. Ich werde gemocht.»

Wenn wir uns affirmieren, spüren wir unsere Eigenmacht, bekommen wir das Gefühl, die Dinge im Griff zu haben, wachen wir auf und merken, dass wir nicht vom Wohlwollen und von der Zuwendung unserer Mitmenschen abhängig sind, und dass es unklug wäre, sich davon abhängig zu machen. Vielleicht gibt es Leute, die darauf bestehen, unsere Bedürfnisse zu befriedigen, allerdings oft in ungesunder Form, die in manipulative Kontrolle ausartet. Andere wären womöglich in der Lage, unsere Bedürfnisse zu befriedigen, vergessen es aber oder wollen sich nicht die Mühe machen. In beiden Fällen ist Wachsamkeit geboten. Niemand weiß, was wir tatsächlich brauchen, wenn wir uns nicht explizit dazu äußern (siehe den Abschnitt über gezielte Streicheleinheiten unten), weil niemand Gedanken lesen kann. Menschen, die uns nahe stehen, meinen zu wissen, was wir brauchen, aber das ist stets eine Projektion. Sie geben uns, was *sie* für nötig halten, nicht was *wir* nötig haben.

13.3.2 Weitere Möglichkeiten, sich das Gefühl von Wärme und Geborgenheit zu verschaffen

Gespräch mit dem Spiegelbild

Schauen Sie jeden Morgen gleich nach dem Aufstehen in den Spiegel (noch ungekämmt, unrasiert oder ungeschminkt) und sagen Sie voller Überzeugung: «Ich liebe dich.»

Sie werden sich dabei anfangs komisch vorkommen. In meinen Kursen haben einige Teilnehmerinnen und Teilnehmer erst die Türe geschlossen, um ungesehen und ungehört zu üben. Tun Sie, was Sie für richtig halten, aber tun Sie es. Es geht um die Fähigkeit, Verborgenes sichtbar zu machen und die tief im Inneren verborgene Liebe und Schönheit zu sehen. Genießen Sie die Übung und fügen Sie – wenn es geht – weitere Worte hinzu, wie: «Du bist einfach toll!»

Liebesbriefe

Schreiben Sie sich selber einen kurzen liebevollen Gruß oder Liebesbriefe voller positiver Erklärungen und schicken Sie sie ab. Oder kleben Sie einen Zettel mit einer Affirmation an die Kühlschranktür, an den Spiegel oder ans Armaturenbrett. Nehmen Sie die Affirmationen auf Band auf, um sie beim Autofahren immer wieder abzuhören. Hier ist Kreativität gefragt.

Stille Zeit

Halten Sie sich täglich mindestens 20–30 Minuten frei (beginnen Sie mit fünf Minuten, falls mehr nicht drin sind) für sich. Sie können in dieser Zeit in sich gehen, tief durchatmen, einfach dasitzen, meditieren, reflektieren, nachdenken, lesen, schreiben, Musik hören, beten, Tagebuch schreiben, was immer am besten zu Ihrer Entspannung beiträgt. In dieser Zeit können Sie zu sich kommen, sich spirituell sammeln, auf die innere Stimme hören und Ihren Seelenfrieden suchen. Diese Zeit ist heilig. Halten Sie sie in Ehren, ehren Sie sich selbst.

Tanzeinlage
Die Idee kam mir im vergangenen Sommer, als ich dieses Buch überarbeitete. Diese Übung ist besonders erfrischend, wenn eine Stereoanlage für Rundumbeschallung sorgt. Greifen Sie zu Ihrer Lieblingsmusik (ich liebe Bigbands) und drehen laut auf, schließen Sie die Augen und tanzen Sie dazu. Folgen Sie einfach der Intuition Ihres Körpers, überlassen Sie sich ganz dem Rhythmus, sei es auch nur für fünf Minuten. Ich garantiere: Sie vergessen alles um sich herum, fühlen sich besser und wieder voller Schwung.

Zeit für sich
Zeit für sich zu nehmen ist etwas anderes als die oben geschilderte «stille Zeit». Hier geht es um Freizeit, um eine Unterbrechung des Alltags, um Zeit, über die Sie frei verfügen, weil Sie ein wichtiger Mensch sind. Tun Sie in dieser Zeit nicht etwas, was Sie tun *müssen*. Fangen Sie mit fünf Minuten am Tag an und steigern Sie sich auf eine Stunde, wenn möglich. Vielleicht möchten Sie in dieser Zeit eine Tasse Kaffee trinken, einen Freund oder eine Freundin anrufen oder Ihr Lieblingsbuch zur Hand nehmen. Vielleicht möchten Sie Gymnastik machen, Yoga oder Tai Chi üben, sich mit Nordic Walking oder Aerobic beschäftigen, Tennis spielen, schwimmen, Rad fahren oder in die Sauna gehen. Möglicherweise ziehen Sie es vor, im Garten zu arbeiten, einen Kurs zu besuchen, an einem frei gewählten Projekt zu arbeiten, Ihrem Hobby nachzugehen, zu Handarbeiten und zu Werken oder aber eine Aushilfe zu engagieren, damit Sie in der Gemeinde oder Kirchengemeinde ehrenamtlich tätig sein können.

Zeit für sich zu nehmen kann bedeuten, den Ehemann, die Ehefrau oder eine befreundete Person zu bitten, mit den Kindern oder der Großmutter in den Park zu gehen, um sich bei sanfter Musik ein Schaumbad gönnen zu können. Es kann bedeuten, eine Betreuungskraft für den pflegebedürftigen Vater zu finden, damit Sie zum Strand laufen oder einen Waldspaziergang unternehmen können. Gut möglich, dass Sie von der Arbeitsstelle nach Hause kommen und sofort das Schlafzimmer oder einen anderen ruhigen Ort aufsuchen, die Tür hinter sich schließen und eine halbe Stunde lesen, um nach einem turbulenten Tag im Büro etwas Abstand zu gewinnen. Nicht vergessen, das «Bitte nicht stören»-Schild an die Klinke zu hängen! (Dies geschieht selbstverständlich nur, wenn zuvor vereinbart wurde, dass Sie sich in besonderen Situationen zurückziehen, etwa wenn Sie erschöpft und gereizt sind und sich nicht in toxische Spiele hineinziehen lassen wollen, in Spiele wie «Armer Teufel», «Tumult» und «Macht den Sieger unter euch aus».)

Was immer Sie für sich tun wollen, die Möglichkeiten werden nur von Ihrer eigenen Vorstellungskraft und Kreativität begrenzt. Die Hauptsache ist, dass Sie dabei innerlich zur Ruhe kommen, dass die Beschäftigung der Situation angemessen ist, auf andere mit Rücksicht nimmt und deren Rechte nicht schmälert. Sie müssen diese Zeit nur in ihrem Tages- oder Wochenplan verankern und sich mindestens drei Monate lang streng daran halten. Es lohnt sich.

Bitte lehnen Sie sich aber nicht selbstgefällig zurück, weil es Ihnen gelungen ist, Zeit für sich einzuplanen. Es werden nämlich auch alle, die mit Ihnen leben und arbeiten müssen, auf wundersame Weise davon profitieren.

13.3.3 Individualisiertes Streicheln

Die Überschrift verrät es bereits: Individualisiertes Streicheln ist ein Konzept der TA und eine weitere Möglichkeit, sich selber etwas Gutes zu tun, Ankerkennung und Liebe zu bekommen. Manchmal ist auch von positiven Streicheleinheiten die Rede, individualisierte Streicheleinheiten zeichnen sich jedoch durch ihre Spezifität und Einmaligkeit aus. Sie sind auf die eigene Person zugeschnittene Methoden, die Zuwendung zu bekommen, die wir vergessen uns zu geben oder nicht geben können, weil wir in schlechter Verfassung sind. Individualisiertes Streicheln erleichtert und bringt die Dinge wieder ins Lot; ein warmes Gefühl durchströmt den ganzen Körper. Wir fühlen uns wohl, weil wir merken, dass sich jemand die Mühe macht, uns zur richtigen Zeit das Richtige zu geben.

Effektive individuelle Streicheleinheiten erfordern Planung. Dies geschieht durch mündliche Vereinbarung mit einer Person, mit der Sie täglich zu tun haben (Kollegen oder Kolleginnen sind oft besser geeignet als Angehörige) und von der Sie annehmen, dass Sie Ihrer Bitte nachkommt. Klären Sie zuerst, was genau Sie wollen oder brauchen, ob die Streicheleinheit der privaten oder öffentlichen Situation angemessen ist und fragen Sie dann die zuvor ausgewählte Person, ob sie bereit ist, sich auf das Arrangement einzulassen. Antwortet sie mit Ja, schildern Sie ihr ganz genau, womit sie Ihnen das Gefühl von Wärme und Geborgenheit vermitteln soll, wenn sie feststellt, dass Sie bedürftig sind oder nicht gut für sich sorgen.

Meist gibt es klare Anzeichen für die Vernachlässigung eigener Bedürfnisse: Der überlastete Mensch wirkt abgeschlagen, ist launisch, reizbar, gehässig, unruhig, niedergeschlagen, zieht sich zurück oder zeigt ein anderes, atypisches, negatives Verhalten. Stellen Sie solche Anzeichen bei sich fest, bedeutet dies, dass Sie sich nicht die zum Erhalt Ihrer Selbstliebe notwendigen Affirmationen gegeben und versäumt haben, um Streicheleinheiten zu bitten, die Sie wieder aufmuntern. Wenn eine Kollegin, ein Kollege, eine Freundin, ein Freund oder ein Familienmitglied anhand gewisser Symptome feststellt, dass Sie sich vernachlässigen, besteht ihre oder seine Aufgabe darin, Ihnen schnellstmöglich (wortlos) die vorher vereinbarte individualisierte Streicheleinheit zu geben.

Dass diese Streicheleinheiten breit gefächert sind, liegt in der Natur der Sache. Im beruflichen Umfeld kann der Wunsch nach einer Nackenmassage, einem freundlichen Schulterklopfen oder einer Notiz mit einem lobenden Satz über Ihre Arbeit erfüllt werden. Vielleicht haben Sie auch eine Vertretung vereinbart, um eine Pause einlegen zu können. Im privaten Bereich kann individualisiertes Streicheln, neben den oben genannten, in einer intimeren Berührung oder Umarmung bestehen, einer Fuß- oder Körpermassage, ein paar freien Stunden, einem Ausgehabend, einer schriftlichen Liebeserklärung auf dem Kopfkissen oder einem Spaziergang im Park. Denkbar wäre auch, dass jemand für Sie den Abwasch erledigt, das Haus putzt, ein paar Stunden die Kinder hütet, Ihnen den Rücken freihält, damit Sie etwas für sich tun können, oder einfach «Ich liebe dich» ins Ohr flüstert und Sie dabei in den Arm nimmt.

Egal was schließlich gewählt wird, erfolgsentscheidend ist, dass sich beide Teile über die gezielte Streicheleinheit einig sind. Es kommt vor allem darauf an, dass *genau* das geschieht, was vereinbart wurde und zwar zur richtigen Zeit und auf die richtige Art.

Fallbeispiel

Hier eine Geschichte, die ich oft erzähle, um dieses Thema zu illustrieren. Vor vielen Jahren wurde ich von einem Dienstleister im sozialen Bereich engagiert, um einen TA-Workshop über Personalentwicklung zu leiten. Als Teil einer Unterrichtseinheit bat ich die Teilnehmenden, sich gegenseitig über die eigenen individualisierten Streicheleinheiten zu informieren. Eine Sozialarbeiterin nannte Erdnussbutter als ihre Lieblingsstreicheleinheit. Es klang seltsam, aber sie hatte eben eine Leidenschaft dafür. Alle kicherten, dann fuhren wir fort. In der Woche darauf wurde ich bereits an der Tür mit lauten Rufen begrüßt: «Es klappt! Es klappt!»

Offenbar war diese erfahrene Kollegin eines Tages, kurz nach unserem Workshop, sehr verärgert am Arbeitsplatz erschienen, weil zu Hause etwas Unangenehmes passiert war. Ganz gegen ihre sonstige Gewohnheit verhielt sie sich höchst unprofessionell, griff alle Leute in Hörweite an und versprühte nichts als Negativität. Das ging so bis in den Nachmittag. Alle machten einen weiten Bogen um sie. Als sie jedoch von der Nachmittagspause wieder an ihren Platz zurückkehrte, stand da ein gewaltiges Glas Erdnussbutter. Es wirkte sofort und durchschlagend. Die negative Energie schien sich buchstäblich in Luft aufzulösen. Sie fühlte sich wieder geliebt und fand wieder zurück zu ihrem fürsorglichen, angenehmen Selbst. Jemand hatte sich erinnert und war so nett gewesen, ihr genau die richtige Streicheleinheit zu geben.

Das häusliche Problem dieser Mitarbeiterin hatte sich damit nicht erledigt. Doch das Glas Erdnussbutter rüttelte sie auf, hob ihre Stimmung und stärkte ihr Selbstwertgefühl so sehr, dass sie mit ihrer Situation angemessen umgehen konnte und das Problem dort lassen konnte, wo es hingehörte, nämlich zu Hause.

Übertragen Sie dieses Szenario auf Ihre eigenen Selbsthilfeziele und stellen Sie sich folgende Fragen: Welches Unterstützungssystem steht mir zur Verfügung, wenn mir die Dinge über den Kopf wachsen und ich mich selber vernachlässige? Was ist meine individuelle Streicheleinheit? Wen habe ich darüber informiert? Wurde mir versprochen, mir bei Bedarf die gewünschte Zuwendung zu geben?

13.4 Stressmanagement

Stressmanagement? Wozu? Stress ist doch normal. Stress gehört zum Leben, stimuliert uns und löst oft Handlungen aus. Unter Stress fühlen wir uns lebendig, solange, bis das Gleichgewicht gestört ist, die Sache außer Kontrolle gerät und der Stress exzessiv geworden ist. Dann wird Stress zum Problem, zur Strapaze, dann wird Eustress zum Distress. Dann ist Stressmanagement angesagt.

Stressmanagement ist eine erlernte Fertigkeit, ein wesentlicher Bestandteil jeder Selbsthilfe. Durch effektives Management können Sie Ihren persönlichen Stresslevel erkennen und bestimmen, Ihr eigenes Wohlfühlprogramm entwickeln und ganzheitlich gesunden (nähere Einzelheiten dazu im letzten Kapitel). Geeignete Praktiken erhalten Sie psychisch gesund, sie verhindern soziale, emotionale, körperliche, geistige und spirituelle Toxizität und fördern die Heilung tiefer toxischer Wunden.

13.4.1 Der subjektive Belastungslevel (SBL)

Der SBL (im englischen Sprachraum wird der Begriff «subjective units of distress or discomfort scale, SUDS, verwendet) ist eine Skala, mit welcher der Grad der inneren Belastung und Angst gemessen wird (**Abbildung 13-1**). Sie reicht von 0 bis 100, wobei wir bei 0 katatonisch und bei 100 explodiert sind. Den durchschnittlichen Stresslevel von 50 erreichen nur wenige Leute. Der optimale individuelle Stresslevel variiert erheblich. Manche Menschen sind Rennpferde und immer auf Hochtouren, mit einem Stresslevel um 75, andere Schildkröten und bei geringerem Tempo am erfolgreichsten, etwa bei 25.

```
        \ \ | / /
        explodierend
        ‾‾‾‾‾|‾‾‾
             |
             |                    Rennpferde
        ‾‾‾‾‾|‾‾‾
           ⎛   ⎞
           ⎜   ⎟
           ⎜optimaler⎟
           ⎜Belastungslevel⎟
           ⎜   ⎟
           ⎝   ⎠
        ‾‾‾‾‾|‾‾‾
             |                    Schildkröten
        ‾‾‾‾‾|‾‾‾
          katatonisch
             |
```

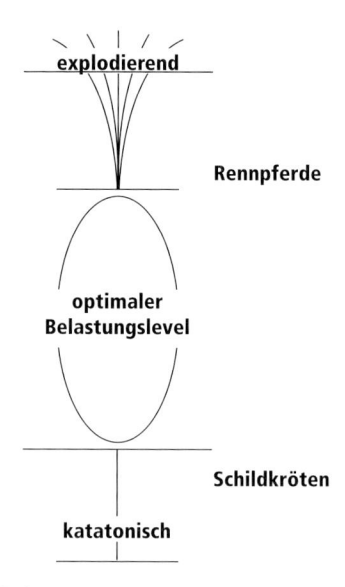

Abbildung 13-1: Wohlfühlpraktiken

Den optimalen SBL identifizieren

Wir alle haben die Aufgabe, zu ignorieren was andere sagen und den eigenen, für uns bekömmlichsten Stresslevel zu finden, das rote Warnlicht zu beachten und dafür zu sorgen, dass wir weder unter- noch überfordert sind. Überwachen Sie dann Ihren SBL täglich und halten Sie ihn bewusst im optimalen Bereich. Wenn Sie zu viel oder zu wenig Stress haben, werden Sie den Attacken einer toxischen Person vermutlich kaum standhalten können. Distress ist am oberen und am unteren Ende der Skala schmerzlich.

Exzessiver Stress führt zu Burn-out oder zu Eruption, mit den Symptomen Bluthochdruck, beschleunigter Pulsschlag, schwitzende Hände, gerötetes Gesicht, nervöser Magen, Reizbarkeit, Zwanghaftigkeit, Ungeduld oder was immer Ihr Reaktionsmuster sein mag. Wer zu wenig Stress hat, rostet ein, zu erkennen an Lethargie, Langeweile, Depression, Antriebslosigkeit, Apathie, Hoffnungslosigkeit, Gleichgültigkeit und Rückzug. Beide extremen Zustände sind bedrohlich.

Die meisten Menschen stehen unter zu hohem Stress, der gnadenlos höher wird, wenn wir unsere Stressfaktoren nicht erkennen, mit unseren Kräften nicht haushalten und entsprechende Prioritäten setzen. Ein primärer Stressor, etwa eine externe Situation, mit der wir zurecht kommen müssen, ist vielleicht nicht das größte Problem. Viel hängt von der eigenen inneren (intrapsychischen) Verfassung und von der Stimmung ab; oft sind diese Faktoren für die belastenden sekundären Stressoren verantwortlich. Aneshensel, Pearlin, Mullan, Zarit und Whitlatch (1995) haben die Befindlichkeit von Pflegenden untersucht und in ihrer Longitudinalstudie festgestellt, dass intrapsychische Stressoren eine depressive sekundäre Rollenbelastung, Ich-Verlust und Rollenüberlastung auslösen können. Für diese Wissenschaftler und Wissenschaftlerinnen sind Stressoren «problematisch und bedrohlich erlebte Zustände, Erlebnisse und Aktivitäten, welche die Bemühungen der Person vereiteln, die sie erschöpfen und ihre Träume zerschlagen» (1995: 69).

Es folgen nun einige Strategien zur Reduzierung dieser Stressoren und zum Erhalt des optimalen SBL. Sie können aber auch einen anderen Tipp in diesem Kapitel aufnehmen und sich die Wohlfühlpraktiken im nächsten zu eigen machen; das bleibt Ihrer Einschätzung überlassen.

13.4.2 Meditation

Meditation ist ein Muss für «Rennpferde» (für pflegende Angehörige, die auch noch berufstätig sind?), die den ganzen Tag auf den Beinen sind, kaum Atem holen, nie stillsitzen und mit dem Wort «entspannen» nichts anfangen können, selbst wenn eine Pause möglich wäre. Meist bedeutet Meditation, dass man mindestens 20 Minuten täglich diszipliniert «übt» und dieser Aktivität eine hohe Priorität im Tagesverlauf einräumt. Im Idealfall wird daraus eine Lebenshaltung, eine Möglichkeit, das bewusste Denken auszuschalten und sich innerem spirituellen Frieden zu öffnen.

Es gibt zahlreiche Meditationsformen, angefangen vom reinen achtsamen Sitzen im Zen, bis zu den beruhigenden Bewegungen des Tai Chi und den Yoga-Positionen, aber auch das meditative Genießen von Literatur, Kunst, Musik oder Natur gehört dazu, sowie kontemplatives Gehen, das Betrachten eines Sonnenuntergangs oder die formale Struktur der Transzendentalen Meditation (TM). Zahlreiche Bücher, Artikel, Workshops, Kurse und Meditationsgruppen informieren über die jeweiligen Schwerpunkte und Praktiken. Alle Meditationsformen erfordern Engagement und Selbstdisziplin.

Wofür Sie sich entscheiden ist zum einen Geschmackssache, zum anderen von Ihrem Persönlichkeitstyp oder Temperament, Ihrem kulturellen Hintergrund oder Lebensstil abhängig. Es gibt keinen Königsweg. Probieren Sie einfach so lange, bis Sie die passende Form gefunden haben. Menschen, denen es leicht fällt «in sich zu gehen», in einen Tagtraum zu gleiten oder sich in Betrachtung zu versenken, ist vermutlich mit einer aktiveren Meditationsform am besten gedient. Für sehr aktive Menschen dagegen werden ruhigere, kontemplative Meditationen die geeignetsten sein. Das muss aber nicht immer zutreffen. Experimentieren Sie und wählen Sie dann die Form, die Ihnen am meisten zusagt.

Sie müssen sich *Zeit nehmen* fürs Meditieren, das ist der entscheidende Punkt. Am besten gelingt dies, wenn Sie die Meditationszeit fest in Ihren Tagesablauf einplanen, bis sie zur Gewohnheit wird. Für professionell Pflegende und alle anderen, die mit schwierigen, emotional anstrengenden Situationen konfrontiert sind, für pflegende Angehörige und erwachsene Kinder toxischer Eltern ist die beruhigende tägliche Meditationspraxis ein verblüffend nachhaltiges und effektives Stressmanagementinstrument.

13.4.3 Die Entspannungsreaktion

Wenn für Meditationsübungen keine Zeit ist, praktizieren Sie eine vereinfachte Form, die Kurz-Entspannung. Sie brauchen dafür nur täglich einmal fünf Minuten. Diese Methode dient dem Stressmanagement, ist aber auch eine effektive Copingstrategie, insbesondere wenn sie vor jeder Begegnung mit einem toxischen alten Menschen zur Beruhigung eingesetzt wird.

Die Entspannungsreaktion wurde von Dr. Herbert Benson entwickelt und perfektioniert, nachdem er sie über viele Jahre hinweg in seinem holistisch ausgerichteten Krankenhaus eingesetzt hatte. Bis heute propagiert Benson, dass Geist und Körper zusammenwirken müssen, dass sie eine heilende Einheit bilden und ein vernetztes Kommunikationssystem sind.

Suchen Sie sich zuerst einen ruhigen, angenehmen Platz, an dem Sie sich bequem einrichten. Atmen Sie dreimal tief durch. Wählen Sie dann ein Mantra, ein Schlüsselwort oder einen bestimmten Satz, den sie drei bis fünf Minuten lang wiederholen, bis Sie sich ruhig und gelassen fühlen. Vielleicht ist es eine Bibelstelle, die Sie besonders lieben, ein Sprichwort, oder gar ein abstrakter Laut wie das bekannte «Om» oder irgend etwas anderes, das Ihre ganze Aufmerksamkeit erfordert und von der Spannung im Körper und dem Geschwätz im Kopf ablenkt. Ihr Körper wird mit verlangsamtem Stoffwechsel, langsamerem Puls und niedrigerem Blutdruck reagieren. Meist verstummt alsbald das Durcheinander der inneren Stimmen, die Frustration lässt nach und mündet in Ruhe und Gelassenheit. Jetzt sind Sie belastbarer und Stressoren besser gewachsen.

13.4.4 Selbstgespräch

Affirmationen verwandt, fokussieren Selbstgespräche auf den Erhalt von positivem Denken und der Veränderung negativer innerer Monologe durch kognitive Umstrukturierung. Mit einem Selbstgespräch können Sie sich innerlich wappnen, bevor Sie sich in eine stressige Situation begeben, etwa eine hochtoxische Klientin, einen toxischen Klienten, den alterstoxischen Vater oder die alterstoxische Mutter besuchen. Sagen Sie sich:

«Ich weiß, was ich brauche und will.»
«Ich beherrsche die Situation.»
«Ich setze Grenzen.»
«Ich bestimme den Verlauf.»
«Ich bin nicht für ihr Glück verantwortlich.»
«Ich akzeptiere ihn so wie er ist.»
«Sie kann sagen was sie will; ich habe mich von ihren Spielen befreit.»

Selbstgespräche und Affirmationen dringen in den Hypothalamus, ins Kontrollzentrum des Gehirns ein, das dann die Botschaft dem ganzen Körper übermittelt. Weil es sich um ein vernetztes Feedbacksystem handelt, bestätigt das System – sofern die Worte positiv sind – dass alles in Ordnung ist. Je häufiger die Botschaft ausgesandt wird, desto gefestigter das Gefühl: «Ich bin o.k.». Es funktioniert wie ein Computersystem. Wenn der Input Müll ist, ist auch der Output Müll. Wenn ich mir sage:

«Ich bin tüchtig.»
«Ich bin dieser Sache gewachsen.»
«Ich schaffe das.»
«Ich beherrsche die Situation.»

werden Körper und Geist dem gemäß reagieren. Wenn ich mir sage:

«Niemand versteht mich.»
«Ich kann ihr nichts recht machen.»
«Ich bin am Ende.»
«Es ist hoffnungslos.»

reagieren die Körpersysteme entsprechend.

Die großen Körpersysteme (Nerven-, Kreislauf-, Verdauungs-, Atem- und Ausscheidungssystem) wirken zusammen und führen gemeinsam methodisch die erhaltenen

Botschaften aus. Sie stellen keine Fragen. Unser Gehirn kann nicht unterscheiden, ob die Botschaft negativ oder positiv ist, erfunden oder real, wie auch ein Computer nicht zwischen richtig und falsch unterscheiden kann. Es empfängt und sendet einfach, womit es gefüttert wurde. Empfängt es negative Botschaften oder Müll, schickt es Müll im Körper herum. Das Problem ist, dass sich Müll alsbald zersetzt und Körper und Geist zwingt, auf den Zersetzungsprozess zu reagieren. Die meisten Menschen kennen solche negativen Programmierungen, mit denen wir uns in alle möglichen mentalen, emotionalen und körperlichen Beschwerden hineinmanövrieren. «Giftige» Alte sind ganz besonders negativ programmiert. Achten Sie auf Ihre Selbstgespräche und fragen Sie sich dann:

1. Weiß ich tatsächlich, was ich mir jeden Tag sage?
2. Wenn es negative Dinge sind, will ich, dass sie mein Leben bestimmen?
3. Will ich die Folgen tragen?
4. Was werde ich dagegen unternehmen?

Negative Selbstgespräche ins Positive wenden
Es gibt mehrere Möglichkeiten, negative Selbstgespräche ins Positive zu wenden. Im ersten Schritt müssen wir feststellen, was wir uns einreden. Ich habe in meinen Kursen mit folgender Methode erfolgreich gearbeitet: Ein großes Blatt Papier wird in vier Spalten eingeteilt für Datum/Zeit, Auslöser, negativer Gedanke und positiver Gedanke. Machen Sie nun zwei Wochen lang möglichst präzise und kurz gefasste Eintragungen. Wenn Sie notiert haben, in welcher Situation der negative Gedanke auftritt (die negativen Gedanken auftreten), ersetzen Sie die unterminierende Aussage sofort durch eine aufbauende, positive. Auf diesen letzten Schritt kommt es an. Er zwingt Sie nämlich, ihre Wahrnehmung zu verändern. Dazu kommt, dass die Konzentration auf das Negative depressive Empfindungen auslösen kann. Das ist der Grund, weshalb Sie die letzte Spalte unbedingt ausfüllen und den Gedanken ins Positive wenden müssen.

Prüfen Sie am Ende jeder Woche, was Sie geschrieben haben. Halten Sie nach Mustern Ausschau, nach regelmäßigen Auslösern negativer Gedanken, achten Sie auf die damit verbundenen Gefühle und auf deren Veränderungen durch die positiven Aussagen. Schreiben Sie dann auf, was Sie entdeckt oder gelernt haben. Erstatten Sie einer zuvor festgesetzten Unterstützungsperson Bericht, um den Prozess im Gespräch weiter zu klären. Wenn diese Übung ernsthaft durchgeführt und verarbeitet wird, kann sie sehr erhellend sein.

13.4.5 Protokoll führen

Dies ist ein weiteres Instrument der Selbststärkung. In zahlreichen Sachbüchern und Kursen werden die verschiedenen Vorgehensweisen genau erklärt. Wählen Sie den Ansatz, der Ihnen am ehesten zusagt und entwickeln Sie dann Ihre eigene Methode. Den ersten Versuch sollten Sie drei Monate durchhalten und täglich oder bei Bedarf protokollieren; damit lassen sich die besten Resultate erzielen. Protokoll führen ist etwas anderes als Tagebuch schreiben oder ein Logbuch anlegen. Wer Protokoll führt, hat ein Ventil für seine verborgenen Gefühle, bringt dabei Themen, die im Unbewussten rumoren, ins Bewusstsein, kann sie erkennen und behandeln oder ablegen und abschließen. Konzentrieren Sie sich auf Emotionen (insbesondere auf Wut, Frustration, Schuldgefühle und Hoffnungslosigkeit). Begutachten Sie Ihre Wahrnehmungen und schreiben Sie Affirmationen nieder oder gar einen Dialog mit dem toxischen alten Menschen, der Sie beschäftigt, oder mit der eigenen Wut, dem eigenen Schmerz, ja sogar Ihrem höheren Selbst. Hier ist Kreativität gefragt.

Zwiegespräch
Weil das Zwiegespräch ein besonderer Aspekt des Protokollführens ist, möchte ich näher darauf eingehen. Geben Sie sich, bevor Sie damit beginnen, ein wenig Zeit, um zur Ruhe zu kommen oder sich zu zentrieren. Sanfte Musik ist dabei hilfreich. Suchen Sie einen geschützten Ort auf und sorgen Sie dafür, dass weder das Telefon klingelt noch eine andere Unterbrechung stattfindet. Halten Sie ein Notizbuch und einen Stift bereit und fragen Sie sich mit halb geschlossenen Lidern, wen oder was Sie ansprechen möchten. Warten Sie. Eine innere Stimme wird antworten, eine Empfindung, ein Bild oder ein Gedanke auftauchen. Schreiben Sie auf, was dabei geschieht, und zwar ohne zu zensieren oder zu interpretieren. Stellen Sie dann weitere Fragen und lassen Sie dem Zwiegespräch freien Lauf, solange, bis sich ein Gefühl der Sättigung einstellt. Die Ergebnisse können überraschend, stärkend, erleichternd oder provozierend sein. Das innere Zwiegespräch kann Probleme lösen, Emotionen besänftigen und Lösungen herbeiführen.

13.5 Stressreduktion

Stressreduktion ist etwas anderes als Stressmanagement. Hier geht es vor allem um Coping und Belastungsverringerung, weniger um Lenkung und Stresskontrolle. Durch den Einsatz spezieller erlernter Fertigkeiten und Techniken gelingt es Ihnen, unverhofft auftretende Probleme zu bewältigen, wenn auch nicht zu verhindern. Um in schwierigen Lebenssituationen zu bestehen, sind Copingfertigkeiten unentbehrlich. Sie sind eine Art Soforthilfe. Sie verändern allerdings nichts und verhindern nicht bereits im Vorfeld, dass es zu einem toxischen Ausbruch kommt. Beim Umgang mit «giftigen» Alten wird niemand ohne sie auskommen. Es folgen nun einige Stressreduktionstechniken.

13.5.1 Tief durchatmen

Dies ist die einfachste und wohl auch effektivste Methode. Sie lässt sich in belastenden Momenten überall und jederzeit durchführen, in der Praxis mit einer aggressiven Klientin oder einem streitlustigen Klienten, während eines Konflikts, wenn Sie sehr betroffen oder fassungslos sind, wenn Mutter oder Vater zetern oder sich beklagen. Die Übung erfolgt in mehreren festgelegten Schritten:

1. Denken Sie daran, die Übung zu machen!
2. Die Augen schließen (fakultativ) und sich auf den Atem konzentrieren.
3. Tief einatmen, bis hinab in den Bauchraum und wellenartig zurück in den Brustkorb.
4. Beim Einatmen bis vier zählen, den Atem anhalten und bis acht zählen, beim Ausatmen bis zwölf zählen. Das beruhigt die Dinge automatisch.
5. Wenn sich ein natürlicher Rhythmus eingestellt hat und die Situation es erlaubt, können Sie sich dabei einen der folgenden Sätze vorsagen, etwa *Ich bin* beim Einat-

men und *entspannt* beim Ausatmen, oder *Ich bin gelebte... Liebe,* oder *Ich bin... stark,* oder *Ich habe... die Sache im Griff,* oder *Ich bin... verständnisvoll* oder *geduldig.*

Tiefe Atemzüge sind immer eine Hilfe, wenn der SBL hoch ist. Warum? Wenn wir in angespannter Erwartung oder unter Stress sind, vergessen wir fast zu atmen. Der Atem wird flach und das Gehirn wird nicht mehr ausreichend mit Sauerstoff versorgt. Dann schickt das Gehirn Alarmsignale an das Nervensystem und schon erhöht sich der SBL. Problemlösungsfertigkeiten und objektives Denken sind nun beeinträchtigt. Wer klug ist, hält sich in solchen Momenten von toxischen Menschen fern, bis die Stressreduktionsübungen wirken und der optimale Funktionsgrad wieder erreicht ist.

13.5.2 Selbstbehauptungstechniken

Auszeit
In Kapitel 11 war bereits von Auszeit als Copingtechnik die Rede. Als effektives Instrument zur Reduzierung von Konflikten und erhöhtem SBL ist sie aber auch für alle, die beruflich oder privat mit «giftigen» Alten zu tun haben und ihre geistige und emotionale Gesundheit erhalten müssen, unentbehrlich.

Sagen Sie eine Auszeit an, wenn Sie spüren, dass der optimale Grad Ihres SBL überschritten ist und Sie dabei sind, die Kontrolle zu verlieren. Das ist besonders wichtig, wenn Sie in den Kindheits-Ich-Zustand gleiten und sich nicht mehr auf Ihr objektives, rationales Erwachsenen-Ich verlassen können. Unterbrechen Sie die Mitspielerin oder den Mitspieler, sobald Sie feststellen, dass Sie sich im Kindheits-Ich-Zustand befinden, schauen Sie ihr oder ihm fest in die Augen und sagen Sie laut und deutlich, dass Sie jetzt eine Auszeit nehmen und in 10–15 Minuten wieder da sein werden. Gehen Sie sofort raus, bevor das Spiel in eine weitere Runde geht. Kommen Sie aber zuverlässig zur angekündigten Zeit zurück.

Streicheln und Standhalten
Wenn Sie erreichen wollen, dass die toxische Person hört, was Sie sagen, können Sie eine positive Aussage oder ein Kompliment machen und dann klar und deutlich formulieren, was Sie beabsichtigen oder wollen.

Papa, du warst mir immer ein guter Vater, und das weiß ich sehr zu schätzen. Ich werde mich aber nicht mehr von dir überwachen und herumkommandieren lassen. Ab jetzt treffe ich meine eigenen Entscheidungen.

Gesprungene Schallplatte
Diese Technik besteht im Wesentlichen darin, eine Feststellung ein paar Mal zu wiederholen oder umformuliert noch einmal zu äußern, bis das Gegenüber merkt, dass sie ernst gemeint ist und aufgibt. Achtung: Man kann die Sache auch zu weit treiben.

Mutter, ich kann dich nicht jeden Tag besuchen. Ich werde dich täglich anrufen, damit ich weiß, wie es dir geht, aber besuchen werde ich dich nur drei- oder viermal pro Woche.

Die Mutter reagiert mit ihrem anklagenden «Ich armer Teufel». Jetzt wird die Aussage wiederholt, ohne auf ihr Lamento einzugehen. Die Formulierung bleibt gleich, es gibt nichts hinzuzufügen. Im Gegenteil, wenn der Eindruck entsteht, dass sie die Ohren absichtlich verschließt, wird der Satz bei jeder Wiederholung gekürzt. Vielleicht sind leichte Umstellungen angezeigt, um sich empathischer zu zeigen, bis sie schließlich begreift, dass sie nicht mehr jeden Tag besucht wird. Eskaliert die Situation nach dreimaliger Wiederholung, ist eine Auszeit angezeigt, danach wird verfahren wie zuvor. Sie sollten nur sichergehen, dass Sie standhalten und dann auch tun, was Sie angekündigt haben.

Vernebeln
Wie bei der TA mit einer überraschenden Antwort ein Spiel gestoppt wird, so zielt die Vernebelungstechnik darauf ab, mit einem belanglosen Satz zu reagieren, der zwar Zustimmung signalisiert, aber zu nichts verpflichtet. Wenn z. B. die Mutter mit ihren Tiraden fortfährt und Sie eine egoistische, pflichtvergessene, dämliche Tochter nennt, kann die Antwort etwa so ausfallen:

Ja, Mutter, kann schon sein, dass du diesen Eindruck hast. Manchmal wirke ich tatsächlich egoistisch, pflichtvergessen und dämlich.

Reagieren Sie schnell, mit einem kurzen Satz, um dann sofort das Thema zu wechseln. Auch mit dieser Technik lässt sich der für ein Spiel ausgelegte Köder vermeiden. Achten Sie dabei stets auf eine angemessene und effektive Körpersprache und vergessen Sie nicht, dass Übung die Meisterin oder den Meister macht.

Ich-Botschaften
Sie sind ein absolutes Muss, wenn eine direkte und ehrliche Kommunikation stattfinden soll und besonders wertvoll für alte Menschen, die seit vielen Jahren mit einer toxischen Ehefrau oder einem toxischen Ehemann zusammenleben. Dazu ein Beispiel:

Martha, ich mag dich und will das Beste für uns beide, aber ich lasse mich nicht verbiegen. Das heißt, ich werde standhaft weiter meine eigenen Interessen vertreten, und das wird dir nicht immer gefallen.

Oft beginnen wir den Satz mit einem «Du» oder «Warum», woraufhin wir feststellen, dass die andere Person sofort abwehrt. Ich-Botschaften verhindern diesen Mechanismus und öffnen ehrlichen, spielfreien Interaktionen die Tür.

13.5.3 Spiele stoppen

Wenn Sie in ein psychologisches Spiel zweiten oder dritten Grades verstrickt sind und es schaffen, das Spiel zu stoppen, kann ich Ihnen Stressreduzierung garantieren. Hier noch einmal die Merkmale von Spielen:

1. Spiele werden immer zu zweit gespielt
2. beide Seiten sind unbewusst auf die Spielregeln konditioniert
3. beide Seiten merken nicht, dass sie spielen, sofern sie nicht am Ende des Spiels wahrnehmen, dass sich ein *Nutzeffekt*, ein *Gewinn* an schlechten Gefühlen einstellt
4. es gibt eine verborgene Agenda
5. das Spiel geht endlos weiter, bis sich jemand entschließt, nicht mehr zu spielen.

Dieser Jemand ist Ihr Fürsorgliches Erwachsenen-Ich, das nun die Kontrolle übernimmt und dem inneren Kind, das so liebend gerne spielt, Einhalt gebietet. Wird die Transaktion dann in den Erwachsenen-Ich-Zustand überführt, ist das Spiel für immer gestoppt. Wenn Sie in Ihrem Erwachsenen-Ich-Zustand verharren, sind Spiele und Unehrlichkeit Vergangenheit. So einfach ist das. Das Erwachsenen-Ich spielt keine Spiele (Berne, 1964).

Nur wer weiß, womit sich das innere Kind ködern lässt, kann ein Spiel aufgeben: das ist der Schlüssel. Wir müssen nach jedem Spiel den *negativen Spielegewinn* erkennen und versuchen, unsere Reaktion auf den Auslöser zurückzuverfolgen. Fragen Sie sich beispielsweise, wann Ihre Körpersprache ins Kindheits-Ich geglitten ist. Suchen Sie nach nonverbalen Hinweisen, weil sich Stimmlage, Körperhaltung, Bewegungen und Mimik deutlich verändern. Haben Sie schließlich erkannt, was genau das Spiel auslöst, lässt sich der Köder beim nächsten Mal vermeiden, einfach indem Sie entscheiden, im Erwachsenen-Ich-Zustand zu bleiben. Niemand ist gezwungen, ein Spiel zu spielen. Sie tragen die Folgen und die Verantwortung, wenn Sie beschließen, weiterzuspielen.

13.6 Netzwerke und Selbsthilfegruppen

Anfang der 1980er Jahre hat die Gesundheitsbehörde von Kalifornien ein Forschungsprogramm aufgelegt, um über fünf Jahre hinweg nach den Schlüsselfaktoren für die Entwicklung stabiler geistiger und emotionaler Gesundheit zu suchen. Die gefundene Antwort war überraschend und lautete: ein unterstützender Freundeskreis, unterstützende Gruppen und Netzwerke. War das nicht allzu simpel? Keine raffinierten psychologischen Übungen oder Behandlungen, nur Mitmenschen... Leute, die sich mögen und verstehen, aber auch Leid mitfühlen, die einander unterstützen und vertrauen, die sich ihre Zuneigung zeigen, immer füreinander da sind und echte Freunde und Freundinnen werden. Ja, so ist es, und es heilt.

Eine persönliche Geschichte

Frau H., eine meiner früheren Studentinnen, war in einer toxischen Familie aufgewachsen, mit ängstlichen, verängstigten, sich gegenseitig erniedrigenden Menschen, und hatte nie gelernt, sich zu lieben und wertzuschätzen. Sie lebte mit Ängsten und emotionalem Missbrauch, was zu ständiger Selbsterniedrigung führte. Was immer sie tat, nie war es gut genug. Ihre Mutter war nie mit ihr zufrieden. Offenbar konnte sie ihre tief verwurzelten Ängste nur beschwichtigen, indem sie andere kontrollierte.

Frau H. heiratete einen Universitätsprofessor und hielt dies für eine Chance, der Situation zu entkommen. Sie bekam vier Kinder und versuchte, mit dem wachsenden Alkoholismus und der wachsenden Toxizität ihres Mannes zurechtzukommen. Ohne das geringste Selbstbewusstsein oder Selbstwertgefühl, arrangierte sich Frau H. mit den körperlichen und emotionalen Misshandlungen durch ihren Ehemann. Als sie wegen der Misshandlungen stationär und wegen ihrer Depression mit starken Medikamenten behandelt werden musste, wurde ihr endlich klar, dass sie die schlechte Behandlung nicht akzeptieren musste. Sie nahm die Kinder und zog mit ihnen ans andere Ende des Kontinents, so weit weg wie möglich.

Nun war Frau H. ganz auf sich gestellt und merkte zu ihrer Überraschung, dass sie über beträchtliche innere Ressourcen verfügte. Sie schloss sich Al-Anon und AA-Gruppen an, absolvierte das 12-Schritte-Programm und fand Menschen, die Anteil nahmen. Sie ging zu vielen Treffen. Das positive Feedback half ihr. Sie war fest entschlossen, etwas aus sich zu machen, bewarb sich um ein Studiendarlehen und ging wieder auf die Hochschule. Sechs Jahre lang Einzelberatung, Teilzeitarbeit, Stipendien, Selbstbehauptungstraining und Kurse zur Stärkung des Selbstbewusstseins, Kurse für Positives Denken, Selbsthilfegruppen sowie die Anforderungen des Studiums halfen ihr, an sich selbst zu glauben. Sie ergriff jede Gelegenheit, sich einer neuen Herausforderung zu stellen, schloss am Ende ein Studium der Sozialen Arbeit ab, schlug eine Laufbahn in der Gerontologie ein. Sie hielt Vorträge, um andere anzuspornen, im höheren Alter ein Studium aufzunehmen und Missbrauchsopfern Mut zu machen. Das alles war nur möglich – so Frau H. – weil es Menschen gab, die sich kümmerten, die an sie glaubten, sie zuverlässig unterstützten und halfen, zu sich zu finden.

Heute arbeitet sie fast täglich mit toxischen alten Menschen, denen sie gerne sagt: «Sie können so giftig sein wie Sie wollen, ich lasse mich nicht abbringen, weil ich Sie mag.» In ihren Vorträgen taucht immer wieder der Satz auf:
«Die Menschen brauchen Liebe, wenn sie sie am allerwenigsten verdienen.»

13.7 Spezialprogramme

Heutzutage stehen Hilfesuchenden Selbsthilfeprogramme in Hülle und Fülle zur Verfügung, alle haben die Wahl zwischen verschiedenen Schulen. Sie müssen sich nur aufraffen und das für sie persönlich Geeignete suchen – wie Frau H. es getan hat.

Viele Selbsthilfeprogramme sind so angelegt, dass sie Übenden helfen, Klarheit und Wahrheit zu finden und schwierige Situationen und Beziehungen zu bewältigen. Eine dieser Methoden wurde von Byron Katie in Barstow, Kalifornien entwickelt. Sie gab ihr den Namen «The Work». Ich stelle sie hier vor, weil ich glaube, dass sie besonders für alte Menschen geeignet ist, die fürchten, toxisch zu werden, aber auch für alle erwachsenen Kinder mit einer schwierigen Eltern-Kind-Beziehung, besonders aber, wenn sie in der Altenarbeit tätig sind. Wer sich mit «The Work» befasst, wird feststellen, dass für Katie der Weg zur Heilung über kognitive Umstrukturierung führt. Das ist ihr durchgängiger Leitgedanke.

13.7.1 «The Work»

«*Krisen erfolgreich bewältigen*» (Katie, 1996) lautet der Titel des Büchleins, in dem Katie «The Work» erklärt, und das auch in ihren Workshops verteilt wird. Mit Katies Erlaubnis werden nun die sechs Schritte ihrer Methode beschrieben. Bitte lesen Sie die Anleitungen. Füllen Sie dann den Fragebogen so ehrlich wie möglich aus und nehmen Sie dabei den Standpunkt eines wütenden, verletzten, traurigen oder ängstlichen drei- bis vierjährigen Kindes ein. Dies ist der entscheidende Punkt für den Erfolg Ihrer Bemühungen. Versuchen Sie nicht, realistisch zu sein oder Dinge zu analysieren, deuten Sie lediglich mit dem Finger auf die Person oder Sache, die Sie für Ihren Schmerz verantwortlich machen. Schreiben Sie alles auf, was Ihnen zu den Aussagen einfällt. Nicht denken! Reagieren Sie möglichst kleinkindhaft und ehrlich und folgen Sie genau den Anweisungen. In den eckigen Klammern stehen Beispiele.

1. Schildern Sie eine Situation und beginnen Sie mit
Ich mag (Name) _____ **nicht, weil er/sie** _____ (beschreiben sie, was er/sie Ihnen getan hat) oder
Ich bin wütend auf (Name) _____ **oder traurig wegen** _____ [Mutter], **weil** _____ [sie mir nie zuhört, egoistisch ist, weil sie macht, dass ich mich schuldig fühle _____].

2. **Ich will, dass (Name)** _____ [mir zuhört] _____
Schreiben Sie nun alles auf, was Sie sich von (Name) wünschen, was die Person tun soll, wie sie sein soll, was sie in dieser Situation denken oder fühlen soll.

3. **(Name)** _____ **soll nicht oder soll** [sich um mich kümmern].
Schreiben Sie nun alles auf, was Sie sich von (Name) wünschen, was die Person in dieser Situation tun, sein, denken oder fühlen soll oder nicht.

4. (**Name**) _____ **ist** [nicht lieb. Sie ist gemein.] _____
Schreiben Sie auf, was (Name) _____ in dieser Situation ist.

5. **Ich will, dass (Name)** _____ [mich liebt] _____
Schreiben Sie auf, was (Name) _____ tun oder Ihnen geben könnte, damit Sie in dieser Situation glücklich sind. Konzentrieren Sie sich nur auf ihn oder sie, nicht auf sich.

6. **Ich bin nicht bereit oder ich werde niemals** [sein wie sie] _____
Schreiben Sie auf, was zu tun Sie sich weigern oder glauben, nie mehr zu tun.

Schlüssel
Wenn Sie den schriftlichen Teil erledigt haben, brauchen Sie Zeit, um in sich zu gehen (und sich der Führung des Erwachsenen-Ich-Zustands und des Fürsorglichen Eltern-Ichs anzuvertrauen) und mit Ihren eigenen Wahrheiten Kontakt aufzunehmen. Das kann man zwar alleine machen, die Unterstützung einer befreundeten oder sachkundigen Person ist jedoch zielführender.

1. Schauen Sie sich Ihre Antwort an, lesen Sie die Situation laut vor. Halten Sie inne und überlegen Sie. Lesen Sie den Text noch einmal und fragen Sie sich: Ist es wahr? Hat (**Name**) _____ dies getan? Hat sie oder er wirklich _____ Kann ich wirklich wissen, dass es wahr ist?
Finden Sie nun Umkehrungen für jeden Satz: **Ich mag mich nicht, weil** [ich egoistisch bin] _____ oder **Ich bin wütend auf mich, weil** [ich mir nicht zuhöre; weil ich mache, dass ich mich schuldig fühle] _____
Welche Aussage entspricht der Wahrheit, die erste oder die Umkehrung? Denken Sie daran, dass der Finger, der auf andere zeigt, meist auf eigene Probleme hinweist (Spiegelung).

2. Lesen Sie jede Aussage noch einmal laut vor. Gehen Sie in sich. Halten Sie inne und fragen Sie sich: Ist es wahr? Was gewinne ich, wenn ich das denke? Was habe ich davon? Wer wäre ich, wie würde ich mich fühlen, wenn ich das nicht denken würde?
Nehmen Sie auch hier wieder eine Umkehrung vor: **Ich will, dass ich** [zuhöre] _____
Fügen Sie dann hinzu: **Ich will, dass ich** [mir zuhöre] _____ Ist das wahr?
Dabei üben Sie, sich geistig auf sich selbst zu konzentrieren.

3. Lesen Sie das Geschriebene laut vor. Gehen Sie in sich. Halten Sie inne. Lesen Sie es noch einmal. Fragen Sie sich: Kann ich wirklich wissen, dass es wahr ist? Was gewinne ich, wenn ich das denke? Sollte (**Name**) _____ sein/ihr Leben um meinetwillen ändern? Wer wäre ich, wie ginge es mir, wenn ich das nicht dächte?
Nehmen Sie nun die Umkehrung vor: **Ich soll oder sollte nicht** [mich um mich kümmern] _____ **Ich finde,** [Mutter] _____ **sollte** [sich um mich kümmern]. Durch die Umkehrung erkennen Sie sich selbst.

4. Verfahren Sie bei jeder Frage nach dem gleichen Muster. Fragen Sie sich bei jeder Aussage: Ist es wahr? Kann ich wirklich wissen, dass es wahr ist? Was habe ich davon, wenn ich das denke? Wer wäre ich, wenn ich das nicht dächte? Wenn Sie stecken bleiben, sagen Sie sich einfach «hoffnungslos» und fahren Sie fort.
Kehren Sie nun wieder jede Aussage um, z.B.: **Ich bin** [nicht nett] _____**und ich bin** [gemein] _____ **wenn ich** [Mutter] **als** [gemein] _____ bezeichne.

Ist das tatsächlich die Ursache für Ihre Wut oder Ihre Verletztheit? Sind es in Wirklichkeit nicht vielmehr Ihre eigenen Glaubenssätze (Projektionen), die weh tun? Bleiben Sie ganz bei sich.

5. Wiederholen Sie Ihre Aussage noch einmal und noch einmal. Fragen Sie sich: Ist es wahr? Kann ich wirklich wissen, dass es wahr ist? Was habe ich davon, wenn ich das denke? Ist es hoffnungslos?
Kehren Sie die Aussage um: **Ich will, dass** [ich liebe] _____ und **Ich will, dass** [ich mich selbst liebe] _____ Tatsächlich?

6. Lesen Sie Ihre Aussagen. Wiederholen Sie die bekannten Schritte.
Kehren Sie die Aussage nun um: **Ich bin bereit** [wie meine Mutter zu werden] _____ oder **Ich freue mich darauf** [wie meine Mutter zu sein] _____
Vermutlich werden Sie Abscheu empfinden, dennoch können Sie sich darauf freuen, weil Sie wieder bei «The Work» angelangt sind.

Wenn Sie das Prinzip verstanden haben, können Sie Ihre Wahrnehmungen ganz einfach umkehren, von

Ich will, dass er/sie...	in	**Ich will, dass ich...**
Er/Sie muss...	in	**Ich muss...**
Er/sie soll...	in	**Ich soll...**
Ich will nicht...	in	**Ich freue mich auf...**

Vergessen Sie nicht, sich bei jedem neu auftauchenden Gedanken zu fragen:
Ist es wahr? Kann ich wirklich wissen, dass es wahr ist? Was habe ich davon, wenn ich das denke? Wer wäre ich und wie ginge es mir, wenn ich das nicht dächte?

Eine persönliche Erfahrung
Es gibt eine Fülle positiver Beurteilungen von «The Work». Im Kapitel 5 wird der Fall von Frau Z. geschildert, einer gerontologischen Fachkraft, Beraterin und Tochter einer toxischen Mutter. Gegen Ende ihrer Geschichte dankt sie Katie und «The Work», weil sie durch diese Art der Selbstbefragung erkannt hat, dass ein Großteil ihres Leids und der Gegenübertragung im Beruf nicht der Toxizität ihrer Mutter geschuldet ist, vielmehr der eigenen Wahrnehmung ihrer Mutter und folglich der Projektionen ihrer eigenen Toxizität auf die Mutter. Dieser *Abwehrmechanismus* heißt projektive Identifikation.

13.8 Zusammenfassung

Toxizitätsprävention bedeutet Selbsthilfe und entschlossene, anhaltende und disziplinierte persönliche Veränderungsarbeit. Alterstoxizität ist eine Anomalie und lässt sich verhindern. Menschen, die feststellen, dass sie toxizitätsanfällig sind, können lernen, gut für sich selber zu sorgen und sich zu lieben. Sie können lernen, die ersten Anzeichen eigener toxischer Verhaltensmuster und ihre Stressoren zu erkennen, sie können den toxischen Kreislauf unterbrechen oder abbrechen, damit er sich nicht in der nachfolgenden Generation fortsetzt.

Neben toxizitätsgefährdeten erwachsenen Kindern (sowie gerontologischen Fachkräften, die toxische Eltern hatten) profitieren alte Leute, die bei sich erste Toxizitätsanzeichen feststellen, fürchten, toxisch zu werden und etwas dagegen tun möchten, von Selbsthilfeprogrammen am meisten. Für psychisch kranke oder emotional gestörte alte Menschen ist dieser Weg allerdings nicht beschreitbar.

Anhand von Fallgeschichten, persönlichen Berichten, einem Szenarium und Übungen wurden die fünf wichtigsten Selbsthilfebereiche illustriert: Selbststärkung (Selfnourishment), Stressmanagement, Stressreduktion, Selbsthilfegruppen und spezielle Programme.

In jeder Kategorie fanden sich einige altbekannte Techniken, wie Affirmationen, Liebesbriefe, Tanz und stille Zeiten, Meditation, Entspannungsübungen, Umkehr negativer Selbstgespräche, Atemübungen, Selbstsicherheitstraining, Auszeit, Streicheln und Standhalten, Gesprungene Schallplatte, Vernebeln und Ich-Botschaften, Selbsthilfegruppen und Netzwerke, sowie der TA entnommene Techniken zum Abbruch von Spielen.

Die einzelnen Kategorien enthielten aber auch gezielte, kreative Strategien, wie individuelles Streicheln, Zeit für sich, Gespräche mit dem Spiegelbild, schriftliches Zwiegespräch und die Bestimmung des persönlichen Belastungslevels (SBL). Ferner wurde «The Work», ein hochinteressantes, spezielles Programm, vorgestellt.

14 Der Weg zur Heilung

Denn Gott hat uns keineswegs einen Geist der Feigheit gegeben, sondern einen Geist der tätigen Kraft und der liebevollen Zuwendung, einen Geist, der zur Vernunft bringt.

2 Timotheus 1,7

14.1 Fallstudie

Die 62 Jahre alte Frau D. ist toxisch, weiß es aber nicht. Die Entwicklung lässt sich nicht ungeschehen machen... ist dennoch Heilung möglich?

Erinnern wir uns zuerst an ihre Geschichte, die sie mir wehklagend erzählt hat. Sie beginnt in der Zeit der großen Wirtschaftskrise. Sie war noch klein, das einzige Kind, als ihre Mutter starb. Frau D.s Vater, ein Handelsvertreter und Spieler, übergab das Kind einer ihrer Tanten, dem Onkel und der Großmutter. Das Mädchen wuchs in einer ungesunden Umgebung auf, die, laut Frau D., geprägt war von «brüllenden Erwachsenen». Die Tante, Frau X., neigte zu heftigen verbalen Attacken, wobei sich ihr Gesicht rötete und ihre Halsvenen anschwollen. Noch heute, so viele Jahre danach, kann Frau D. die Warnung ihrer jüdischen Großmutter wörtlich und im Originalton zitieren: «Ärgere deine Tante nicht. Sonst platzt ihr eine Ader und dann ist sie tot.» Das Kind war verängstigt und flüchtete vor ihren Tiraden. Frau D. war ein furchtsames, nervöses und scheues Mädchen. Sicherheit, so dachte sie damals, gibt es nur, wenn ich mich sehr anstrenge, immer brav bin und blind gehorche.

Bald starb ihr Onkel, der Zeit seines 14-jährigen Zusammenlebens mit seiner Frau krank gewesen war. Dann starb die Großmutter. Bei beiden war Kolitis die Todesursache gewesen. Auch Frau D. hatte in der Zeit, die sie in dieser Familie gelebt hatte, an Magenschmerzen gelitten. Selbst jetzt spürte sie die Schmerzen kommen, wenn sie davon erzählte.

Frau D. heiratete, bekam drei Kinder und zog so weit wie möglich weg, nach Kalifornien. Bald zogen auch ihre Tanten, Frau X. und Frau Y. nach Kalifornien. Als sich die Tochter von Frau Y. nicht mehr um ihre Mutter kümmerte, sprang Frau D. ein, besuchte sie und begleitete sie zum Einkaufen und zum Arzt. Damals habe sie «viel gelernt», sagte Frau D. Dennoch änderte sich nichts.

Schließlich traf auch Frau D.s Vater in Kalifornien ein und wohnte, solange er noch keine eigene Bleibe hatte, vorübergehend bei Frau X. Es dauerte nicht lange, da tauchte er täglich bei seiner Tochter auf und jammerte: «Sie macht mich fertig! Sie bringt mich noch um!» Noch bevor er ausziehen konnte, starb er plötzlich an einem Aneurysma.

Jetzt erschien Frau X. Tag für Tag in der Wohnung ihrer Nichte, die sich ungeachtet ihrer negativen Erfahrungen nicht dagegen wehrte. Bekam sie nicht von allen Seiten zu hören, was für eine wunderbare Tante sie habe und wie sehr sie offenbar von ihr geliebt wurde? Zumindest sah es nach außen so aus. In der Öffentlichkeit war Frau X. nämlich reizend. Sie führte alle hinters Licht, ihre Rechtsanwälte eingeschlossen. Weshalb Frau D. glaubte, was man ihr sagte. Sie hatte so wenig Selbstbewusstsein, Selbstwertgefühl und Selbstachtung, dass sie dachte, mit ihr selber stimme etwas nicht.

Frau D.s Ehemann hatte die ständigen Besuche von Frau X. bald satt. Er zog aus, verlangte die Scheidung und hinterließ Frau D. mittellos mit drei kleinen Kindern.

Frau D. bekam einen Job im Immobiliengeschäft und kam eine Weile ordentlich zurecht, bis die inzwischen herangewachsenen Kinder – so ihr Bericht – den Drohungen ihres Vaters erlagen. Voller Bitterkeit klagte sie: «Er hat die Kinder gegen mich aufgehetzt. Ich habe sie für immer verloren. Sie werden nie mehr zu mir zurückkommen!»

Inzwischen hatte Frau D. schwere Panikattacken, die sich bis zur Agoraphobie steigerten. Sie verlor alles, ihre Arbeitsstelle und ihre Wohnung. Da trat Tante X. wieder auf den Plan und schlug ihrer Nichte vor, zu ihr in die Altenwohnanlage zu ziehen und dort mit ihr eine Wohngemeinschaft zu bilden.

Frau D., in ihrer Verzweiflung, willigte ein. Später stellte sich heraus, dass Frau X. ihren Kindern erzählte: «Eure Mutter tut nichts. Sie liegt nur herum.» Sie war aber sehr krank, litt an Arthritis, Knieproblemen und einer Hornhautablösung. Frau D. jammerte laut:

«Ich hatte so starke Schmerzen, dass ich im Bett bleiben musste. X. macht alles nur schlimmer. Sie quält mich. Einmal hat sie mein Zimmer mit Ammoniak und Chlor gereinigt. Sie ging raus und ich lag hilflos im Bett. An einem anderen Tag, ich lag im Bett, kam sie rein und schrie: «Was tust du mir an? Warum stirbst du nicht endlich?»

Frau D. fuhr fort, ihr Schicksal zu beweinen:

Meine Tante lebt von den Toten. Sie bringt die Leute um, dann reißt sie deren Geld und Besitz an sich. Meinen Kindern hat sie schon gesagt, dass sie meinen Steinway-Flügel haben können. Und die Wertpapiere in Höhe von 35 000 Dollar, die sie für mich gekauft hat, als ich jung war; sie half meinem Sohn, die Papiere einzulösen und nahm dann das Geld an sich.»

Eines Tages, fuhr Frau D. fort, als die Situation unerträglich war, hatte sie ihre Tante gefragt:

«Warum tust du mir das an? Mir, dem einzigen Menschen, der dich je geliebt hat!»

Worauf Frau X. ihr lediglich ins Gesicht schrie:

«Liebe! Was hat Liebe damit zu tun?»

Frau D. zufolge verstand es ihre Tante, Leute zu beobachten, bis sie ihre Schwachpunkte gefunden hatte, um dann zuzuschlagen. Sie tat dies bei einem Freund von Frau D., der anfangs nicht glauben mochte, was sie ihm von ihrer Tante erzählte. Eines Tages traf sie sich mit Frau D.s Freund, um ihre Nichte zu kritisieren und nur abfällig von ihr zu sprechen. Daraufhin sei er, laut Frau D. «durchgedreht». Jetzt endlich glaubte er Frau D. und überredete sie, Schluss zu machen. Sie trennte sich von ihrer Tante und zog zu einer Freundin.

Heute sei es ihr sehr peinlich, von ihrer Situation und ihrem Hintergrund zu erzählen, sagt Frau D. Sie lamentiert:

«In meiner Familie wird über Gefühle einfach nicht gesprochen. Man denke nur, ich bin jetzt 62 und merke erst jetzt, was meine Tante für ein Mensch ist! Vielleicht bringt die Gegenklage, die ich gegen sie und meinen Sohn erhoben habe eine Lösung... (sehr kurze Pause) aber ich bezweifle, dass ich den Prozess durchstehe, mein Magen tut jetzt schon weh.»

(Frau X., ihre Tante, ist übrigens 93 Jahre alt, gepflegt, fit und energiegeladen!)

14.1.1 Fallanalyse

Kann Frau D. geheilt werden? Kann Frau X. geheilt werden? Studieren Sie den Fall, reflektieren Sie und fragen Sie sich:

- Wer ist in dieser Geschichte toxisch und wer praktiziert «woundology» («Wundologie»)? Welche Anhaltspunkte, Anzeichen und Symptome gibt es dafür?
- Werden hier Spiele gespielt? Wenn ja, in welchem Ausmaß?
- Identifizieren und bezeichnen Sie die Spiele.
- Inwiefern bestätigt dieser Fall die Prämisse dieses Buches, dass unsere Wahrnehmung bestimmt, wie wir auf Menschen oder Dinge reagieren?
- Ist Projektion dabei? Ist Projektion eine Wahrnehmung? Erklären Sie diese Begriffe.
- Welche Bedürfnisse hat Frau D.? Frau X.? Beschreiben Sie sie.
- Welche Rolle spielen Ängste, Kontrollbedürfnis, Verantwortung?

Dieser Fall ist überaus lehrreich. Er zeigt, dass den meisten Menschen nicht klar ist, wie ansteckend das Toxizitäts-Toxin sein kann. In extremer Ausprägung, wie bei Frau X., kann die Toxizität das Co-Opfer völlig zerstören, wenn es – wie Frau D. –anfällig ist und nicht bereit, sich zu wehren.

Den hier geschilderten Fall vor Augen ist man versucht, dem Psychiater Scott Peck (1983) zuzustimmen, wenn er behauptet, dass das Böse allen Menschen eigen ist, insbesondere dem Durchschnittsmenschen. Peck definiert die Sache so: «Das Böse ist die Kraft, die im Inneren des Menschen wohnt oder äußerlich wirkt, und darauf aus ist, Leben oder Lebendigkeit abzutöten» (S. 43). «Sie kontaminiert alle, die sich ihr zu lange aussetzen, oder zerstört sie gar» (S. 65). Letztlich zerfrisst das Böse den Geist.

Peck führt ferner aus, dass giftige Leute – wie Frau X. – spüren, dass sie im Grunde ihres Wesens böse sind, weshalb sie die Augen davor verschließen. Sie fliehen vor dieser übermächtigen Kraft und projizieren unbewusst deren Energie nach außen, auf ihre Mitmenschen. Es ist ein Verhalten, welches sich im Laufe des Lebens durch Übung entwickelt, wenn Menschen sich selbst belügen und ihr Wesen, ihre Gefühle und Gedanken nicht wahrhaben wollen. Solche Leute verleugnen Teile ihres Selbst und spalten die sogenannte dunkle Seite der menschlichen Natur ab. Werden diese Seiten nicht akzeptiert und gezähmt, können sie sich urplötzlich Bahn brechen und ihre zerstörerische Macht entfalten.

14.1.2 Fallbesprechung

Die Geschichte von Frau D. ist ein gutes Beispiel dafür, wie Toxizität auf die nachkommende Generation übertragen wird. Sie illustriert ferner, was passiert, wenn der Entwicklungsprozess lückenhaft verläuft, wenn ein Kind keine liebevolle Betreuung erfährt und ein Mensch nicht merkt, dass er eine völlig verzerrte Selbstwahrnehmung hat. Ferner zeigt die Geschichte, wie diese Zerrbilder darüber entscheiden, an wen sich der Mensch wendet, wenn er geliebt sein will. Frau D. erkennt nicht, dass sie auch als gestandene Frau noch anfällig ist für toxische Spiele, weil es ihr an Selbstwertgefühl, Selbstliebe und Selbstachtung fehlt. In ihrem Fall hatten diese Eigenschaften nie eine Entwicklungschance. Ist Frau D. nun ein Opfer oder ein *Opfer*?

Kinder suchen stets nach Anerkennung und versuchen, den Eltern zu gefallen. Sie streben verzweifelt nach Wertschätzung, Bestätigung und Kontrolle. In einer Umgebung, wie Frau D. sie erlebt hat, sind alle Anstrengungen und Bemühungen um positive Streicheleinheiten vergeblich. Wahre, spirituelle Liebe wird von inneren, nicht von äußeren Quellen gespeist. Äußere Einflüsse können die Ich-Ängste nicht heilen und den Schatten nicht integrieren.

Natürlich werden Kinder, die in einer toxischen Umgebung aufwachsen, das, was sie sehen und erfahren, nachahmen. Ihr Verhalten lässt sich also entschuldigen. Einmal erwachsen, können sie sich allerdings nicht mehr in Rationalisierungen flüchten. Erwachsene können Entscheidungen treffen, sie brauchen keine Entschuldigungen. Sie können das Syndrom unterbrechen, Grenzen setzen und Schranken aufrichten. Sie können den Generationenkreislauf durchbrechen, Selbstachtung erwerben und ihrem Leiden ein Ende setzen. Sie können lernen, sich und anderen Liebe und Wertschätzung entgegenzubringen. Dass das einfach sei, hat allerdings niemand gesagt.

14.2 Den Übergang schaffen

Jeder Mensch ist ein leib-geistiges Wesen, wird an einen bestimmten Ort in die Welt hineingeboren und besitzt einzigartige, individuelle Persönlichkeitsmerkmale, die durch Umwelteinflüsse verstärkt oder unterdrückt werden können. Es gibt viel zu lernen. Anleitung braucht Zeit. Unsere frühen Lehrerinnen und Lehrer (Menschen, die uns nahe stehen) vermitteln uns, wie wir sein sollen. Wir beobachten und ahmen nach. Dann schreiben wir unser eigenes Drehbuch des Lebens. Es enthält wenig Informationen über gesunde Lebensführung und darüber, wie man gut für sich selber sorgt. Nur allzu oft interpretieren wir diese Lehren falsch und fehlerhaft. Kein Wunder, dass wir uns täuschen, wenn wir glauben, so oder so sein und irgendwelche Erwartungen erfüllen zu müssen, kein Wunder, dass wir ein unzutreffendes Selbstbild entwickeln. Dann tritt unser Ich auf den Plan und verteidigt unsere subjektiven Entscheidungen. Wir legen uns fest und bleiben fixiert. Meist verzichten wir darauf, unser wahres Selbst zurückzufordern. Die Reise zu unserem wahren Selbst ist zu beschwerlich, zu beunruhigend.

Wir ziehen es vor, an den Haltungen, Überzeugungen und Werten festzuhalten, die uns in der Kindheit eingetrichtert wurden. Wenn es toxische waren, lassen wir uns zu Opfern machen. Wir sperren uns ins Gefängnis unserer Ängste ein und wagen keinen Ausbruch, mit dem Ergebnis, dass wir unsere Lebendigkeit verlieren und unser Selbst unterdrücken.

Nur allzu oft trifft Platos Höhlengleichnis auf uns zu.

Ein Mann war in einer Höhle gefangen, in die nur einmal am Tag, wenn die Sonne im Zenit stand, durch einen winzigen Spalt kurz etwas Licht fiel. Selbst sein Essen und Wasser bekam er in völliger Dunkelheit gereicht. Tag für Tag wartete er sehnsüchtig auf die kurze Zeit des Lichts. Dann presste er sich an den Spalt, um einen winzigen Ausschnitt von der Außenwelt zu erhaschen. Danach überließ er sich bis zum nächsten Tag resigniert wieder der Dunkelheit. Anfangs hatte der Mann versucht, seine Umgebung zu erkunden, indem er mit den Händen die Höhlenwände abtastete. Als er merkte, dass er in einem weitverzweigten Höhlensystem gefangen war, ging er nicht weiter, weil er befürchtete, nicht mehr zurückzufinden zu der Stelle, wo an jedem Tag dieser kostbare Lichtstrahl einfiel. Deshalb blieb ihm verborgen, dass sich am anderen Ende der Höhle eine unverschlossene Tür befand, die in die Freiheit führte.
(Greenwald, 1977)

14.3 Wellness und ganzheitliche Gesundheit

Wenn wir uns entschließen, den Weg zur Freiheit und Heilung zu beschreiten, fangen wir wohl am besten bei uns selber an. Hier kennen wir uns aus, von hier aus können wir unser Leben in die Hand zu nehmen. Wir können anfangen, gesunde Entscheidungen zu treffen und den Weg zu disziplinierten Wohlfühlpraktiken einzuschlagen. Wie lautet unsere Aufgabe? Wir streben nach körperlicher, sozialer, geistiger und emotionaler Ganzheit und bereiten uns vor auf die Reise, die uns von Toxizität entfernt und hinführt zum innersten Kern unseres Wesens und zu bedingungsloser Liebe. Wir stehen vor der spirituellen Reise zum eigenen Ich.

Was ist Wellness?
Wellness ist ein umfassendes, alle Aspekte einschließendes, holistisches Gesundheitsprogramm. Wird es mit dem Wort «Praktiken» ergänzt, bedeutet dies einfach die Verpflichtung, täglich ganz bewusst alle Bestandteile von Wellness zu praktizieren. Meine Definition beschränkt sich nicht auf körperliche Fitness und Ernährungsprogramme, sie versucht vielmehr sämtliche körperlichen, geistigen und spirituellen Aspekte zu vereinen. In diesem Sinne können wir Wellness als Selbststärkung und «Kunst-des-gut-für-sich-Sorgens», als Self-nourishment schlechthin bezeichnen. Sie umfasst eine Fülle unterschiedlicher Verfahren, die individuelle Ganzheit fördern und der Toxizitätsprävention dienen.

Vor ein paar Jahren habe ich ein Informationsblatt mit «Wohlfühlpraktiken» zusammengestellt. Dabei liegt der Fokus auf der Lebensführung, auf der Gestaltung unseres Alltags. Es geht vor allem um Verantwortung. Wir können uns für Wellness entscheiden, wir können beschließen, ganzheitlich gesund zu leben und selbst für unser Wohlergehen zu sorgen. Jeder und jede hat die Wahl. Prävention ist billiger als Therapie und effektiver als Interventionen. Freilich ist Prävention eine Sache der Selbstdisziplin, des bewussten Verhaltens, der Verbindlichkeit und des Engagements. Die Frage lautet: Sind wir dazu bereit? Sind wir als Angehörige von Gesundheitsberufen, als erwachsene Kinder oder alte Menschen willens, das Programm durchzuhalten und unsere eigene

Toxizität abzuwenden, damit wir in der Lage sind, unseren Klientinnen und Klienten, Studierenden, Freundinnen und Freunden, den erwachsenden Söhnen und Töchtern bei der Toxizitätsprävention zur Seite zu stehen?

Bitte stellen Sie sich folgende Fragen:

- Tragen meine Lebensweise, meine Denkgewohnheiten und mein eingeschliffenes Alltagsverhalten dazu bei, meine Lebensfreude zu verstärken und meine Effektivität als Fachkraft, Pflegeperson, erwachsenes Kind einer toxischen Mutter oder eines toxischen Vaters, als alte Frau oder alter Mann zu steigern?
- Tragen meine Wohlfühlpraktiken viel oder wenig zu meinem Wohlbefinden bei?
- Bringe ich die zur Beibehaltung dieser Praktiken notwendige Disziplin auf?
- Reagiere ich objektiv und effektiv auf die dysfunktionalen Lebensstile in meinem Umfeld? Wie ist es um mein Coping bestellt?
- Sorge ich so gut für mich, dass mein Selbstschutz funktioniert und ich gegen toxische Kontamination gewappnet bin?
- Wie oft überprüfe ich meine Praktiken?

Bitte befassen Sie sich mit den folgenden Definitionen, bevor Sie die Liste der Wohlfühlpraktiken studieren und anwenden. Vielleicht sind Sie mit diesen Definitionen nicht ganz einverstanden; das ist nicht weiter schlimm. Mein Ziel ist es, dass wir gemeinsam erfolgreiches Altern fördern, indem wir für gesunde Wahrnehmungen und Verhältnisse sorgen und damit verhindern, dass Toxizität auch künftig den Alterungsprozess durchdringt.

Definition
Wellness ist *nicht* nur die Abwesenheit von Krankheit... sie ist mehr. Wellness ist ein Seins-Zustand, ein Ziel, die Einheit von Körper, Geist und Seele, ein Prozess des Wohlbefindens. Wellness bedeutet: Verantwortung übernehmen, vernünftige Entscheidungen treffen und ein produktives Leben führen, durch körperliche Bewegung und gute Ernährung gut für den Leib sorgen, den Geist konstruktiv einsetzen und Gefühle effektiv und angemessen ausdrücken. Wellness bedeutet ferner die Bereitschaft, kreativ zu sein und soziales, psychologisches und spirituelles Wachstum zu fördern, um schließlich unsere Bewusstseinsebenen zu transformieren. Menschen, die Wellness praktizieren, akzeptieren und schätzen sich und andere, sie suchen und erkennen in allen Dingen das Wirken göttlicher Liebe, die Schönheit und Einmaligkeit. Sie erfahren die heilende Kraft bedingungsloser Liebe und finden so zum inneren Frieden.

Wohlfühlpraktiken
Nutzen Sie folgende Anregungen (**Tab. 14-1**), um medizinische und emotionale Probleme zu verhindern, neue Lebensmuster zu fördern, sich neue Gewohnheiten anzueignen, informierte Entscheidungen zu treffen und Ihre Kräfte einzuteilen.

Hans Selye, auf den das Wort Stress und das Konzept von Stress zurückgeht, hat nach folgendem Grundsatz gelebt:

Finde dein eigenes Tempo, praktiziere altruistischen Egoismus und erwirb dir die Liebe deiner Mitmenschen.

Tabelle 14-1: Wohlfühlpraktiken

- Sorgen Sie für eine ausgewogene, fettarme, ballaststoffreiche Ernährung mit hohem Eiweißanteil, verschiedenen frischen Gemüsesorten, Obst, komplexen Kohlehydraten. Kein Junkfood!
- Verwenden Sie wenig Zucker, Weißmehl, Salz und haltbar gemachte oder verarbeitete Lebensmittel wie Gepökeltes und Geräuchertes, Wurst, Würstchen und Speck.
- Treiben Sie täglich 10 bis 20 Minuten Sport oder Gymnastik. Entscheiden Sie sich für eine Form oder kombinieren Sie: Stretching, Nordic Walking, Yoga, verschiedene Sportarten. Benutzen Sie die Treppe, nicht den Lift, parken Sie am entfernten Ende des Parkplatzes und gehen Sie ein Stück zu Fuß. Qualität ist wichtiger als Quantität.
- Noch besser: Zusätzlich 20 Minuten Aerobic-Übungen dreimal bis fünfmal pro Woche als kardiovaskuläres Ausdauertraining. Dabei soll sich der Puls auf die persönliche Idealfrequenz steigern, etwa durch Trainingsfahrrad fahren, Radfahren, Schwimmen, schnelles Gehen, Jazzgymnastik, Jogging etc. Pulsfrequenzregel: 180 – Lebensalter in Jahren = Pulsfrequenz im Training.
- Nicht rauchen.
- Wenig Koffein (Kaffee, Coca Cola, keine Unmäßigkeit).
- Alkoholkonsum beobachten, keine chemischen Drogen.
- Körperfett bei 15 % bis 17 % (Männer) und bei 19 % bis 21 % (Frauen) halten. (Körpergewicht ist nicht so entscheidend). Kneiftest ist hilfreich. Fünf Zentimeter oder mehr sind ein Hinweis auf zu viel Fett.
- Regelmäßig entspannen oder meditieren, um innerlich zur Ruhe zu kommen und dem Körper eine Pause zu gönnen. Verschaffen Sie sich Zeit zum Alleinsein, um sich zu fokussieren und zu zentrieren, zu beten, sich zu öffnen. Genießen Sie den Sonnenuntergang oder den Sonnenaufgang, achten Sie auf Blumen, Bäume, Vögel, Wolken, Wind usw. oder versuchen Sie es mit Aikido oder Tai Chi.
- Schlafen Sie 6 bis 8 Stunden, je nach persönlichem Schlafbedarf.
- Aktivieren Sie Ihre spirituelle Seite, hören Sie auf die innere Stimme – achten Sie auf eine göttliche Gegenwart oder die universelle Kraft bedingungsloser Liebe.
- Ängste und Wut täglich lösen, dann hinter sich lassen.
- Lachen Sie oft, besonders über sich selber. Freuen Sie sich an Kleinigkeiten, seien Sie spontan und möglichst selten schlecht gelaunt.
- Entwickeln und pflegen Sie ein soziales Netzwerk. Freunde und Freundinnen können gute Heilmittel sein.
- Teilen Sie Ihre Zeit den eigenen Werten, Bedürfnissen und Interessen entsprechend ein. Richten Sie sich dabei nicht nach anderen Leuten.
- Verschaffen Sie sich täglich körperliche Berührung und Hautkontakt. Mindestens täglich vier Umarmungen oder 10 Minuten einen Hund, eine Katze etc. streicheln.
- Lernen Sie denken wie ein Gewinner. Üben Sie positive Selbstgespräche und Affirmationen, um negative Gedanken, Haltungen und Glaubensüberzeugungen zu verändern.
- Geben Sie sich selber und anderen möglichst täglich positive Streicheleinheiten. Bitten Sie bei Bedarf um Streicheleinheiten. Vereinbaren Sie mit nahestehenden Menschen individualisiertes Streicheln.
- Identifizieren Sie Ihre internen und externen Stressoren, ihre Spiele oder Schwachpunkte. Experimentieren Sie mit kreativen neuen Copingstrategien und Strategien zur Wahrnehmungsveränderung.
- Übernehmen Sie die Verantwortung für Ihre Wahrnehmungen, Ihr Denken und Ihre Entscheidungen. Seien Sie überall und für alle ein Segen und ein Licht.

14.4 Die Reise geht weiter

Selye verweist darauf, das Heilung mehr ist, als die Arbeit an sich selbst. Heilung heißt auch, anderen zu helfen und nicht einfach hinzunehmen, wenn individuelle und kollektive Denkweisen negative Energien absondern. Heil werden heißt, die unserer heutigen Gesellschaft eigene, höchst ansteckende Toxizität zu erkennen. Das innere Erwachen ist demnach nur der Beginn des Prozesses, der aufrüttelnde Schock für das alte Selbst und das alte System. Heilung bedeutet Akzeptanz und Integration unserer dunklen Seite, unserer persönlichen und kollektiven Schatten, um ein Ganzes zu werden, und nicht länger ein anderes Selbst vorzuspielen, die Wahrheit zu leben und unsere Polaritäten, die positiven und negativen Seiten, zu integrieren, damit die negativen nicht mehr unerkannt die Führung übernehmen. Nur wenn wir unsere inneren und äußeren Systeme ändern, unser wahres Selbst finden und lieben, bedingungslos lieben lernen, werden wir heil. Wird es gelingen?

Selbstfindung

Erikson und Feil sprachen von Integrität. Für Jung ging es um die Balance der Polaritäten. In *Ein Kurs in Wundern* heißt es, dass die Blockaden entfernt werden müssen, die einen daran hindern, sich der Gegenwart der Liebe bewusst zu sein. Beim Enneagramm steht die Transformation selbstschädigenden Verhaltens im Mittelpunkt. Der Wunsch, zum eigenen Ich und zur Ganzheit zu finden, ist uns Menschen von jeher eigen und unser Ziel bis heute. Es handelt sich um einen Integrationsprozess, der alle unsere positiven und negativen Anteile liebevoll annimmt und vereint, alle Teile, die wir abspalten, verleugnen und ungern wahrnehmen. Jung nannte sie den Schatten.

Den Schatten umarmen

Schatten können hell oder dunkel sein. Stets sind sie aber Teile unserer Persönlichkeit, die andere sehen, wir selber dagegen nur selten. Sie sind eine Ansammlung primitiver, unkultivierter, instinktiver Impulse und Reaktionen. Unsere negativen Schatten sind so schockierend und unerträglich, dass wir sie lieber nicht wahrhaben wollen und unterdrücken. Wir verbergen sie vor uns selbst und hoffen, dass andere sie nicht bemerken.

Wenn es Goldene Schatten sind (die hellen Seiten), die in unserer frühen Kindheit nicht akzeptiert wurden und nicht gelebt werden durften – wie im Falle toxischer Menschen – besteht unsere Aufgabe darin, nach den tief im Inneren verborgenen Schätzen zu suchen. Oft handelt es sich dabei um unentdeckte Talente und Potenziale, die entwickelt werden können und, wenn die alten Muster nicht mehr funktionieren, das Leben erneuern, spannend machen und Freude, Energie, Sinn und Erfüllung schenken.

Alice Miller (1989: 93) zufolge ruft uns Jung Folgendes in Erinnerung:

> Der Mensch vergisst leicht, dass Dinge, die früher gut waren, nicht auf ewige Zeiten gut bleiben. Er folgt den einstmals guten alten Wegen noch lange nach dem sie schlecht geworden sind, und kann sich nur unter größten Mühen und ungeheuren Qualen von dieser Selbsttäuschung befreien und erkennen, dass das, was einst gut gewesen ist, inzwischen womöglich ausgedient hat und nicht mehr gut ist.

Jung will damit sagen, dass einer Selbsttäuschung erliegt, wer glaubt, sich nicht mit dem wahren *Ich* auseinandersetzen zu müssen. Wir lassen uns bereitwillig irreführen, weil Abwehr und Verleugnung unsere Zweifel und Befürchtungen vorläufig beschwichtigen. Gerne geben wir uns Illusionen hin und erschwindeln uns ein ideales Selbstbild. Eine Zeitlang funktioniert das.

Es geht nicht ohne Anstrengung

Gurdjieff lehrt, dass wir aufwachen und Illusionen und falsche Selbstbilder erkennen müssen. Dieses Erwachen, diese Wiederherstellung des Gleichgewichts, kann, wie Jung sagt, «mit größten Mühen und ungeheuren Qualen» verbunden sein. Gurdjieff zufolge ist eine Erschütterung nötig, die so heftig ist, dass sich unsere Wahrnehmung verändert und sich die negative ungeordnete Energie in positive emotionale Energie verwandelt, die nun das System neu strukturiert und ordnet. Keine leichte Aufgabe.

Harry Moody, der Herausgeber des Buchs *Aging and The Human Spirit* (1997) stellt in seiner Einführung über «Das Streben nach Glück» als erstes die Frage: «Warum muss ich mich immer so verhalten?» Sein wütender Stoßseufzer demonstriert die Macht des unbewussten Schattens und dessen toxischer, dunkler Seite. Moody fährt fort: «Viele Menschen agieren selbstzerstörerische Lebensmuster aus und verweilen in zerstörerischen Beziehungen, ohne sich ihres Tuns bewusst zu sein.»

Moody wollte seine Wut ablegen, wusste aber nicht, wie er es anstellen sollte (das geht den meisten Menschen so, speziell aber toxischen). Er befasste sich mit der Philosophie der Sufis, der muslimischen Mystik, die davon ausgeht, dass mit der Auflösung von Wut auch ihre Energie zerstört wird, und dass wir damit «eine mächtige Verbündete auf dem Weg» verlieren. Auch im Buddhismus gilt, dass wir dem Drachen in uns Beachtung schenken müssen, selbst wenn er uns terrorisiert, weil wir ihn damit unschädlich machen. Die Angst vor uns selbst bewirkt, dass wir leiden, nicht die Wahrheit. Wenn wir uns an unsere Ängste klammern, wie toxische Menschen es tun, leiden wir nur noch mehr.

Daraus folgt, dass wir uns am besten dafür entscheiden, das Ich zu transzendieren, die Selbsttäuschung aufzugeben und das falsche Selbstbild abzulegen. Gute Absichten, Selbsthilfetechniken, Workshops und Psychotherapie sind ausgezeichnete Voraussetzungen für eine Generalreinigung und die Entfernung von Blockaden, reichen aber nicht aus. Die Wirksamkeit dieser Instrumente ist begrenzt, wenn die Aufgabe lautet, umfassende Heilung zu bewirken. Liebe allein überwindet Furcht und Angst. Ohne spirituelle Führung ist die beängstigende Reise wohl kaum zu bewältigen. Schließlich geht es darum, unsere Abwehrmechanismen, die wir als Selbstschutz empfinden, aufzugeben und das mächtige Ich zu transzendieren. Das gelingt nur, wenn Körper, Geist und Seele eine Einheit bilden. Entscheidend ist das Vertrauen auf die göttliche Gnade und die heilende Macht der Liebe.

Szene
Ein Beispiel für die Notwendigkeit einer spirituellen Heilungskomponente ist die Antwort, die Deepak Chopra in seinem Newsletter (1997, Oktober) einer professionellen Pflegeperson gegeben hat. Sie hatte gefragt: «Meine Mutter bringt es fertig, dass ich mich fühle wie ein Kind. Nie ist sie mit meiner Arbeit zufrieden, stets kritisiert sie meine Beziehungen und nie verbringe ich genügend Zeit mit ihr. Was soll ich tun?»

Chopra nahm sofort die Bedürfnisse der Fragestellerin nach Anerkennung und Kontrolle in den Blick und sah darin den Grund für ihre Verzweiflung. Demnach ist nicht ihre Mutter das Problem, es sind vielmehr ihre eigenen Bedürfnisse, die diese Frau zum Wahnsinn bringen. Kurz gesagt, er empfahl der Tochter, eine bewusste Wahl zu treffen und ihren Kontrollzwang und ihre Sucht nach Anerkennung aufzugeben, weil sich andernfalls ihre Gefühle verstärken, uns zwar so lange, bis die «in Ihrem Körper angestaute Toxizität schließlich Ihre Gesundheit beeinträchtigt.» Chopra schlägt drei Schritte vor:

1. Verantwortung für die eigenen Gefühle übernehmen.
2. Sich die eigenen Gefühle bewusst machen, möglicherweise durch Protokollführen.
3. Die Erkenntnisse mit einem nahestehenden Menschen besprechen.

Der von Chopra vorgeschlagene dritte Schritt ist es, der den Ruck, die transzendierende, spirituelle Wende auslöst und sie über ihre Frustration, ihre Wut und ihr Ich hinausführt. Im Falle dieser Frau war die nahestehende Person ihre Mutter.

Chopra (1997, Oktober) fährt fort:

Sagen Sie [Ihrer Mutter], dass Sie sie lieben und wie wichtig sie Ihnen ist. Legen Sie ihr dann die ganze Situation dar. Formulieren Sie nie: «Du hast mich geärgert, weil...». Erklären Sie vielmehr [mit Ich-Botschaften]: «So habe ich mich jedes Mal gefühlt, wenn ich mit dir zu tun hatte. Jetzt habe ich mir vorgenommen, der Sache auf den Grund zu gehen. Ich weiß inzwischen, dass dies meine eigenen Gefühle sind und du nicht schuld bist. Ich habe einen Prozess durchlaufen, und weil ich dich so gern habe, möchte ich dir davon erzählen.»

Die Geschichte endet hier, aber ohne spirituellen Glauben und spirituelle Führung hätte es diese Frau (trotz ihrer Berufsausbildung) vermutlich nicht geschafft, dem mächtigen Ich zu widerstehen und sich aus dem emotionalen Kerker zu befreien. Sie hätte wahrscheinlich nicht einmal die zum offenen Gespräch mit ihrer Mutter notwendige Selbstliebe und Liebe zu ihr aufbringen können.

Das Ich beherrscht uns durch Angst, und Angst ist die emotionale Energie, für die wir am empfänglichsten sind, wie Richard Moss in einem Workshop sagte, an dem ich im Jahr 1986 teilgenommen habe. Es ist die Angst, die das Kind in uns fühlt, der mit Logik oder Vernunft nicht beizukommen ist. Praktische Übungen, etwa Rollenspiele, können die Tochter auf den kommenden Konflikt vorbereiten, ja sogar ihren SBL reduzieren, ihre tiefsitzende Angst aber und ihr Schamgefühl können sie nicht positiv beeinflussen. Nur bedingungslose Liebe hat die Macht, sie von ihrem selbstzugefügten Leiden zu befreien.

Noch einmal: das Konzept
Chopra stellt in oben zitiertem Fall Forderungen, die überzogen, gar unvernünftig klingen. Spirituelles Wachstum und Heilung sind jedoch sehr oft mit emotionalen Überwindungen und Kämpfen verbunden. In *Ein Kurs in Wundern* (1975) wird stets betont, dass wir unsere Fehlwahrnehmungen korrigieren und merken müssen, wenn unser trügerisch manipulatives Ich zu schnellen Lösungen und Abwehrmechanismen greift, dies aber lediglich ein erster Schritt zur inneren Reinigung und Klärung sei. Diese Schritte reichen nämlich nicht aus, um die unbewussten Blockaden aufzuheben, die uns daran hindern, zu lieben und die Heilkraft der Liebe zur Entfaltung zu bringen.

Um einen echten Geisteswandel zu bewirken, muss mehr geschehen. Es geht um eine grundlegende Veränderung unserer Wahrnehmungen durch bedingungslose Akzeptanz, Vergebung und Liebe. Wir sollen uns selber vergeben, aber auch dem toxischen Menschen alles verzeihen, was er uns angetan hat, aber auch alles, was er nicht für uns getan hat. Durch kognitive Umstrukturierung war es der Tochter möglich, in ihrer Mutter nicht den toxischen Quälgeist, sondern ihre eigenen Projektionen zu sehen. Es geht um ihre Fähigkeit, den liebevollen Kern ihrer Mutter zu erkennen, das eigene Reaktionsmuster zu verändern und eine verlässliche Stärke aufzubringen, was wohl nur gelingt, wenn sie aus einer tiefen spirituellen Quelle gespeist wird.

Toxizität besiegen
Der Kampf gegen Toxizität ist ein individueller, weil er sich immer gegen unsere eigenen Ängste, Verletzungen, Schuldgefühle, Schatten und Ich-Fixierungen richtet. Wir gehen gegen das eigene zwanghafte Verhalten, unsere persönlichen Neigungen und individuelle Umweltkonditionierung an. Wir kämpfen gegen die inneren Gespenster,

die uns glauben machen wollen, wir wären schwach, verängstigt und allein, liebesunfähig und nicht liebenswürdig.

Wir können entscheiden, wie wir auf Umweltstimuli reagieren. Wir können entscheiden, ob und inwieweit wir uns davon beeinträchtigen lassen. Für echte Transformation und Heilung sind unsere menschlichen Kräfte allerdings zu schwach. Wir brauchen die Hilfe einer höheren Macht.

14.5 Die Rolle des Enneagramms

In den 40 Jahren meiner Tätigkeit im sozialen Dienstleistungsbereich fand ich im Enneagramm (siehe Kapitel 8) zum ersten Mal ein inklusives System, das die psychosozialen, geistigen und spirituellen Komponenten östlicher und westlicher Lehren vereint; daher meine Vorliebe.

Besonders effektiv ist die graphische Darstellung, die das Enneagramm zur Vorbereitung auf den ersten Teil der Reise zur Ganzheit anbietet. Wer den Pfeilen folgt, erfährt, welcher Persönlichkeitstyp welchen Weg gehen muss, um seinen Schatten zu entdecken und schließlich einen höheren, gesünderen Entwicklungsstand zu erreichen.

Diese anstrengende Reise kann ein Leben lang dauern. Unbehagen ist oft ein treuer Begleiter. Wir brauchen aber auch eine geistliche Führung, um den Ich-Verführungen widerstehen und verhindern zu können, dass wir in dysfunktionalen Abwehrmechanismen, Zwängen und anderen Ich-Fixierungen stecken bleiben. Reisende, die auf dem kognitiven oder verhaltensbezogenen Level verharren, werden vergeblich auf Veränderungen warten. Um schließlich zur Wahrheit zu gelangen, bleibt keine andere Wahl: Wir müssen in die affektiven und tieferen Seelenebenen vordringen und, wie Gurdjieff empfiehlt, das System erschüttern.

Eric Hoffer teilt diese Meinung offenbar, wenn er sagt:

> Um eine Seele handlungsbereit zu machen, müssen wir sie aus dem Gleichgewicht bringen.

Das System umstürzen
Das Enneagramm hat neben anderen Vorzügen die Gabe, eingefahrene Denkgewohnheiten aufzubrechen. Es ist ein machtvolles, wenn auch komplexes, tief wirkendes Instrument für Menschen, die bereit sind, ihre Schattenanteile zu identifizieren, anzunehmen und zu integrieren, also die Seiten, die sie bisher verleugnet oder nicht akzeptiert haben. Auch Hurley und Dobson (1991) erklären: Das Enneagramm öffnet uns die Augen für unsere selbstschädigenden inneren Einstellungen, negativen Verhaltensweisen und inneren Zwänge. Es verhilft uns aber auch zu der Erkenntnis, dass unsere Schwächen Stärken sein können, wenn wir sie aus einem anderen Blickwinkel betrachten. Wir können sie als Geschenke, als Wachstumschancen ansehen, negative Verhaltensweisen in liebevolle verwandeln und erkennen, dass wir aus unseren Schwächen genau das lernen, was in diesem Moment ansteht, um die Macht des Ichs zu brechen und seinen Fallstricken zu entgehen.

Dieser Grundgedanke ist es, der eine Verbindung zwischen Enneagramm und Toxizität herstellt. Das Enneagramm ist eine wertvolle Hilfe, wenn es gilt, toxische Lebensmuster aufzubrechen, bevor sie destruktiv werden.

Für Don Riso kann das Enneagramm darüber hinaus nicht nur helfen, innere Zwänge zu durchbrechen, es ist zudem geeignet, die tief verwurzelten Überzeugungen des ungesunden, pathologischen niedrigeren Selbst aufzudecken. Er hat dieses Konzept in seinem ersten Werk, *Personality Types* (1987) entwickelt und im nächsten Buch *Understanding the Enneagram* (1990) sowie in der überarbeiteten Auflage von *Personality Types* (1996) mit Russ Hudson erweitert. Riso teilt die Menschen in drei Kategorien ein (gesunde, mittelmäßige, ungesunde). Wir können uns selbst, unser Klientel oder ein Familienmitglied, das Co-Opfer geworden ist, einer dieser Kategorien zuordnen.

Wenn wir alte Menschen zu den ungesunden zählen müssen, dann liegt es oft daran, dass sie sich ihrem wahren Selbst nicht stellen können oder wollen. Die Angst vor den emotionalen Folgen ist einfach übermächtig. Im Alter (oder bereits in früheren Jahren) haben wir dann längst unzählige Methoden entwickeln, die es uns erleichtern, nicht zu sehen oder zu tun, was wir nicht sehen oder tun wollen. Blind für unsere Realität, stecken wir in unseren negativen Energien und unserem negativen Bewusstsein fest. Bereits im Kindesalter verfallen wir dem Irrglauben, unser illusionäres Selbstbild aufrechterhalten zu können, was uns in der ersten Lebenshälfte bedauerlicherweise oft tatsächlich gelingt.

Im sehr hohen Alter sind wir den ungesunden Strategien unseres persönlichen Enneagrammtyps total verfallen. Das Verhalten hat sich automatisiert. Es handelt sich um eine ritualisierte Selbsttäuschung, der wir Tag für Tag erliegen, bis sie zu unserer Identität geworden ist. Jede Veränderung wird abgelehnt. Dazu kommt, dass das Verhalten, mag es auch toxisch sein, Aufmerksamkeit erregt und negative Streicheleinheiten einbringt. Es erhält die Illusion. Warum die Illusion aufgeben? Abhängige Menschen weigern sich. Sie brauchen einfach nur mehr negative Streicheleinheiten!

14.6 Heilung – am Ziel der Reise

Geheilt sein bedeutet frei sein, inneren Frieden gefunden zu haben und das menschliche Ich zu transzendieren, das nun nicht länger zwanghaft kontrolliert, das sich von Angst befreit und von spiritueller Leere zu spiritueller Ruhe gefunden hat. Diese Reise lohnt sich.

In der dritten, der spirituellen Dimension des Enneagramms, hören wir auf zu kämpfen, wir überlassen uns ganz dem höheren Selbst, dem innersten Kern unseres Wesens und öffnen uns dem Glauben, dass starke Liebe alles vermag. Dies ist ein mächtiges Heilmittel, ein Mysterium, das ohne unser Zutun wirkt. Das innere Haus ist aufgeräumt. Die Blockaden sind beseitigt. Wir können uns und andere lieben, uns aus der Distanz wahrnehmen und akzeptieren. Wir haben die Angst überwunden. Wir öffnen uns der göttlichen Gnade.

Wir brauchen den Viktimisierungsgewinn nicht mehr. Wir fühlen uns nicht mehr abgespalten, getrennt von anderen und unserem Schöpfer. Wir greifen nicht mehr nach seiner Rolle. Schuldgefühle und Wut haben sich aufgelöst. Wahrnehmungen und Reaktionen haben sich verändert; wir haben das alte Skript abgelegt, die Spiele und unser falsches Selbst aufgegeben. Wir wissen, dass wir geliebt werden und lieben können. Wir wissen, dass wir Liebe *sind*.

14.7 Zusammenfassung

Das Kapitel beginnt mit der Geschichte von zwei alten Frauen: eine davon ist hochbetagt und extrem toxisch, die etwas jüngere ihr Co-Opfer. Beide sind toxisch. Jede hat ihre inneren Dämonen. Die Frage lautet:

- Ist Heilung möglich?
- Können sie den Weg zur Heilung gehen?

Um diese Fragen zu beantworten, stehen in diesem Kapitel die Wege zur Heilung und der Transformationsprozess im Mittelpunkt. Zuerst haben wir festgestellt, dass Heilwerden etwas anderes ist als Gesundwerden. Heilung ist ganzheitlich und umfasst den ganzen Menschen: Körper, Geist und Seele. Sie schließt die leiblichen, geistigen, sozialen, emotionalen und spirituellen Aspekte unserer Persönlichkeit ein. Wir haben erkannt, dass wir uns nicht selber heilen, uns aber auf die Reise vorbereiten können, um für das Heilungsgeheimnis offen und bereit zu sein.

Am Anfang steht eine Verpflichtung, nämlich die Entscheidung, anders zu leben und sich an die hier exemplarisch genannten, ganzheitlichen persönlichen Wohlfühlpraktiken zu halten. Wer völlig eintaucht in Kurse und Workshops zur Selbsterkenntnis und inneren Weiterentwicklung, vermag den Weg zur Heilung zu gehen und schließlich die Tür zum Unbekannten aufzustoßen. Selbstschädigendes Verhalten, Schuldgefühle, Angst und andere Liebesblockaden sind beiseite geräumt. Die abgespaltenen Teile, der verleugnete Schatten, sind integriert. Projektionen finden nicht mehr statt, Selbstliebe wird akzeptiert und praktiziert und der toxische Anteil unserer Persönlichkeit mit seinen vermeintlichen Vorteilen, wird in die Schranken gewiesen.

Aber: Die Reise ist noch nicht zu Ende. Bislang wurde nur der Weg aufgezeigt. Alle anderen Bestandteile der Heilungsreise entziehen sich unserer Kontrolle. Es geht um Loslassen, darum, sich einem höheren Selbst anzuvertrauen, einer göttlichen Präsenz. Das heißt, alle Ängste und innere Unruhe in blinden Glauben zu überführen.

Vielleicht stehen eine medizinische oder körperliche Gesundung gar nicht im Mittelpunkt. Es geht vor allem um Freiheit und Seelenfrieden, um ein Ende des Verlangens, zu gefallen oder die Situation zu kontrollieren, um ein Ende der Angst vor Verletzung und das Ende emotionalen, körperlichen, geistigen, sozialen oder spirituellen Leidens. Wir werden bedingungslos geliebt, weil wir Liebe sind. Wir sind eine Präsenz, die Liebe verströmt und allen Mitmenschen mit Liebe begegnet.

Ist das möglich? Sie selber entscheiden.

Nachwort

Obwohl dieses Buch für Fachleute in der Altenarbeit konzipiert und geschrieben wurde, wünsche ich mir sehr, dass alle Leserinnen und Leser die Notwendigkeit sehen, im Hinblick auf die kommende alte Generation und um die nachfolgende Generation vor Ansteckung zu schützen, in den Prozess der Toxizitätsprävention einzutreten. Zudem wünsche ich mir, dass alle alten, bereits toxischen Menschen von stabilen Grenzen und bedingungsloser Liebe umgeben sind.

Heißt das, Mitleid haben? Sich um ihr Wohlwollen bemühen? Sich distanzieren?

Nein! Toxische alte Menschen mit stabilen Grenzen und Liebe umgeben bedeutet, *da* zu sein, präsent und doch distanziert zu sein, sich nicht von toxischen Ködern und Spielen verführen zu lassen und persönliche Schranken und Grenzen zu setzen. Es bedeutet, sich selbst so zu lieben, dass Sie die eigenen Ängste und Abwehrmechanismen zügeln und dem toxischen Menschen dauerhaft objektive Unterstützung gewähren können, sowie – wenn angemessen – ein verantwortungsvoller Katalysator zu sein, der den toxischen Kreislauf durchbricht und den toxisch alternden Menschen quasi spirituell zwingt, sich auf die tief in seinem Inneren verborgene Liebe zu besinnen, sich dem mühevollen Prozess zu unterziehen, Verantwortung für das eigene Leben zu übernehmen und die so lange verleugneten inneren Ressourcen aufzuspüren und zu aktivieren. Es bedeutet, die Opferhaltung aufzugeben.

Ein guter Rat

Wenn du dich siehst
als Saft von sauren Trauben,
wirst du am Ende selbst versauern.

Wenn du dich siehst
als einen edlen Tropfen,
wirst du am Ende weise sein.

Gloria D.

Literaturverzeichnis (engl.)

A course in miracles. (1975). Tiburon, CA: Foundation for Inner Peace. Three books: text, student workbook, teachers manual.
American Psychiatric Association. (1968). *Diagnostic and statistical manual of mental disorders* (2nd ed.). Washington, DC: Author.
American Psychiatric Association. (1987). *Diagnostic and statistical manual of mental disorders* (3rd ed., rev.). Washington, DC: American Psychiatric Press.
American Psychiatric Association. (1994). *Diagnostic and statistical manual of mental disorders* (4th ed.). Washington, DC: American Psychiatric Press.
Aneshensel, C. S., Pearlin, L. I., Mullan, J. T., Zarit, S. H., & Whitlatch, C. J. (1995). *Profiles in caregiving: The unexpected career.* New York: Academic Press.
Atchley, R. C. (1972). *The social forces in later life.* Belmont, CA: Wadsworth Publishing.
Atchley, R. C. (1989). A continuity theory of normal aging. *Gerontologist, 29,* 183–190.
Baron, R., & Wagele, E. (1994). *The Enneagram made easy.* New York: HarperCollins.
Baron, R., & Wagele, E. (1995). *Are you my type, am I yours?* San Francisco: Harper.
Beesing, M., Nogosek, R. J., & O'Leary, P. H. (1984). *The Enneagram: A journey of self-discovery.* Denville, NJ: Dimension Books.
Berne, E. (1964). *Games people play.* New York: Ballantine Books.
Birren, J. E. (1987, April 24). *Spiritual maturity and psychological development.* Paper presented at the conference on «Aging and Wholeness in Later Years,» Claremont School of Theology, Claremont, CA.
Birren, J. E., & Schaie, W. K. (1996). *Handbook of the psychology of aging* (4th ed.). New York: Academic Press.
Bowlby, J. (1969–1980). *Attachment and loss. Vol. 1: Attachment, Vol. 2: Separation: Anxiety and anger, Vol. 3: Loss: Sadness and depression.* New York: Basic Books.
Brady, L. (1994). *Beginning your Enneagram journey through self-observation.* Allen, TX: Tabor Publishing.
Bunzel, J. (1972). Note on the history of a concept – Gerontophobia: *Gerontologist, 12,* 116.
Chopra, D. (1997). *The path to love: Renewing the power of spirit in your life.* New York: Harmony Books.
Chopra, D. (1997, September). An interview with Candace Pert, Ph. D. re: Molecules in emotions. *Infinite Possibilities for Body, Mind, and Soul [Newsletter], 1(12).*
Chopra, D. (1997, October). Answering your questions. *Infinite Possibilities for Body, Mind, and Soul [Newsletter], 2(1).*
Cohler, B. J. (1991). Life course perspectives on the study of adversity, stress and coping: Discussion of papers from the West Virginia Conference. In E. M. Cummings, A. L. Green, & K. H. Karraker (Eds.), *Life-span developmental psychology: Perspectives on stress and coping* (pp. 297–326). Hillsdale, NJ: Erlbaum.
Covey, H. C. (1981). A reconceptualization of continuity theory: Some preliminary thoughts. *The Gerontologist, 21,* 628–633.
Davenport, G. M. (1991). *Determinants of successful aging.* Ann Arbor: University Microfilms International.
Dreyer, P. (1985, Spring). *Development during old age.* Class lecture. Claremont, CA: Claremont Graduate School.
Erikson, E. H., Erikson, J. M., & Kivnick, H. Q. (1986). *Vital involvement in old age: The experience of old age in our time.* New York: Norton.

Evans, P. (1996). *The verbally abusive relationship: How to recognize it and how to respond.* Holbrook, MA: Adams Media Corporation.

Feil, N. (1992a). *VIF Validation: The Feil Method-How to help disoriented oldold.* Cleveland, OH: Feil Productions.

Feil, N. (1992b, March 27). *Validation Therapy Workshop.* Orange, CA. (For professionals in the aging field.)

Feil, N. (1997). *Myrna, the mal-oriented* [video]. Cleveland, OH: Edward Feil Productions.

Forward, S. (with Buck, C.). (1989). *Toxic parents: Overcoming their hurtful legacy and reclaiming your life:* New York: Bantam Books.

Forward, S. (with Frazier, D.). (1997). *Emotional blackmail: When the people in your life use fear, obligation and guilt to manipulate you.* New York: HarperCollins.

Gatz, M., Kasl-Godley, J.E., & Karel, M.J. (1996). Aging and mental disorders. In" E. Birren & K. Schaie (Eds.), *Handbook of the psychology of aging* (4th ed., pp. 365–382). New York: Academic Press.

Glasser, W. (1981). *Stations of the mind: New directions for reality therapy.* New York: Harper & Row.

Glasser, W. (1985). *Control theory: A new direction for reality therapy.* New York: Harper & Row.

Greenwald, J. (1968). *The art of emotional nourishment.* Unpublished monograph.

Greenwald, J. (1969). *The art of emotional nourishment: Self-induced nourishment and toxicity.* Unpublished monograph.

Greenwald, J. (1973). *Be the person you were meant to be.* New York: Dell. Greenwald, J. (1977). Is *this really what I want to do?* Pasadena: Ward Ritchie Press.

Harris, T.A. (1967). *I'm Ok-You're OK.* New York: Avon.

Hillman, J., & Ventura, M. (1992, June). Is therapy turning us into children? *New Age, 9(3),* 60–65, 136–141.

Homey, K. (1937). *The neurotic personality of our time.* New York: W.W. Norton.

Homey, K. (1992). *Our inner conflicts: A constructive theory of neurosis.* New York: W.W. Norton. (Original work published 1945.)

Hurley, K.V., & Dobson, T.E. (1991). *What's my type?-using the Enneagram system to identify the secret promise of your personality type, break out of your self-defeating patterns, & transform your weaknesses into unimagined strengths.* San Francisco: HarperCollins Publishers.

Hurley, K.V., & Dobson, T.E. (1993). *My best self: Using the Enneagram to free the soul.* San Francisco: HarperCollins.

Jakobowski, P., & Lange, A.J. (1979). *The assertive options.* Champaign, IL: Research Press.

James, M., & Jongeward, D. (1973). *Born to win.* Menlo Park, CA: Addison-Wesley.

Jerusalem Bible. (1966). Garden City, NY: Doubleday.

Johnson, S. (1997, September/October). The biology of love: What therapists need to know about attachment. *Family Therapy Networker,* 21(5), 37–41.

Jung, C.G. (1921). *Psychological types.* Princeton, NJ: Princeton University Press.

Katie, B. (1996). *What to do when nothing works.* Hopkins, MN: Sharpe Import Co.

Keyes, M.F. (1990). *Emotions and the Enneagram: Working through your shadow life script.* Muir Beach, CA: Molysdatur Publications.

Lange, A.J., & Jakobowski, P. (1976). *Responsible assertive behavior: Cognitive-behavioral procedures for trainers.* Champaign, IL: Research Press.

Love, P. (1990). *The emotional incest syndrome: What to do when a parent's love rules your life.* New York: Bantam Books.

Maltz, M. (1969). *Psycho-cybernetics.* New York: Prentice Hall.

McKay, M., Davis, M., & Fanning, P. (1981). *Thoughts and feelings.* Oakland, CA: New Harbinger Press.

Miller, A. (1990). *For your own good: Hidden cruelty in child-rearing and the roots of violence* (3rd ed.). New York: Noonday Press.

Miller, W.A. (1981). *Make friends with your shadow: How to accept and use positively the negative side of your personality.* Minneapolis, MN: Augsburg Fortress.

Miller, W.A. (1989). *Your golden shadow: Discovering and fulfilling your undeveloped self.* San Francisco: Harper & Row.

Milligan, M.J. (1997, June 9). Issues *of substance abuse and aging.* Report presented at a meeting of the Older Adults Services Committee, Orange County Mental Health Board of Behavioral Health Care, Santa Ana, CA.

Moody, H. R. (Ed.). (1997, Spring). Pursuit of happiness. *Aging and The Human Spirit Newsletter, 7(1),* 1, 2.
Moss, R. (1986). Self-development workshop. Lucerne Valley, CA.
Myss, C. (1996). *Anatomy of the spirit: The seven stages of power and healing* New York: Harmony Books.
Myss, C. (1997). *Why people don't heal and how they can.* New York: Harmony Books.
Naranjo, C. (1997). *Transformation through insight: Enneatypes in life, literature, and clinical practice.* Prescott, AZ: Hohm Press.
Neugarten, B. L., Havighurst, R. J., & Tobin, S. S. (1968). Personality and patterns of aging. In B. L. Neugarten (Ed.), *Middle age and aging.* Chicago: University of Chicago Press.
Northrup, C. (1996, July). Toxic *emotions: Healing the symptoms they cause.* Potomac, MD: Phillips Publishing.
Ouspensky, P. D. (1949/1977). *In search of the miraculous.* San Diego, CA: Harcourt Brace Jovanovich.
Palmer, H. (1988). *The Enneagram: A definitive guide to the ancient system for understanding yourself and the others in your life.* San Francisco: Harper & Row.
Palmer, H. (1995). *The Enneagram: Exploring the nine psychological types and their inter-relationships in love and life* [Audiotape]. San Francisco: Harper.
Palmore, E. B. (1990). *Ageism negative and positive.* New York: Springer.
Publishing Co.
Peck, S. (1983). *People of the lie: The hope for healing human evil.* New York: Simon & Schuster.
Pert, C. (1997). *Molecules in emotions.* New York: Simon & Schuster. Powers, W. T. (1973). *Behavior: The control of perception.* Chicago: Aldine. Quenk, N. L. (1993). *Beside ourselves: Our hidden personality in everyday life.*
Palo Alto, CA: CPP Books.
Reedy, M. N. (1983). Personality and aging. In D. S. Woodruff & J. E. Birren (Eds.), *Aging: Scientific perspectives and social issues (pp.* 112–121). Monterey, CA: Brooks, Cole.
Reichard, S., Livson, R., & Peterson, G. (1968). Adjustment to retirement. In B. L. Neugarten (Ed.), *Middle age and aging.* Chicago: University of Chicago Press.
Riordan, K. (1975). Gurdjieff. In C. T. Tart (Ed.), *Transpersonal psychologies.* New York: Harper & Row.
Riso, D. R. (1987). *Personality types.* Boston: Houghton Mifflin.
Riso, D. R. (1990). *Understanding the Enneagram.* Boston: Houghton Mifflin. Riso, D. R., & Hudson, R. (1996). *Personality types: Understanding the Enneagram.* Boston: Houghton Mifflin.
Roberts, S. C. (1992). Multiple realities-How MPD is shaking up our notions of the self, the body and even the origins of evil. *Common Boundary: Between Spirituality and Psychotherapy, 10(3),* 24–31.
Rohr, R. (1995). *Enneagram IL Advancing spiritual discernment.* New York: Crossroad Publishing.
Ruth, J: E., & Coleman, P. (1996). Personality and aging: Coping and management of the self in later life. In J. E. Birren & K. W. Schaie (Eds.), *Handbook of the psychology of aging* (4th ed., pp. 308–322). San Diego, CA: Academic Press.
Schlossberg, N. K. (1990). Training counselors to work with older adults.
Generations: Journal of the American Society on Aging, 14, 7–10.
Secunda, V. (1990). *When you and your mother can't be friends: Resolving the*
most complicated relationship of your life. New York: Delta Press. Selye, H. (1975). *Stress without distress.* New York: Signet.
Spitz, R. (1945). Hospitalism: genesis of psychiatric conditions in early childhood. *Psychoanalytic Study of the Child, 1,* 53–74.
Steinbeck, J.. (1962). *Travels with Charley.* New York: Viking.
Tart, C. (Ed.). (1983), *Transpersonal psychologies.* El Cerrito, CA: Psychological Processes.
Tart, C. T. (1986). *Waking up: Overcoming the obstacles to human potential.* Boston: New Science Library, Shambhala.
Turner, J. S., & Helms, D. B. (1979). *Life span development.* Philadelphia: W. B. Saunders.
U. S. Department of Commerce, Age and Sex Statistics Branch, Population Division, Bureau of the Census. (1993, September). *We the American Elderly* Washington; DC: U.S Government Printing Office.

Literaturverzeichnis (dt.)

Enneagramm
Riemeyer, J.: Die Logotherapie Viktor Frankls und ihre Weiterentwicklungen – Eine Einführung in die sinnorientierte Psychotherapie. Verlag Hans Huber, Bern, 2007.
Gündel, J.: Das Enneagramm – Neun Weisen, die Welt zu sehen. Books on Demand, 2008.
Rohr, R.; Ebert, A.: Das Enneagramm – Die neun Gesichter der Seele. Claudius Verlag, München, 2008.
Ebert, A.: Die Spiritualität des Enneagramms. Claudius Verlag, München, 2008.
Böschemeyer, U.: Das heitere Enneagramm – Eine verständliche und humorvolle Typenlehre. Ellert & Richter, Hamburg, 2002.
Marx, S.: Neun Wege zur Freiheit – Persönliche Entwicklung mit Enneagramm und EFT. VAK Verlag, Kirchzarten, 2006.

Gerontologie
Charlier, S.: Soziale Gerontologie. Thieme, Stuttgart 2007.
Fitzgerald Miller, J.: Coping fördern – Machtlosigkeit überwinden. Hilfen zur Bewältigung chronischen Krankseins. Verlag Hans Huber, Bern, 2003.
Hafner, M.; Meier, A.: Geriatrische Krankheitslehre I. Verlag Hans Huber, Bern, 4. A. 2005.
Hafner, M.; Meier, A.: Geriatrische Krankheitslehre II. Verlag Hans Huber, Bern, 2009.
Perrar, K. M.; Sirsch, E.; Kutschke, A.: Gerontopsychiatrie für Pflegeberufe. Buch und DVD. Thieme, Stuttgart, 2007.
Schirmer, U.; Mayer, M.; Vaclav, J.; Papenberg, W.; Martin, V.; Gaschler, F.; Özköylü, S.: Prävention von Aggression und Gewalt in der Pflege – Grundlagen und Praxis des Aggressionsmanagements für Psychiatrie und Gerontopsychiatrie. Schlütersche, Hannover, 2. A. 2009.
Kipp, J.; Jüngling, G.: Einführung in die praktische Gerontopsychiatrie. Ernst Reinhardt, München, 4. A. 2007.
Geister, C.: «Weil ich für meine Mutter verantwortlich bin» – Der Übergang von der Tochter zur pflegenden Tochter. Verlag Hans Huber, Bern, 2004.

Gerontopsychiatrie
Jung, C. G.: Gesammelte Werke. Sonderausgabe/Psychologische Typen. Walter-Vlg, Düsseldorf, 1995.
Deepak, C.: Bewusst glücklich – Das neue Handbuch zum erfüllten Leben. Ullstein Taschenbuch Verlag, Berlin, 2008.
Erikson, E. H.: Der vollständige Lebenszyklus. Suhrkamp, Frankfurt/Main, 1988.
Perrar, K. M.; Sirsch, E.; Kutschke, A.: Gerontopsychiatrie für Pflegeberufe. Thieme, Stuttgart 2007.

Pflege, Pflegekonzepte
Brobst R. A. et al.: Der Pflegeprozess in der Praxis. Huber, Bern 2007, 2. A.
Bühlmann, J.: Hoffnung/Hoffnungslosigkeit. In: Käppeli, S.: Pflegekonzepte Bd. 1, Huber, Bern 1998.
Doenges, M. E.; Moorhouse, M. F.; Geissler-Murr, A. C.: Pflegediagnosen und Maßnahmen. Huber, Bern 2010, 4. A.
Domenig, D. (Hrsg.): Transkulturelle Kompetenz. Lehrbuch für Pflege-, Gesundheits- und Sozialberufe. Huber, Bern 2007, 2. A.
Fitzgerald Miller J.: Coping fördern – Machtlosigkeit überwinden. Huber, Bern 2003.
Friedemann, M.-L.; Köhlen, C.: Familien- und umweltbezogene Pflege. Huber, Bern 2003, 2. A.
Johns, C.: Selbstreflexion in der Pflegepraxis. Huber, Bern 2004.
Knipping, C. (Hrsg.): Lehrbuch Palliative Care. Huber, Bern 2007, 2. A. (→ Werteanamnese)
Koch-Straube, U: Beratung in der Pflege. Huber, Bern 2008, 2. A.

Lindesay, J.; MacDonald, A.; Rockwood, K.: Akute Verwirrtheit – Delir im Alter. Huber, Bern 2009.
Lindner, E. (Hrsg.): Aktivierung in der Altenpflege – Arbeitsmaterialien für die Praxis. Elsevier. München 2005.
Sauter, D.; Abderhalden, C.; Needham, I.; Wolff, S.: Lehrbuch Psychiatrische Pflege. Huber, Bern 2010, 3. A.
Schirmer, U. et al.: Prävention von Aggression und Gewalt in der Pflege. – Grundlagen und Praxis des Aggressionsmanagements für Psychiatrie und Gerontopsychiatrie. Schlütersche, Hannover 2009, 2. A.
Schneider, C.: Gewalt in Pflegeeinrichtungen – Erfahrungen von Pflegenden. Schlütersche, Hannover 200X.
Schnell, M. W.: Ethik als Schutzbereich – Kurzlehrbuch für Pflege, Medizin und Philosophie. Huber, Bern 2008.
Schnepp, W. (Hrsg.): Angehörige pflegen. Huber, Bern 2002.
Staack, S.: Milieutherapie. – Ein Konzept zur Betreuung demenziell Erkrankter. Vincentz Network, Hannover 2004.
Stefanoni S.; Alig B.: Pflegekommunikation. Gespräche im Pflegeprozess. Huber, Bern 2009.
Stöhr, U.: Seniorenspielbuch – Reaktivierung Dementer in Pflege und Betreuung. Springer, Wien 2007.
Woods, B.; Keady, J.; Seddon, D.: Angehörigenintegration – Beziehungszentrierte Pflege und Betreuung von Menschen mit Demenz. Huber, Bern 2009.
Wright, L. M.; Leahey M.: Familienzentrierte Pflege. Huber, Bern 2009.
Zegelin, A.: «Festgenagelt sein» – Der Prozess des Bettlägerigwerdens. Huber, Bern 2005.

Psychotherapeutische Verfahren
Assion, H. J.; Vollmoeller, W.: Handbuch Bipolare Störungen. Grundlagen – Diagnostik – Therapie. Kohlhammer, Stuttgart 2006.
Bäurle, P.; Förstl, H.; Hell, D.; Radebold, H.; Riedel, I.; Studer, K. (Hrsg.): Spiritualität und Kreativität in der Psychotherapie mit älteren Menschen. Huber, Bern 2005.
Bay, R. H.: Erfolgreiche Gespräche durch aktives Zuhören. 6. A. expert, Renningen 2008.
Berne, E.: Die Transaktionsanalyse in der Psychotherapie. Junfermann, Paderborn, 2. A. 2006.
Berne, E.: Transaktionsanalyse der Intuition. Junfermann, Paderborn, 4. A. 2005.
Binder, W.; Bender, W.: Die dritte Dimension in der Psychiatrie – Angehörige, Betroffene und Professionelle auf einem gemeinsamen Weg. Richter 2003.
Conen, M. L.: Wo keine Hoffnung ist, muss man sie erfinden – Aufsuchende Familientherapie. Carl Auer Verlag, Heidelberg 2008, 4. A.
Graber-Dünow, M.: Milieutherapie in der stationären Altenpflege – Lehr- und Arbeitsbuch für Altenpflegeberufe, Schlütersche, Hannover 2003, 2. A.
Greil, W.; Giersch, D.: Stimmungsstabilisierende Therapien bei manisch-depressiven Erkrankungen – Ein Fachbuch für Betroffene, Angehörige und Therapeuten. Thieme, Stuttgart 2006.
Harris, T. A.; Harris, A. B.: Einmal o.k. – immer o.k. – Transaktionsanalyse für den Alltag. Rowohlt Taschenbuch, Berlin, 13. A. 1990.
Harris, T. A.: Ich bin o.k. – Du bist o.k. Wie wir uns selbst besser verstehen und unsere Einstellung zu anderen verändern können – Eine Einführung in die Transaktionsanalyse. Rowohlt Taschenbuch, Berlin, 40. A. 2005.
Hautzinger, M.: Kognitive Verhaltenstherapie bei psychischen Störungen. Beltz, Weinheim 2000, 3. A.
Hinsch, R.; Pfingsten, U.: Gruppentraining sozialer Kompetenzen GSK – Grundlagen, Durchführung, Anwendungsbeispiele. Beltz, Weinheim 2007, 5. A.
Hirsch, R. D.: Lernen ist immer möglich – Verhaltenstherapie mit Älteren. Reinhardt, München 1999.
Kanning, U. P.: Selbstwertmanagement – Die Psychologie des selbstwertdienlichen Verhaltens. Hogrefe, Göttingen 2000.
Kuntz, H.: Imaginationen – Heilsame Bilder als Methode und therapeutische Kunst. Klett-Cotta, Stuttgart 2009.
Margraf, J.; Schneider, S. (Hrsg.): Lehrbuch der Verhaltenstherapie, Bd. 2: Störungen im Erwachsenenalter – Spezielle Indikationen – Glossar. Springer, Heidelberg 2008, 3. A.
Mummendey, H. D.: Psychologie der Selbstschädigung. Hogrefe, Göttingen 2006.
Reinecker, H.: Grundlagen der Verhaltenstherapie. Beltz, Weinheim, 2005, 3. A.
Wilken, B.: Methoden der Kognitiven Umstrukturierung – Ein Leitfaden für die psychotherapeutische Praxis. Kohlhammer, Stuttgart 2008, 4. A.

Validationstheorie
Feil, N.; Feil, E.: Auf der Suche nach Gestern. (Video). Ernst Reinhardt, München, 2000.
Feil, N.: «Sie haben meinen Ring gestohlen!» – Mit Validation verwirrten alten Menschen helfen. Audio-CD. Ernst Reinhardt, München, 2005.
Feil, N.; Feil, E.: Lebe Dein Alter. VHS-Video. Ernst Reinhardt, München, 2. A. 2005.
Feil, N.; Sutton, E.; Johnson, F.: Trainingsprogramm Validation – Baustein 1. Ernst Reinhardt, München, 2001.
Feil, N.; Sutton, E.; Johnson, F.: Trainingsprogramm Validation – Baustein 2. Ernst Reinhardt, München, 2001.
Feil, N.; de Klerk-Rubin, V.: Validation – Ein Weg zum Verständnis verwirrter alter Menschen. Ernst reinhardt, München, 8. A. 2005.
Feil, N.: Validation in Anwendung und Beispielen – Der Umgang mit verwirrten alten Menschen. Ernst Reinhardt, München, 5. A. 2007.
Feil, N.; Feil, E.: Zwei Lehrfilme zur Validation – Die vier Phasen der Aufarbeitung; Myrna. Video-DVD. Ernst Reinhardt, München, 2006.

Weitere
Aguilera, D.C.: Krisenintervention. Grundlagen – Methoden – Anwendung. Huber, Bern 2000.
Augst, C.M.: Selbstreflexionen im höheren Lebensalter. LIT, Münster 2003.
Bauer, R.: Beziehungspflege – Professionelle Beziehungsarbeit für Gesundheitsberufe. Ibicura Verlag, Unterostendorf 2004, 2. A.
Berne, E.: Spiele der Erwachsenen – Psychologie der menschlichen Beziehungen. Rowohlt Taschenbuch, Berlin, 9. A. 2002.
Bischofberger I. (Hrsg.): Das kann ja heiter werden – Humor und Lachen in der Pflege. Huber, Bern 2008, 2. A.
Dölz, S.: Sich durchsetzen. Haufe, Freiburg 2006, 3. A.
Duxbury, J.: Umgang mit «schwierigen» Klienten – leicht gemacht. Huber, Bern, 2001.
Eichhorn, C.: Gut erholen – besser leben. Das Praxisbuch für den Alltag. Klett-Cotta, Stuttgart 2007, 3. A.
Eifert, G.H.; McKay, M.; Forsyth, J.P.: Mit Ärger und Wut umgehen – Der achtsame Weg in ein friedliches Leben. Huber, Bern 2009.
Enright, R.D.: Vergebung als Chance – Neuen Mut fürs Leben finden. Huber, Bern 2006.
Farran, C.J.; Herth, K.A.; Popovich, J.M.: Hoffnung und Hoffnungslosigkeit. Ullstein Medical, Wiesbaden 1998 [vgr.]
Fennell, M.J.F.: Anleitung zur Selbstachtung – Lernen, sich selbst der beste Freund zu sein. Huber, Bern 2005.
Frick, J.: Die Kraft der Ermutigung. Huber, Bern 2007.
Gäng, M.; Turner, D.C. (Hrsg.): Mit Tieren leben im Alter. Reinhardt, München 2005, 2. A.
Georg, J.: Ekel und Körperbild. NOVA 33 (2002) 9: 21–23.
Georg, J.: Hoffnung und Hoffnungslosigkeit. NOVA 36 (2005) 9: 26–27.
Georg, J.: Spiritualität und existenzielle Verzweiflung. NOVA 33 (2002) 12: 40–42.
Girrulat, H. et al.: Systemische Erinnerungs- und Biografiearbeit. Systemischer Verlag, 2007.
Grof, S.: Spirituelle Krisen – Chancen der Selbstfindung. Schirner Verlag, Darmstadt 2008.
Groothuis, R.: Soziale und kommunikative Fertigkeiten. Huber, Bern 2000.
Gross, S.F.: Beziehungsintelligenz – Talent und Brillanz im Umgang mit Menschen. Redline, München 2008, 3. A.
Hanglberger, M.: Ich bin schuld! – Der sinnvolle Umgang mit Schuldgefühlen. Matthias-Grünewald, Ostfildern 2006.
Hegedusch, E.; Hegedusch, L.: Tiergestützte Therapie bei Demenz – Die gesundheitsförderliche Wirkung von Tieren auf demenziell erkrankte Menschen. Schlütersche, Hannover 2007.
Hesse, J.; Schrader, H.C.: Selbstbewusstsein – Woher es kommt – wie man es stärkt und erfolgreich einsetzt. Eichborn, Frankfurt 2005.
Hill Rice V. (Hrsg.): Stress und Coping. Huber, Bern 2005.
Hoffmann-Gabel, B.: Gibt es «schwierige» Menschen? Belastende Pflege meistern. Vincentz Network, Hannover, 2006.
Höglinger, A.: Grenzen setzen bei Erwachsenen. Höglinger, Linz 2004, 3. A.
Kowarowsky, G.: Der schwierige Patient. Kohlhammer, Stuttgart, 2005.

Lelord, F.; André, C.: Der ganz normale Wahnsinn – Vom Umgang mit schwierigen Menschen. Aufbau Taschenbuch Verlag, Berlin, 5. A. 2008.
Luskin, F.: Die Kunst zu verzeihen – So werfen Sie Ballast von der Seele. mvg, München 2003.
Miller, A.: Du sollst nicht merken. Suhrkamp, Frankfurt/Main, 17. A. 2005.
Morgenstern, A.: Gestorben ohne gelebt zu haben – Trauer zwischen Schuld und Scham. Kohlhammer, Stuttgart 2005.
Morof Lubkin I.: Chronisch Kranksein. Huber, Bern 2002.
Mötzing, G.: Beschäftigung und Aktivitäten mit alten Menschen. Elsevier, München 2009, 2. A.
Muijsers, P.: Wir verstehen uns... oder? Huber, Bern 2001.
Niklaus, T.; Pientka, L.: Funktionelle Diagnostik. Quelle & Meyer, Wiebelsheim 1999
Nolting, H.-P.: Lernfall Aggression. Wie sie entsteht – wie sie zu vermindern ist. Rowohlt, Reinbek, 2005, 3. A.
Olbrich, E.; Otterstedt, C.: Menschen brauchen Tiere – Grundlagen und Praxis der tiergestützten Pädagogik und Therapie. Kosmos, Stuttgart 2003.
Otterstedt, C.: Tiere als therapeutische Begleiter: Gesundheit und Lebensfreude durch Tiere. Kosmos, Stuttgart 2001.
Riebl, M.: Schuldgefühle? Worin sie gründen – Wie sie heilsam werden. Tyrolia, Insbruck 2008.
Robinson V.: Praxishandbuch Therapeutischer Humor. Huber, Bern 2002.
Röcker, A. E.: Die befreiende Kraft des Verzeihens. Droemer Knaur, München 2008.
Roser, T.: Spiritual Care – Ethische, organisationale und spirituelle Aspekte der Krankenhausseelsorge. Ein praktisch-theologischer Zugang. Kohlhammer, Stuttgart 2007.
Sachweh, S.: «Noch ein Löffelchen?» – Effektive Kommunikation in der Altenpflege. Huber, Bern 2006, 2. A.
Sachweh, S.: Spurenlesen im Sprachdschungel. Kommunikation und Verständigung mit demenzkranken Menschen. Huber, Bern 2008.
Saß, H.; Wittchen, H.-U.; Zaudig, M.; Houben, I. (Dt. Bearb.): Diagnostische Kriterien – DSM-IV-TR. Hogrefe, Göttingen, 2003.
Schachinger, H. E.: Das Selbst, die Selbsterkenntnis und das Gefühl für den eigenen Wert. Huber, Bern 2005, 2. A.
Schröck, R.; Drerup, E.: Bangen und Hoffen. Lambertus, Freiburg 2001.
Selye, H.: Stress. Bewältigung und Lebensgewinn. Piper, München, 1988.
Vaitl, D.: Entspannungsverfahren. Das Praxishandbuch. Beltz, Weinheim 2004, 3. A.
Watkins, P. N.: Recovery – wieder genesen können. Huber, Bern 2009.
Weidner, J.: Die Peperoni-Strategie – So setzen Sie Ihre natürliche Aggression konstruktiv ein. Campus, Frankfurt 2007.
Weiher, E.: Das Geheimnis des Lebens berühren. Spiritualität bei Krankheit, Sterben, Tod – Eine Grammatik für Helfende. Kohlhammer, 2008.
Weingardt, B. M.: Das verzeih' ich Dir (nie)! – Kränkung überwinden, Beziehung erneuern. SCM R. Brockhaus, Witten 2008, 2. A.
Znoj, H.: Berner Verbitterungs-Inventar (BVI). Verlag Hans Huber, Bern, 2008.

Über die Autorin

Gloria M. Davenport, PhD, zog 1948, nach ihrer Heirat, von Minnesota nach Kalifornien, wo sie 40 Jahre lang in Orange County verschiedene Programme für Sozialberufe ins Leben rief oder entwickelte. Dort ist sie noch heute in der Altenarbeit tätig.

Sie hat an der Chapman University studiert, dort ihren Bachelor gemacht, die Zulassung als Studienberaterin bekommen, sich dann ihren MA in Social Science an der California State University in Fullerton und ein Zertifikat als Selbstbehauptungstrainerin an der University of California in Irving erarbeitet und anschließend ein Postgraduiertenstudium im Fachbereich Seelsorge an der Claremont School of Theology absolviert. Im Jahr 1991, im Alter von 63 Jahren, hat sie an der Claremont Graduate University den Doktortitel in Erziehungswissenschaften erworben.

1972, als Professorin am Santa Ana College, initiierte, entwickelte, leitete und verfasste Gloria M. Davenport ein Curriculum für eine sozialwissenschaftliche Fakultät, das auch eine Ausbildung vorsah, die für die Leitung von Selbsthilfegruppen älterer Menschen qualifiziert, was bislang noch kaum geschehen war. Schwerpunkte ihrer Lehre waren angewandte Psychologie, Persönlichkeitsbildung, berufliche Weiterbildung und -entwicklung. In den letzten zwölf Jahren ihrer Amtszeit war sie Beraterin für Studierende, die nach einigen Jahren der Unterbrechung wieder an die Universität kamen, und für ältere Menschen, die ein Seniorenstudium absolvierten. Sie gab Kurse für Selbstbehauptungstraining und zur Persönlichkeitstypenlehre. Sie ging 1996 in Ruhestand, um ihre Forschungen für dieses Buch über Alterstoxizität abzuschließen, womit sie an das Thema ihrer Dissertation «The Determinants of Successful Aging» anknüpfte.

Im Jahr 1992 entwickelte Gloria M. Davenport einen Workshop und ein Selbsthilfegruppenprogramm für erwachsene Kinder toxischer Eltern (adult children of toxic agers, ACTA). Sie hat an zwei Konferenzen der American Society of Aging Vorträge gehalten und jeden Monat über drei Jahre hinweg für den Older Adult Newsletter des Collegs eine Kolumne verfasst.

Sie ist Mitglied bei folgenden Organisationen: American Society of Aging, California Council of Gerontology and Geriatrics, The Association for Gerontology in Higher Education, Orange County Behavioural Health Care – Older Adult Services Committee, Orange County Roundtable Aging Network. In den Jahren 1982 und 1988 wurde sie vom Orange County für ihre Verdienste in der Altenarbeit ausgezeichnet.

Gloria M. Davenport ist zudem Mitglied der International Enneagramm Association sowie der Association of Psychological Type und war über viele Jahre hinweg Mitglied der International Transactional Analysis Association.

Glossar*

Abhängigkeit
Ein von Hurley und Dobson verwendeter Begriff aus dem Enneagramm der für Ich-Fixierung oder Zwang steht. Ein eingeschliffenes Verhaltensmuster, das von unserem unbewussten Schatten kontrolliert wird, der uns drängt, entgegen unserer bewussten Werte oder unserer Logik zu handeln. Wer sich seiner Abhängigkeit entsprechend verhält, empfindet eine negative, destruktive Befriedigung.

Abwehrmechanismen
Laut DSM-IV (APA, 1994, p. 765) sind Abwehrmechanismen «automatische psychologische Prozesse, die das Ich vor Angst und vor der Wahrnehmung interner oder externer Stressoren oder Gefahren schützen. Abwehrmechanismen bestimmen die Reaktion des Individuums auf emotionale Konflikte», sie tragen zum Erhalt des illusionären Selbstbilds, der Persona oder des falschen Selbst bei. Mit ihrer Hilfe kann der Mensch vermeiden, sein Verhalten zu erkennen, anzunehmen und Verantwortung für das eigene Verhalten zu übernehmen.

Einige Abwehrmechanismen sind «fast immer maladaptativ, während andere, wie Repression (Verdrängung) und Verleugnung auch adaptiv sein können, je nach ihrer Ausprägung, Flexibilität und dem Kontext, in dem sie eingesetzt werden» (APA, 1994, p. 765).

Es folgen nun einige spezifische Abwehrmechanismen, die toxische alte Menschen zur Bewältigung emotionaler Konflikte oder interner oder externer Stressoren einsetzen und primär im DSM-IV (APA, 1994, pp.755–757) beschrieben werden.

Affektisolierung – Ausklammerung von Gefühlskomponenten oder Wahrnehmungen bei aktuellen Erlebnissen, z. B. bei einem traumatischen Ereignis.

Ausagieren – Impulsives, unreflektiertes Handeln, ohne Rücksicht auf möglicherweise negative Folgen.

Emotionale Isolierung – Vermeidung emotionaler Schmerzen oder von Zurückweisung, bewusste Ausklammerung und Unterdrückung von Gefühlen, die Person kann nicht wirklich lieben oder sich verletzlich zeigen.

Hilfe-zurückweisendes Klagen – Andere immer wieder um Hilfe bitten, um feindselige Gefühle oder Vorwürfe zu verbergen, die sich dann aber doch zeigen, indem die angebotenen Ratschläge, Anregungen oder Hilfsangebote zurückgewiesen werden. (In der TA-Sprache als «Ja, aber»-Spiel bekannt)

Passive Aggression – Indirekte Äußerung der Aggression gegen andere, ohne aggressive Handlungen auszuführen. Nach außen hin wird Compliance signalisiert, hinter der Fassade verbergen sich Widerstand, Groll oder Feindseligkeit.

Projektion – Verlagerung eigener unangenehmer oder verbotener Gefühle, Impulse oder Gedanken auf eine andere Person, um Herabsetzung und Kritik dieser Person zu rechtfertigen. Durch diese trügerischen Projektionen lässt es sich vermeiden, sich mit den eigenen Verhaltensmängeln auseinander zu setzen.

Projektive Identifikation – Eigene Gefühle werden nicht abgelehnt, sondern als Reaktionen auf projizierte Gefühle umgedeutet. Sie erschwert es zu unterscheiden, wer wem was angetan hat.

Rationalisierung – Positive Darstellung bzw. Rechtfertigung des eigenen Verhaltens, inakzeptabler Situationen oder Tatsachen, z. B. sagt eine Person, die sich verletzt fühlt: «Schon gut, kein Problem», oder «Ich bin eh lieber alleine», oder «Ich mag sie auch nicht.»

Reaktionsbildung – Die eigenen verbotenen Gefühle, Verhaltensweisen oder Gedanken durch solche mit völlig entgegengesetzter Bedeutung ersetzen, etwa einen toxischen alten Menschen freundlich anlächeln. (Meist in Verbindung mit Repression)

---

* Die Definitionen der Begriffe entsprechen ihrer Verwendung im Text.

Repression – Störende oder bedrohliche Wünsche, Gedanken oder Erlebnisse aus dem Bewusstsein fernhalten. Die Gefühle können zwar noch bewusst sein, werden aber abgespalten und ausgeklammert.
Verleugnung – Nichtanerkennung schmerzlicher Aspekte der externen Realität oder einer subjektiven Erfahrung, die für andere ganz offensichtlich sind.
Verschiebung – Verlagerung von Gefühlen oder Reaktionen auf ein weniger bedrohliches Objekt oder eine weniger bedrohliche Person.

Adaptieren
Sich an die Umgebung anpassen, sich einrichten, niederlassen, sich dem Fluss der Ereignisse anvertrauen.

Alternde Menschen
Gemeint sind hier Personen über 65 Jahren oder älter (für die Klassifizierung des Alterns siehe **Sehr alte Menschen**)

Altern
Ein kontinuierlicher Prozess adaptativer Reaktionsmuster, die mit internen und externen Kräften interagieren und die produktiven Fähigkeiten im Laufe der Zeit verbessern, modifizieren oder verändern.

Alterstoxizität
Alles beherrschende negative Verhaltensweisen und Haltungen, mit zerstörerischen Auswirkungen auf zwischenmenschliche Interaktionen. Toxisches Verhalten kann professionelle Betreuungskräfte, Angehörige und den Freundeskreis entfremden und führt oft zur sozialen Isolierung der toxischen Person. Im Extremfall bewirkt Toxizität, dass professionelle Unterstützung und sozialer Rückhalt verloren gehen. Dann ziehen sich genau die Personen zurück, die der toxisch alternde Mensch braucht, um weiter effektiv funktionieren und/oder unabhängig leben zu können.

Anomalie
Abweichung von der Norm, vom Typ oder von der Form; Unregelmäßigkeit.

Beingness
Mit diesem Begriff wird das ganze Selbst bezeichnet, losgelöst von Illusionen und Rollen, von der Persona, idealisierten Vorstellungen oder Masken.

Betreuende
Mit diesem Begriff sind hier insbesondere erwachsene Kinder gemeint, die zwar nicht direkt pflegen und versorgen, aber dauerhaft die Verantwortung für das Wohlergehen und die finanziellen Bedürfnisse ihrer alternden Mutter oder ihres alternden Vaters übernehmen.

Charakter
Ein individuelles Merkmal oder eine Eigenschaft, im Hinblick auf Integrität und Stärke, die moralische oder ethische Struktur einer Person oder Gruppe.

Co-Opfer
Selbstgerecht leidende Personen, die bei psychologischen Spielen unbewusst die Opferrolle übernommen haben.

DSM-IV
Diagnostic and Statistical Manual of Mental Disorders (1994), im Auftrag der American Psychiatric Association erarbeitetes Klassifikationssystem psychischer Störungen.

Emotionale Deprivation
Ein von René Spitz geprägter Begriff, mit dem er die irreversiblen Schäden bezeichnet, die Heimkinder erleiden, wenn sie über einen langen Zeitraum hinweg zu wenig sensorische Anregungen und zu wenig liebevolle Zuwendung bekommen haben.

Erfolgreiches Altern
Dem Gerontologen Jim Birren zufolge bedeutet erfolgreiches Altern, «dass wir uns an die Anforderungen des Lebens anpassen, um unsere Produktivität und Integrität zu maximieren.». Es ist die Fähigkeit, sich dem Fluss des Lebens anzuvertrauen, ein ausgewogenes und sinnvolles Leben zu führen, möglichst unabhängig zu sein und eine positive Lebenseinstellung und Weltsicht zu pflegen.

Extraversion
Von C. G. Jung eingeführte Bezeichnung für die Grundeinstellung des Individuums, die psychische Energie nach außen zu richten, meist in Kontakt mit anderen Menschen.

Fixierung auf einer frühkindlichen Entwicklungsstufe
Von der Autorin geprägter Begriff, der das Steckenbleiben auf einer von Erikson definierten Entwicklungsstufe bezeichnet. Auf Toxikerinnen und Toxiker bezogen wäre dies die erste Stufe: Vertrauen.

Frustration
Ein tiefsitzendes chronisches Gefühl der Verunsicherung oder ein Zustand der Unzufriedenheit, der durch ungelöste Probleme oder unerfüllte Bedürfnisse verursacht wird.

Gegenübertragung
Die unbewusste affektive Reaktion einer Fachkraft auf Situationen, die an frühere, positive oder negative Beziehungen erinnern. Meist handelt es sich um schwierige Lebenserfahrungen, die früher empfundene Gefühle wieder aufleben lassen: Angst, Abscheu, Furchtsamkeit, Gereiztheit, Überbehütung oder Vernachlässigung oder eine andere emotionale Qual. (Insbesondere Personen, die auch toxische Eltern hatten, müssen sich selbst auf Gegenübertragungen hin beobachten.)

Gerontophilie
Extreme Form der positiven Altersdiskriminierung oder Idealisierung des Alterns oder alter Menschen (Palmore, 1990: 38).

Gerontophobie
Extreme Form der negativen Altersdiskriminierung oder «eine unrealistische Angst und/oder ein unrealistischer Hass auf ältere Menschen» (Bunzel, 1972).

Grade
Ein Begriff aus der Transaktionsanalyse zur Unterscheidung der drei Stadien von Spielen, die echte zwischenmenschliche Transaktionen ersetzen: Erster Grad: gesellschaftlich akzeptabel. Zweiter Grad: vor den Augen der Öffentlichkeit verborgenes Spiel. Dritter Grad: Spiel hat endgültigen Charakter, führt zu körperlichen und/oder psychischen Schäden (Berne, 1964: 64). Toxische Menschen beherrschen alle drei Spiele-Stadien.

Heilen
Hier wird Heilen nicht gleichgesetzt mit dem medizinischen oder körperlichen Heilungsbegriff. Heil werden bedeutet viel mehr. Der Begriff umfasst den ganzen Menschen – die Integration der körperlichen, sozialen, emotionalen und spirituellen Aspekte, die ein Gefühl der Ganzheit, des Wohlbefindens, des inneren Friedens und der Transzendenz erzeugt. In diesem Kontext kann ein Mensch körperlich sterben, dabei dennoch geheilt sein.

Ich
Von Angst gesteuerte, unbewusste Kraft im Menschen, die ein falsches Selbstbild hervorbringt. Das Ich schützt seine Machtbasis durch Manipulation und durch Kontrolle der Gedanken, Reaktionen und des daraus resultierenden externen Verhaltens (siehe **Abwehrmechanismen**).

Ich-Fixierung
Ichazo verwendet diesen Begriff, um den Punkt im Enneagramm zu bezeichnen, an dem eine Person zwanghaft in einer Ich-Verteidigungsposition verharrt.

Ich-Zustände
Bestandteil der Strukturanalyse in der Transaktionsanalyse; wird in drei übereinander angeordneten Kreisen dargestellt.

Integrieren
Einheit herstellen, alle Aspekte oder Teile zusammenfügen, verbinden, vereinen.

Integrität
Zustand der Ganzheitlichkeit, Vereinigung aller Teile zu einem Ganzen; die Spannungen zwischen gegensätzlichen Ich-Anteilen akzeptieren, annehmen, realistisch einschätzen und die verschiedenen Anteile ausbalancieren. Die psychosozialen Entwicklungsstufen re-integrieren.

Introversion
Von C.G. Jung eingeführte Bezeichnung für einen Persönlichkeitstypus, der seine psychische Energie wiedergewinnt, indem er sich innerlich zurückzieht und den privaten Bereich pflegt.

Irritieren
Ungeduld, Ärger oder Unbehagen auslösen; oft steigert sich dabei die Verärgerung langsam und kann von leichter Ungeduld bis zur Wut reichen.

Karpman-Dreieck
Ein auf der Spitze stehendes Dreieck, das die interaktiven Punkte eines psychologischen Spiels in der Transaktionsanalyse bezeichnet. Die Grundrollen heißen *Opfer*, *Täter* und *Retter*.

Ködern
Begriff aus der Transaktionsanalyse, der anzeigt, dass sich ein Individuum in ein psychologisches Spiel hineinziehen lässt.

Konstruieren
Der Prozess oder ein Akt, bei dem divergierende Teile geschaffen, erkannt, geformt oder strukturiert, integriert oder zusammengefügt oder aufgrund eigener subjektiver Interpretation in eine Ordnung gebracht werden.

Kybernetik
Der Versuch, das Leben mit einem universellen, alles vereinenden System zu erklären. Der geschlossene Feedback-Kreislauf ist eine Schlüsselkomponente der Kybernetik.

Leidenschaften
Eine intensive, extreme, überwältigende Emotion. Im Enneagramm werden damit die Fallen bezeichnet, welche das Ich der verschiedenen Persönlichkeitstypen charakterisieren.

Maladaptiv
Ein psychologischer Begriff für die Unfähigkeit, sich den normalen Anforderungen des Lebens anzupassen, sich mit der Umgebung zu arrangieren, mit Veränderungen und Beziehungen zurechtzukommen; auf das Altern bezogen bedeutet das Wort die Unfähigkeit, Integrität und Produktivität zu maximieren und miteinander in Einklang zu bringen.

Misslingendes Altern
Toxisches, unnormales, gestörtes Altern; alternde Menschen, die eine Opferhaltung einnehmen und auf das Leben stets wie Opfer reagieren.

Negative Energie
Die Fähigkeit, zerstörerisch zu handeln, Macht auf zersetzende Weise auszuüben und einen destruktiven Weg einzuschlagen.

Neurose
Durch Karen Horney Ende der 1930er Jahre popularisierter Begriff für eine gestörte Persönlichkeit und eine gestörte Charakterstruktur. Das Individuum ist dabei von emotionalen Konflikten und Beziehungsproblemen innerlich zerrissen, was zu einer psychischen Erkrankung nicht unterscheidbarer Herkunft führt.

Noxen
Gefährdungen der körperlichen Gesundheit, aber auch Schädigung der Psyche und der Stimmung, verletzend; Schaden verursachend oder Schaden beabsichtigend, bösartig.

Opfer
Mit Kursivbuchstaben geschrieben wird damit eine der drei Rollen des Karpman'schen Dreiecks bezeichnet, das die Dynamik der psychologischen Spiele in der Transaktionsanalyse illustriert. Das *Opfer* steht immer an der unteren Spitze des Dreiecks und impliziert mit dieser Position Leiden und Viktimisierung.

Opferhaltung
Eine Selbstwahrnehmung, bei der die Person davon ausgeht, dass sie von Menschen in ihrer Umgebung missbraucht wurde. Sie bleibt im selbstgewählten Gefängnis ihrer Ängste gefangen. Das wiederum erlaubt dem *Opfer*, die Märtyrerrolle zu übernehmen. Die Person rechtfertigt damit ihr Selbst-

mitleid und hat den Eindruck, dass sie andere und die Vergangenheit völlig zurecht beschuldigt und für das eigene Handeln nicht verantwortlich ist.

Persönlichkeit
Ein externes falsches Selbst und eine Ich-Illusion, die sich in vorhersagbaren Reaktionsmustern und Verhaltensstilen manifestiert. Sie wird von internen Wahrnehmungen geprägt, um ein gesellschaftlich akzeptables Ich hervorzubringen.

Produktiv
Aufgrund persönlicher Qualitäten, Fähigkeiten und Macht im Stande sein, auf positive Weise Ergebnisse zu erzielen.

Projektion
Siehe Abwehrmechanismen

Psyche
Der Wesenskern des psychospirituell integrierten Ganzen; die nicht-materielle Natur des Menschen, die Geist, Emotionen und Seele umfasst.

Retter
Mit Kursivbuchstaben geschrieben, Teil des Karpman-Dreiecks und eine Falle besonders für Neulinge im Pflegeberuf, wenn sie nicht aufpassen, sich überfürsorglich verhalten und ihr Klientel abhängig machen.

SBL
Abkürzung für subjektiver Belastungslevel, ein Instrument zur Ermittlung des optimalen Stresslevels.

Schatten
Von Jung geprägter Begriff für die unbekannte, versteckte Seite der menschlichen Psyche (die positive oder negative, die goldene oder dunkle Seite), die ursprünglich, archaisch, kindlich, abgespalten, unterdrückt, abgelehnt, gefürchtet und ungezähmt ist. Kann sich jederzeit unerwartet bemerkbar machen.

Sehr alte Menschen
Eine der drei Klassifikationen, mit denen Forschung und Wissenschaft das Alter einteilen. Sie orientieren sich am chronologischen Alter:
    Traditionell
    Junge Alte: 55–64 Jahre
    Alte Menschen: 65–79 Jahre
    Sehr alte Menschen: 80+
    Ich füge eine vierte Kategorie hinzu:
    Junge Alte: 55–64 Jahre
    Mittleres Alter: 65–74 Jahre
    Alte Menschen: 75–84 Jahre
    Sehr alte Menschen: 85+
Obwohl jeder alte Mensch einmalig ist, sich individuell und im eigenen Tempo entwickelt, ist es gut zu wissen (wie bei der kindlichen Entwicklung) dass es verschiedene Phasen gibt und jede Phase mit bestimmten Erwartungen und Aufgaben verbunden ist. Hier meine Einteilung:
    Aufgabe im jungen Alter: Sich körperlich fit halten oder fit machen, neue Rollen ausprobieren, verborgene Talente entdecken, das Leben voll ausschöpfen
    Aufgabe im mittleren Alter: Eine Zeit der Exploration, des Experimentierens, Fragens und Entdeckens: «Wer bin ich als alter Mensch?»
    Aufgabe im Alter: Integrität und Ganzheit anstreben, das spirituelle Sein vertiefen, das Selbst finden, das Leben mit innerer Freude leben
    Aufgabe im sehr hohen Alter: Alte, noch ungelöste Themen und Konflikte lösen, sich langsam vom Leben verabschieden, inneren Frieden finden und sich mit Gott vereinen.

Sehr erfolgreiches Altern
Umfasst alle Bestandteile erfolgreichen Alterns, dazu eine große Portion Lebensenergie und Lebensfreude. Ein aktiver, anteilnehmender Lebensstil, fortwährendes Bemühen um inneres Wachstum, der ausgeprägte Wunsch, dem Gemeinwohl zu dienen, eine anregende Haltung und Weltsicht.

Selbst
Von Jung mit großem Anfangsbuchstaben geschrieben, um das ausgewogene integrierte Selbst, den Wesenskern, vom personalen Sein zu unterscheiden.

Selbstwahrnehmung
Durch den Prozess der Selbstbeobachtung gewonnenes Konzept von der eigenen Person und dem eigenen Persönlichkeitsstil.

Signale
Ein kommunikativer Indikator oder ein Zeichen, das eine spezifische Reaktion, Aktion oder Botschaft auslösen kann.

Skript
Gilt in der Transaktionsanalyse als Rollenbuch des Lebens. Autor oder Autorin ist das Kind zwischen zwei und sieben Jahren, welches das Textbuch unbewusst aufgrund der Botschaften verfasst, die es von nahestehenden Menschen bekommt. Es besetzt die Rollen und wählt die Bühne zur Aufführung des Theaterstücks.

Spiele
Unbewusste psychologische Transaktionen, die von zwei Leuten endlos fortgesetzt werden, sofern sie die Regeln kennen und einem verborgenen Plan folgen. Dass ein Spiel im Gange ist, erkennt man am Spiele-«Gewinn» am Ende des Spiels, an der Erlaubnis, alte Ressentiments auszuleben. Eric Berne, der Begründer der Transaktionsanalyse, nennt drei Spiele-Stadien oder Intensitätsgrade (siehe Grade). Fortgeschrittene Toxiker und Toxikerinnen spielen Spiele dritten Grades.

Spiele-«Gewinn»
In der Transaktionsanalyse das schlechte Gefühl, das sich am Ende eines jeden psychologischen Spiels einstellt. Gewinn deshalb, weil beim Spielen negative Streicheleinheiten gesammelt werden, die dann als Belohnung gelten.

Spirituelles Erwachen
Das wahre Selbst verwirklichen, alle Teile erkennen, erfassen, annehmen und integrieren, einschließlich der Abhängigkeiten und Leidenschaften. Es bedeutet, auf die innere Stimme zu hören, die sich nicht von den unablässigen Forderungen und Abwehrmechanismen des Ich zum Schweigen bringen lässt.

Streicheleinheiten, positive
Positives Streicheln, echte und authentische Zuwendung, die das Gefühl von Wärme und Geborgenheit vermittelt.

Streicheln (positives)
Ein Begriff aus der Transaktionsanalyse für Affirmationen und Verhalten, das Liebe, Zuneigung und Anerkennung vermittelt.

Stress
Eine körperliche, geistige oder emotionale Belastung und Spannung, die als Bedrohung des psychologischen und sozialen Wohlbefindens empfunden wird. Wird auch Distress genannt.

Stressor
Eine Distress auslösende interne oder externe Wahrnehmung, Kraft oder Person.

Subjektive Realität
Das, was eine Person als real empfindet, sei es nun Tatsache oder Illusion.

Tonband
Begriff aus der Transaktionsanalyse, der bedeutet, dass das Gehirn in früher Kindheit empfangene Botschaften, die unser künftiges Verhalten bestimmen, computerähnlich aufzeichnet. Die Botschaften wiederholen sich im Kopf so lange, bis sie gelöscht oder überschrieben werden.

Toxisch
Ein negativer Energiezustand oder eine Opferhaltung und ein Muster des Denkens, Fühlens, Wahrnehmens und Verhaltens, welches das Selbst und alle anderen, die für das Toxin anfällig sind, vergiftet.

Toxikerinnen und Toxiker im fortgeschrittenen, voll entwickelten Stadium legen ein ansteckendes Verhalten an den Tag, das die Mitmenschen erschöpft, deprimiert und auslaugt. «Beschuldiger», «Jammerer» oder «Drachen» beschäftigen sich ausschließlich mit der eigenen seelischen Qual. Von

Gefühlskonflikten und Selbsthass zerfressen, überspielen sie ihre Ängste und Schuldgefühle, indem sie sie auf ihre Mitmenschen projizieren, was projektive Identifikation genannt wird und eine ihrer zahlreichen hervorragend ausgeprägten Abwehrmechanismen ist.

Toxische alte Menschen
Ältere Menschen, die gewohnheitsmäßig die negativen Symptome von Toxizität an den Tag legen.

Toxischer Kreislauf
Ein endlos ablaufender Feedback-Zyklus energieraubender Reaktionen und Signale.

Toxizität (Psychologische Definition von Davenport)
Fixierung auf einer frühkindlichen Entwicklungsstufe, eine charakterliche Maladaptation und ein lebenslanges Denk-, Fühl- und Wahrnehmungsmuster, das sich in obsessiver negativer Energie, durch Opferhaltung, durch unbewussten Kontrollzwang oder zwanghaftes Verhalten manifestiert.

Verfolger
Wird immer in Kursivbuchstaben geschrieben, wenn der Begriff für ein Teil des Karpman-Dreiecks und ein psychologisches Spiel in der Transaktionsanalyse steht.

Wahres Selbst
Der Wesenskern, die Person sein, die uns von Geburt an bestimmt ist, unser psychosoziales Ganzes.

Wahrnehmung (psychosozial)
Durch den Prozess der Wahrnehmung geprägte mentale Bilder und Reaktionsmuster.

Wahrnehmungsprozess
Eine komplexe, multisensorische Abfolge spontaner mentaler Schritte, in deren Verlauf Individuen (oft unbewusst) ihre internen Bilder von der Realität sortieren, ordnen, interpretieren, definieren und konstruieren. In Interaktion mit den empfangenen Eindrücken, den Erwartungen und dem Bezugsrahmen, mit früheren Lernerfahrungen, den Bedürfnissen, Werten und Glaubenssystemen, sowie gesellschaftlichen und kulturellen Prägungen bildet sich dann ein entsprechender Lebensstil heraus.

Wahrnehmungsveränderung
Mit diesem Begriff wird ein Instrument bezeichnet, das den Umgang mit Problembereichen erleichtert oder hilft, den Widerstand gegen Veränderungen zu brechen. Indem die Sichtweise von einer negativen in eine positive verändert wird oder die Person, Sache oder der Störfaktor anders betrachtet werden, lässt sich die Reaktion umkehren, die Eigenmacht stärken und die Kontrolle erhalten. Das heißt, dass das Problem in eine Herausforderung umgewandelt und kreativ bewältigt werden kann.

«woundology» («Wundologie»)
Caroline Myss hat den Begriff geprägt, um eine Opferhaltung zu bezeichnen. Sie schreibt: «Wenn wir uns durch unsere Wunden definieren, belasten und verlieren wir unsere körperliche und spirituelle Energie. Wir werden anfällig für Krankheiten» (1997, p. 6). Durch diesen selbst induzierten Fokus und das Selbstmitleid verlieren wir fortlaufend Energie. Das Opfer bleibt in seiner Wunde eingeschlossen, wodurch Heilung und Transformation blockiert bleiben. Wer endlos in seinen Verletzungen schwelgt und stets um Mitleid heischt, tut sich keinen Gefallen. Leider wird diese Haltung oft von ähnlich veranlagten Leuten oder Beziehungen gefördert und dann eine anerkannte Machtbasis zur Manipulation der Mitmenschen geschaffen.

Interview mit der Autorin

Frau Dr. Davenport, im Herbst dieses Jahres wird Ihr Buch in deutscher Sprache erscheinen. Wie geht es Ihnen bei diesem Gedanken?
Ich fühle mich geehrt, bin dankbar und sehr gespannt. Es ist mir ein großes Anliegen, dass dieses verheimlichte Phänomen, diese Anomalie des Alterns, bekannter wird.

Vermutlich wurde der Titel Ihres Buchs, und dass Sie Menschen «toxisch» nennen, nicht selten als Provokation empfunden.
Was meinen Sie, wenn Sie sagen, jemand sei «toxisch»?
Ich bezeichne eine Person als «toxisch», wenn sie andere verbal und emotional missbraucht – und psychologisches Gift verbreitet, das potenzielle Co-Opfer kennen müssen, damit sie sich vor Ansteckung schützen. (Siehe «Definitionen», S. 26)

Für diese Erkenntnis verwende ich oft folgenden Vergleich: «Wenn auf dem Regal eine Flasche mit dem Etikett **Gift** steht, sind Sie gewarnt und werden nicht daraus trinken.»

Warum haben Sie sich für den Begriff «toxisch» entschieden, also für ein Wort mit toxikologischem Beiklang, um bestimmte Menschen zu charakterisieren?
Jedes Mal, wenn ich ein dreistündiges Interview mit einem «toxischen» alten Menschen geführt hatte, fühlte ich mich zwei oder drei Tage lang körperlich und seelisch vergiftet. Das ist der Hauptgrund. Ich litt unter Kopfschmerzen und Übelkeit, war bedrückt, emotional ausgelaugt, meiner ganzen Energie beraubt, und haderte mit mir, weil ich all das zugelassen hatte.

Wie wurde das Buch in den Vereinigten Staaten aufgenommen? Wie haben die Leserinnen und Leser reagiert?
Das Wort «toxisch» hat sie aufhorchen lassen. Nachdem die Leute verstanden hatten, was ich damit meine, hielten sie es für sehr angemessen. Viele waren erleichtert, weil sie bei der Lektüre feststellten, dass sie nicht alleine sind mit ihrem Schmerz, und dass es Hilfe gibt.

Was antworten Sie, wenn Ihnen jemand entgegen hält, das Wort «toxisch» sei in diesem Zusammenhang politisch nicht korrekt und fördere die Altersdiskriminierung?
Ich widerspreche – und erläutere meine Position. In der Zeit, als ich das Buch schrieb, gab es in den Vereinigten Staaten eine andere Form der Alterdiskriminierung: Man ging davon aus, dass alle alten Menschen nett und liebenswürdig sind. Was aber nicht stimmt. Wie in jeder anderen Altersgruppe, gibt es auch unter den betagten Menschen welche, die maladaptiv und destruktiv sind. Es galt also, dieser Wahrheit endlich ins Gesicht zu sehen.

Ich persönlich versuche, «Toxizität» und alte Leute nicht immer in einem Atemzug zu nennen. Tatsächlich handelt es sich nur um einen geringen Prozentsatz. Doch auch wenn es nur vier oder fünf Prozent sind, geht es um einige Millionen Menschen – ein erschreckender Gedanke angesichts der geburtenstarken Jahrgänge, die bald im hohen Alter sind – erschreckend auch, weil wir wissen, dass eine giftige Person einen ganzen Raum mit ihrer negativen Energie füllen oder eine Familie buchstäblich zerstören kann.

Eines Ihrer Motive, dieses Buch zu schreiben, war persönliche Betroffenheit. Sie schreiben, die Beziehung zu Ihrer Mutter sei wohl toxisch gewesen. Wie betrachten Sie diese Beziehung heute?
Meine Mutter ist 1981 gestorben, also lange bevor ich an dieses Buch dachte. Ich glaube immer noch, dass sie toxisch war, betrachte sie inzwischen aber auch als «Geschenk». Ohne diese Erfahrung in meinem Leben hätte ich wohl weder zu diesem Thema geforscht, noch dieses Buch verfasst.

Hier ist auch eine Begebenheit zu nennen, die kurz vor ihrem Tod, nach einer Hüftoperation, stattgefunden hat. (Ein Glück übrigens, weil sie bereits im frühen Stadium der Alzheimerkrankheit war.) Als ich sie eines Tages besuchte und mir ihre üblichen Klagen und Vorwürfe anhören musste, ging ich überhaupt nicht darauf ein, nahm sie vielmehr zu meiner eigenen Überraschung spontan in die Arme und flüsterte ihr ins Ohr: «Ich hab dich lieb.» Ihr Körper entspannte sich sofort, und ich vernahm die leisen, selten gehörten Worte: «Ich hab dich auch lieb.» Diesen Augenblick werde ich nie vergessen.

Ich sollte vielleicht darauf hinweisen, dass toxische alte Menschen, wenn sie dement werden, oft auch ihre Abwehrmechanismen und Angriffslust vergessen. Dann kann es Augenblicke echter Beziehungen und echter Kommunikation geben. Aber auch das Gegenteil ist möglich.

Ihr Buch enthält zahlreiche Fallstudien. Haben Sie noch Kontakt mit diesen toxischen alten Menschen oder ihren Angehörigen? Wenn ja, können Sie von glücklichen Verläufen oder einem «Happy End» berichten, oder von einer «Lehre», die diese Fälle erteilt haben?
Tut mir leid, ich bin im Ruhestand und habe keinen Kontakt mehr. Frühere Rückmeldungen waren jedoch durchwegs positiv, sofern Wahrnehmungsveränderungen stattfanden und die erwachsenen Kinder sich nicht länger auf psychologische Spiele einließen. Meist konnten Antidepressiva abgesetzt und Psychotherapien beendet werden. Oftmals wurde die Beziehung gerettet. Die Kommunikation wurde offen und positiv, Besuche verliefen erfreulich. Die Angehörigen äußerten sich zutiefst dankbar, dass sie sich nicht mehr mit «Schmähreden» auseinandersetzen mussten.

Ist Alterstoxizität ein weit verbreitetes Phänomen?
Ja, es wird aber meist verheimlicht oder verleugnet. So habe ich beispielsweise stets einen Seufzer gehört, nachdem ich jemandem erklärt hatte, was ich unter Toxizität verstehe. Die Miene erhellte sich, und die Leute zeigten sich tief bewegt, wenn sie plötzlich erkannten, dass der Vater oder die Mutter, eine verwandte oder irgend eine bekannte Person genau diese Symptome aufweist. Allein schon das Wissen, dass es nicht ihre Schuld, sondern ein bekanntes Syndrom ist, war eine große Erleichterung.

Gibt es Orte, an denen man toxische alte Menschen häufiger antrifft als anderswo?
Nein! Toxische alte Menschen sind überall anzutreffen – insbesondere wenn Verhaltensmuster dazugezählt werden wie permanentes Stören von Zusammenkünften, anhaltendes Klagen oder Fehler suchen, exzessives Kritisieren. Fortgeschrittene Toxizität allerdings ist in Langzeitpflegeeinrichtungen und in der professionellen Pflege häufiger anzutreffen, insbesondere bei alten Leuten, die weder von ihren Kindern, noch vom Seelsorger besucht werden. Manche Sozialarbeiter und Sozialarbeiterinnen berichten, dass toxische alte Menschen bis zu achtzig Prozent ihrer Zeit beanspruchen, wenn sie dies zulassen.

Auf Familien wirkt sich Alterstoxizität am stärksten aus, besonders wenn die toxische Person die 80 überschreitet und irgend eine Art von Betreuung notwendig wird. Weil aber die Öffentlichkeit davon nichts merkt, wird auch ihre Destruktivität nicht wahrgenommen. Meist ziehen sich die erwachsenen Kinder zurück, worauf eine pflichtbewusste Tochter die ganze Verantwortung schultert. Dann stellen sich Depressionen, Schuldgefühle, Groll, Frustration, Wut und Erschöpfung ein – ja sogar körperliche Erkrankungen – weil niemand, außer den unmittelbar Betroffenen, die Geschichten der pflegenden Tochter glaubt. Schließlich ist Mutter in der Öffentlichkeit geistig recht klar und charmant, engagiert sich sogar in einem Ehrenamt. In den meisten Fällen lassen sich auch Fachleute hinters Licht führen. Solange das Verhalten der toxischen Person nicht identifizierbar und wirklich unübersehbar geworden ist, reagieren Außenstehende ungläubig.

Wie steht es um die Qualität der Beziehung zwischen Angehörigen von Gesundheitsberufen, insbesondere Pflegekräften, und toxischen alten Menschen? Wie schätzen Sie die Beziehung zwischen toxischen alten Menschen und professionellen Betreuungskräften ein? Wie werden sie von Fachkräften im Gesundheitsbereich wahrgenommen?
Potenziell ist es möglich, einen toxischen alten Menschen optimal und wertschätzend zu betreuen. Allerdings nur unter der Voraussetzung, dass die professionellen Kräfte verstehen, womit sie es zu tun haben, und sich nicht «ködern lassen», also psychologische Spiele nicht mitspielen und nicht zu Co-Opfern werden. Andernfalls gelten toxische Klientinnen und Klienten als zeit- und energieraubende Störenfriede, die so gut wie möglich gemieden werden.

Sie schreiben in Ihrem Buch, eines der Kennzeichen toxischer alter Menschen sei deren Neigung, andere Leute zu kontrollieren. Was sind die Gründe für dieses Verhalten?
Wenn Toxiker oder Toxikerinnen Kontrolle ausüben, fühlen sie sich vorübergehend sicher – ein Gefühl, das sie dringend benötigen, weil sie einen bestimmten Entwicklungsschritt nicht vollzogen haben. Wenn sie ihre Unabhängigkeit und das Gefühl persönlicher Kontrolle verlieren – was oft geschieht, wenn sie Mitte 80 sind – wenn sie dann nicht wissen, was ihnen fehlt und wie sie darum bitten sollen, flüchten sie in defensives, angreifendes Verhalten, das ihnen das Gefühl vermittelt, wieder stark zu sein, und die Dinge unter Kontrolle zu haben. In Wirklichkeit steckt hinter diesem Verhalten eine reale Angst vor dem Alterungsprozess und das entwicklungsbedingte Unvermögen, mit dem Alter zurechtzukommen.

Ich bin davon überzeugt, dass der Schlüssel hierzu in einer frühkindlichen Entwicklungsstörung liegt. Sie haben nicht gelernt, zu vertrauen und haben sich nicht geliebt gefühlt. Dazu kommt, dass sie einfach nicht wissen, wie man Liebe schenkt und empfängt. Weil sie nicht wissen, wie man echte, positive Streicheleinheiten bekommt, greifen sie auf die Taktik ihrer Kindheit zurück, als sie gelernt haben, dass sie sich auch durch negatives Streicheln lebendig und mächtig fühlen können. Wenn sie die Kontrolle haben, fühlen sie sich sicher.

Der Umgang mit toxischen alten Leuten ist eine schwierige Aufgabe. Was würden Sie Pflegefachkräften raten?
Professionell Pflegende müssen verstehen, womit sie es zu tun haben – auf der Hut sein und insbesondere Gegenübertragungen vermeiden. Das ist das Allerwichtigste. Ich kenne dieses Problem aus eigener Erfahrung. Sie müssen zudem wissen, dass toxische Menschen auf die traditionelle Behandlung nicht ansprechen. Sofern sie nicht offen und zur Zusammenarbeit bereit sind, werden sie jede Hilfe abweisen.

Am besten ist es, die eigene Wahrnehmung zu verändern, den unbewussten inneren Schmerz des toxischen Menschen zu verstehen, und ihm gemeinsam vereinbarte Grenzen zu setzen. Das bedeutet, eindeutig klar zu machen, was Sie und alle anderen, die mit der Betreuung befasst sind, für ihn zu tun bereit sind, und was nicht. Sie müssen also genau darauf achten, ob Sie sich nach einer Interaktion mit dem Patienten oder der Patientin schlecht fühlen. Wenn solche Gefühle aufsteigen, ist das meist ein Zeichen dafür, dass Sie sich haben «ködern» lassen, dass es an der Zeit ist, innezuhalten, an sich selbst zu arbeiten oder den Fall abzugeben.

Was würden Sie pflegenden Angehörigen für den erfolgreichen Umgang mit der toxischen Person raten?
Das gleiche wie professionellen Pflegekräften, dazu die Entwicklung eines geduldigen, liebevollen Schutzschilds, an dem negatives Feedback unweigerlich abprallt. Handelt es sich um Langzeitpflege, müssen sie unbedingt auf sich selber achten und jeden Tag etwas für sich tun, sei es Meditation, Yoga, ein Anruf bei verständnisvollen Freundinnen oder Freunden etc., was immer gut tut. Sie müssen sich, falls sie die Person zu Hause betreuen, gelegentlich vertreten lassen und die Pflegeaufgaben auf alle Familienmitglieder verteilen.

Können professionell Pflegende auf irgend eine Weise zur Prävention von Alterstoxizität beitragen?
Wenn einmal professionelle Pflege gebraucht wird, ist es für Prävention zu spät. Toxizität beginnt in der Kindheit und ist ein Lebensmuster, das, sofern es nicht früh korrigiert wird, meist von Machtpositionen überlagert wird. Interventionen sind möglich, allerdings nur wenn der toxische Mensch offen und bereit ist, an sich zu arbeiten. Wenn sich jedoch alle Beteiligten auf eine Betreuungsstrategie einigen können, und sich psychologischen Spielen entziehen, verändern toxische alte Menschen oft von selbst ihr Verhalten, weil sie interagieren oder eine Reaktion auslösen wollen, zumindest so lange, bis andere Opfer auftauchen.

Glauben Sie, dass «Generativität», wie von Erikson in seinem Stufenmodell der psychosozialen Entwicklung beschrieben, ein gutes Antidot gegen Toxizität ist?
Nicht per se. «Generativität» ist eine späte Stufe in Eriksons Entwicklungstheorie, und wird von den vorhergehenden sechs, nicht angemessen bewältigten Stufen verhindert. Ein gutes Antidot beginnt mit Aufarbeitung und der Integration von Vertrauen.

Es gibt toxisch alternde und erfolgreich alternde Menschen. Worin besteht der Unterschied?
Der deutlichste Unterschied ist die Art, wie toxische Menschen im Leben stehen und ihr Leben bewältigen. Angefüllt mit negativer Energie, sehen sie in Allem nur das Schlechte, sich selber stets als Opfer. Dabei ist es ihre eigene Angst vor Kontrollverlust und ihre Verletzbarkeit, die sie sich nicht eingestehen können, weshalb sie in dysfunktionale Reaktionen und kindliche Abwehrmechanismen verfallen. (Eine Liste von mir erhobener, spezifischer und signifikanter Daten über die Unterschiede ist auf S. 112 bis 113 zu finden.)

Erfolgreich alternde Menschen sind das genaue Gegenteil. Sie machen aus den gleichen Lebensereignissen positive Lerngelegenheiten. Sie passen sich den Umständen an und integrieren alle Teile ihres Selbst – ihre Licht- und Schattenseiten – um zu einer ausgewogenen, stabilen Ganzheit und Integrität zu finden.

Was würden Sie Leuten raten, die erfolgreich altern und keinesfalls «toxisch» werden wollen?
Lernt euch selbst und andere lieben. Das bedeutet, sich zu akzeptieren, samt allen Fehlern und Schwächen, und alle Seiten zu integrieren. Überlasst euch dem Auf und Ab des Lebens, haltet nach den Schönheiten des Lebens Ausschau, akzeptiert was ist, und umgebt euch mit positiven Menschen aller Altersgruppen.

Wie erleben Sie Ihren eigenen Alterungsprozess?
Ich bin jetzt Anfang 80 und empfinde das Altern als Herausforderung. Es begann mit einer Trauerperiode – einem Prozess des Erwachens und Loslassens illusionärer Selbstkonzepte, Kontrollen und Aktivitäten. Ich versuche, weiterhin positiv und offen zu sein, innerlich zu wachsen und Lerngelegenheiten zu ergreifen. Wenn man körperlich und geistig gesund ist, kann das Alter der schönste Lebensabschnitt sein. Es ist eine spirituelle Reise, auf der wir unser wahres Selbst kennen, lieben und schätzen lernen. Ich blicke jeden Tag mit Dankbarkeit auf das Leben und übe mich darin, zu akzeptieren was ist.

Unterrichten und lehren Sie noch, obwohl sich Ihr beruflicher Schwerpunkt verändert hat?
Im Jahr 1996 habe ich meinen Lehrstuhl am College aufgegeben und meine Tätigkeit in der Altenberatung eingestellt, vor allem weil ich Zeit für die Fertigstellung dieses Buchs über toxische alte Menschen haben wollte. Mein beruflicher Schwerpunkt hat sich also nicht verändert. Gleich danach fing ich an, in meiner Kirchengemeinde die Persönlichkeitslehre des Enneagramms zu unterrichten, auf Gerontologiekongressen Toxizitätsprogramme vorzustellen und vierwöchige Workshops für erwachsene Kinder toxischer Eltern zu organisieren. Diese Arbeit habe ich erst vor zwei Jahren, 2007, wegen gesundheitlicher Probleme einstellen müssen.

Derzeit versuche ich, die Ergebnisse aus neun Jahren Forschung, Studium und Recherche und die Kenntnisse, die ich beim Schreiben eines umfangreichen Lehrbuchs erworben habe, in die Persönlichkeitslehre des Enneagramms zu integrieren. Ich möchte damit die historische und moderne Ausprägung des Enneagramms, sein spirituelles Ziel und Menschen, die sich mit dem Enneagramm befassen, bereichern.

Die erste Auflage Ihres Buchs liegt nun schon einige Jahre zurück. Gibt es etwas, was Sie bei einer Neuauflage verändern würden, falls Sie die Möglichkeit hätten?

Nun, zum ersten bin ich nicht in der Lage, eine Neuauflage zu schreiben. Außerdem würde ich wenig verändern, weil sich die Problemlage nicht verändert hat – sie hat sich aufgrund der größeren Population höchstens verschärft. Allerdings würde ich den verbalen und emotionalen Missbrauch stärker in den Vordergrund rücken, den Begriff vielleicht sogar als Blickfang aufs Titelblatt setzen. Wir müssen diesem Phänomen, das nach wie vor die Gesellschaft vergiftet, einen Riegel vorschieben. Prävention muss stärker in den Fokus rücken.

Ich würde ferner vorschlagen, ein kleines Handbuch zu verfassen für pflegende Töchter und Söhne und professionell Pflegende, die schwer unter diesem Missbrauch leiden. Ebenso wichtig wäre ein Handbuch für alle Beratungseinrichtungen, die ähnliche Aufgaben wahrnehmen wie unser Adult Protective Service. Als ich dort tätig war, wollte niemand mit der ganzen Familie oder Situation arbeiten, weil man sich einfach nicht vorstellen konnte, dass der Missbrauch von einem toxischen Elternteil initiiert wird.

Vielleicht ist es nur ein Zufall, dass Ihr Buch in deutschsprachigen Ländern erscheint zu einer Zeit, in der die Regierungen versuchen, «toxische Papiere» – die einer der Gründe für die aktuelle Finanz- und Wirtschaftskrise sind – durch Outcourcing an «bad banks» loszuwerden. Sehen Sie zumindest auf symbolischer Ebene ein paar Gemeinsamkeiten? Glauben Sie, dass es einen gesellschaftlichen Trend gibt, schwierige alte Menschen aus unserem Gesundheitssystem, ja sogar aus der Gesellschaft auszuschließen, also auch hier «outsourcing» zu betreiben?
Ich finde den Gedanken an «outsourcing» oder Ausschluss schwieriger alter Menschen aus einem Gesundheitssystem oder der Gesellschaft entsetzlich. Ich kann dafür hierzulande kein Beispiel nennen, bin aber inzwischen nicht mehr «am Puls» und deshalb keine sehr gute Quelle. Ich muss allerdings zugeben, dass heutzutage alles möglich ist, obwohl toxische Menschen doch unbewusst nach Hilfe rufen. Ich kann den Leuten – insbesondere betroffenen Fachleuten – nur empfehlen, Toxizität wahrzunehmen, über Toxizität aufzuklären und Präventionsmaßnahmen zu ergreifen. Es handelt sich dabei um eine Charakter- und Persönlichkeitsstörung, der wir mit effektiver Elternschaft und Kindererziehung vorbeugen können. Auf lange Sicht gesehen brauchen alle gesunden Gesellschaften eine veränderte Praxis.

Wie sehen Ihre Zukunftspläne aus?
Wenn nichts Unvorhergesehenes passiert, möchte ich mein Enneagramm-Buch fertigstellen und veröffentlichen. Danach, wenn ich dazu noch im Stande bin, will ich ehrenamtlich in einer Hilfsorganisation tätig sein und ein paar Zeitungs- und Zeitschriftenartikel über das Thema Alterstoxizität schreiben. Mir ist wichtig, dass die Kunde über die destruktiven Auswirkungen von psychologischer Toxizität auf Familien und die ganze Gesellschaft verbreitet wird. Interessant, dass in den letzten Jahren, wenn ich das Wort «toxisch» verwende, die Leute offenbar sofort wissen, was ich meine, und gleich die eine oder andere toxische Person in ihrem engeren oder weiteren Umfeld nennen können.

Welche Botschaften würden Sie in Ihrer «Abschlussvorlesung» jungen Leuten mitgeben, die sich in der Pflegeausbildung oder in der Ausbildung für einen anderen Gesundheitsberuf befinden?
Lernt euch selbst kennen. Achtet auf Toxizitätssymptome bei euren Patientinnen und Patienten und die eigenen Reaktionen. Begreift, womit ihr es zu tun habt, und hütet

euch vor Gegenübertragung. Diskutiert die Sache mit Kolleginnen und Kollegen. Vergesst nicht, dass ungute Gefühle nach einer Interaktion womöglich bedeuten, dass ihr einen «Köder» geschluckt und psychologische Spiele gespielt habt, wie «Jetzt hab ich dich endlich, du Schweinehund», «Tumult» «Opfer/Verfolger» oder «Mach' mich fertig». Nehmt euch noch einmal das Kapitel über psychologische Spiele vor (S. 151 ff.) und merkt euch die drei Rollen: Retter, Täter und Opfer. Weil professionell Pflegende helfen wollen, sind sie oft anfälliger und übernehmen leicht die Retterrolle, tappen also in die «Big-R»-Falle, um bald darauf unversehens zum Opfer zu werden. (Hier sind Rollenspiele angezeigt, insbesondere Videoaufnahmen, anhand derer Studierende ihre Reaktionen kritisch beurteilen können.)

Ferner würde ich ihnen sagen: Gilt eine Patientin oder ein Patient als störend, ist Wahrnehmungsveränderung angesagt, um nach der Liebe und Schönheit Ausschau zu halten, die auch diesem alten Menschen innewohnen. Kaum zu glauben, aber es gibt sie, nur sind sie fast nicht auffindbar, weil sie so meisterlich verheimlicht werden, oder in Vergessenheit geraten sind. Bleibt geduldig und beharrlich. Wer die Sichtweise verändert, vermag wirklich zu helfen. Seht darin eine reizvolle Aufgabe.

Hilfreich ist auch, sich immer wieder mit Jerry Greenwalds Merkmalen selbst-induzierter Toxizität zu befassen, also mit S. 41 in diesem Buch. Es empfiehlt sich, Greenwalds vierzehn Verhaltensweisen präsent zu haben: «Sie können schlecht etwas annehmen», «Sie sind gierig und unersättlich», «Sie sind unsicher und ängstlich», «Sie fühlen sich nur wohl, wenn sie sich nicht wohlfühlen», «Sie können tyrannisch und bedrückend sein» und leiden an «Kontrollitis», «Erkläreritis» und «Emotionaler Obstipation», d. h. sie unterdrücken ihre Gefühle. Dieses Wissen wird gebraucht, um die Strategien zu verstehen, die toxische Menschen zur Linderung ihres inneren Aufruhrs und ihrer inneren Anspannung einsetzen.

Vor allem aber würde ich den Studierenden zu ihrer Berufswahl gratulieren, ihnen Mut zusprechen und danken, dass sie sich dieser so notwendigen und wertvollen Aufgabe widmen, die auch eine undankbare sein kann, insbesondere wenn sie mit toxischen alten Menschen arbeiten.

* * *

Frau Dr. Davenport, herzlichen Dank für die Beantwortung unserer Fragen.

Ich danke Ihnen für die Übersetzung meines Buchs. Sie ist mir sehr wichtig und wird hoffentlich auch für Deutschland wichtig sein. Es war nicht leicht, einen größeren Kreis, über den der unmittelbar Betroffenen hinaus, für das Thema Toxizität zu interessieren. Ich hoffe, dass das Buch dazu beiträgt und der Aufklärung dient. Für Rückmeldungen wäre ich äußerst dankbar. Toxizität ist eine verborgene, verheimlichte Anomalie, die Familien und Betreuungskräfte zu zerstören vermag, insbesondere wenn im Alter der Schutzschild brüchig wird.

P. S. Ich möchte ferner klarstellen, dass ich anfangs dachte, ich sei die Erste, die den Begriff «toxisch» für die Toxizität nicht erfolgreich alternder Menschen verwendet, dann aber feststellte, dass Dr. Jerry Greenwald bereits vor mir über Toxizität geforscht hatte. Daraufhin reiste ich sofort nach Los Angeles, um mit ihm zu sprechen. Das war eine ermutigende und wertvolle Erfahrung. Auf S. 43 ff. wird Greenwalds Arbeit in Kürze dargestellt. In den 1960er Jahren hat er angefangen, erstmals Toxizitätskonzepte zu «postulieren». Im Jahr 1969 publizierte er dann die Monographie *The Art of Emoti-*

onal Nourishment: Self-induced Nourishment and Toxicity, den Vorläufer seines Bestsellers von 1973 *Be The Person You Were Meant To Be: Antidotes to Toxic Living*.

Durch meine Rückbesinnung auf Greenwalds Arbeit, und weil ich «Erkläreritis» als weiteres Symptom nannte, habe ich gemerkt, dass mir, der Tochter einer toxischen Mutter, noch ein weiter Weg bevorsteht, und meine eigene Toxizität noch nicht ganz verarbeitet ist. Ich bin damit aufgewachsen und weiß, dass sie tatsächlich an die nächste Generation weitergereicht wird. Ich meinte sie endlich überwunden zu haben, nach all den Jahren... nun habe ich aber Ihre Fragen bereitwillig so lang und ausführlich beantwortet, was wohl nichts anderes heißt, als dass ich noch viel «self-nourishment» leisten muss. Die Arbeit geht nicht aus!!

Zusammenstellung der Fragen für das E-Mail-Interview: Lisa Binse und Jürgen Georg
Dt. Übersetzung: Michael Herrmann

Sachwortverzeichnis

A

AAA 80
ABC-Methode 187
Abhängigkeit, erlernte 33
Abschiedsbrief 184
Abwehrmechanismen 154
– Reaktionen, häufige 155
ACTA-Workshops 178
Affirmation s. Streicheleinheiten
Aktivitätstheorie 113
Alkoholabhängigkeit 32, 82
Alltagsgestaltung 219
Altenarbeit, professionelle s. Pflegekräfte
Altenheime s. Seniorenzentrum
Altern, erfolgreiches 25, 26
Altersanomalität 38
Altersarmut 40
Altersforschung 113
Altersstereotypisierung, negative 17
Alterstoxizität 22, 26
–, angeboren/anerzogen 145
–, angeboren/erworben 128
– aufdecken/intervenieren 159
– Auseinandersetzen/Beschäftigen mit 37
– Beschreibung 22
– Definitionen 26
– Entstehung/Forschung 107
– Erklärungen 27, 43
– Menschen/Personen 27
– Merkmale s. Verhaltensmerkmale
– Studie 26
– Ursachen 28
– Zusammenfassung 35
Altersverklärung 17
Altersweisheit 133
Alzheimer-Krankheit 84
Anerzogenes 145; s. Konditionierung
Angeborenes 128, 145
Angehörige, betreuende 85, 92; s. Co-Opfer
Anspannung, emotionale 47
Anstrengung, eigene 222
Assessment, professionelles 53
– Ermittlungscheckliste 53
– Persönlichkeitsmerkmale 55
– Selbstassessment 56
– Verhalten, öffentliches 55
– Zusammenfassung 60
Atmen, tiefes 206
Aufklärung 177
Ausagieren, exzessives 29
Ausbildung 163
Auszeit 207

B

Bedürfnismuster, fehlgeleitete 42
Behandlung s. Experten-Ratschläge; Interventionen
Belastungslevel, subjektiver 201
– Identifizieren 202
Berührung, positive 148, 171, 197
Betreuende s. Co-Opfer; Pflegekräfte
Bevölkerungsgruppen 62
Bevölkerungsprognosen 39
Bewusstsein wecken 38
Beziehungsprobleme 42
Blick, mitleidheischender 53
Briefe, liebevolle 198
Bundesstaaten, bevölkerungsreiche 40

C

Charakterstörung, entwicklungsbedingte 19
Chopra-Konzept 223
Co-Opfer 18, 45, 91, 126, 151, 177, 179
– Anzeichen, typische 93
– Ehepartner/Partner 98
– Enkelkinder 101
– Freunde/Nachbarn 100
– Institutionen, beeinträchtigte 94
– Kinder 95, 96
– Syndrom 93
– Zusammenfassung 104

D

Demenz 86
Demographie 39
Denken, anhaltend negatives 29
Deprivation, emotionale 148
Diagnosestellung 41, 53; s. Assessment
Differentialdiagnosen 82
Diskontinuitätstheorie 114
Distanz, räumliche 98
Distanzierung 181

E

Ehepartner/Partner, beeinträchtigte 98
– Ruhestand 99
– Vermeiden 98
– Vertuschen 100
Einrichtungen, öffentliche 76
Einschlafhilfe 197
Einzelberatung, psychologische 79
Eltern-Ich 149, 150
Endorphine 129, 140
Enkelkinder 101
Ennegramm 118, 120, 225
– Beschreibung 121
– Ebenen 120
– Quellen 120
– Symbol 122
– Wesen 121
– Wirkmächtigkeit 123
Entscheidungen, individuelle 146
Entspannungsreaktion 203
Entwicklungspsychologie 118
Erikson 166
Erkennen, frühzeitiges 41
Erlebnisse, frühkindliche 43
Erpressung, emotionale 30
Erwachsenen-Ich 149, 150
Erziehung s. Konditionierung
Etikettieren 52, 74
Experten-Ratschläge 161, 168, 169
– Ausbildung 163
– Behandlung 163
– Grundregeln 163, 169
– Interventionsstrategien, geeignete 166
– Leitlinien 165
– Sachkenntnis 164
– Selbsterkenntnis 164
– Selbstbehauptungstraining 172
– TA 170
– Zusammenfassung 173
Extroversion 28, 127

F

Fachleute s. Experten-Ratschläge
Familie s. Co-Opfer
Familieninterventionstechniken 176
Feedback, negatives 44
Fehldiagnosen 31, 32
Feil-Theorie 135, 166
– Desorientierung 136
– Folgen 136
– Lebensaufgaben 135
Forschung/Forschungsansätze 109
Freizeit, eigene 199
Freundeskreis 100
Frustrationstoleranz, geringe 46

G

Gefühlsunterdrückung 28
Gegenangriff 155
Gegenübertragung 24, 25, 28, 48, 56, 77, 89, 93
Gemeindezentren 62
Gene 117, 146; s. Persönlichkeitstheorien
Generationsübertragung 38, 89
Gerontologie 113
Gerontophilie 17
Gerontophobie 17
Geschlechterverhältnis 40
Gesundheit, ganzheitliche 219
Gewaltausübung 28
Gift 26
Gleichgewichtskonzept 126
Glossar 239
Gruppen, ethnische 34, 62, 63
– Prognosen 39
Gruppenarbeit 177, 182, 185

H

Harmonie, künstliche 48, 49
Haushalte, veränderte 40
Heilung 215, 221
– Ennegramm 225
– Fallanalyse 217
– Fallbesprechung 218
– Fallstudie 216
– Gesundheit, ganzheitliche 219
– Komponente, spirituelle 223
– Übergang 218
– Ziel 226
– Zusammenfassung 227
Helferpersönlichkeit 123, 125
Herrschsucht 42
Hochschule, beeinträchtigte 94

Horney, Karen s. Konfliktstrategien
Hospizarbeit   81
Hypothesen s. Theorien

I
Ich-Botschaften   208
Ich-Integrität   133
Ich-Schutzmechanismen   154
Ich-Zentriertheit   43
Ich-Zustände   149, 150, 171
Identitätsstörung, dissoziative   128
Ignoranz, elterliche   140
Indoktrinierung   139
Instabilität   114
Integrität   41
Interventionen, strukturierte   166, 176
Interview   246
Introversion   28, 127

J
Jung'sche Theorie   126
– Attribute, extrovertierte/introvertierte   127
– Funktion, inferiore   128
– Schatten   127

K
Kindheits-Ich   149, 150
Kommunikation, nonverbale   53
Kommunikationsvermögen, mangelndes   48
Konditionierung   132, 146
– Ignoranz, elterliche   140
– Eltern, indoktrinierende   139
– Entwicklung, psychosoziale/Erikson   133
– Feil-Methode   135
– Goldener Schatten   132
– Recovery Movement   137
– Umgebung, biologische   140
– Umwelteinflüsse   133
– Zusammenfassung   141
Konfliktstrategien/Horney   42
Kontinuitätstheorie   113
Kontrolle   27, 28, 127
Kontrolltheorie   156
Körperbehinderung   33
Kultur, indianische   66
Kulturen   34
Kybernetik   154, 156

L
Lebensaufgaben-Theorie   135
Lebensenergie, ungebändigte   41
Lebensführung, gesunde   219

Lebenskreislauf, symbolischer   122
Lebensmuster   112
Lebensstil   113
Leiden, subjektives   31
Leitlinien, professionelle   164
Liebe   30, 44
Literatur   231
Loslassen   184

M
Maladaptation   136, 166
Manipulation   28, 30, 35, 46, 47
Manipulationstechniken   176
Meditation   203
Menschen, schwierige   93
Missbrauch, verbaler   28, 29
Misstrauen   27, 44
Multimorbidität   82
Musik, beruhigende   206
Mutter-Kind-Verstrickung   95, 96

N
Nachbarn   100
Nachwort   228
Netzwerke   209
Neurobiologie   128, 140
Neuropeptide   129, 140
Neurosenlehre/Horney   42
Noxen   25

O
Obstipation, emotionale   47
Older Adult Protective Services   78
Ombuds-Service   81
Opfer-Rolle   152
Opfer, hilfloses   47
Opferhaltung   35, 92, 113, 146

P
Pädagogik, schwarze   136, 137
Perfektionist   123
Personen, toxizitätsgefährdete   123
Persönlichkeit   113
Persönlichkeitsmerkmale   55
Persönlichkeitsmuster, neurotische   42
Persönlichkeitsstörung   31
Persönlichkeitstheorien   119, 148, 149
– Enneagramm   120
– Erklärung, neurobiologische   128
– Identitätsstörung, dissoziative   128
– Jung'sche Theorie   126
– Risikopersonen   123

– Typologisierung   119, 120
– Zusammenfassung   129
Perzeption s. Wahrnehmung
Pflegekräfte/Reaktionen auf   71
– Beispiel Berufsneulinge   74
– Beispiel Betreuung, private   79
– Beispiel Einrichtungen, öffentliche   76
– Beispiel Seniorenservicebüros   76
– Beispiel Seniorenzentrum   75
– Differentialdiagnosen   82
– Eindruck, allgemeiner   73
– Fallbeispiele   74
– Mehrfachbelastung   82
– Reaktionen, typische   73
– Stolperfallen   86
– Zusammenfassung   90
Physiognomie, geprägte   47
Prävention   195; s. Selbsthilfe
Projektion   155
Protokollführung, selbststärkende   205
Psychokybernetik   114, 156
Psychotherapeuten   62

R
Rat, fachlicher s. Experten-Ratschläge
Reaktionsbildung   155
Realität, subjektive   111
Realitäten, multiple   128
Realitätsverleugnung   155
Recovery Movement   132, 137, 147, 167
Repression   155
Responsible Assertion Training   145, 156, 172, 186
Retter-Rolle   152
Risikopersonen   123
Rollenspiele   186, 190
Rückzug   155

S
Sachkenntnis, fachliche   164
Sandwichgeneration   40
SBL-Skala   201
Schallplatte, gesprungene   207
Schatten   133, 151, 222
– anschauen   127
–, goldener   132
Schattenarbeit   41
Schuldgefühle   30, 45, 53, 125, 181, 185
Schutzprogramme f. Senioren   78
Seelen, traurige   24
Selbst   49, 147
Selbstassessment   56
– Scoring   59
– Scoringsystem   56
– Warnhinweise   59
Selbstaufopferungs-Märtyrer-Spiel   45
Selbstbehauptungstraining   145, 156, 172, 186, 207
Selbstbehrrschung, rigide   42
Selbstbildangriff   154
Selbstdisziplin   219
Selbsterkenntnis, eigene   164
Selbstfindung   222
Selbstgerechtigkeit   27
Selbstgespräch, präventives   204
Selbstgespräche, negative   157, 158
Selbsthilfe/Prävention   195
– Affirmation   195
– Entspannung   203
– Geborgenheit/Wärme   198
– Möglichkeiten   195
– SBL   201
– Selbstbehauptung   207
– Stressreduzierung   201
– Wohlfühlpraktiken   202
– Zusammenfassung   212
Selbsthilfegruppen   175, 209
– Spezialprogramm   210
Selbstkontrolle, rigide   46
Selbstliebe   44
Selbstsicherheitsübungen   186, 187
Selbsttäuschung   154
Selbstwahrnehmung, falsche   27
Selbstwertgefühl   44
Self-nourisment   41
Seniorenzentrum   63, 72, 75, 86, 87
– Bevölkerung, indianische   65
–, hispano-amerikanisches   64
–, jüdisches   66
–, multi-ethnisches   63
–, vietnamesisches   65
– Zusammenfassung   67
Servomechanismen   154, 157
Skript/Skripttheorie   146, 154, 171
Söhne, beeinträchtigte   95
– als Pflegende   96
Spiegelbild-Gespräche   198
Spiele, psychologische   151, 154, 171, 185
– Analyse   151
– Karpman-Dreieck   151
– Spiele-Brevier   153
– Stoppen   208
Sprechweise, geprägte   47
Spuren, tiefe   89

Stabilität   113, 114
Stelle, innere verwundbare   128
Störung, psychische   31
–, Fallbeispiel   83
Strategien   175, 182
– Abschiedsbrief/Loslassen   184
– Sichtweise verändern   182
– RAT   186
– TA   185
– Übung/Fachkräfte   190
– Zusammenfassung   191
Streicheleinheiten, aufbauende   197
–, individualisierte   200
Streicheln, positives   148, positives   171
Stressmanagement, präventives   201
Stufenmodell nach Erikson   133
– Stufen   134
System, kybernetisches s. Kybernetik
System, limbisches   140

T
TA   146; s. Transaktionsanalyse
Tai Chi   203
Täter-Rolle   152
Techniken   175, 182; s. Strategien
Telefonberatungsdienst   80
The Work   210
Theaterstück, persönliches   146
Theorien, gerontologische   107, 113
Theorien/Hypothesen Davenport   111
– Analogie   112
– Szenarium   112
– Zusammenfassung   115
TM   203
Töchter, beeinträchtigte   95
– als Pflegende   96
Toxin, psychologisches   27
Toxizität   18, 21; s. Alterstoxizität, Verhalten, toxisches
Toxizitätsindikatoren, empirische   110
Transaktionsanalyse   92, 145, 170, 185, 200
– Berühren/Streicheln   148, 171
– Ich-Zustände   149, 150, 154, 171
– Lebenspläne verändern   147
– Rollenbücher des Lebens   146, 171
– Spiele, psychologische   151, 152, 153, 154, 171
– Zusammenfassung   158
Traumata, frühkindliche   131, 137
–, unterdrückte   140
Typenlehre   118, 120

U
Überlebensstrategien   154
Umgebung, frühkindliche s. Konditionierung
Umgebung, innere   140, 157
Umstrukturierung, kognitive   186, 187
Umwelteinflüsse   146
Unersättlichkeit   46
Unterdrückungsmuster   47
Unterstützungsangebote, spezielle
– Angehörige/Pflegefachkräfte   85
– Senioren   80

V
Validitätstheorie   135, 166
Vegetieren   136
Verfolger   47
Vergiftung   26
Verhalten, toxisches   26, 27, 29, 35
Verhaltensmerkmale, typische   43, 52, 53, 110
– Annehmen   45
– Erkennen   52
– Gefühle, unterdrückte   47
–, gierig/unersättlich   46
– Kommunikation, schlechte   48
– Kontrollwahn   46
–, nonverbal   53
– Opfergefühl   47
– Schenken   44
– Schuldgefühle geben   45
–, tyrannisch   48
– Versagergefühl   44
– Zuwendung, gewollte   43
– Zusammenfassung   49
Verhaltensmodifikation   175, 182, 186, 187
Verhinderungsmuster   47
Vernebeln   208
Verwundung, kindliche   137
Viktimisierung   92, 147
Vormundschaftsgericht   79

W
Wachstum, spirituelles   223, 224
Wahrnehmung   19, 35, 113, 114, 156
Wahrnehmung, verzerrte   27
Wahrnehmungsveränderung   182
Wellness   219
Wohlfühlpraktiken   219, 220
Workshops   177
– Ablauf   178
– Feedback   179
– Inhalte   179

– Literatur 180
– Nachsorge 179
– Struktur 177
– Warnung 180
– Zusammenfassung 191
Wundologie 137

Y
Yoga 203

Z
Zehn-Sekunden-Konfrontation 167
Zeit nehmen 199
Zeit, stille 198
Zuwendung, liebevolle 37, 43
Zynismus 42

Anzeigen

Joy Duxbury

Umgang mit «schwierigen» Klienten – leicht gemacht

Aus dem Englischen von Astrid Hildenbrand.
Deutschsprachige Ausgabe herausgegeben von Christine Sowinski.
2002. 220 S., 13 Abb., 6 Tab., Kt
€ 26.95 / CHF 44.80
ISBN 978-3-456-83595-2

Praxishandbuch mit Strategien und Regeln zum leichten Umgang mit «schwierigen» Klienten und Pflegesituationen.

«Ich denke, für alle, die in helfenden Berufe tätig sind, ist es unerlässlich, sich mit der Thematik des ‹schwierigen Klienten› intensiv auseinander zu setzen. Das vorliegende Buch bietet eine gute Basis dafür. ... Die praktischen Kommunikationsregeln sind jedoch so gehalten, dass Helfende in jedem Wissens- und Erfahrungsstand davon lernen und profitieren können.»

Margrit Wenger, Krankenpflege/Soins infirmiers

«Nicht nur für den Beruf, sondern auch im alltäglichen Umgang mit Menschen ist dieses Buch von Nutzen und aus diesem Grund empfehlenswert.»

Quepnet

Erhältlich im Buchhandel oder über
www.verlag-hanshuber.com

HUBER

Svenja Sachweh

Spurenlesen im Sprachdschungel

Kommunikation und Verständigung mit demenzkranken Menschen

2008. 301 S., 41 Abb., Kt
€ 29.95 / CHF 49.90
ISBN 978-3-456-84546-3

Menschen mit einer Demenz besser verstehen, einfühlend kommunizieren, schwierige Situationen erfolgreich meistern.

«Ein sehr berührendes, zugleich fachlich hochstehendes und menschlich-praktisches Werk.»
Schulpsychologie.at

«Hier liegt eine Publikation vor, die durch die vertiefte Auswertung der Fachliteratur und durch die vielen auf Untersuchungen basierenden Empfehlungen und Hinweise sich positiv von den gängigen Büchern im Bereich der Demenzpflege unterscheidet.»
socialnet

Erhältlich im Buchhandel oder über
www.verlag-hanshuber.com

HUBER